Springer-Lehrbuch

Springer
Berlin
Heidelberg
New York
Barcelona
Hongkong
London
Mailand
Paris
Singapur
Tokio

Gerhard Goos

Vorlesungen über Informatik

Band 2: Objektorientiertes Programmieren und Algorithmen

Dritte, überarbeitete Auflage

Mit 124 Abbildungen und 12 Tabellen

Springer

Prof. Dr. Gerhard Goos

Institut für Programmstrukturen
und Datenorganisation
Universität Karlsruhe
Postfach 6980
D-76128 Karlsruhe

goos@informatik.uni-karlsruhe.de

Die Deutsche Bibliothek – CIP-Einheitsaufnahme

Goos, Gerhard:
Vorlesungen über Informatik / Gerhard Goos. – Berlin; Heidelberg; New York; Barcelona; Hongkong; London; Mailand; Paris; Singapur; Tokio: Springer
(Springer-Lehrbuch)
Bd. 2. Objektorientiertes Programmieren und Algorithmen. – 3., überarb. Aufl. – 2001
ISBN 3-540-41511-4

ISBN 3-540-41511-4 Springer-Verlag Berlin Heidelberg New York
ISBN 3-540-64340-0 (2. Auflage) Springer-Verlag Berlin Heidelberg New York

Springer-Verlag Berlin, Heidelberg, New York
ein Unternehmen der BertelsmannSpringer Science+Business Media GmbH

Printed in Germany
http//www.springer.de

Satz: Reproduktionsfertige Autorenvorlage
Umschlagentwurf: design & production GmbH, Heidelberg
SPIN: 10794326 33/3142 PS-5 4 3 2 1 0 – Gedruckt auf säurefreiem Papier

Inhaltsverzeichnis

Aus dem Vorwort zur ersten Auflage

Dieser zweite Band baut in vielfältiger Weise auf den Ergebnissen des ersten Bandes auf, den wir nur mit Angabe der Abschnittsnummern zitieren. Die grundsätzlichen Bemerkungen aus dem Vorwort des ersten Bande gelten auch hier. Im Vordergrund steht jetzt jedoch die Konstruktion von Systemen, die einen internen Zustand besitzen, und von Algorithmen.

Für die nachprüfbar korrekte Realisierung eines sequentiellen Algorithmus zu vorgegebener Spezifikation stehen uns mit den Zusicherungskalkülen von HOARE und DIJKSTRA mächtige, mathematisch sauber fundierte Hilfsmittel zur Verfügung. Diesen ist — nach einem kurzen Abriß der Grundbegriffe imperativen Programmierens — das Kapitel 8 gewidmet. Für die Praxis ist es wichtig, daß sich der Student den Umgang mit Vor- und Nachbedingungen, Schleifeninvarianten usw. so aneignet, daß er diese Denkweise auch bei Aufgaben benutzen kann, die sich mathematisch nicht so einfach spezifizieren lassen wie die Beispiele aus Kap. 8 und der nachfolgenden Kapitel. Der Gebrauch des Prädikatenkalküls darf nicht dazu führen, daß man die Denkweise des Zusicherungskalküls aufgibt, sobald die Begriffe nicht mehr bequem formalisierbar sind oder die Formeln unhandlich werden.

Zielorientierter oder *top-down*-Entwurf und schrittweise Verfeinerung unter Einsatz von Datenabstraktion sind die natürliche Erweiterung des Zusicherungskalküls auf größere Aufgaben. Diese Entwurfsmethodik behandeln wir in Kap. 9. Als Beispiele dienen Sortieralgorithmen, die jeder Informatiker beherrschen sollte. Zur Datenabstraktion und Datenverfeinerung gehört natürlich nicht nur der Umgang mit Reihungen wie bei den Sortierverfahren, sondern auch der Umgang mit anonymen Objekten auf der Halde und der Modulbegriffe wie man das aus Sprachen wie MODULA-2 kennt. Die zugehörigen Begriffe werden im Hinblick auf das nachfolgende Kapitel hier nur kurz behandelt.

Zielorientierter Entwurf geht von einer Spezifikation aus, die er schrittweise in eine ausführbare Fassung bringt. Hingegen versteht objektorientiertes Modellieren ein System als eine Menge kooperierender Objekte. Für die einzelnen Objekte und ihre Methoden ist die Verwendung des Zusicherungskalküls zweckmäßig; die Verfahren der vorigen Kapitel erscheinen jetzt als Methoden zum Programmieren-im-Kleinen.

Die Vorstellung kooperierender Objekte vermittelt jedoch einen anderen

Denkansatz zum Programmieren-im-Großen als zielorientierter Entwurf. Nicht die in sich geschlossene Lösung eines vorgegebenen Problems, sondern die Konstruktion eines erweiterbaren, durch Austausch von Bausteinen änderbaren Systems ist das Ziel. Damit einher geht die Konstruktion von Einzelbausteinen, Bibliotheken solcher Bausteine und spezialisierbaren Rahmensystemen, die für diese Art der Systemkonstruktion einsetzbar sind. Der Umgang mit Vererbung, Generizität, Polymorphie und anderen beliebten Schlagworten objektorientierten Programmierens ist Hilfsmittel zum Zweck, aber nicht hauptsächliches Lernziel. Aus diesem Grunde beginnen wir in Kap. 10 nicht auf der Programmierebene, sondern mit objektorientierter Modellierung. Beim Gebrauch in Vorlesungen ist es sinnvoll, das ausführliche Beispiel in 10.2.6 in den Mittelpunkt zu stellen und die Methodik in 10.2 ausgehend von diesem Beispiel zu behandeln.

Objektorientierte Modellierung können wir leider nicht wie den zielorientierten Entwurf mit einem systematischen Kalkül begleiten. Die Modellierung erscheint daher als eine Kunst, für die es zwar Hilfsmittel und methodische Unterstützung gibt; die durchgängige Verifikation kann jedoch erst für den fertiggestellten Entwurf geleistet werden und setzt dort vorher spezifizierte und verifizierte Werkzeuge voraus. Dies ist nicht ein Fehler des objektorientierten Ansatzes, sondern spiegelt den noch nicht ausreichenden Stand der theoretischen Beherrschung erweiterbarer und verteilbarer Systeme wider.

Jedes Objekt eines solchen Systems erscheint nach außen als ein sequentiell arbeitender Baustein. Das Gesamtsystem könnte auch parallel oder verteilt arbeiten. Die Modellierung nimmt auf sequentielle Ausführung keine Rücksicht. Erst die Umsetzung des Modells befaßt sich mit dieser Frage und baut auf sequentiellen Bausteinen und Teilsystemen auf. Die Erörterung sequentieller objektorientierter Strukturen auf der Ebene einer Programmiersprache bildet den zweiten Teil des Kap. 10. Wir üben diese Strukturen am Beispiel der abstrakten Datenstrukturen Menge und Graph und verschiedenen Realisierungen davon. Damit führen wir zugleich die mit den Sortieralgorithmen begonnene Behandlung von Algorithmen und Datenstrukturen weiter.

Das Kap. 11 schließt die Einführung der programmiertechnischen Hilfsmittel mit der Erörterung der Abbildung der elementaren Ablauf- und Datenstrukturen auf den Befehlssatz von von-Neumann-Rechnern und auf den (stückweise) linearen Speicher ab. Fragen der Befehlsanordnung, der Fließbandverarbeitung in superskalaren Prozessoren und vor allem die Ausnutzung der lokalen Speicher von Prozessoren machen es zunehmend schwieriger, von Hand Programme in Maschinensprache zu schreiben, deren Leistung mit automatisch übersetzten Programmen konkurrieren kann. Die Behandlung von Maschinensprachen beschränkt sich daher auf die Vorstellung von Prinzipien und geht nicht mehr auf eine explizite Programmierung auf dieser Abstraktionsebene ein.

Kap. 11 führt auch die RAM-Modelle von Rechnern als Grundlage für eine präzise Aufwandsberechnung ein. Die exakte Definition des Berechenbarkeitsbegriffs auf der Grundlage des RAM-Modells und die Einführung von while- und loop-Sprachen an dieser Stelle mag ungewöhnlich erscheinen. Sie ergibt sich aber in natürlicher Weise und erspart umfangreiche Wiederholungen in Band III.

Im Kap. 12 setzen wir die Einführung in die Algorithmenkonstruktion aus Kap. 7 in Band I fort. Die Betonung liegt hier auf den Techniken zur Algorithmenkonstruktion wie dynamisches Programmieren, zufallsgesteuerte Algorithmen usw. Die systematische Behandlung der wichtigsten Algorithmen gegliedert nach Themengebieten wie Algorithmen auf Graphen, usw. bleibt Vorlesungen im Hauptstudium vorbehalten.

Beim funktionalen Programmieren unterscheiden sich die Programmiersprachen in ihrem Kern nur wenig voneinander. Bei imperativen Programmiersprachen verhält sich dies anders: Zwar kehren die Grundbegriffe wie Variable, Typ und Vereinbarung einer Variablen, Schleife, Prozedur, Prozedurparameter, usw. in allen Sprachen wieder. Die Terminologie, die syntaktische Notation und viele semantische Einzelheiten unterscheiden sich jedoch in subtiler Weise beim Übergang von einer Sprache zur anderen. Zudem sind die Sprachen zu unterschiedlichen Zeiten entstanden und reflektieren einen unterschiedlichen Stand der Kenntnis über die Methodik des Programmentwurfs. Bei der Auswahl einer Programmiersprache für ein Lehrbuch steht die Frage nach einer konzisen Notation der Beispiele und nach einer Abdeckung der zur Strukturierung und zum Entwurf von Programmen verwandten Prinzipien im Vordergrund. Unter diesem Gesichtspunkt verwenden wir hier die objektorientierte Sprache SATHER[1], deren Eigenschaften wir in Anhang C zusammengestellt haben.

Wir verwenden SATHER bereits für die Formulierung der Grundlagen zustandsorientierten und strukturierten Programmierens. Bis zum Ende von Kap. 9 sind sämtliche Sprachelemente mit Ausnahme von Vererbung, Polymorphie und Strömen eingeführt und benutzt worden. Es kann beim Leser zunächst zu Verwirrung führen, wenn in den beiden ersten Kapiteln die Begriffe imperative und objektorientierte Programmiersprache nicht unterschieden werden. Darin zeigt sich jedoch, wie oben erwähnt, daß das Programmieren-im-Kleinen auch in heutigen objektorientierten Sprachen den Regeln üblichen strukturierten Programmierens folgt. Insbesondere ist die Gleichsetzung des Modulbegriffs mit dem Begriff Klasse in 9.4 zunächst überraschend; sie wird hier benutzt, um uns die Befassung mit einer anderen Sprache wie MODULA-2 oder ADA zu ersparen.

Die Wahl der seit 1990 am International Computer Science Institute in Berkeley entworfenen Sprache SATHER, für deren Weiterentwicklung und Implementierung wir uns seit 1991 engagierten, hat überwiegend didaktische Gründe.

1. http://www.icsi.berkeley.edu/Sather, http://i44www.info.uni-karlsruhe.de/sather

Die aus der Sicht der späteren industriellen Verwendung naheliegende Wahl von C++ könnte nur einen Sprachkern betreffen, der wegen der Komplexitäten dieser Sprache nicht einwandfrei identifizierbar wäre. Vor allem führt in SATHER die einfache Erklärung der Vererbung durch Einkopieren der Oberklasse und die Unterscheidung zwischen der Untertypisierung als Grundlage der Polymorphie und der allgemeineren Wiederverwendung von Code zu einem elementareren Verständnis von Vererbung als man das mit Hinweis auf komplizierte Typtheorien beim Anfänger erreichen kann.

Der Leser unterscheide jedoch die grundlegenden Elemente und Begriffe von ihrer speziellen Ausprägung in SATHER. Jede Programmiersprache ist ein Artefakt. Sie könnte durch eine andere Sprache ersetzt werden, ohne daß sich irgendetwas an unseren grundsätzlichen Überlegungen ändert. Nach Studium der Grundbegriffe sollte der Leser in der Lage sein, die Beispiele in die Notation seiner Wahl zu übertragen. Man mache sich dabei klar, daß die Grundbegriffe des Entwurfs und der Konstruktion von Programmsystemen unabhängig von der verwandten Terminologie und Programmiersprache sind.

Beim Schreiben dieses Buches haben mich meine Mitarbeiter ANDREAS HEBERLE und MARTIN TRAPP sowie ARNE FRICK, WELF LÖWE, RAINER NEUMANN, MARTIN SPOTT, JÜRGEN VOLLMER, MARKUS WEINHARDT, WALTER ZIMMER und WOLF ZIMMERMANN tatkräftig unterstützt. Die Konzeption des ersten Teils von Kap. 10 geht wesentlich auf CLAUS LEWERENTZ, RAINER NEUMANN und MARTIN TRAPP zurück. Der Anhang C stammt von MARTIN TRAPP. Ihnen allen bin ich zu großem Dank verpflichtet. Den Herren WILFRIED BRAUER, JEROME FELDMAN, STEFAN JÄHNICHEN, HOLGER KLAWITTER und ROLAND VOLLMAR danke ich für zahlreiche wertvolle Hinweise, Verbesserungsvorschläge und die Durchsicht von Teilen des Manuskripts. Die Mitarbeiter des Springer-Verlags haben mich nach Kräften bei der Gestaltung des endgültigen Textes unterstützt. Nicht zuletzt möchte ich mich bei meiner Frau für die Durchsicht des Manuskripts und die Nachsicht und Geduld bedanken, mit der sie die Arbeit auch an diesem Buch ertrug.

Karlsruhe, im Februar 1996 Gerhard Goos

Vorwort zur zweiten Auflage

Die vorliegende zweite Auflage wurde an vielen Stellen korrigiert und überarbeitet. Insbesondere wurde die Syntax der Beispiele an die jetzt vorliegende endgültige Fassung von SATHER, (Goos, 1997), angepaßt.

Während 1996 noch C++ als alternative Programmiersprache erörtert wurde, liegt 1998 nahe, statt SATHER die Sprache JAVA in Vorlesungen und Übungen einzusetzen. Zu diesem Wechsel konnte ich mich aus einem zentralen technischen und didaktischen Grund nicht entschließen: JAVA besitzt kein Äquivalent der Schablonen von C++ oder der generischen Klassen von SATHER und EIFFEL; dafür gibt es zahlreiche Eigenschaften in der Sprache und ihren Bibliotheken, die aus der Sicht der *applet*-Programmierung wichtig sind, aber für die systematische Entwicklung stabiler und langlebiger Programm-Systeme und -Bibliotheken unerheblich oder sogar unerwünscht sind. Natürlich kann man den Gebrauch generischer Klassen in JAVA mit Vererbung umschreiben; damit verdunkelt man jedoch wichtige systematische Konstruktionsprinzipien. Wie dieses Problem in JAVA gelöst werden wird, bleibt abzuwarten; einen vernünftigen Kompromiß haben ODERSKY und WADLER (1997) mit ihrem PIZZA-System vorgeschlagen. Wir gehen im Kleingedruckten und in Anhang C auf die Unterschiede ein.

Viele weiterführende Hinweise und praktische Beispiele zu den Themen dieses Bandes findet man heute auf dem Internet. Wir haben daher an einigen Stellen Netz-Adressen angegeben, obwohl solche Adressen kurzlebiger sind als ein Buch.

Herr Kollege PETER LOCKEMANN hat mit seinen Mitarbeitern und Studenten dankenswerterweise zahllose Hinweise gegeben, die in die vorliegende Fassung eingearbeitet wurden. Meinen Mitarbeitern ANDREAS HEBERLE und MARTIN TRAPP sowie UWE ASSMANN, HOLGER BÄR, OLIVER CIUPKE, JÖRN EISENBIEGLER, THILO GAUL, DANIELA GENIUS, SABINE GLESNER, ANNETTE LÖTZBEYER, WELF LÖWE, ANDREAS LUDWIG, HELMUT MELCHER, RAINER NEUMANN und MARTIN SPOTT danke ich für die Unterstützung bei der inhaltlichen Arbeit und der technischen Aufbereitung der Druckvorlage.

Karlsruhe, im Februar 1999 Gerhard Goos

Vorwort zur dritten Auflage

Die vorliegende dritte Auflage wurde an vielen Stellen korrigiert und überarbeitet. Insbesondere wurden Weiterentwicklungen von UML berücksichtigt.

Den Herren RUBINO GEISS und MARKUS NOGA sowie DIRK HEUZEROTH, FLORIAN LIEKWEG, GÖTZ LINDENMEIER und ELKE PULVERMÜLLER danke ich für die Unterstützung bei der inhaltlichen Arbeit und der technischen Aufbereitung der Druckvorlage. Herr ENGESSER, Frau GEORGIADIS und Herr STRASSER aus dem Springer-Verlag haben in bewährter Weise bei der Gestaltung des endgültigen Textes geholfen.

Karlsruhe, im Februar 2001 Gerhard Goos

Kapitel 8
Zustandsorientiertes Programmieren

Wir haben in Band I zahlreiche Verfahren kennengelernt, um Algorithmen und Systeme zu beschreiben: Markov-Algorithmen und Semi-Thue-Systeme, endliche Automaten, Petrinetze, Ausdrücke der relationalen Algebra, Termersetzungssysteme, Formeln der Aussagen- und Prädikatenlogik, Schaltfunktionen und Schaltwerke, Entscheidungsdiagramme und Entscheidungstabellen, sowie Programme im λ-Kalkül und in funktionalen Programmiersprachen.

Einige Verfahren beschreiben Beziehungen zwischen verschiedenen Größen; ihre Mächtigkeit reicht, wie bei den Formeln der Prädikatenlogik, weit über das algorithmisch Berechenbare hinaus. Einige überprüfen, ob eine Menge von Größen eine bestimmte Beziehung erfüllt. Andere spezifizieren Abbildungen $f: A \nrightarrow B$ oder deren schrittweise Berechnung.

Bei schrittweiser Berechnung heißen die Größen zusammen mit der Angabe des vorangehenden Schritts der **Zustand** der Berechnung. Die Markierung eines Petrinetzes oder die Angabe, wie weit ein endlicher Automat die Eingabe gelesen, und welchen Automatenzustand er erreicht hat, sind Beispiele dafür. Bei funktionalen Programmen haben wir den Zustandsbegriff in Abb. 5.4 in 5.5.2 gesehen: Die von einem Schritt zum nächsten durchgereichten internen Werte ergeben jeweils den Zustand der Berechnung.

Ein Flipflop bleibt am gleichen Ort und ist damit identifizierbar, unabhängig von seinem Zustand O oder L. Auch ein Petrinetz ändert seine Struktur nicht, wenn sich seine Markierung ändert. Hingegen sind zwei Flipflops, die unterschiedliche Zustände einnehmen können, voneinander unterscheidbar. Wir nennen eine Größe, die ihre Identität behält, aber ihren Wert ändern kann, eine **Zustandsvariable.** Zustandsvariable zusammen mit ihrem Wert ergeben den Zustandsbegriff, wie wir ihn in 1.1.1 einführten. Man benutzt häufig die (ungenaue) Sprechweise „der Zustand x“ statt „der Wert der Zustandsvariablen x“.

Zustandsvariable sind allgegenwärtig: Ein Exemplar des vorliegenden Buches ist eine Zustandsvariable, die Zustände wie *neu*, *zerlesen*, *fleckig*, usw. annehmen kann. Betrachten wir nur die Zustandswerte wie im funktionalen Programmieren, ohne den Begriff der Variablen mit gleichbleibender Identität, so können wir den Zustandsübergang *neu* $\rightarrow$ *zerlesen* nicht vom Ersetzen eines neuen Buchexemplars durch ein anderes, zerlesenes Exemplar unterscheiden. Daß die Zustandsvariable ihre Identität nicht ändert, ist also eine wesentliche, nicht zu vernachlässigende Eigenschaft des Zustandsbegriffs.

Ein Zustand ist gewöhnlich strukturiert und besteht aus Teilzuständen: Der Zustand eines Buches setzt sich aus den Zuständen des Einbands und der Seiten zusammen. Die Teilzustandsvariablen und ihre Werte sind oft selbständige Einheiten, die in einem gegebenen Zusammenhang nur ausschnittweise interessant sind. Für die Beurteilung, ob ein Buch Flecken hat, ist der gedruckte Inhalt der Seiten unerheblich, obwohl er zum Zustand der Seiten, und in einem anderen Zusammenhang auch zum Zustand des Buches, gehört. Wenn wir einen Zustand in dieser Weise als strukturiert ansehen, so nennen wir ihn ein **Objekt**, das aus **Teilobjekten** besteht. Der Begriff *Objekt* ist also rekursiv.

Der Zustand ändert sich durch die Ausführung von Anweisungen. Sprachen, in denen solche Anweisungen formuliert werden, heißen **imperative Programmiersprachen**. Daher spricht man statt von zustandsorientiertem Programmieren gewöhnlich von **imperativem Programmieren**. Die meisten heutigen objekt orientierten Sprachen, darunter auch die in diesem Buch benutzte Sprache SATHER, sind zugleich imperative Sprachen.

Wir benutzen zunächst nur die imperativen Eigenschaften. Auf objektorientierte Eigenschaften gehen wir ab 9.3 ein.

Wir müssen zwangsläufig die Syntax und Semantik einer bestimmten Programmiersprache benutzen, um Programme zu notieren. Der Leser unterscheide die grundlegenden Elemente und Begriffe von ihrer speziellen Ausprägung in der Sprache SATHER, deren Eigenschaften wir in Anhang C zusammengestellt haben. Jede solche Sprache ist ein Artefakt, ein künstlich geschaffenes System, das einen Kompromiß zwischen Ausdrucksmächtigkeit für verschiedene Programmiermethoden und -stile, leichter Erlernbarkeit, einfacher Implementierung und theoretischer Sauberkeit der Begriffsbildung darstellt. Die syntaktischen und semantischen Eigenschaften einer Programmiersprache können die Anwendung bestimmter Programmiermethoden und Konstruktionsprinzipien erleichtern oder erschweren. Die Prinzipien selbst sind jedoch unabhängig von der speziellen Formulierung und bilden den eigentlichen Inhalt dieses und des nachfolgenden Kapitels. Um Gemeinsamkeiten herauszuarbeiten, verweisen wir an zahlreichen Stellen auch auf andere Sprachen.

8.1 Grundbegriffe

Wir stellen die Grundbegriffe des zustandsorientierten Programmierens, nämlich (zustandsorientierte) Variable, bedingte Anweisungen, Schleifen und Prozeduren vor und konzentrieren uns dabei auf den Programmablauf.

8.1.1 Variable und Konstante

Angaben können sehr verschiedenartig sein, z. B. Zahlen, Aussagen, Namen, Adressen, Signale, Dienstgrade, Ordinaten, usw. Jede Angabe hat einen Inhalt. Der Inhalt ist das, was mit der betreffenden Angabe gesagt werden soll. Man kann die Angabe in einen konstanten *und einen* variablen Teil *zerlegen. Den Unterschied macht man sich am besten an dem Beispiel eines Formulars oder Fragebogens klar. Ein solcher Fragebogen enthält vorgedruckte Teile mit Leerstellen, welche individuell auszufüllen sind. Z. B.: „Name ... " „Geburtsdatum ... " „verheiratet ... " usw.*

Das Vorgedruckte entspricht dem konstanten Teil der Angabe und die Leerstellen dem variablen Teil. Solange die Leerstellen nicht ausgefüllt sind, hat man es mit unbestimmten Größen oder allgemein mit „Variablen" zu tun. KONRAD ZUSE, 1944[1]

In logischen und funktionalen Sprachen ebenso wie in der Algebra und Logik sind Variable unbestimmte Werte, die durch eine Substitution einen bestimmten und dann unveränderlichen Wert erhalten. Im zustandsorientierten Programmieren ist eine **Variable** ein Tripel (Referenz, Behälter, Wert). Ein **Objekt** im Sinne des vorigen Abschnitts ist eine strukturierte Variable, deren Wert ein Tupel ist. Die **Referenz** ist ein unveränderliches, eindeutiges Kennzeichen der Variablen; wir nennen sie auch einen **Verweis** auf die Variable oder die **Identität der Variablen.** Der **Behälter** ist die eigentliche Variable, sein Inhalt ist ihr **Wert.** Eine Variable heißt eine **Konstante**, wenn ihr Wert unveränderlich ist. Wir sprechen im folgenden von einer **Größe**, wenn wir zwischen Variablen und Konstanten nicht unterscheiden wollen.

Auf Variable kann man lesend oder schreibend, auf Konstante nur lesend zugreifen. Dazu benötigt man eine **Zugriffsfunktion**, deren Aufruf die Referenz berechnet und dann entweder den Wert liefert oder diesen, bei Variablen, durch einen neuen Wert ersetzt. Die Zugriffsfunktion muß man explizit im Programm als Text wiedergeben können. Diese textuelle Repräsentation einer Zugriffsfunktion nennen wir einen **Namen** (der Variablen oder Konstanten).

Im Rechner entspricht dem Behalter ein Speicherplatz; dessen Adresse repräsentiert oft die Referenz. Adressen sind Werte, die man kopieren kann; man kann also mehrere Referenzen auf die gleiche Variable in verschiedenen Verweisvariablen speichern. Variable und Objekte können während des Ablaufs eines Programms ihren Ort ändern oder sogar in mehreren identischen

1. KONRAD ZUSE, 1910 – 1995, konstruierte 1941 den ersten programmgesteuerten Digitalrechner Z3 (Nachbau im Deutschen Museum) mit über 2000 Relais. Das Zitat stammt aus der Vorrede des 1944/45 entworfenen Plankalküls, (ZUSE, 1972), vgl. auch (BAUER und W"OSSNER, 1972). Der Plankalkül war die erste höhere Programmiersprache und enthielt bereits Zuweisungen, bedingte Anweisungen und Schleifen, aber keine Sprünge. Er wurde allerdings niemals praktisch benutzt und erst 1972 veröffentlicht.

Kopien vorhanden sein, von denen wahlweise eine benutzt wird. Eine Referenz ist also eine begriffliche Abstraktion, die über den Begriff *Adresse* hinausgeht.

Namen für Variable sind im einfachsten Fall **Bezeichner** wie i, x1, bezeichner, auch_dies_ist_ein_Bezeichner. Solche Bezeichner können vom Programmierer frei gewählt werden.

Namen für Konstante sind Zahlen wie 1, 23758, 0.1, 34.687, 1E1, 3.5E+6, 3.5e-6; oder die booleschen Werte true und false; oder Zeichen wie 'c', '#', '␣'; oder Texte wie "dies ist ein Text" oder der leere Text "". Sie repräsentieren Konstante mit dem durch ihren Namen gegebenen Wert. Solche expliziten Konstante heißen meist **Literale**.

Die grundlegende Operation auf Variablen und die zentrale **Anweisung** zur Änderung des Zustands einer Berechnung ist die **Zuweisung**[2]

Variablenname := *Ausdruck*

Eine Zuweisung berechnet den Wert w des Ausdrucks auf der rechten Seite und ersetzt den Wert der Variablen auf der linken Seite durch w. Nach einer Zuweisung $v := a$ gilt eine Aussage $Q = Q[v]$ über die Variable v, wenn $Q[a/v]$ vor Ausführung der Zuweisung galt: Es gilt $Q\colon x > y$, wenn vor der Zuweisung $y := 7$ die Beziehung $Q[7/y]\colon x > 7$ richtig war. $Q[a/v]$ bezeichnet dabei wie gewohnt den Ausdruck, den man aus Q erhält, indem man überall den Wert von a anstelle von v einsetzt.

Eine Variable im zustandsorientierten Programmieren verhält sich also wie eine Größe v in einer funktionalen Sprache: Auch dort gilt eine Aussage $Q[v]$, wenn es einen Ausdruck a gibt, so daß $v = a$ eine Definition im Programm und $Q[a/v]$ gültig ist.

Allerdings ordnet im funktionalen Programmieren die Definition $v = a$ der Größe v den Wert a ein für allemal zu. Diese Situation treffen wir auch im zustandsorientierten Programmieren an. v heißt dann eine **benannte Konstante** oder eine Variable mit **Einmalzuweisung**[3]. Sie wird durch eine Konstantenvereinbarung

constant pi : FLT := 3.1415926; -- *Gleitpunktkonstante*

eingeführt.

Im allgemeinen Fall kann es zu einer Variablen v im zustandsorientierten Programmieren mehrere Zuweisungen geben, die v zu unterschiedlichen Zeiten verschiedene Werte zuordnen. Abhängig vom jeweiligen Wert von v kann daher ein Ausdruck wie $v + 1$ verschiedene Ergebnisse liefern. Die Zuweisung

v := v + 1 (8.1)

2. In manchen Sprachen, z. B. in FORTRAN, heißt eine Zuweisung eine Definition.
3. engl. *single assignment property*.

bedeutet

$$\text{neuer Wert von } v := (\text{alter Wert von } v) + 1$$

Hat v anfangs den Wert 0, so führt die wiederholte Ausführung von (8.1) zu $v = 1, v = 2, \ldots$ Die wiederholte Ausführung derselben Zuweisung $v := a$ ist also sinnvoll: Der Variablen v werden die unterschiedlichen Werte des Ausdrucks a zugewiesen.

Neben dem eigentlichen Wert w einer Variablen v, also z. B. einer Zahl oder einem Text, kann in bestimmten Fällen auch die Referenz der Variablen v als Wert betrachtet werden: Ein Vergleich $u = v$ könnte alternativ die Frage „besitzen u und v augenblicklich den *gleichen* Wert?" oder die Frage „sind u und v Zugriffsfunktionen für *dieselbe* Variable?" beantworten. Natürlich muß man diese beiden Fälle unterscheiden, z. B. indem man den Vergleichsoperator unterschiedlich notiert, oder indem man explizit angibt, wann u bzw. v den Wert der Variablen und wann sie die Referenz darstellen. Hierfür hat sich bis heute kein einheitlicher Lösungsvorschlag durchsetzen können. Wir stellen die Erörterung der Verwendung von Referenzen als Werte einstweilen zurück.

In der Programmiersprache C sind die Referenz und der Wert als *left hand value* und *right hand value* einer Variablen bekannt. Die Begriffe gehen auf die Sprache CPL von C. Strachey[4] zurück, aus der auch viele andere Eigenschaften von C stammen. Mit *Linkswerten*, also mit Referenzen, kann man in C ähnlich wie mit ganzen Zahlen rechnen. Dies hat sich als eine der mächtigsten, zugleich aber auch als die gefährlichste Eigenschaft von C erwiesen.

8.1.2 Vereinbarungen, Programme

Aus den in 5.4 genannten Gründen unterteilen funktionale Sprachen die Menge der möglichen Werte und ordnen sie einzelnen abstrakten Datentypen zu. In 5.4.1 sahen wir, daß man den Typ eines Bezeichners oder, allgemeiner, eines Ausdrucks, durch Typinferenz bestimmen kann. Eine Vereinbarung des Typs eines Bezeichners dient lediglich der Kontrolle; funktionale Sprachen sind stark typgebunden.

Beim zustandsorientierten Programmieren scheitert Typinferenz in vielen Fällen, da während einer Übersetzung nicht alle Aufrufe einer zu übersetzenden Funktion und daher auch nicht alle Zuweisungen an eine Variable bekannt sein müssen.

Die meisten imperativen Sprachen verlangen daher, daß sämtliche Bezeichner für Größen durch eine **Vereinbarung** *bezeichner* : *Typ* eingeführt werden, also z. B.

```
v: INT
```

oder

4. Christopher Strachey, 1916 – 1975, Professor der Informatik an der Universität Oxford.

```
i,j: INT
```

oder

```
wert: INT := 0
```

Das zweite Beispiel faßt die Vereinbarungen i: INT und j: INT zusammen. Das dritte Beispiel verknüpft die Vereinbarung mit einer initialen Zuweisung des Wertes 0. Man spricht von einer Vereinbarung mit **Vorbesetzung** oder **Initialisierung**. Durch zusätzlichen Gebrauch des Schlüsselworts constant erhält man die Konstantenvereinbarung aus dem vorigen Abschnitt.

In SATHER schreiben wir Typbezeichner wie INT mit Großbuchstaben. Diese Konvention is willkürlich. In C und JAVA schreibt man stattdessen int, char usw. Außerdem notieren diese Sprachen den Typ vor dem Variablenbezeichner, also int i statt i: INT. Konstante können in C++ mit dem Schlüsselwort const eingeführt werden. Konstante in JAVA kennzeichnet das Schlüsselwort final; sie sind jedoch nur an bestimmten Stellen zugelassen.

Der Wert einer Variablen v, deren Vereinbarung keine Vorbesetzung enthält, ist bis zur ersten Zuweisung $v := a$ unbekannt und darf in einem korrekten Programm nicht benutzt werden. Der Programmierer muß diese Bedingung für nicht-vorbesetzte Variable sicherstellen.

Um diese Fehlerquelle zu umgehen, werden in C, C++ und JAVA statisch allozierte Variable ohne explizite Vorbesetzung implizit mit dem Wert 0 oder allgemein mit dem Wert, dessen binäre Codierung nur aus 0 besteht, vorbesetzt. Diese Lösung verschiebt aber nur das Problem: der Programmierer muß jetzt sicherstellen, daß 0 ein akzeptabler Anfangswert ist.

Durch **Prozedurvereinbarungen**

```
procedure prozedurname : e_Typ is ... end
procedure prozedurname (parameter_name : p_Typ; ... ) :e_Typ is ... end
```

oder

```
procedure prozedurname is ... end
procedure prozedurname (parameter_name : p_Typ; ... ) is ... end
```

werden Bezeichner zur Benennung von **Prozeduren** eingeführt. Die erste Form vereinbart **Funktionsprozeduren**, die wie Funktionen funktionaler Sprachen ein Ergebnis des **Ergebnistyps** *e_Typ* liefern. Falls Parameter vorhanden sind, bezeichnet *p_Typ* den Typ eines Parameters. Eine Verwendung von prozedurname in einem Ausdruck heißt ein **Funktionsaufruf**. Zur Unterscheidung von Funktionen heißen Prozeduren ohne Ergebnistyp auch **eigentliche** oder **echte Prozeduren**[5].

Vor dem Symbol is steht der **Prozedurkopf**, der die Parameter und Ergebnisse, also die **Signatur** der Prozedur spezifiziert. Nach is folgt der **Prozedurrumpf**, die eigentliche Rechenvorschrift. In SATHER kann man das einleitende Schlüsselwort procedure auch weglassen; davon machen wir im folgenden aus Platzgründen

5. engl. *proper procedure*.

Gebrauch. In Kap. 10 erläutern wir, warum Prozeduren auch **Methoden**[6] heißen. Auf weitere Eigenschaften von Prozeduren gehen wir in 8.1.6.4 ein.

Ein **Programm** in einer imperativen Sprache ist genau wie in funktionalen Sprachen eine Menge von Vereinbarungen von Größen und Methoden. In SATHER schreiben wir im einfachsten Fall

class *Programmname* is
  $Vereinbarung_1$;
  ...
  $Vereinbarung_n$
end

Während beim funktionalen Programmieren Ausdrücke vorgegeben und mit Hilfe des Programms berechnet werden, wird beim imperativen Programmieren eine der Prozeduren des Programms als **Hauptprogramm** ausgezeichnet: die Programmausführung besteht aus der Ausführung des Hauptprogramms.

In SATHER, C, C++ und JAVA hat das Hauptprogramm den Namen main; das Programm besteht aus allen Vereinbarungen, die direkt oder indirekt bei der Ausführung von main benötigt werden. In C ist keine feste syntaktische Struktur für Programme vorgeschrieben. In SATHER und JAVA gehören die Vereinbarungen zu einer oder mehreren Klassen. Das Programm ist eine Menge von Klassen, von denen eine das Hauptprogramm enthält und dadurch ausgezeichnet ist. In PASCAL (und ähnlich in MODULA-2) schreibt man program *Programmname*(...); *Vereinbarungen* begin ... end; begin ... end ist der (unbezeichnete) Rumpf des Hauptprogramms.

8.1.3 Gültigkeitsbereich und Lebensdauer

In 5.2.2.1 hatten wir den **Gültigkeitsbereich**[7] einer Vereinbarung eines Bezeichners *b* als den Teil eines Programmtexts definiert, in dem Anwendungen von *b* die Bedeutung aus der gegebenen Vereinbarung haben. Diese Definition übernehmen wir auch für imperative Sprachen. Solange man Vereinbarungen und ihre Anwendung gleichzeitig ersetzt und keine Namenskonflikte auftreten, sind Bezeichner beliebig austauschbar. Die Wahl der Bezeichner ist ausschließlich eine Frage der Verständlichkeit des Programmtexts für den menschlichen Leser.

Gültigkeitsbereiche in funktionalen Sprachen können ineinander geschachtelt sein. Lokale Vereinbarungen können globale Vereinbarungen des gleichen Bezeichners verdecken. Die Regeln hierfür entsprechen den zulässigen Substitutionen aus 5.1.4 und den Bindungsregeln der Prädikatenlogik in 4.2.1.

---

6. Dieser Wortgebrauch hat sich für objektorientierte Programmiersprachen ausgehend von SMALLTALK eingebürgert. Etwa in der Zusammensetzung *Zerlegungsmethode* bedeutet *Methode* natürlich etwas anderes. In C, C++ und Java heißen eigentliche und Funktionsprozeduren einheitlich Funktionen; eine eigentliche Prozedur ist eine Funktion, deren Ergebnis den leeren Typ void hat, von dem es keine Werte gibt.

7. engl. *scope*.

Dieselben Regeln gelten auch in imperativen Sprachen: In SATHER sind **Blöcke**, d. h. Anweisungsfolgen mit (möglicherweise) vorangestellten Vereinbarungen, Methoden und Klassen ineinander geschachtelte Gültigkeitsbereiche; es gilt jeweils die Vereinbarung aus dem kleinsten Gültigkeitsbereich, der die gegebene Anwendung eines Bezeichners umfaßt. Dabei vereinbart eine Methode nach außen sichtbar den Methodennamen mit seiner Signatur als Typ. Ihr Rumpf ist ein Block, zu dem auch etwaige Parametervereinbarungen gehören.[8]

Beispiel 8.1: Wir nehmen an, daß in dem Programmschema

```
class Programmname is
  a: INT;
  procedure p is a: INT; · · · a · · · end;
  procedure q(a: INT) is · · · a · · · end;
  procedure r is · · · a · · · end;
  procedure s(a: INT) is a: INT; · · · a · · · end; -- unzulässig
end;
```

nur die angeschriebenen Vereinbarungen vorkommen. Dann bezieht sich der Bezeichner *a* im Rumpf von *p* auf die lokal vereinbarte Variable, im Rumpf von *q* auf den Parameter und nur im Rumpf von *r* auf die global vereinbarte Variable. Die zweite Vereinbarung von *a* im der Prozedur *s* ist unzulässig, da die Parameterspezifikation als Vereinbarung im Prozedurrumpf gilt. Zwei Vereinbarungen des gleichen Bezeichners in einem Block sind aber nicht erlaubt.

In C gelten gleichartige Regeln, wenn man den Begriff *Klasse* durch *getrennt übersetzbare Programmeinheit* ersetzt. In JAVA darf in geschachtelten Blöcken der gleiche Bezeichner nicht nochmals vereinbart werden.

An der Prozedur *r* sehen wir, daß im Gegensatz zum funktionalen Programmieren mehrfaches Aufrufen einer parameterlosen Prozedur unterschiedliche Ergebnisse zeitigen kann: Die Änderung des Werts der globalen Größe *a* während oder zwischen Aufrufen von *r* kann das Ergebnis beeinflussen; die Wirkung eines Prozeduraufrufs ist abhängig vom Zustand zum Zeitpunkt des Aufrufs. ♦

Zusätzlich kann es Bezeichner geben, die in gewissen syntaktischen Strukturen automatisch mit einer bestimmten Bedeutung erklärt sind. So wird in SATHER der Bezeichner res[9] automatisch in jeder Funktionsprozedur als eine Variable mit dem Ergebnistyp der Prozedur vereinbart. Ihr Wert ist am Ende der Ausführung der Prozedur der Funktionswert.

In funktionalen Sprachen kümmern wir uns nicht weiter um die Werte von Größen, deren Gültigkeitsbereich wir verlassen. Soweit sie Speicher belegen, z. B. umfangreiche Listen, ist es Sache der Implementierung der Sprache, den Speicher

8. Die Erfindung des Blockschachtelungsprinzips wird KLAUS SAMELSON, 1918-1980, Professor der Informatik in München, zugeschrieben.

9. für *Resultat*.

zu bereinigen und Platz für andere Werte zu schaffen. Dieser Vorgehensweise liegt der (mathematische) Gedanke zugrunde, daß Werte „von Ewigkeit zu Ewigkeit" existieren, aber nur während der Zeit, in der ihnen ein Bezeichner zugeordnet ist, in unser Gesichtsfeld treten.

Im zustandsorientierten Programmieren ist die Ausführung einer Vereinbarung einer Größe zugleich eine Zustandsänderung: der Zustand wird um eine Zustandsvariable, nämlich die vereinbarte Größe, erweitert. Sobald diese Zustandsvariable nicht mehr zugreifbar ist, endigt ihre Lebensdauer; sie wird aus dem Gesamtzustand gestrichen. Die **Lebensdauer**[10] einer vereinbarten Größe, oder kurz, die Lebensdauer einer Vereinbarung, ist also derjenige Ausschnitt eines Programm*ablaufs* in dem die vereinbarte Größe existiert. Ein Gültigkeitsbereich ist ein Teil eines (Programm-)Textes; die Lebensdauer bezieht sich hingegen auf dessen Ausführung. Man vergleiche dazu 1.3; die hier als Größen auftretenden Elemente hatten wir dort als zum System gehörige Gegenstände oder Bausteine bezeichnet.

8.1.4 Typen und Operationen

Imperative Sprachen stellen zur Verarbeitung von Zahlwerten, Zeichen usw. die einfachen Datentypen in Tab. 8.1 mit unterschiedlichen Bezeichnungen zur Verfügung; wir hatten sie bereits bei funktionalen Sprachen kennengelernt. Mit

Tabelle 8.1: Einfache Datentypen

Typ	Grundoperationen (Auswahl)	Beschreibung
BOOL	and, or, not	BOOL $\triangleq$ $\mathbb{B}$
INT	+, −, ∗, div, mod	Ganzzahlen beschränkter Größe
FLT, FLTD	+, −, ∗, /, ^	Gleitpunktzahlen beschränkter Genauigkeit
CHAR	pred,succ	Einzelzeichen (ASCII, ISO 8859-1, UNICODE, ...)
STR	*nicht allgemein festgelegt*	Texte (Folge v. Einzelzeichen)

allen diesen Typen kann man Variablen- und Konstantenvereinbarungen bilden. Wenn wir Ausdrücke F unter Verwendung von Operationen aus der Tabelle oder anderer Operationen bilden, bezeichnen wir das Ergebnis der Berechnung des Ausdrucks in einem Zustand z mit $z : F$. Das Ergebnis existiert wie bei Ausdrücken in funktionalen Sprachen nur, wenn

- das Ergebnis nach Regeln des abstrakten Datentyps, zu denen die Operanden und Operationen gehören, existiert; Division durch 0 ist also nicht erlaubt;

10. engl. *extent* oder *life-time.*

- das Ergebnis arithmetischer Ausdrücke im Rahmen der beschränkten Genauigkeit der Rechnerarithmetik berechenbar ist;
- alle Operanden im Zustand z einen Wert besitzen (alle Variablen vorbesetzt) und der Gleitpunktwert NaN ("Not a Number", vgl. Bd. I, B.2.2) nicht vorkommt.

Bei Erfüllung dieser Bedingungen heißt der Ausdruck F **zulässig**. Wir kennzeichnen ihn mit dem Prädikat zulässig(F).

Unter den zahlreichen hier nicht genannten Operationen finden sich insbesondere die Vergleichsoperationen $=, \neq$: Typ $\times$ Typ $\rightarrow$ BOOL und zumindest für die numerischen Typen INT, FLT und den Typ CHAR die Vergleichsoperationen $\leqslant, <, >, \geqslant$: Typ $\times$ Typ $\rightarrow$ BOOL. Falls die Vergleichsoperationen $\leqslant, \ldots$ auch für Texte definiert sind, benutzen sie die lexikographische Ordnung entsprechend der Codierung des Zeichensatzes: `""` < `"a"`, `"abc"` < `"abd"`, `"abc"` < `"abcd"`.

Die booleschen Operationen and und or unterscheiden sich in vielen Programmiersprachen von den anderen Operationen: Während bei $a\ \tau\ b$ beide Operanden berechnet und dann die Operation τ angewandt wird — bei funktionalen Sprachen bezeichneten wir dies als strikte Berechnung — wird a and b und a or b oft so definiert, daß der zweite Operand nur berechnet wird, wenn der erste das Ergebnis noch nicht festlegt. In funktionaler Schreibweise gilt also

$$\begin{aligned} \text{Ergebnis}(a \text{ and } b) &= \text{if } a \text{ then } b \text{ else false} \\ \text{Ergebnis}(a \text{ or } b) &= \text{if } a \text{ then true else } b \end{aligned} \tag{8.2}$$

Diese faule Berechnung heißt **sequentielle** oder **Kurzauswertung** (eines booleschen Ausdrucks)[11]. Sie ist notwendig für Ausdrücke wie

$$x \neq 0 \text{ and } (1 - x)/x > 1, \tag{8.3}$$

in denen die Erfüllung der ersten Teilbedingung Voraussetzung für die Berechnung der zweiten ist.

Die Operationen div und mod liefern den Quotienten und den Rest. Für $a, b \neq 0$ gilt

$$a = (a \text{ div } b) * b + a \text{ mod } b, \quad 0 \leqslant |a \text{ mod } b| < |a|. \tag{8.4}$$

Technisch liefert die Divisionsoperation den Rest meist mit dem Vorzeichen des Zählers. Für a mod $b \neq 0$ gilt daher sign(a) = sign(a mod b) mit der Vorzeichenfunktion sign(x). Wie bereits in 5.3.2 bemerkt, ist es zweckmäßig, die Restoperation nur mit positiven Operanden zu benutzen.

Gleitpunktzahlen gibt es in verschiedenen Ausprägungen, die sich durch die Länge der Mantisse und des Exponenten unterscheiden: In SATHER bezeichnet FLT

11. engl. *short-circuit evaluation.*

den Typ von Gleitpunktzahlen einfacher und FLTD den Typ von Gleitpunktzahlen doppelter Länge entsprechend dem IEEE-Standard, vgl. B.2; insbesondere gibt es für diese Typen undefinierte Werte **NaN** und den Wert **Inf**, d. h. ∞.

Viele Sprachen verlangen, daß in einer Zuweisung $a := b$ oder einem Ausdruck $a + b$ alle Größen einen einheitlichen (numerischen) Typ haben. SATHER gehört zu den Sprachen, in denen es eine automatische **Typanpassung**[12]

$$\mathsf{INT} \rightarrow \mathsf{FLT} \rightarrow \mathsf{FLTD} \tag{8.5}$$

gibt: Wenn ein Wert b des Typs T einer Variable a eines in dieser Reihe nachfolgenden Typs T' zugewiesen oder mit deren Wert verknüpft wird, wird der Wert w automatisch in einen Wert b' des Typs T' umgewandelt. Die umgekehrte Typanpassung FLT bzw. FLTD $\rightarrow$ INT wird heute grundsätzlich explizit geschrieben, um die Art der Rundung zu kennzeichnen. In den meisten imperativen Sprachen gibt es dafür einstellige Funktionen wie truncate(x) oder round(x). In SATHER schreiben wir solche Funktionen nachgestellt: x.int liefert die nächste ganze Zahl, die dem Betrag nach nicht größer ist als x. x.round ergibt die nächstliegende ganze Zahl.[13] Die Signaturen der beiden Funktionen sind

$$\mathsf{int}\colon\ \mathsf{FLT} \rightarrow \mathsf{INT}, \tag{8.6}$$

$$\mathsf{round}\colon\ \mathsf{FLT} \rightarrow \mathsf{INT}. \tag{8.7}$$

Sie sind auch für den Typ FLTD definiert. Es gilt

$$0 \leqslant |x.\mathsf{int}| \leqslant |x| < |x.\mathsf{int}| + 1 \text{ und } \operatorname{sign}(x.\mathsf{int}) = \operatorname{sign}(x), \text{ falls } x.\mathsf{int} \neq 0 \tag{8.8}$$

sowie

$$x.\mathsf{round} = (x + 0.5 sign(x)).\mathsf{int}. \tag{8.9}$$

Aufgabe 8.1: Definieren Sie mit Hilfe von int die (in SATHER vorhandenen) Operationen x.ceiling $= \lceil x \rceil$ und x.floor $= \lfloor x \rfloor$ mit ganzzahligem Ergebnis und $\lceil x \rceil - 1 < x \leqslant \lceil x \rceil$ bzw. $\lfloor x \rfloor \leqslant x < \lfloor x \rfloor + 1$.

Eine Vereinbarung c: CHAR führt eine Variable für Einzelzeichen ein. Die einstelligen Operationen pred und succ, in SATHER nachgestellt geschrieben, c.pred bzw. c.succ, liefern das vorangehende bzw. nachfolgende Zeichen in der Reihenfolge der Codierung. Daneben gibt es noch weitere Operationen, die zwischen Typen konvertieren:

$$\mathsf{int}\colon\ \mathsf{CHAR} \rightarrow \mathsf{INT}$$
$$\mathsf{char}\colon\ \mathsf{INT} \rightarrow \mathsf{CHAR}$$
$$\mathsf{str}\colon\ \mathsf{CHAR} \rightarrow \mathsf{STR}.$$

12. engl. *coercion*.

13. Man beachte, daß beim Übergang INT $\rightarrow$ FLT Rundungsfehler auftreten können, wenn wir 32 Bit für ganze Zahlen und einfach genaue Gleitpunktzahlen in der Codierung von Bd. I, Abb. B.5 zugrundelegen. Umgekehrt können x.round und x.int Überlauf hervorrufen.

Natürlich kann man nur Zahlen i zwischen 0 und der maximalen Codierung, also 255 oder bei Verwendung von 16 bit UNICODE entsprechend 65535 als Zeichen interpretieren.

Der Typ STR kennzeichnet Texte, also Folgen von Zeichen. Eine Textkonstante, vereinbart durch

titel: STR := "Vorlesungen über Informatik"

besteht aus einer festen Anzahl von Zeichen, hier 27; die Anzahl wird der Vorbesetzung entnommen. Eine Textvariable tv: STR[n] hat eine feste Obergrenze n und kann Texte der Länge l, $0 \leqslant l < n$ aufnehmen. In SATHER liefert nach der Vereinbarung der Ausdruck tv.asize den Wert n. Die aktuelle Länge l ergibt sich zu tv.length.

Eine Textvariable hat als Wert also ein Tupel (Obergrenze, Länge, Text). In C und ebenso in SATHER und anderen Sprachen wird auf die Längenangabe verzichtet. Sie wird dem Text entnommen: Das erste Auftreten des Zeichens NUL = 0.char im Text beendet den Text und bestimmt seine Länge (über die weiteren Zeichen wird keine Aussage gemacht!). NUL ist also kein zulässiges Zeichen in einem Text, sondern dient als **Anschlag**[14], der den Text abschließt.

STR[n] ist in Wahrheit eine Kurzschreibweise für den Spezialfall ARR[n](CHAR) einer **dynamischen Reihung**, vgl. 6.2.2. Reihungen können wir für Elemente beliebigen Typs T (anstelle von CHAR) definieren. Eine Größe a: ARR[n](T) ist eine geordnete Menge von Variablen mit gemeinsamen Namen a. Die Einzelwerte werden durch Indizierung ausgewählt. In mathematischer Notation ist $a = \{a_0, a_1, \ldots, a_{n-1}\}$. In Programmiersprachen schreiben wir $\{a[0], a[1], \ldots, a[n-1]\}$. Die ganzen Zahlen i, $0 \leqslant i < n$ bilden die **Indexmenge** $\mathcal{I}(a)$ der Reihung a. Die Obergrenze n bezeichnen wir wie bei Texten mit a.asize. Die Vereinbarung a: ARR[3](FLT)$\{0.5, -1.0, 1.5\}$ definiert die Reihung a mit den drei Variablen $a[0] = 0.5$, $a[1] = -1.0$, $a[2] = 1.5$ und a.asize $= 3$. Eine Zuweisung $a[1] := 2.1$ ändert die einzelne Variable $a[1]$ und damit natürlich zugleich den Wert von ganz a. Es gilt danach $a = \{0.5, 2.1, 1.5\}$.

Damit eine Zuweisung $a[i] := 2.1$ oder die Verwendung von $a[i]$ als Operand möglich ist, muß $i \in \mathcal{I}$, also $0 \leqslant i < a$.asize, gelten. Diese Bedingung fügen wir bei Formeln F dem Prädikat zulässig(F) konjunktiv hinzu.

Auch einer Textvariablen, vereinbart mit tv: STR[3], können wir den Text "abc" in der Schreibweise tv := {'a', 'b', 'c'} zuweisen. Ferner ersetzt $tv[1]$:= 'd' den Text durch "adc". Auch Texte können indiziert werden.

In Sprachen wie PASCAL vereinbart a: array[2 . . 5] of real eine Reihung mit der Indexmenge $\mathcal{I}(a) = \{2, 3, 4, 5\}$; man kann nicht nur die Obergrenze, sondern auch die Untergrenze der Indexmenge frei wählen. In der Mathematik ist die Untergrenze 1 üblich; diese Konvention wurde in FORTRAN übernommen. In SATHER ist ebenso wie in C, C++ und JAVA die Untergrenze stets 0. Diese Konvention hat technische Gründe, vgl. Kap. 11, ist aber auch für viele praktische Anwendungen sehr bequem.

14. engl. *sentinel*.

Eine Abbildung $f\colon X \nrightarrow Y$ zwischen endlichen Mengen können wir als eine Menge von Paaren $i \mapsto f(i)$ ansehen. Nehmen wir die Indexmenge $\mathcal{I}$ einer Reihung a als Definitionsbereich X und die Werte $a[i]$, $i \in X$, als Funktionswerte $f(i)$, so erweist sich die Reihung a mit Elementen vom Typ T als eine Abbildung $a\colon \mathcal{I} \rightarrow T$. Eine Zuweisung $a[i] := t$ verändert diese Abbildung an der Stelle i. Für die neue Abbildung a' gilt

$$a'[j] = \begin{cases} t, & j = i, \\ a[j], & j \neq i. \end{cases} \tag{8.10}$$

Wir bezeichnen diese neue Abbildung kurz mit $a' = a : [t/i]$. Die Ähnlichkeit mit der Notation für Substitutionen ist beabsichtigt: $a : [t/i]$ ist die Abbildung, die aus der Menge der Substitutionen $[a[j]/j]$ für $j \neq i$ und der Substitution $[t/i]$ besteht.

Daß eine Reihung eine Funktion ist, ist eine nützliche Abstraktion, auch wenn sie nicht der Realisierung entspricht. Insbesondere können wir bei Bedarf Reihungen auch als Größen eines einfachen Typs, nämlich eines Funktionstyps, beschreiben, obwohl wir Reihungstypen gewöhnlich zu den zusammengesetzten Typen rechnen.

Für Reihungen ist neben der Indizierung und der Gesamtzuweisung sehr häufig die Bildung eines **Abschnitts** $a[i:j]$ wichtig. $a[i:j]$ ist eine neue Reihung mit

$$a[i:j][k] = \begin{cases} a[k], & i \leqslant k \leqslant j, \\ \text{undefiniert}, & \text{sonst.} \end{cases} \tag{8.11}$$

Für $j < i$ bezeichnet $a[i:j]$ die **leere Reihung**, die 0 Elemente enthält. In SATHER schreiben wir a.subarr(i,j) statt $a[i:j]$; wegen der Festlegung auf die Untergrenze 0 gilt $a.\mathrm{subarr}(i,j)[l] = a[i+l]$ mit $k = i + l$.

In imperativen Sprachen heißen die Tupel (x, y, z) funktionaler Sprachen, bei denen die Werte x, y, z unterschiedlichen Typ haben können, **Verbunde**[15]. In PASCAL wird z. B. durch die Vereinbarung

type t = record x: integer; y, z: real end

der Typ eines Verbunds mit drei **Feldern** x, y, z eingeführt. Mit $v\colon t$ kann man anschließend Variable dieses Typs vereinbaren und mit $v.x$, $v.y$, $v.z$ auf die Felder zugreifen. Wir nennen in diesem Zusammenhang v den **Qualifikator** eines **Feldbezeichners** x. $v.x$ heißt ein **qualifizierter Name**.

Ebenso wie Reihungen können wir auch Verbunde als Abbildungen auffassen. Ihr Definitionsbereich ist kein Ausschnitt der ganzen Zahlen, sondern die Menge der Feldbezeichner. Der Wertebereich ist die disjunkte Vereinigung $T_1 \uplus T_2 \uplus \cdots$ der Typen der Felder, vgl. A.2, in unserem PASCAL-Beispiel also $t\colon \{x, y, z\} \rightarrow \text{integer} \uplus \text{real} \uplus \text{real}$.

15. engl. *record*.

Eine Variable eines Verbundtyps ist eine strukturierte Variable, also ein Objekt im Sinne von 8.1.1. Dies hat *objekt*orientierten Sprachen ihren Namen gegeben. In diesen Sprachen heißen die Felder gewöhnlich **Merkmale**[16]; auch Methoden sind als Merkmale zugelassen. Die zuvor kommentarlos benutzten Notationen wie *a*.asize finden hier ihre Erklärung. Allgemein sind in solchen Sprachen die binären Operationen genauso wie in funktionalen Sprachen durch Curryen definiert. So wird in SATHER $a + b$ als Aufruf *a*.plus(*b*) der für den Typ von *a* definierten einstelligen Funktion plus interpretiert. Im Jargon sagt man „$a + b$ ist syntaktischer Zucker für *a*.plus(*b*)“.

8.1.5 Ausdrücke

Wie in funktionalen Sprachen können wir aus einzelnen Operanden (Literale, Bezeichner für Größen, Funktionsaufrufe, qualifizierte Namen, indizierte Namen) und Operatoren Ausdrücke zusammensetzen. Bei Ausdrücken mit mehreren Operatoren kennzeichnen wir Teilausdrücke durch Klammerung. Wie in der Mathematik gibt es Vorrangregeln, um die Anzahl der Klammerpaare zu reduzieren. Die Vorrangregeln für die Operatoren in SATHER zeigt die Tabelle 8.2.

Tabelle 8.2: Vorrangregeln für Operatoren in SATHER

Vorrang	Operation	objektorientierte Funktionsschreibweise	übliche Bedeutung
1	*a* >> *b*	*a*.str_in(*b*)	lies *b* von *a*
1	*a* << *b*	*a*.str_out(*b*)	schreibe *b* nach *a*
2	*a* or *b*		(faules) $a \vee b$
3	*a* and *b*		(faules) $a \wedge b$
4	$a = b$	*a*.is_equal(*b*)	Vergleich $a = b$
4	*a* /= *b*	(*a*.is_equal(*b*)).negate	Vergleich $a \neq b$
4	$a < b$	*a*.is_lt(*b*)	Vergleich $a < b$
4	*a* <= *b*	*a*.is_leq(*b*)	Vergleich $a \leqslant b$
4	$a > b$	*a*.is_gt(*b*)	Vergleich $a > b$
4	*a* >= *b*	*a*.is_geq(*b*)	Vergleich $a \geqslant b$
5	$a + b$	*a*.plus(*b*)	Addition $a + b$
5	$a - b$	*a*.minus(*b*)	Subtraktion $a - b$
6	$a * b$	*a*.times(*b*)	Multiplikation $a \times b$
6	*a*/*b*	*a*.quotient(*b*)	Division *a*/*b*
6	*a* div *b*	*a*.divide(*b*)	ganzzahlige Division *a* div *b*
6	*a* mod *b*	*a*.modulo(*b*)	ganzzahliger Rest *a* mod *b*
7	*a* ^ *b*	*a*.pow(*b*)	Potenzieren a^b
8	$-a$	*a*.minus	unäres Minus $-a$
8	not *a*	*a*.negate	Negation $\neg a$

16. engl. *feature*.

Die Addition bindet also schwächer als die Multiplikation, usw.: $a + b * c = a + (b * c)$, $-1 \wedge i = (-1) \wedge i$.

Tabellen wie 8.2 gibt es für alle imperativen Programmiersprachen. Wesentliche Unterschiede finden sich häufig bei der Einordnung der booleschen Operationen und des unären Minus. So ist in SATHER $a < b$ and $b < c$ erlaubt, während man in PASCAL $(a < b)$ and $(b < c)$ schreiben muß, da dort and Vorrang vor Vergleichen hat und daher $a < b$ and $b < c$ als $a < (b$ and $b) < c$ geklammert würde.

Die dritte Spalte interessiert erst in Kap. 10. In manchen Sprachen kann man die Bedeutung der Operatoren umdefinieren oder für zusätzliche Operandentypen erklären; die vierte Spalte gibt die Bedeutung im *Regelfall* an.

Addition und Multiplikation sind kommutativ. Wie bereits in B.2 ausgeführt, können wir nicht mit der Gültigkeit des Assoziativ- und Distributivgesetzes für Zahlen rechnen. In allen Sprachen wird für die 4 Grundrechenarten Linksassoziativität unterstellt, also $a + b + c = (a + b) + c$, $a - b - c = (a - b) - c$, $a * b * c = (a * b) * c$, $a/b/c = (a/b)/c$. SATHER unterstellt für das Potenzieren Rechtsassoziativität, $a \wedge b \wedge c = a \wedge (b \wedge c)$; viele andere Sprachen betrachten auch das Potenzieren als linksassoziativ, also $a \wedge b \wedge c = (a^b)^c = a^{b*c}$.

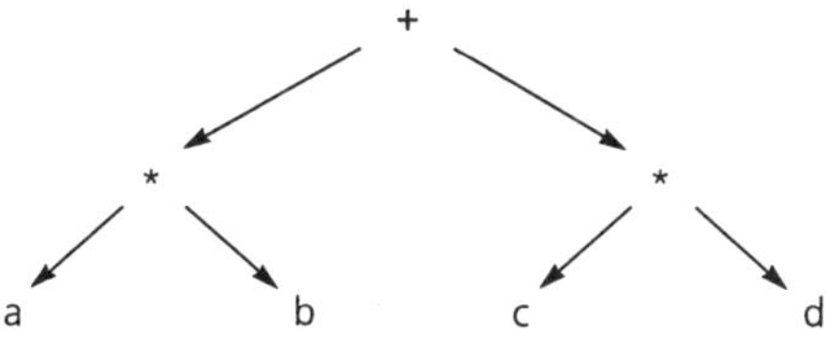

Abbildung 8.1: Kantorowitsch-Baum für $a * b + c * d$

Mit diesen Regeln können wir Ausdrücke in Kantorowitsch-Bäume überführen, wie dies Abb. 8.1 zeigt. Das Programm aus Beispiel 6.1 berechnet dann den Wert des Ausdrucks aus der zugehörigen Postfixform. In imperativer Notation lautet die Berechnung

```
1 h1  := a*b;
2 h2  := c*d;
3 res := h1 + h2
```

Allerdings ist dies nicht die einzige mögliche Reihenfolge der Berechnung von $a * b + c * d$: Auch die Reihenfolge 2, 1, 3 ist mit der Struktur des Kantorowitsch-Baums verträglich. Ebenso wäre parallele Berechnung von $a * b$ und $c * d$ erlaubt. Insbesondere kann man $a * b + a * b$ durch

```
h   := a*b;
res := h + h
```

berechnen.

Diese Bemerkungen gelten nicht nur für imperative, sondern auch für funktionale Sprachen. Im funktionalen Fall lassen sich die verschiedenen Reihenfolgen nicht unterscheiden: *a*, *b*, *c*, *d* sind zuvor berechnete, feste Werte. Im imperativen Programmieren bezeichnen *a*, *b*, *c*, *d* jedoch Zugriffswege zu Werten. Insbesondere könnten sich dahinter (parameterlose) Funktionsaufrufe verbergen, die durch Veränderung des Zustands Nebenwirkungen auf den Wert des Ausdrucks haben, z. B. liefert

```
i: INT := 1;
a: INT is i := i+1; res := i end;
. . .
a*i + a*i
```

$2*2+3*3$, jedoch $2*2+2*2$, wenn wir $a*i$ nur einmal berechnen. Bestimmen wir den Wert von i, bevor wir die Prozedur a aufrufen, so könnte sich auch $1*2+2*3$ oder $1*2+1*2$ ergeben.

Aufgabe 8.2: Welche Ergebnisse könnte $a+i$ unter diesen Bedingungen liefern?

Das Ergebnis eines Ausdrucks oder, allgemeiner, eines Programmstücks heißt **undefiniert**, wenn verschiedene Implementierungen unterschiedliche Ergebnisse liefern könnten. Die Literatur spricht oft auch dann von einem undefinierten Ergebnis, wenn regelmäßig das gleiche, wenn auch unbekannte Ergebnis anfällt.

In den meisten imperativen Sprachen ist jede Reihenfolge der Bestimmung von Operanden und Ausführung von Operationen, die sich mit der durch den Kantorowitsch-Baum gegebenen Ordnung verträgt, auch zulässig. In der Terminologie von 1.4 können also die Werte der Operanden und die Ergebnisse getrennter Teilbäume zeitlich verzahnt oder kollateral bestimmt werden. Verändert die Bestimmung eines Operanden *a* den Wert eines anderen Operanden *b*, so sagen wir, die Berechnung von *a* habe eine **Nebenwirkung** (auf die Berechnung von *b*). Der Wert des Ausdrucks ist dann undefiniert.

Daß beliebige Reihenfolgen erlaubt sind, bedeutet, daß Nebenwirkungen verboten und folglich die obigen Ausdrücke $a*i+a*i$ usw. unzulässig sind. Im allgemeinen Fall ist die Frage, ob es Nebenwirkungen gibt, unentscheidbar. Ein Programmierer kann nicht erwarten, daß er vom Rechner auf unzulässige Ausdrücke hingewiesen wird.

Java beseitigt dieses Problem, indem es die Reihenfolge der Operandenzugriffe, wie sie sich aus der Postfixform ergibt, für verbindlich erklärt. Jedoch bleibt auch dann ein Ausdruck, der Nebenwirkungen enthält, für den menschlichen Leser schwer verständlich und fehleranfällig. Das Gebot „Du sollst keine unverständlichen Programme schreiben" verbietet Ausdrücke mit Nebenwirkungen aus nicht-technischen Gründen.

8.1.6 Ablaufsteuerung

Im zustandsorientierten Rechenmodell verändern Zuweisungen, sowie der Beginn und das Ende der Lebensdauer von Größen und Objekten den Zustand. Den Gesamtablauf, eines Programms steuern wir durch sequentielles, kollaterales oder paralleles Zusammensetzen solcher Zustandsübergänge. Wie bei den Formulierungen im Kochbuch in 1.4 gibt es dazu in Programmiersprachen neben Vereinbarungen und Zuweisungen noch Anweisungen zur bedingten oder wiederholten Ausführung von (Teil-)Anweisungen. Ferner können wir mehrere Anweisungen zu einer Prozedur zusammenfassen.

Wir führen in diesem Abschnitt die Anweisungen für die **Ablaufsteuerung**[17] an Beispielen ein. Die genaue Schreibweise in SATHER ergibt sich aus den Syntax-Diagrammen in C.1. Wir verzichten vorläufig auf das parallele Zusammensetzen von Anweisungen.

8.1.6.1 Hintereinanderausführung, Blöcke

Das Hintereinanderausführen von Anweisungen $A_1, A_2, A_3, \ldots$ beschreiben wir durch eine **Anweisungsfolge** $A_1; A_2; A_3; \ldots$ mit Strichpunkt als Trennzeichen zwischen den Anweisungen. Wir hatten diese Schreibweise bereits in 8.1.5 benutzt. Der Strichpunkt ist sozusagen der *Sequentierungsoperator.*

Bewirkt eine Anweisung A_i einen Zustandsübergang $z_{i-1} \rightarrow z_i$, so liefert die Anweisungsfolge $A_1; A_2$ den **zusammengesetzten Zustandsübergang** $z_0 \rightarrow z_2$ mit Zwischenzustand z_1. Von außen betrachtet, interessieren nur die Zustände z_0, z_2. Der Zustand z_1 bleibt unsichtbar.

In Zwischenzuständen könnten nicht nur Variable andere Werte haben. Temporär könnte der Zustandsraum auch um zusätzliche Größen erweitert worden sein. Wir sehen das an der Vertauschung der Werte der Variablen i und j:

```
begin h: INT; h := i; i := j; j := h end
```

Der Zustandsraum besteht am Anfang und am Ende aus den beiden Variablen i und j. Zur Vertauschung benötigen wir temporär eine Hilfsvariable h, die vorher und nachher uninteressant ist. Dazu stellen wir der Anweisungsfolge die benötigte Vereinbarung für h voran und erhalten die Übergänge der Abb. 8.2.

Eine Anweisungsfolge, der wie im Beispiel Vereinbarungen vorangestellt sein können, ist ein Block. Der Gültigkeitsbereich der in einem Block vereinbarten Bezeichner ist nach den Regeln aus 8.1.3 auf den Block beschränkt. Die Lebensdauer der vereinbarten Größen beginnt mit der Ausführung der Vereinbarung und endigt mit dem Ende der Ausführung des Blocks.

17. Der Ablauf eines Programms oder eines Teils davon heißt engl. *flow (of control)*. Dies veranlaßt manche, statt von Ablaufsteuerung von Ablaufkontrolle zu sprechen. Allerdings bedeutet im Deutschen „Kontrolle“ *Prüfung* oder *Überwachung* und nicht *Steuerung*.

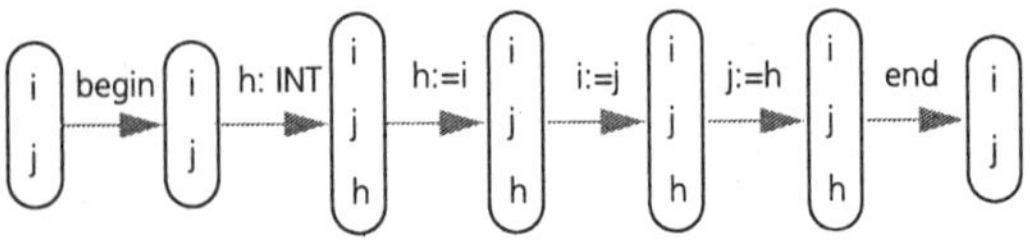

Abbildung 8.2: Änderungen des Zustandsraums beim Vertauschen von Werten

Die Wortsymbole **begin**, **end** benutzen wir, um einen Block explizit zu kennzeichnen. **begin** kann als eine Leeranweisung aufgefaßt werden, die den Zustand nicht verändert. **end** verändert den Zustand; lokal vereinbarte Größen des Blocks werden ungültig.

Die **Leeranweisung** benötigen wir auch in anderem Zusammenhang. In theoretischen Erörterungen schreiben wir dafür leer. Im Programmtext steht dafür die leere Zeichenreihe.

8.1.6.2 Bedingte Anweisungen, Fallunterscheidungen

Aus funktionalen Sprachen sind uns bedingte Ausdrücke bekannt. In imperativen Sprachen gibt es eine entsprechende **bedingte Anweisung**, in SATHER etwa

if i > j **then** max := i **else** max := j **end**

Abhängig von der Bedingung i > j, im allgemeinen Fall ein beliebiger boolescher Ausdruck, wird die Ja- oder Nein-Alternative ausgewählt und ausgeführt. Beide Alternativen können Blöcke sein; **begin** und **end** sind nicht erforderlich.

In GOFER schreiben wir für das Beispiel

```
max i j | i>j       = i
        | otherwise = j
```

oder

max i j = **if** i>j **then** i **else** j

Das Beispiel

if i > j **then** h : INT; h := i; i := j; j := h **end** (8.12)

zeigt eine **einseitige bedingte Anweisung**: Die Nein-Alternative ist eine Leeranweisung und wird samt dem Wortsymbol **else** weggelassen. Die bedingte Anweisung vertauscht die Werte der Variablen i und j, wenn vor der Ausführung $i > j$ gilt. Anschließend gilt immer $i \leqslant j$.

Beispiel 8.2: Die bedingte Anweisung

if i > j **then** p := **true** **else** p := **false** **end**

kann zu

p := i>j

vereinfacht werden. ♦

Programme werden sehr schwer verständlich, wenn die booleschen Ausdrücke zur Steuerung bedingter Anweisungen und Schleifen Nebenwirkungen haben. Wir setzen im folgenden stets voraus, daß solche Nebenwirkungen nicht vorliegen, selbst, wenn wir das nicht explizit erwähnen.

Häufig benötigen wir Kaskaden

```
if ...
then ...
else if ...
   then ...
   else ...
   end
end
```

in denen die Nein-Alternative selbst wieder eine bedingte Anweisung ist. Diese Konstruktion kürzen wir in Sather (und ähnlich in anderen Sprachen) zu

```
if ...
then ...
elsif ...
then ...
else ...
end
```

Wenn eine Nein-Alternative nur aus einer einzigen bedingten Anweisung besteht, ziehen wir also else if zu elsif zusammen und lassen ein end weg.

Beispiel 8.3: *a* und *signum* seien Variable vom Typ INT. Die bedingte Anweisung

```
if a > 0 then signum := 1
elsif a < 0 then signum := -1
else signum := 0
end
```

berechnet in *signum* das Vorzeichen von *a*. ♦

Beispiel 8.4 (H. D. Demuth, 1956): Wir wollen die Werte von 5 Variablen a, b, c, d, e so vertauschen, daß $a \leqslant b \leqslant c \leqslant d \leqslant e$ gilt. Nach 5.3.4.1 bedeutet das, daß wir a, b, c, d, e **sortieren.** Wir sortieren zunächst die Paare (a, b) und (c, d) und dann die beiden größten Elemente, also (b, d). Dazu setzen wir jeweils die bedingte Anweisung (8.12) ein. Dies liefert eine der Konfigurationen der Abb. 8.3. Die Pfeile geben die bereits bekannten Größenbeziehungen an. Danach setzen wir mit Hilfe zweier Vergleiche das Element e in die Kette $[a, b, d]$ ein.

Abbildung 8.3: Sortieren von 5 Zahlen: Nach den Vergleichen $a > b, c > d, b > d$, vor eventuellem Vertauschen von b, d

Die Vergleiche liefern eine der Konfigurationen der Abb. 8.4. Die ersten drei Konfigurationen der Abb. 8.4 geben die schwächste Kenntnis wieder, die wir

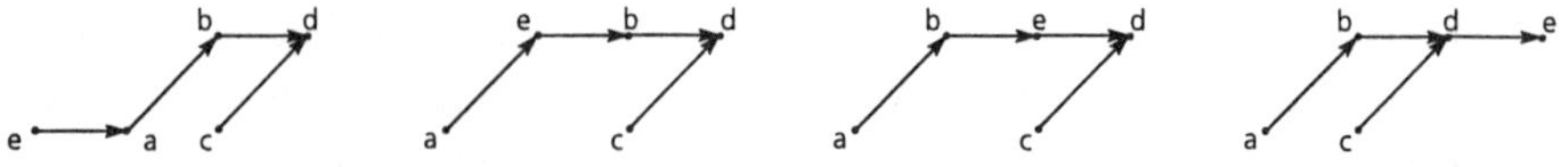

Abbildung 8.4: Sortieren von 5 Zahlen: Nach Vergleich mit *e*

besitzen. Diese nutzen wir, um mit zwei weiteren Vergleichen das Element *c* in die Viererkette einzusetzen und erhalten das Programm

```
if a>b then h: INT; h := a; a := b; b := h end;
if c>d then h: INT; h := c; c := d; d := h end;
if b>d then h: INT; h := b; b := d; d := h; h := a; a := c; c := h end;
if b>e
then if a>e then h: INT; h := e; e := d; d := b; b := a; a := h
     else h: INT; h := e; e := d; d := b; b := h
     end
elsif d>e then h: INT; h := e; e := d; d := h
end;
if c>b
then if c>d then h: INT; h := c: c:= d; d := h end
elsif c>a then h: INT; h := b; b := c; c := h
else h: INT; h := a; a:= c; c := b; b := h
end
```

Insgesamt führen wir genau 7 Vergleiche durch.

Dieses Programmstück läßt sich noch verbessern. Zum einen ist es nicht nötig, die in allen Alternativen vorkommende Hilfsvariable *h* jedes Mal neu zu vereinbaren. Wir könnten stattdessen das ganze Programmstück zu einem Block machen, in dem wir *h* einmal einführen:

```
begin
  h: INT;
  if a>b then h := a; a := b; b := h end;
  -- wie bisher, aber ohne die Vereinbarungen von h
end
```

Zum anderen haben wir nicht alle Kenntnisse genutzt, die wir laut Abb. 8.3 und 8.4 besitzen. Auf weitere Umformulierungen kommen wir auf S. 25 zurück. ♦

Aufgabe 8.3: Zeigen Sie, daß man zum Sortieren von 5 beliebigen Zahlen mindestens 7 Vergleiche benötigt.

Aufgabe 8.4: Wieviele Vergleiche braucht man mindestens, um 6 Zahlen zu sortieren? Geben Sie hierfür ein Programmstück an.

Auf S. 47 werden wir sehen, wie wir uns von der Richtigkeit unseres Programms überzeugen können. Wollen wir das durch Testen erreichen, so müßten wir prüfen, ob unser Programm sämtliche $5! = 120$ Permutationen fünf verschiedener Zahlen richtig sortiert. Das erschöpfende Testen von if-then-else-Programmen kann also sehr schnell zu einer großen und nicht mehr beherrschbaren Anzahl von Testfällen führen. Im vorliegenden Fall genügen allerdings bereits $2^5 = 32$ Testfälle:

Aufgabe 8.5: Zeigen Sie: Ein Sortierprogramm zum Sortieren von n Zahlen, das sich aus bedingten Anweisungen der Form (8.12), also aus Vergleichen mit anschließendem Vertauschen, zusammensetzen läßt, ist bereits dann richtig, wenn es beschränkt auf Zahlen mit den Werten 0 und 1 richtig arbeitet.

Aufgabe 8.6: Würde die zusätzliche Berücksichtigung der weiteren Konfigurationen aus Abb. 8.3 und 8.4 tatsächlich den mittleren Aufwand des Sortierens von 5 Zahlen erheblich senken? Oder nur den Programmieraufwand (und die Fehleranfälligkeit) erhöhen? Nehmen Sie dazu an, daß die 120 Permutationen gleichverteilt als Eingabe auftreten könnten. Ermitteln Sie, wie oft die einzelnen Konfigurationen vorkommen, und wieviele Vergleiche und Zuweisungen Sie jeweils einsparen könnten.

Eine solche Analyse sollte man auch bei komplexeren Aufgaben ausführen, *bevor* man sich mit der Umformulierung des Programms beschäftigt.

Aufgabe 8.7: Geben Sie zu Beispiel 8.4 ein geordnetes binäres Entscheidungsdiagramm (OBDD, vgl. 4.1.8) an, das den Entscheidungsprozeß wiedergibt, und überzeugen Sie sich damit von der Richtigkeit des Programms. Anleitung: Jede Permutation ist bekanntlich durch die Inversionen ihrer Elemente charakterisiert. Ein Vergleich wie $c < d$ prüft, ob eine Inversion der beiden Elemente vorliegt oder nicht. Die vorhandenen Inversionen definieren zu Beginn die booleschen Werte für unser OBDD. Aufgrund der Vertauschungen bezeichnet allerdings $c < d$ nicht immer die gleiche Inversion.

Oft haben wir es mit geschachtelten bedingten Anweisungen

```
if i = k1 then B1
elsif i = k2 then B2
elsif i = k3 then B3
...
else B0
end
```

zu tun, in denen der Wert eines Ausdrucks i mit verschiedenen Werten k_1, k_2, usw. verglichen und dann ein Block B_i ausgeführt wird.
Diese können wir kürzer als Fallunterscheidung

```
case i
when k1 then B1
when k2 then B2
when k3 then B3
...
else B0
end
```

schreiben, in der der Ausdruck i nur ein einziges Mal berechnet wird. Die k_j müssen allerdings Literale der Typen INT, BOOL oder CHAR sein. Wir werden in 11.3.2 sehen, wie sich die Auswahl unter n Fällen mit Aufwand O(1) bewerkstelligen läßt, wenn die **Fallmarken** k_j eine (nahezu) lückenlose Folge bilden. Lückenlosigkeit ist allerdings keine Voraussetzung für den Einsatz der Fallunterscheidung; auch können die Fälle in beliebiger Reihenfolge angegeben sein; schließlich kann man mehrere Fallmarken k_j, $k_{j'}$ durch Komma getrennt als Liste when k_j, $k_{j'}$ then ... angeben, wenn die Blöcke B_j und $B_{j'}$ identisch sind. Sämtliche Fallmarken k_j müssen verschieden sein.

Die Nein-Alternative else B_0 einer Fallunterscheidung wird gewählt, wenn keiner der explizit genannten Fälle vorliegt; sie kann auch fehlen. Das Fehlen der Nein-Alternative kann zu ähnlichen Problemen führen, wie wir sie im funktionalen Programmieren kennenlernten, wenn die Alternative otherwise nicht angegeben war.

8.1.6.3 Schleifen

Schleifen hatten wir in 5.5.1 als den Spezialfall der Rekursion kennengelernt, der in der Mathematik dem Induktionsbeweis entspricht. Mit einer Schleife können wir den Wert von Zustandsvariablen solange modifizieren, bis eine bestimmte Zielbedingung erfüllt ist. Im zustandsorientierten Programmieren sind Schleifen das mächtigste Instrument des Programmierens. Zusammen mit der Zuweisung und dem Hintereinanderausführen von Anweisungen gestattet es beliebige Programme zu formulieren. Wir werden dies in Bd. III beweisen.

Die Standardform der Schleife ist in den meisten imperativen Sprachen die **while-Schleife**

while *Bedingung* loop *Block* end

mit einem booleschen Ausdruck als Schleifenbedingung. Sie entspricht dem Funktional while aus 5.5.1. Von dort übernehmen wir auch die Begriffe **Schleifenrumpf** für den Block und **Schleifeninvariante** für ein Prädikat P, das vor und nach der Ausführung des Schleifenrumpfes auf den Zustand zutrifft.

Der Schleifenrumpf wird ausgeführt, solange die Schleifenbedingung wahr ist. Die Bedeutung der Schleife können wir daher rekursiv erklären durch

if *Bedingung* then *Block*; while *Bedingung* loop *Block* end end (8.13)

Schleifen könnten endlos laufen. Wie in 5.5.1 unterscheiden wir zwischen der **totalen** und der **partiellen Korrektheit** eines Programms. Zum Nachweis totaler Korrektheit benötigen wir eine **Terminierungsfunktion** $t(x)$, die vom Zustand x abhängt und bei vorgegebenem Anfangszustand nur endlich viele Werte annehmen darf. Wenn wir nachweisen können, daß die Schleife nur endlichen Aufwand verursacht, können wir uns die Terminierungsfunktion sparen.

Endlicher Aufwand zusammen mit partieller Korrektheit garantiert auch totale Korrektheit.

Beispiel 8.5: Beispiel 5.41 berechnete den größten gemeinsamen Teiler zweier nicht-negativer ganzer Zahlen in GOFER durch

```
ggT a b = fst (until p gg' (a,b))
          where p (x,y)  =  y==0
                gg' (x,y) = (y,x `rem` y)
```

Mit einer while-Schleife erhalten wir

```
while b /= 0 loop h: INT := a; a := b; b := h mod b end;
-- Resultat in a
```

Das Ergebnis erhalten wir durch wiederholte Modifikation der Werte von a und b unter Einsatz der Hilfsvariablen h. Die while-Schleife ersetzt den Aufruf von until aus dem Gofer-Programm. Der Schleifenrumpf entspricht der Funktion gg', die Schleifenbedingung der Funktion p. ♦

Beispiel 8.6: In Aufgabe 5.43 berechneten wir das kleinste gemeinsame Vielfache $\mathrm{kgV}(a, b, c)$ dreier ganzer Zahlen $a, b, c > 0$. In SATHER lautet dieses Programm:

```
A,B,C: INT;
A := a; B := b C ;= c;
while A /= B or B /= C loop
   if    A<B  then A := A+a
   elsif B<C  then B := B+b
   else            C := C+c -- Fall C<A
   end
end;
-- Ergebnis in A, B und C
```

Eine mögliche Schleifeninvariante ist: A, B, C sind Vielfache von a, b, c und $A, B, C \leqslant \mathrm{kgV}(a, b, c)$, oder als prädikatenlogische Formel:

$$\begin{aligned} \exists p, q, r: \quad & A = pa \wedge B = qb \wedge C = rc \wedge \\ & A \leqslant \mathrm{kgV}(a, b, c) \wedge \\ & B \leqslant \mathrm{kgV}(a, b, c) \wedge \\ & C \leqslant \mathrm{kgV}(a, b, c). \end{aligned}$$

Bei Schleifenabbruch gilt

$$pa = qb = rc \leqslant \mathrm{kgV}(a, b, c).$$

Dies ist nur möglich, wenn $A = B = C = \mathrm{kgV}(a, b, c)$. Da sich in jedem Schleifendurchlauf entweder A, B oder C erhöht und $\mathrm{kgV} \leqslant a \cdot b \cdot c$ gilt, fällt die Funktion $t(A, B, C) = 3 \cdot a \cdot b \cdot c - A - B - C$ streng monoton und kann keine negativen Werte annehmen. Sie eignet sich deshalb als Terminierungsfunktion unserer Schleife; diese bricht also ab. Das Programmstück ist total korrekt. ♦

Die meisten imperativen Sprachen kennen neben der while-Schleife auch eine **Zählschleife.** Man benutzt sie etwa, um die Elemente einer Reihung zu durchlaufen. Die Zählschleife weist einem Zähler einen Anfangswert zu. Solange der Endwert nicht erreicht ist, wird der Schleifenrumpf ausgeführt und der Zähler um die Schrittweite erhöht oder erniedrigt. Sofern der Schleifenrumpf terminiert und den Zähler nicht manipuliert, terminiert auch die Zählschleife als Ganzes.

In SATHER notiert man Zählschleifen mit den Zählungen *anfang*.upto!(*ende*) bzw. *anfang*.downto!(*ende*). Beide Konstruktionen sind Spezialfälle von Strömen, auf die wir in 10.3.2 genauer eingehen. Sie erhöhen bzw. erniedrigen einen Zähler jeweils um 1, bis der Endwert *ende* erreicht ist; die Anzahl der Schleifendurchläufe ist daher $|ende - anfang| + 1$. Bei der Zählschleife kann die while-Bedingung entfallen:

```
loop zähler := anfang . upto! (ende); Anweisung end
```

Die äquivalente Schreibweise als while-Schleife lautet:

```
zähler := anfang;
while zähler <= ende
loop Anweisung;
   zähler := zähler + 1
end
```

Eine Zählschleife in PASCAL hat die Form for *zähler* := *anfang* to *ende* do *Anweisungsfolge* bzw. for *zähler* := *anfang* downto *ende* do *Anweisungsfolge*. Wie in SATHER ergeben sich $|ende - anfang| + 1$ Durchläufe. Zusätzlich kennt PASCAL eine weitere Spielart der while-Schleife: Die **until-Schleife** repeat *Anweisungsfolge* until *Bedingung* führt den Schleifenrumpf mindestens einmal aus und terminiert, sobald die Bedingung erfüllt ist. Sie ist gleichwertig zu *Anweisungsfolge;* while not *Bedingung* do begin *Anweisungsfolge* end.

C, C++ und JAVA kennen keine Zählschleifen. Ihre **for-Schleife** schreibt sich for(*Init* ; *Bedingung* ; *Ende*) *Anweisung* und entspricht der while-Schleife *Init* while(*Bedingung*) { *Anweisung* ; *Ende* }. Anstelle der until-Schleife bieten diese Sprachen die **do-while-Schleife.** Sie hat die Form do *Anweisung* while (*Bedingung*) und ist äquivalent zu *Anweisung* ; while(*Bedingung*) *Anweisung*.

Beispiel 8.7: Gegeben sei eine Reihung *a*: ARR[n](INT). Wir wollen die Elemente zusammenzählen.
Dazu schreiben wir

```
s: INT := 0;
loop constant i: INT := 0.upto!(n-1); s := s + a[i] end
```

Das innere Produkt $\sum_{i=0}^{n-1} a_i b_i$ zweier Vektoren *a*, *b*: ARR[n](FLT) erhalten wir durch

```
s: FLT := 0.0;
loop constant i: INT := 0.upto!(n-1); s := s + a[i]*b[i] end
```

Als Zähler eignet sich jede beliebige Größe vom Typ INT; sie muß nicht notwendig lokal in der Schleife vereinbart sein. Daß wir in diesem und allen folgenden Beispielen den Zähler als lokale Größe der Schleife einführen und noch dazu zur Konstanten erklären, ist eine Sicherheitsmaßnahme, die uns vor unbeabsichtigten Fehlern schützen soll: Wir vermeiden so mit Sicherheit, daß eine geschachtelte innere Schleife einen Zähler „aus Versehen" nochmals benutzt, oder daß, etwa auch durch einen Schreibfehler, der Wert des Zählers durch eine Zuweisung verändert wird.

In der Sprache ADA sind Zähler immer Konstante; es gibt keine Alternative. In PASCAL und MODULA-2 sind Zähler hingegen immer Variable. Vorbeugemaßnahmen wie das Konstant-Setzen von Zählern zum Schutz gegen Fehler sind im Jargon als **defensives Programmieren** bekannt. ♦

Beispiel 8.8: Den FLOYD-WARSHALL-Algorithmus zur Berechnung der transitiven Hülle einer Relation ρ, Programm 2.1 aus Bd. I, zeigt Programm 8.1 in SATHER.

Programm 8.1: FLOYD-WARSHALL-Algorithmus

```
-- A : ARR[n, n](INT) sei vorgegebene Adjazenzmatrix
S: ARR[n,n](INT) := A;
loop constant i: INT := 0.upto!(n-1); S[i,i] := 1 end;
loop constant i: INT := 0.upto!(n-1);
  loop constant k: INT := 0.upto!(n-1);
    loop constant j: INT := 0.upto!(n-1); S[i,j] := S[i,j] + S[i,k]*S[k,j]
    end
  end
end
-- S ist jetzt die Adjazenzmatrix der reflexiven, transitiven Hülle von A
```

Die Gesamtzuweisung $S := A$ zur Vorbesetzung der Reihung S in diesem Beispiel muß in vielen Programmiersprachen, z. B. in PASCAL und C, in Form einer Doppelschleife mit Zuweisungen $S[i,j] := A[i,j]$ einzeln ausgeschrieben werden. ♦

Schleifen aller Arten können in SATHER auch explizit durch die **Abbruchanweisung break** abgebrochen werden. Die Schleifen

```
while Bedingung loop Anweisung end
```

und

```
loop if not ( Bedingung ) then break end; Anweisung end
```

sind äquivalent.

8.1.6.4 Prozeduren

Ein Block abstrahiert von den Einzelheiten, mit denen ein Zustandsübergang erreicht wird: Von außen betrachtet bildet er eine einzelne Anweisung, die mehrere Variable zugleich ändern kann: wie und mit welchen lokalen (Hilfs)-Variablen dies erreicht wird, ist von außen nicht sichtbar. Es handelt sich um einen zusammengesetzten Zustandsübergang.

Wenn der gleiche Block B in einem Programm mehrfach benötigt wird, geben wir ihm einen Namen p und schreiben die in 8.1.2 eingeführte Vereinbarung

procedure p is B end

einer echten Prozedur. p kann nach dieser Vereinbarung anstelle von B wie eine Anweisung benutzt werden. Diese Verwendung von p heißt ein **Prozeduraufruf.** Wenn eine Prozedur f ein Ergebnis liefern soll, das als Wert vom Ergebnistyp T in einen Ausdruck eingeht, so heißt f wie in 8.1.2 beschrieben eine **Funktion(sprozedur)** und wird mit

procedure f : T is B end

vereinbart.

Aufgabe 8.8: Erklären Sie, warum es in Gofer keine echten Prozeduren, sondern nur Funktionsprozeduren gibt.

Wie in 8.1.3 bemerkt, wird in SATHER die Ergebnisvariable res in Funktionsprozeduren implizit mit dem Ergebnistyp, hier INT, vereinbart.

Zur Kennzeichnung des Funktionsergebnisses sind verschiedene Verfahren üblich: In ALGOL 60 und PASCAL muß der Rumpf einer Funktion f (mindestens) eine Zuweisung an eine implizit vereinbarte Variable f : T des gleichen Namens wie die Funktion ausführen. In MODULA-2 C und JAVA schreibt man return Ausdruck, um das (dynamische) Ende der Ausführung der Funktion und gleichzeitig den Wert des Ausdrucks als Funktionsergebnis zu kennzeichnen. Zusätzlich darf man in SATHER wie in C und JAVA die Anweisung **return** in einer Methode oder Funktion schreiben, um die Ausführung der Methode zu beenden.

Prozeduren dienen in imperativen Sprachen zwei Aufgaben:

- Abstraktion von den Einzelheiten eines zusammengesetzten Zustandsübergangs;
- Zusammenfassung eines mehrfach vorkommenden Blocks zu einer (benannten) Einheit;

Beide Effekte treten meistens zusammen auf. Wir sprechen dann auch von **prozeduraler Abstraktion** und nennen eine Prozedur häufig eine (zusammengesetzte) Operation, da wir sie wie in funktionalen Sprachen zur Realisierung von Operationen auf Datenstrukturen einsetzen.

Prozeduren können Parameter haben, für die beim Aufruf Argumente eingesetzt werden. Für die Parameter muß ein Name und ein Typ spezifiziert sein:

```
procedure max(i,j: INT): INT is if i<j then res := j else res := i end end
```

Man kann dann die Funktion z. B. mit max(k − 1, 3) aufrufen; als Argumente sind beliebige Ausdrücke entsprechenden Typs zulässig.

In funktionalen Sprachen ersetzen die Argumente beim Aufruf einer Prozedur die Parameter. Beim zustandsorientierten Programmieren mit imperativen Sprachen unterscheiden wir verschiedene Arten von Parametern und unterschiedliche Mechanismen zur **Parameterübergabe:**

- **Eingabeparameter:** Die Prozedur ist eine Rechenvorschrift, die auf verschiedene Argumente angewandt werden kann. Eingabeparameter bringen diese Argumente in die Prozedur ein. Dies ist die häufigste Art von Parametern. Die Parameter mathematischer Funktionen, von Funktionen in GOFER und auch die Parameter der vorangehend definierten Prozedur max sind Eingabeparameter.

  Zur Parameterübergabe benutzen wir **Wertaufruf**[18]: Die Spezifikation des Parameters wird als lokale Vereinbarung einer Variablen im Prozedurrumpf aufgefaßt. Beim Aufruf der Prozedur wird diese Variable mit dem Wert des Arguments vorbesetzt. Darf der Wert dieser Variablen in der Prozedur anschließend nicht mehr verändert werden, so spricht man von **striktem Wertaufruf**.
- **Ausgabe-** oder **Ergebnisparameter:** Programm 8.2 berechnet aus Eingabeparametern a, b den $\mathrm{ggT}(a, b)$ und zusätzlich die Werte u, v mit $a * u + b * v = \mathrm{ggT}(a, b)$. Das Ergebnis besteht also aus mehreren Werten $u, v, \ldots$ In GOFER definieren wir dazu eine Funktion eggT mit den Eingabeparametern a, b und dem Ergebnis (u, v, z) mit $z = \mathrm{ggT}(a, b)$. Diese Lösung ist auch in vielen imperativen Sprachen möglich. Sie ist aber eigentlich unerwünscht, da hier oft logisch nicht zusammengehörige Dinge zu einer Einheit zusammengeschlossen werden. Ergebnisparameter a lösen dieses Problem, indem sie am Ende der Ausführung einer Prozedur ihren Wert durch eine Zuweisung $x := a$ an den Aufrufer abliefern. x ist das Argument, das wir beim Aufruf für den Ergebnisparameter übergeben. Offensichtlich muß es sich um eine Variable handeln, an die man zuweisen kann.

  Zur Parameterübergabe benutzen wir **Ergebnisaufruf**[19]: Wie bei Eingabeparametern wird aus der Parameterspezifikation eine lokale Variable des Prozedurrumpfs. Diese ist jedoch nicht vorbesetzt. Ihr Wert wird am Ende eines Prozeduraufrufs dem Argument zugewiesen. Zur Unterscheidung von Eingabeparametern müssen wir Ergebnisparameter speziell kennzeichnen. In SATHER wird der Spezifikation eines Ergebnisparameters und seinem Argument beim Aufruf ein Kaufmanns-Und & vorangestellt. Als Ergebnis eines Aufrufs $z :=$ eggT(40902, 24140, &x, &y) des Programms 8.2 erhalten wir $z = 34, x = 337, y = -571$, da $34 = 337 \cdot 40902 - 571 \cdot 24140$ gilt.

18. engl. *call by value.*
19. engl. *call by result.*

Programm 8.2: Berechnung von u, v mit $a * u + b * v = \text{ggT}(a, b)$

```
eggT(a,b: INT; & u: INT; & v : INT): INT is
-- berechne ggT von a und b, sowie u und v,
-- mit ggT(a,b) = a*u + b*v
  q,u1,v2,h1,h2,h: INT;
  u := 1; v := 0;
  u1 := 0; v2 := 1;
  while b /= 0 loop
    q := a div b;
    h1 := u-u1*q; u := u1; u1 := h1;
    h2 := v-v2*q; v := v2; v2 := h2;
    h := a-b*q; a := b; b := h;
  end;
  res := a;
end;
```

- **Transienter Parameter**: Wenn eine Prozedur den Wert einer Zustandsvariablen z ändern soll, benötigt sie oft den bisherigen Wert von z als Eingabe und liefert dann den neuen Wert als Ausgabe zurück. Diese Kopplung von Eingabe- und Ausgabeparameter zu einem Parameter heißt transienter Parameter: Den Wert des Arguments übernehmen wir bei Aufruf der Prozedur; am Ende weisen wir das Ergebnis wieder an das Argument zu. Dieses muß also wie bei Ergebnisparametern eine Variable sein.
  Zur Parameterübergabe kann man **Wert-Ergebnisaufruf**[20], d. h. die Kopplung des Wert- und Ergebnisaufrufs benutzen. Die lokale Variable wird mit dem Argument vorbesetzt; ihr Wert wird am Ende wieder dem Argument zugewiesen. In SATHER charakterisieren wir den Wert-Ergebnisaufruf durch zwei Kaufmanns-Unds && vor der Parameterspezifikation und dem transienten Argument im Aufruf.

Viele andere Programmiersprachen benutzen für transiente Parameter den **Referenzaufruf**[21]. Der Prozedur teilt man die Referenz der Variablen v mit, die als transientes Argument benutzt wird. Wenn die Prozedur einen solchen Referenzparameter liest oder schreibt, wird auf den Wert der Variablen v zugegriffen. Insbesondere wirkt eine Zuweisung an den transienten Parameter stets sofort auf das Argument v zurück, nicht erst bei Prozedurende. In PASCAL oder MODULA-2 heißen transiente Parameter mit Referenzaufruf var-Parameter.

Technisch ist Referenzaufruf meist mit geringerem Aufwand verbunden als Wert-Ergebnisaufruf. Letzterer kopiert beispielsweise eine Reihung, die als transientes Argument benutzt wird, zweimal, je einmal zu Beginn und zu Ende der

20. engl. *call by value-result*.
21. engl. *call by reference*.

Prozedur; der Referenzaufruf übergibt stattdessen nur die Referenz der Reihungsvariablen. Bei Anwendungen in verteilten Systemen ist Referenzaufruf jedoch unmöglich, wenn Rechnergrenzen überschritten werden: Der Referenzaufruf muß dann mit Wert-Ergebnisaufruf simuliert werden.

Die Programmiersprachen FORTRAN und ADA schreiben bei Reihungen im Unterschied zu Parametern anderer Typen stets Referenzaufruf vor, um den Mehraufwand zu vermeiden.

Neben diesen Verfahren gibt es noch den weniger verbreiteten **Namensaufruf**, bei dem das Argument als Funktionsprozedur aufgefaßt wird, die bei jedem Zugriff auf den Parameter aufgerufen wird, sowie den **Makroaufruf**, bei dem der Text des Arguments anstelle des Parameters im Prozedurrumpf eingesetzt wird. Letzterer kann die Zuordnung der im Argument vorkommenden Bezeichner zu ihren Vereinbarungen in unerwünschter Weise ändern.

Beispiel 8.9: Die Unterschiede zwischen den einzelnen Verfahren der Parameterübergabe sehen wir an folgendem (abschreckenden) Beispiel, in dem ?? anzeigt, daß verschiedene Übergabeverfahren einzusetzen sind:

```
m: INT:=1; n: INT;
procedure p(?? j: INT; ?? k: INT): INT is
  j:=j+1; m:=m+k; res :=j+k;
end;
-- Aufruf:
n := f(m,m+3);
```

Die Ergebnisse zeigt Tab. 8.3. Wert-Ergebnisaufruf und Referenzaufruf sind für *k* unzulässig: als Argument muß in diesen Fällen eine Variable angegeben sein, nicht ein Ausdruck wie m + 3. Der Gebrauch einer Variablen als Argument für

Tabelle 8.3: Ergebnisse bei unterschiedlicher Parameterübergabe

Mechanismus	m	n	j	k	Kommentar
Wertaufruf	5	6	2	4	Strikter Wertaufruf wegen Zuweisung an *j* nicht möglich
Wert-Ergebnisaufruf	2	6	2	4	nur zulässig für *j*
Referenzaufruf	6	10	6	4	nur zulässig für *j*
Namensaufruf	7	17	7	10	

zwei verschiedene Parameter im Ergebnis- oder Referenzaufruf ist fehleranfällig. Auch die Verwendung von Argumenten, die gleichzeitig als globale Variable im Prozedurrumpf vorkommen, sollte man vermeiden. ♦

Aufgabe 8.9: Was liefert das Beispielprogramm bei Ergebnisaufruf?

Beispiel 8.10: Mit Wert-Ergebnisaufruf können wir das Vertauschen zweier Werte und die bedingte Anweisung (8.12) als Prozeduren formulieren:

```
tausche(&& i,j: INT) is h: INT := i; i := j; j := h end;
minmax(&& i,j: INT) is if i>j then tausche(&& i, && j) end
```

Da wir die beiden Parameter in einer Spezifikation angeben, brauchen wir && auch nur einmal schreiben; im Aufruf muß das doppelte && jedoch vor jedem Argument stehen.

Damit können wir das Beispiel 8.4 nun übersichtlich schreiben:

```
minmax(&& a, && b);
minmax(&& c, && d);
if b > d then tausche(&& b, && d); tausche(&& a, && c); end;
if b > e
then if a > e then tausche(&& e, && a); tausche(&& e, && b); tausche(&& e, && d);
    else tausche(&& e, && b); tausche(&& e, && d)
    end
else minmax(&& d, && e)
end;
if c>b
then minmax(&& c, && d)
elsif c>a then tausche(&& b, && c)
else tausche(&& a, && c); tausche(&& b, && c)
end
```
♦

Prozeduren und Funktionen können in imperativen Sprachen genauso wie in funktionalen Sprachen rekursiv benutzt werden. Rekursion setzen wir zu den gleichen Zwecken ein, die wir in Kap. 5 für funktionale Programme erörterten. Da wir über Schleifen verfügen, kommt Rekursion in imperativen Programmen bei weitem nicht so häufig vor. Vor allem bei Teile-und-Herrsche-Algorithmen ist sie jedoch auch im imperativen Programmieren unentbehrlich.

Von den heute verbreiteten Programmiersprachen erlauben COBOL und ältere Versionen von FORTRAN keine rekursiven Prozeduren.

8.1.6.5 Ausnahmebehandlung

Mißverständnisse bei der Abfassung der Aufgabenstellung, Fehlinterpretation der Dokumentation, Schreibfehler in der Eingabe, Ablenkung oder Übermüdung bei der Bedienung von Rechnern, Ressourcenbeschränkungen oder Hardwarefehler können auch bei an sich korrekter Software zu fehlerhaften und so nicht vorgesehenen Zuständen im Programmablauf führen. Theoretisch hilft dagegen ein beständiges, penibles Überprüfen aller Eingangsgrößen. Praktisch sind diesem Verfahren Grenzen gesetzt, weil sich Inkonsistenzen oft nur mit einem Aufwand ermitteln lassen, der in der gleichen Größenordnung oder sogar höher liegt als der Lösungsaufwand des Problems.

Beispiel 8.11: Die Lösung eines linearen Gleichungssystems $\mathfrak{A}\mathfrak{x} = \mathfrak{b}, \mathfrak{b} \neq \mathfrak{O}$ setzt voraus, daß die Matrix $\mathfrak{A}$ nicht singulär ist. Bei Anwendung des Gaußschen Eliminationsverfahrens muß man die Matrix auf Dreiecksform reduzieren, um dies zu prüfen. Damit ist aber bereits der größere Teil des Aufwands zur Lösung des Gleichungssystems geleistet.

Die Multiplikation zweier ganzer Zahlen i, j führt bei 32 Bit Arithmetik zum Überlauf, wenn $\mathrm{ld}\, i + \mathrm{ld}\, j \geqslant 31$ gilt. Es ist billiger, statt der Logarithmen versuchsweise $i * j$ zu berechnen. ♦

Um solche Situationen mit wirtschaftlich vertretbarem Aufwand abfangen zu können, sehen viele moderne Programmiersprachen, so auch SATHER, sogenannte **Ausnahmen**[22] vor. Eine Ausnahme ist ein Ereignis, durch das die normale Ausführungsreihenfolge unterbrochen wird, um den aufgetretenen Fehler zu behandeln. Jede Ausnahme hat einen (**Ausnahme-**)**Typ**, um verschiedene Fehlerursachen unterscheiden zu können. Der Ausnahmebehandlung wird ein Ausnahmeobjekt zur Verfügung gestellt, dem Einzelheiten der Fehlerursache, z. B. der Ort des Fehlers im Programm, entnommen werden können. Die Einzelheiten sind implementierungsabhängig.

In SATHER geben wir eine Ausnahmebehandlung wieder durch

```
begin Block except ausnahmebezeichner
        when Ausnahmetyp_1 then Block_1
        when Ausnahmetyp_2 then Block_2
        ...
        else Block_0
end
```

ausnahmebezeichner benennt das Ausnahmeobjekt. Wie in der Fallunterscheidung folgen when-Klauseln. Diesmal wird aber nicht nach Literalen unterschieden, die Wert des Ausnahmebezeichners sein könnten, sondern nach dem Typ der Ausnahme, z. B. INTEGER_OVERFLOW, ZERO_DIVIDE, usw. Der anschließende Block_i beschreibt die Ausnahmebehandlung. Die Nein-Alternative faßt die Ausnahmebehandlung aller nicht explizit zuvor genannten Fehler zusammen; sie könnte auch fehlen. Die normale Programmausführung wird nach dem end der gesamten Anweisung fortgesetzt.

Ziel der Ausnahmebehandlung ist es

1. die Fehlerursache zu ermitteln und eine Meldung auszugeben;
2. den Zustand so zu korrigieren, daß die Ausführung des Programms fortgesetzt werden kann;
3. einen geeigneten Aufsetzpunkt zu finden, an dem die normale Ausführung des Programms wieder aufgenommen wird.

Beispiel 8.12: Wir wollen die Tangens-Funktion im Intervall $[-\pi, \pi]$ tabulieren und in einer Reihung abspeichern. Hierzu sei eine Reihung a geeigneter Größe gegeben; ferner seien die Funktionen sin und cos zugänglich. Für Argumente wie $\pi/2$, an denen der Tangens unendlich wird, soll NaN abgespeichert werden.

22. engl. *exception.*

Dies leistet das Programmstück:

```
constant pi: FLT := 3.14159265358979323846;
constant schritt: FLT := pi/12.0;
argument: FLT := -pi;
loop constant i: INT := 0.upto!(24);
  begin
    a[i] := sin(argument)/cos(argument);
    except fehler
    when FLOAT_OVERFLOW then a[i] := NaN
  end;
  argument := argument + schritt
end
```

Wegen Rundungsfehlern werden die Argumentwerte $\pm\,\pi/2$ möglicherweise nicht exakt erreicht. Die Ausnahme tritt nicht zwingend auf. ♦

In unserem Beispiel ist Ziel 1 trivial, da die Ursache bekannt war. Wir hätten die Ausnahmebehandlung durch die bedingte Anweisung

```
if cos(argument)<1.0e-7 then a[i] := NaN
else a[i] := sin(argument)/cos(argument) end
```

ersetzen können.

Letzteres ist übrigens auch die Methode, mit der die Hardware unserer Rechner auf ihr bekannt werdende Ausnahmen — wir nennen sie **Alarme** — reagiert: Nach Ausführung jedes Befehls wird automatisch abgefragt, ob eine Ausnahmebedingung, z. B. ein Fehler in der Arithmetik, aufgetreten ist. Gegebenenfalls wird eine Ausnahmebehandlung eingeleitet.

Die Ausnahmebehandlung in C, PASCAL und MODULA-2 benutzt explizite Abfragen, um einen Fehler zu finden; falls er nicht korrigiert werden kann, wird er nach außen gemeldet, indem man statt des Standardergebnisses 0 eine (meist negative) Fehlernummer liefert. Der Aufrufer reagiert auf die Fehlernummer so, als ob der Fehler bei ihm selbst aufgetreten wäre. Dieses Verfahren wird auch im Betriebssystem UNIX benutzt.

Die Ausnahmebehandlung in ADA und JAVA folgt den gleichen Prinzipien wie in SATHER. Zusätzlich gehören in JAVA die möglicherweise von einer Prozedur ausgelösten Ausnahmen zur Schnittstelle der Prozedur und müssen im Prozedurkopf nach den Parametern und dem Ergebnistyp spezifiziert werden.

Punkt 2 und 3 sind im Beispiel ebenfalls trivial, da durch die Erhöhung von argument automatisch wieder ein brauchbarer Zustand hergestellt wird.

Ausnahmen werden entweder implizit durch die Hardware oder explizit durch eine Anweisung

```
raise Ausnahmetyp
```

im Programm ausgelöst. Innerhalb der Ausnahmebehandlung kann man durch raise ohne Angabe eines Ausnahmetyps die gleiche Ausnahme wieder auslösen. In diesem Fall gilt die Ausnahme als noch nicht (vollständig) behandelt.

In SATHER wird die normale Ausführung des Programms am Ende des Blocks wieder aufgenommen, der die Ausnahmebehandlung enthielt. Enthält eine Prozedur keine Ausnahmebehandlung zu einer gegebenen Ausnahme (oder wurde die Ausnahme nochmals ausgelöst), so wird der Prozeduraufruf automatisch beendigt, und beim Aufrufer nach einer Ausnahmebehandlung für den Fehler gesucht. In unserem Beispiel würde die Ausnahmebehandlung also auch reagieren, wenn innerhalb der sin- oder cos-Routine ein arithmetischer Überlauf auftreten würde, der dort nicht abgefangen wird. Enthält das gesamte Programm keine Ausnahmebehandlung, so wird der Programmlauf abgebrochen.

Bei Programmen, die ein bestimmtes Gesamtergebnis liefern sollen, ist ein solcher Abbruch oft unkritisch: Man nimmt zur Kenntnis, daß für den gegebenen Satz von Eingabedaten kein Ergebnis erzielt wurde. Bei Datenbankanwendungen oder bei der Steuerung eines Flugzeugs, allgemein bei reaktiven Systemen, müssen hingegen sorgfältig alle Fehler analysiert, ihre Ursachen aufgezeichnet und dann für Abhilfe gesorgt werden. Dazu muß bereits im Entwurf geklärt werden, in welchen Verantwortungsbereich die Abhilfe für die Fehlerursachen fällt. Weder kann ein Pilot die Fehlermeldung „Division durch 0" auf seinem Bildschirm gebrauchen, weil jemand meinte, diesen Fehler durch eine solche Meldung endgültig behandeln zu können; noch hilft ihm die Meldung „Paritätsfehler" weiter, die zustandekommen könnte, weil sich niemand für die Korrektur eines Datenübertragungsfehlers verantwortlich erklärte.

Wir verzichten in diesem Buch aus Platzgründen überwiegend auf Ausnahmebehandlungen. Wenn wir einen zum Abbruch führenden Fehler kennzeichnen wollen, schreiben wir die (in SATHER nicht vorgesehene) Fehleranweisung fehler.

Das Beispiel 8.12 zeigt, daß man anders als in Beispiel 8.11 eine Ausnahmebehandlung oft umgehen kann. Es ist schlechter Programmierstil, die Ausnahmebehandlung anstelle bedingter Anweisungen im normalen Programmieren einzusetzen. Andererseits sollte man einen einheitlichen Stil pflegen und Fehler nicht einmal wie in C mit Fehlernummer und ein anderes Mal mit Ausnahmebehandlung bearbeiten. Insbesondere gehört es zur Dokumentation von Prozeduren und Datenstrukturen, daß man sorgfältig aufschreibt, welche Fehler wie abgefangen werden, und welche möglichen Fehler unbearbeitet bleiben.

8.2 Zusicherungskalkül

Der vorige Abschnitt vermittelt ein informelles Verständnis zustandsorientierten Programmierens. Beispiele wie 8.4 oder 8.10 verlangen aber offensichtlich eine präzisere Verfolgung der durch Anweisungen bewirkten Zustandsänderungen, wenn wir uns nicht durch Tests, sondern „am Schreibtisch" durch **symbolische Programmausführung** von der Richtigkeit des Programms überzeugen wollen.

Dies leistet der hier eingeführte Zusicherungskalkül. Er kann als formale Methode zum Korrektheitsbeweis von Algorithmen aufgefaßt und bis zu halbautomatischen Beweissystemen ausgebaut werden. In der praktischen Anwendung liefert er ein Begriffsgerüst, um die Wirkung von Programmen während der Konstruktion zu erfassen. In dieser Form gebrauchen wir den Kalkül anschließend.

Es seien n Variable $v^{(1)}, \ldots, v^{(n)}$ vereinbart, die zusammen den Zustandsraum Z unserer Berechnung aufspannen. Die Werte $w^{(1)}, \ldots, w^{(n)}$ dieser Variablen bilden den jeweiligen Zustand z. Eingabedaten seien durch die Anfangswerte der Variablen im Zustand z_0 gegeben. Wir betrachten Anweisungen und Anweisungsfolgen A, die die Werte dieser Variablen verändern. Den Wert einer Variablen v im Anfangszustand z_0 bezeichnen wir mit v_0. Den Wert zu Beginn einer Anweisung A bezeichnen wir häufig mit $v_v = v_{vorher}$, den Wert nach Ausführung von A mit $v_n = v_{nachher}$. Der Zustand z ist durch das Prädikat

$$P: (v^{(1)} = w^{(1)}) \wedge \cdots \wedge (v^{(n)} = w^{(n)}) \tag{8.14}$$

genau beschrieben.

Bei symbolischer Programmausführung wollen wir uns den Ablauf eines Programms für *beliebige* Eingabedaten klarmachen. Dabei können wir die einzelnen Zustände nicht so genau charakterisieren wie in (8.14). Jedoch könnte es abgeschwächte Bedingungen P' geben, denen die Variablenwerte in einem bestimmten Zustand unabhängig von den Eingabedaten genügen. Wenn die Eingabedaten z. B. von einer Meßapparatur stammen, die nur Werte x im Zahlbereich $a \leqslant x \leqslant b$ liefern kann, kennen wir zwar den exakten Wert von x nicht. Wohl aber können wir zusichern, daß der Wert im Intervall $[a, b]$ liegt.

Ein Prädikat P, das Eigenschaften eines Zustands z entweder präzise wie in (8.14) oder in abgeschwächter Form beschreibt, heißt eine **Zusicherung**[23] über den Zustand z. P beschreibt die Menge

$$Z(P) = \{z \mid P(z)\} \tag{8.15}$$

aller Zustände z, für die P gilt. Wir sprechen kurz vom „Zustand P", wenn wir einen beliebigen, aber festen Zustand z bezeichnen wollen, für den die Zusicherung $P(z)$ gilt.

Zusicherungen sind prädikatenlogische Formeln nach den Regeln aus 4.2. Aus $P \models Q$ oder $P \rightarrow Q$ folgt also, daß ein Zustand z, für den die Zusicherung P gilt, auch die Zusicherung Q erfüllt. $P(z)$ bedeutet, daß es eine Kombination z von Variablenwerten gibt, die P erfüllt. Der Zustand z liefert ein Modell für P; daraus folgt nicht, daß ein Programm beginnend mit geeigneten Anfangswerten den Zustand z erreichen kann. Gilt umgekehrt $Z(P) = \emptyset$, so ist P während der Ausführung eines Programms bestimmt nicht erfüllbar.

Sei A ein Programm mit Variablen $v^{(1)}, \ldots, v^{(n)}$, dessen Ausführung eine Folge von Zuständen $z_0, z_1, \ldots, z_n, \ldots$ durchläuft. Wir unterscheiden zwei Aufgabenstellungen, die aufeinander aufbauen:

23. engl. *assertion*.

- Zustandsverfolgung: Wir wollen Zusicherungen $Q_n = Q(z_n)$ über einen Zustand z_n ermitteln, wenn eine Zusicherung $P_0 = P(z_0)$ über den Anfangszustand z_0 vorliegt. Oft stellen wir die Frage auch umgekehrt: Gegeben sei $Q(z)$. Welche Zusicherung $P_0 = P(z_0)$ gewährleistet die Existenz eines n, so daß nach n Schritten $Q_n = Q(z)$ für den dann erreichten Zustand gilt?
- Verifikation: Gegeben sei ein Paar (P, Q) von Zusicherungen über mögliche Zustände unseres Programms A. Wir nennen (P, Q) eine **Spezifikation**. A heißt **partiell korrekt**, wenn es ein n gibt, so daß $P(z_0)$ und $Q(z_n)$ gelten unter der Annahme, daß das Programm terminiert. Es heißt spezifikationstreu oder **total korrekt**, wenn es partiell korrekt ist und nach n Schritten tatsächlich terminiert. Diese Definitionen decken sich mit den entsprechenden Definitionen in 5.5.1. Die Nachprüfung der partiellen oder totalen Korrektheit eines Programms heißt **Verifikation** des Programms (bezüglich der Spezifikation (P, Q)).

Alle Axiome abstrakter Datentypen aus Kap. 6 sind Spezifikationen in diesem Sinne: Das Kelleraxiom

pop (Push k x) = k

geht von einem Anfangszustand aus, für den die Zusicherung P: *k ist ein Keller mit Wert* k_0 *und x gehört zum Elementtyp T des Kellers* gilt. Die Zusicherung Q lautet: *nach Ausführung von* k′ := Push k x *und* pop k′ *gilt* $k = k_0$. Hier ist sogar n mit angegeben: Nach 2 Operationen erreichen wir wieder den Anfangszustand.

Ist eine Abbildung $f: X \to Y$ zwischen zwei Wertebereichen X, Y gegeben, so lautet die Spezifikation eines Programms A mit Variablen x, y zur Berechnung von $y = f(x)$: $(P: x = x_0 \in X,\ Q: y = f(x_0))$. Funktionsspezifikationen sind ein Spezialfall der Spezifikation einer beliebigen Relation $\rho \subseteq X \times Y$; die Spezifikation lautet dann $(P: x_0 \in X, Q: x_0\ \rho\ y)$. Es kann auch spezifiziert werden, daß f auf X nur partiell definiert ist und für die Werte $x_0 \in X$, für die f nicht definiert ist, das Programm Fehler meldet, d. h. die Fehleranweisung ausführt, oder daß es in einem solchen Fall nicht terminiert.

Die Verifikation bezieht sich auf die **funktionale Korrektheit** eines Programms. Damit es praktisch brauchbar ist, muß ein Programm meist weitere **nicht-funktionale Eigenschaften** besitzen: ein Steuerprogramm muß Zeitbedingungen einhalten, ein Texteditor muß eine „angemessene" Benutzeroberfläche bereitstellen, usw. Unter der **Validierung** eines Programms versteht man die Überprüfung aller vom Benutzer gewünschten Eigenschaften einschließlich der nicht-funktionalen. Validierung ist also allgemeiner als Verifikation. Forderungen wie „angemessene Benutzeroberfläche" lassen sich nicht mathematisch spezifizieren; Validierung kann daher kein Beweis im Sinne der Mathematik sein, sondern kann höchstens solche Beweise umfassen.

Beispiel 8.13: Für das Beispiel 8.5, S. 23, der Berechnung des ggT betrachten wir das Prädikat

$$P : a > 0 \wedge b \geqslant 0 \wedge \mathrm{ggT}(a, b) = \mathrm{ggT}(a_0, b_0) \wedge (a, b \text{ ganz})$$

mit den Anfangswerten a_0, b_0 für die Variablen a, b. P ist zu Anfang richtig. Wegen $(b \neq 0) \rightarrow (\mathrm{ggT}(a, b) = \mathrm{ggT}(b, a \text{ mod } b))$ gilt P auch nach einer Ausführung des Schleifenrumpfes; man sieht, daß P eine Schleifeninvariante ist; der Schleifenrumpf

h: INT $:= a; a := b; b := h \text{ mod } b$

stellt die Bedingung P wieder her. Wegen $(b = 0) \rightarrow (\mathrm{ggT}(a, b) = a)$ ergibt sich das gewünschte Ergebnis $a = \mathrm{ggT}(a_0, b_0)$, wenn die Schleife anhält. Für $a_0 > 0$ ist die Folge $a_1, a_2, \ldots$ streng monoton fallend und wegen der Gültigkeit von P durch 0 nach unten beschränkt; daher gibt es ein n so, daß das Programm nach n Schritten anhält. Das Programm ist also total korrekt. ♦

In der Praxis ist es nahezu unmöglich, ein bereits geschriebenes Programm nachträglich zu verifizieren. Wir müssen die Menge $\mathcal{P}$ von Zusicherungen mit den angegebenen Eigenschaften bereits während der Konstruktion angeben. Verifikation ist in Wahrheit ein Hilfsmittel der Programmkonstruktion. Dazu benutzen wir den von Hoare (1969) eingeführten und auf Gedanken von R. Floyd aufbauenden **Zusicherungskalkül**:

Ist A eine Anweisung einer imperativen Programmiersprache, z. B. eine Zuweisung, und beschreiben die Zusicherungen P bzw. Q den Zustand der Programmausführung vor und nach Ausführung der Anweisung A, so sagen wir, daß die Zusicherung

$$\{P\}\ A\ \{Q\} \tag{8.16}$$

gilt, wenn die Ausführung von A in einem durch P beschriebenen Zustand nach endlich vielen Schritten zu dem durch Q beschriebenen Zustand führt. Eine Zuweisung $i := 7$ liefert z. B.

$$\{P\colon i \text{ beliebig}\}\ i := 7\ \{Q\colon i = 7\}. \tag{8.17}$$

P heißt **Vor-** und Q **Nachbedingung** einer solchen Anweisung.[24]

P und Q sind Zusicherungen über Zustände; $\{P\}\ A\ \{Q\}$ ist eine Zusicherung über den Ablauf. Der Zusatz „nach endlich vielen Schritten" verlangt, daß Schleifen und rekursive Prozeduraufrufe terminieren.

Die Anweisung A kann auch das ganze Programm sein. Das Paar P, Q spezifiziert dann die Aufgabe; A löst sie, wenn (8.16) gilt. (8.16) ist eine andere Formulierung der totalen Korrektheit.

24. engl. *precondition* und *postcondition*. Wir schreiben „Vor:" bzw. „Nach:" (im Englischen "*pre:*" bzw. "*post:*"), um Vor- und Nachbedingungen zu kennzeichnen.

(8.16) ist ebenso wie P und Q eine logische Formel, die wahr oder falsch sein kann. Insbesondere gilt:

$$\text{Aus } P' \rightarrow P,\ Q \rightarrow Q' \text{ und } \{P\}\ A\ \{Q\} \text{ folgt } \{P'\}\ A\ \{Q'\}. \tag{8.18}$$

Vorbedingungen können verschärft, Nachbedingungen abgeschwächt werden.

Die Zusicherung $\{P\}\ A\ \{Q\}$ gewährleistet, daß die Anweisung A terminiert. HOARE benutzte ursprünglich die Schreibweise

$$P\ \{A\}\ Q \tag{8.19}$$

und bezeichnete damit die partielle Korrektheit von A von S. 35: Falls A im Zustand P ausgeführt wird und terminiert, so gilt anschließend Q. Mit der Notation $P\ \{A\}\ Q$ müssen wir das Terminieren von A gesondert beweisen.

Nach der Ausführung einer Zuweisung $j := 2$ gilt $\{j = 2\}$. Diese Zusicherung wird durch die anschließende Zuweisung (8.17) nicht verändert. Die Nachbedingung zu $j := 2;\ i := 7$ lautet $Q\colon (j = 2) \wedge (i = 7)$. Hätten wir als erstes jedoch nicht $j := 2$, sondern $i := 2$ ausgeführt, so wäre die Nachbedingung in (8.17) unverändert und ohne Erweiterung übernommen worden, da bei der Zuweisung $i := 7$ die Wirkung einer vorangehenden Zuweisung an i verlorengeht. Bei der Feststellung der Nachbedingung interessiert uns also nicht nur, was die einzelne Anweisung bewirkt, sondern zusätzlich, welche Teile der Vorbedingung übernommen bzw. verändert werden.

Nachbedingungen können auch uninteressante Aussagen umfassen: Nach der Zuweisungsfolge $j := 2;\ i := j + 1$ bleibt offen, ob wir in der Nachbedingung $Q\colon (j = 2) \wedge (i = 3)$ die Aussage über j wirklich noch benötigen; die Zuweisung an j könnte ausschließlich das Ziel gehabt haben, die spätere Berechnung von i zu ermöglichen. In diesem Fall wäre die Zusicherung $j = 2$ im weiteren Verlauf uninteressant und könnte weggelassen werden (Abschwächung der Nachbedingung). Wenn wir das Programm von vorne nach hinten durchgehen, wissen wir aber noch nicht, ob wir j noch benötigen.

Der Kalkül der **Vorwärtsanalyse**, bei dem wir wie eben skizziert vorgehen, hat also den Nachteil, daß er nicht zielorientiert ist; die Zusicherung, die wir am Programmende erreichen, kann viele Aussagen umfassen, die zum Korrektheitsnachweis überflüssig sind.

Eine **Rückwärtsanalyse** vermeidet diesen Nachteil der Vorwärtsanalyse und ist damit zielorientiert: Sie geht von der Nachbedingung Q des Programms aus, die das gewünschte Gesamtergebnis charakterisiert, und fragt, unter welcher Vorbedingung P die Anweisung oder das Programm A die gewünschte Nachbedingung Q liefert. Natürlich könnte es viele Vorbedingungen geben, unter denen das gewünschte Ergebnis erreicht werden kann. Die Abb. 8.5 zeigt die Situation.

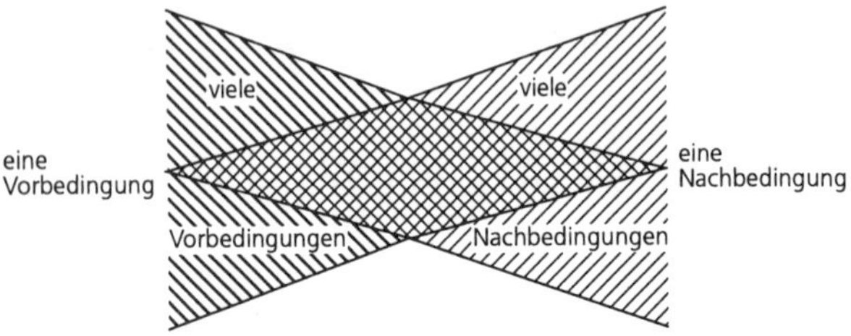

Abbildung 8.5: Vor- und Rückwärtsanalyse

Vor- und Rückwärtsanalyse sind auch in zahlreichen anderen Wissenschaften bekannt: In der numerischen Mathematik können wir entweder aus der Genauigkeit der Eingabedaten auf die Genauigkeit der Ergebnisse schließen. Oder wir können aus der gewünschten Genauigkeit des Ergebnisses rückwärts schließen, wie genau die Eingabedaten sein müssen. Analoge Überlegungen kann man bei der Auswertung physikalischer Experimente anstellen. In der Geschichts-, Politik- und Wirtschaftswissenschaft kann man entweder aus beobachteten gesellschaftlichen Verhältnissen auf die zukünftige Entwicklung schließen wollen, oder man kann aus beobachteten oder gewünschten Verhältnissen auf die Einflußfaktoren zu schließen versuchen, die diese Verhältnisse herbeigeführt haben oder herbeiführen könnten.

Die Menge aller möglichen Vorbedingungen ist halbgeordnet: die Vorbedingung P ist schwächer als P', wenn $P' \to P$ gilt. Insbesondere ist die Disjunktion $P' \vee P''$ zweier Vorbedingungen P', P'' schwächer als jede von ihnen, und allgemein ist die Disjunktion *aller* möglichen Vorbedingungen schwächer als jede einzelne solche Bedingung. Damit haben wir eine Möglichkeit, statt vieler Vorbedingungen eine einzelne zu untersuchen, nämlich die schwächste. Bei vorgegebener Nachbedingung Q und Anweisung A bezeichnet man sie mit

$$P = \mathrm{wp}(A, Q). \tag{8.20}$$

Der Übergang zur schwächsten Vorbedingung[25] heißt **Prädikattransformation.** wp(A, Q) heißt die Prädikattransformierte von Q durch die Anweisung A.

Damit haben wir zwei eng verwandte **Zusicherungskalküle** in der Hand, um die Korrektheit eines Programms nachzuweisen:

- Wir können ein Programm am Anfang und nach jeder Anweisung, insbesondere auch am Ende, mit Zusicherungen versehen und dann durch Betrachtung jeder einzelnen Anweisung A nachweisen, daß A tatsächlich seine Vorbedingung in seine Nachbedingung überführt. Diese Vorgehensweise ist als Anwendung der **Floyd-Hoare-Logik** oder kürzer der **Hoare-Logik** bekannt.
- Wir können aber auch mit der Endebedingung des Gesamtprogramms beginnen und mit dem auf E. W. Dijkstra zurückgehenden **Kalkül der schwächsten Vorbedingungen** oder kurz **wp-Kalkül** die Anweisungen des Programms

25. engl. *weakest precondition.*

rückwärts untersuchen, um jeweils die schwächste Vorbedingung festzustellen. Diese ist dann zugleich Nachbedingung der vorangehenden Anweisung. Das Programm ist total korrekt, wenn die ursprüngliche Spezifikation der Eingabedaten die schwächste Vorbedingung des Gesamtprogramms erfüllt.

In beiden Fällen benötigen wir für jede einzelne Anweisung A einen Beweis, daß (8.16) bzw. (8.20) gilt. Dazu geben wir in den nachfolgenden Abschnitten Axiome für die Anweisungsarten aus dem vorigen Abschnitt an. Beide Kalküle benutzen im wesentlichen die gleichen Axiome; nur für Schleifen gibt es unterschiedliche Gesetze. Hier zeigt sich, daß der Kalkül der schwächsten Vorbedingungen allgemeiner ist. In der Praxis genügt uns jedoch gewöhnlich Hoare-Logik: Wir benutzen unsere Vorkenntnisse über den geplanten Programmablauf, um die Nachbedingungen auf die notwendigen Aussagen zu beschränken.

Für schwächste Vorbedingungen gibt es einige elementare Gesetze:

Satz 8.1 (Wunder sind ausgeschlossen):

$$\mathrm{wp}(A, \mathit{falsch}) = \mathit{falsch}.$$

Da *falsch* nicht erfüllbar ist, muß auch die zugehörige Vorbedingung unerfüllbar sein. Andernfalls hätten wir eine Anweisung, die aus einem erfüllbaren Zustand in einen unerfüllbaren Zustand, also einen „Nicht-Zustand“ führt.

Satz 8.2:

Distributivität der Konjunktion:

$$\mathrm{wp}(A, Q) \wedge \mathrm{wp}(A, R) \quad = \quad \mathrm{wp}(A, Q \wedge R), \tag{8.21}$$

Distributivität der Disjunktion:

$$\mathrm{wp}(A, Q) \vee \mathrm{wp}(A, R) \quad \rightarrow \quad \mathrm{wp}(A, Q \vee R), \tag{8.22}$$

Monotoniegesetz:

$$\textit{Aus } Q \rightarrow R \quad \textit{folgt} \quad \mathrm{wp}(A, Q) \rightarrow \mathrm{wp}(A, R). \tag{8.23}$$

Zum Beweis von (8.21) sei z ein Zustand, der die schwächsten Vorbedingungen von Q und R, also die linke Seite von (8.21) erfüllt. Dann ist $Q \wedge R$ nach Ausführung von A wahr. Es gilt $\mathrm{wp}(A, Q) \wedge \mathrm{wp}(A, R) \rightarrow \mathrm{wp}(A, Q \wedge R)$. Erfüllt umgekehrt z die Bedingung $\mathrm{wp}(A, Q \wedge R)$, dann erfüllt es wegen (8.18) auch $\mathrm{wp}(A, Q)$ und $\mathrm{wp}(A, R)$. Dies beweist die umgekehrte Implikation.

(8.22) beweist man ebenso. Die Umkehrung von (8.22) gilt nicht: Werfen wir z. B. eine Münze, so bleibt diese bestimmt mit Zahl oder Wappen nach oben liegen. Es gilt also

$$\mathrm{wp}(\text{„wirf Münze“}, \mathrm{Zahl} \vee \mathrm{Wappen}).$$

Bei diesem zufallsabhängigen Experiment gibt es jedoch keine Vorbedingung dafür, daß auf jeden Fall die Zahl oben liegt. Es gilt also wp(„wirf Münze", Zahl) = *falsch* und ebenso wp(„wirf Münze", Wappen) = *falsch*, insgesamt also wp(„wirf Münze", Zahl) ∨ wp(„wirf Münze", Wappen) = *falsch*.

Die Aussage (8.23) folgt aus (8.18). ♦

Daß wir für (8.22) nur die eine Richtung beweisen können, ist ausschließlich eine Folge von Indeterminismus. Bei deterministischem Programmablauf läßt sich für jeden Zustand z genau vorhersagen, welcher Zustand z_n durch Ausführung der Anweisung A erreicht wird. Erfüllt z die Bedingung wp(A, $Q \vee R$), dann muß z_n mindestens eine der Bedingungen Q oder R erfüllen. Im ersten Fall erfüllt z auch wp(A, Q), im zweiten Fall erfüllt es wp(A, R): eine der beiden Bedingungen ist also immer erfüllt und es gilt $\text{wp}(A, Q \vee R) \rightarrow \text{wp}(A, Q) \vee \text{wp}(A, R)$. Wir haben also:

Korollar 8.3: *In deterministischen Programmiersprachen gilt die Distributivität der Disjunktion:*

$$\text{wp}(A, Q) \vee \text{wp}(A, R) = \text{wp}(A, Q \vee R). \tag{8.24}$$

In Sather und ähnlich in Eiffel kann man Zusicherungen in der Form

assert *boolescher Ausdruck* (8.25)

zwischen zwei Anweisungen explizit in das Programm schreiben. Bei Programmausführung wird der boolesche Ausdruck berechnet. Die Ausführung wird nur fortgesetzt, wenn das Ergebnis *wahr* ist; andernfalls wird die Ausnahme ASSERTION_ERROR ausgelöst.

In einfachen Fällen, z. B. für die meisten Beispiele dieses Kapitels, lassen sich damit Zusicherungen automatisch überprüfen. Für anspruchsvollere Probleme ist das Verfahren jedoch nicht ausreichend: Einerseits erreichen die booleschen Ausdrücke in Programmiersprachen nicht die volle Allgemeinheit des Prädikatenkalküls; insbesondere wird für eine Formel $\forall x : P(x)$ immer nur die Gültigkeit von P für den aktuellen Wert von x geprüft. Andererseits verlangt die Überprüfung einer Zusicherung $\{P\}$ A $\{Q\}$ gewöhnlich, daß zur Berechnung von Q der Wert x_v bestimmter Variabler x vor Ausführung von A noch zur Verfügung steht. Diesen kann man sich zwar merken, wenn es sich um eine ganzzahlige Variable handelt. Ist aber $\{P\}$ A $\{Q\}$ eine Zusicherung über eine Veränderung einer Datenbank x, dann kann man deren alten Wert x_v für eine Berechnung von Q gewöhnlich nicht mehr mit akzeptablem Aufwand zur Verfügung stellen.

Wir schreiben nachfolgend oft Zusicherungen in der Form $\{P\}$ oder als Kommentare in unsere Programme.

8.2.1 Axiome des Zusicherungskalküls

Wir betrachten nacheinander die Zuweisung und die Anweisungsarten aus 8.1.6 und geben Axiome an, denen die Übergänge zwischen Vor- und Nachbedingung bei Ausführung solcher Anweisungen in der Hoare-Logik bzw. dem Kalkül der schwächsten Vorbedingungen genügen. Da wir bisher die Bedeutung der einzelnen Anweisungen nur informell erklärt haben, liegt uns keine Spezifikation vor, wie wir sie für einen Korrektheitsbeweis benötigen. Wir können also nur inhaltlich argumentieren, daß unsere Axiome „vernünftig" sind. In Wahrheit definieren wir mit den Axiomen die Semantik der Anweisungen.

Dies zeigt sich auch daran, daß diese Axiome nicht nur zum Nachweis der Korrektheit eines Programms, sondern auch zum Nachweis der Korrektheit der Implementierung der Programmiersprache herangezogen werden können. Diese muß, im Sinne der Logik, ein Modell der durch die Axiome definierten Theorie sein.

Leider betrachten viele Programmierer die Implementierung der jeweiligen Programmiersprache als Definition der Semantik. Sie verschwenden Zeit damit, herauszufinden, welchen Programmiertricks ein Übersetzer welche Bedeutung zuordnet. Der Gebrauchswert solcher Tricks ist allerdings beschränkt, da sie beim Übergang zu einer anderen Implementierung meist ungültig werden. Nur, wenn die Sprachelemente entsprechend ihrer hier axiomatisch angegebenen Definition eingesetzt werden, kann man ein Programm wirklich als *sinnvoll* bezeichnen.

Wir geben die Axiome jeweils in den beiden Schreibweisen der HOARE-Logik und des wp-Kalküls an.

Die Leeranweisung leer bewirkt keine Zustandsänderung. Daher gelten vorher und nachher die gleichen Zusicherungen:

Axiom der Leeranweisung:

$$\{P\} \quad \mathsf{leer} \quad \{P\}, \tag{8.26}$$

$$\mathsf{wp}(\mathsf{leer}, P) \quad = \quad P. \tag{8.27}$$

Die Fehleranweisung fehler ist der Versuch, eine Anweisung auszuführen, deren Vorbedingung nicht erfüllt ist. Die Vorbedingung ist also *falsch*, unabhängig von der Nachbedingung:

Axiom der Fehleranweisung:

$$\{\mathit{falsch}\} \quad \mathsf{fehler} \quad \{P\}, \tag{8.28}$$

$$\mathsf{wp}(\mathsf{fehler}, P) \quad = \quad \mathit{falsch}. \tag{8.29}$$

8.2.2 Zuweisung

Eine Zuweisung $v := a$ des Ergebnisses eines Ausdrucks a an eine Variable v verändert nur Aussagen über v; alle anderen Aussagen bleiben unverändert. Wie wir bereits auf S. 4 feststellten, gelten über v in der Nachbedingung alle Aussagen, die zuvor über den (Wert des) Ausdruck a galten. Dieser muß berechenbar sein, es muß also $\mathsf{zulässig}(a)$ gelten. Genauso muß der Name v, der z. B. Indizes enthalten kann, berechenbar sein. Ist Q die Nachbedingung, so ist die schwächste Vorbedingung wp(„$v := a$", Q) folglich $\mathsf{zulässig}(v) \wedge \mathsf{zulässig}(a) \wedge Q[a/v]$: Wir substituieren in Q überall den Ausdruck a für die Variable v, um die Vorbedingung zu erhalten. In Formelschreibweise lautet dieses Axiom

Zuweisungsaxiom:

$$\{(\text{zulässig}(v) \wedge \text{zulässig}(a)) \wedge Q[a/v]\} \quad v := a \quad \{Q\}, \tag{8.30}$$

$$\text{wp}(\text{„}v := a\text{“}, Q) = (\text{zulässig}(v) \wedge \text{zulässig}(a)) \wedge Q[a/v]. \tag{8.31}$$

In der Literatur über Programmkorrektheit findet man häufig die Notationen Q_a^v oder $Q_{a \to v}$ statt $Q[a/v]$.

Die Zulässigkeit von a und v ist notwendig, um $Q[a/v]$ zu bestimmen. Daher muß die Konjunktion mit Kurzauswertung berechnet werden. Sehr häufig ist die Zulässigkeit der Ausdrücke unmittelbar einsichtig. Wir benutzen dann das Zuweisungsaxiom in der verkürzten Fassung

$$\{Q[a/v]\}\ v := a\ \{Q\} \tag{8.32}$$

bzw.

$$\text{wp}(\text{„}v := a\text{“}, Q) = Q[a/v]. \tag{8.33}$$

Beispiel 8.14: Ist Q: $v = m$ die gewünschte Nachbedingung für die Zuweisung $v := v + 1$, so ergibt das Zuweisungsaxiom:

$$\begin{aligned} \text{wp}(\text{„}v := v + 1\text{“}, v = m) &= Q[(v+1)/v] \\ &= (v + 1 = m). \end{aligned}$$

Auflösung nach v ergibt die Vorbedingung $v = m - 1$. ♦

Beispiel 8.15: Für ein beliebiges einstelliges Prädikat p gilt

$$\text{wp}(\text{„}v := a \operatorname{div} b\text{“}, \{p(v)\}) = \{b \neq 0 \wedge p(a \operatorname{div} b)\}$$

Der Zusatz $b \neq 0$ resultiert aus der Forderung zulässig(a). ♦

Aufgabe 8.10: Berechnen Sie:

1. $\text{wp}(\text{„}x := x * y\text{“}, x * y = c)$
2. $\text{wp}(\text{„}x := (x - y) * (x + y)\text{“}, x + y^2 \neq 0)$

Beispiel 8.16 (Zuweisung an Reihungselemente): Den Wert einer Reihung a nach einer Zuweisung $a[i] := w$ beschreiben wir wie auf S. 13 durch $(a\colon [w/i])$. Abgesehen von der Prüfung der Zulässigkeit des Index von i, also $0 \leqslant i < a.\text{asize}$, und der Berechnung von w, folgt daher aus (8.31) $\text{wp}(\text{„}a[i] := w\text{“}, Q) = Q[(a\colon [w/i])/a]$. Damit ergibt sich für die Zuweisung $a[i] := 5$:

$$
\begin{array}{ll}
\mathrm{wp}(„a[i] := 5", a[i] = a[j]) & \\
= (a[i] = a[j])[(a\colon [5/i])/a] & \text{Zuweisung Reihungselement}\\
= (a[i])[(a\colon [5/i])/a] = (a[j])[(a\colon [5/i])/a] & \text{Substitution}\\
= (i \neq j \wedge 5 = a[j]) \vee (i = j \wedge 5 = 5) & \text{Fallunterscheidung: } i = j \vee i \neq j\\
= (i \neq j \wedge 5 = a[j]) \vee (i = j) & \\
= (i \neq j \vee i = j) \wedge (5 = a[j] \vee i = j) & \text{Distributivgesetz}\\
= \mathit{wahr} \wedge (i = j \vee a[j] = 5) & \\
= (i = j \vee a[j] = 5). &
\end{array}
$$

Wenn wir wie auf S. 13 eine Reihung als Funktion ansehen, ergibt sich die Fallunterscheidung zwangsläufig. ♦

Beispiel 8.17: Die Zuweisung „$a[a[i]] := i$" hat keine Auswirkung auf die Zusicherung $a[i] = i$:

$$
\begin{array}{lll}
\mathrm{wp}(„a[a[i]] := i", a[i] = i) & & \\
= & (a[i] = i)[(a\colon [i/a[i]])/a] & \text{Zuweisung}\\
= & (a[i])[(a\colon [i/a[i]])/a] = i & \text{Substitution}\\
= & (a[i] \neq i \wedge a[i] = i) \vee (a[i] = i \wedge i = i) & \text{Fallunterscheidung}\\
= & \mathit{falsch} \vee (a[i] = i \wedge \mathit{wahr}) & \\
= & a[i] = i. &
\end{array}
$$

♦

Aufgabe 8.11: Berechnen Sie: $\mathrm{wp}(„a[i] := i", a[a[i]] = i)$

8.2.3 Hintereinanderausführung, Blöcke

Mit der Hintereinanderausführung $A_1;\, A_2$ zweier Anweisungen erreichen wir eine Nachbedingung R aus einer gegebenen Vorbedingung P, wenn es eine Zusicherung Q gibt mit $\{P\}\ A_1\ \{Q\}$ und $\{Q\}\ A_2\ \{R\}$. Dies gilt auch für die schwächsten Vorbedingungen und wir erhalten:

Axiom des sequentiellen Ablaufs:

$$\{P\}\ A_1;A_2\ \{R\} \quad \divideontimes \quad \exists Q : \{P\}\ A_1\ \{Q\},\ \{Q\}\ A_2\ \{R\}, \tag{8.34}$$

$$\mathrm{wp}(„A_1;A_2", R) \quad = \quad \mathrm{wp}(„A_1", \mathrm{wp}(„A_2", R)). \tag{8.35}$$

Aufgabe 8.12: Zeigen Sie, daß aus $\{P\}\ A_1\ \{Q_1\}$, $\{Q_2\}\ A_2\ \{R\}$ und $Q_1 \to Q_2$ folgt $\{P\}\ A_1;A_2\ \{R\}$.

Aufgabe 8.13 (Gries): Zeigen Sie, daß (8.35) der Bedingung (8.24) genügt, wenn A_1 und A_2 die Eigenschaft (8.24) haben. Sequentielle Verknüpfung kann keinen Indeterminismus verursachen.

Aufgabe 8.14 (Gries): Zeigen Sie $\mathrm{wp}(„A;\mathsf{fehler}", R) = \mathit{falsch}$ für beliebige Anweisungen A.

Beispiel 8.18: In Abschnitt 8.1.6.1 haben wir gezeigt, daß die Werte i_0, j_0 zweier Variabler i, j durch die Anweisungsfolge $h := i;\ i := j;\ j := h$ mit einer Hilfsvariablen h vertauscht werden können. Hierfür lautet die Spezifikation

$$\begin{aligned}\text{Vor:}\quad & i = i_0 \wedge j = j_0\\ \text{Nach:}\quad & i = j_0 \wedge j = i_0\end{aligned}$$

Wenn wir die Vor- und Nachbedingung für das Programmstück eintragen, erhalten wir

$$\begin{array}{c}\{i = i_0 \wedge j = j_0\}\\ h := i;\\ i := j\\ j := h\\ \{i = j_0 \wedge j = i_0\}\end{array} \tag{8.36}$$

Ein solches Schema nennt man eine **Beweisvorgabe**[26]. Eine Beweisvorgabe kann auch alle elementaren Zwischenschritte enthalten.

$$\begin{array}{c}\{i = i_0 \wedge j = j_0\}\\ h := i;\\ \{i = i_0 \wedge j = j_0 \wedge h = i_0\}\\ i := j\\ \{i = j_0 \wedge j = j_0 \wedge h = i_0\}\\ j := h\\ \{i = j_0 \wedge j = i_0 \wedge h = i_0\}\end{array} \tag{8.37}$$

Hier haben wir zu den Anweisungen die Zusicherungen geschrieben, die wir bei Vorwärtsanalyse nach einer Anweisung erreichen.

Aufgabe 8.15: Überprüfen Sie mit Hilfe von (8.32) die einzelnen Übergänge.

Im wp-Kalkül lautet dieses Beispiel

$$\begin{aligned}&\mathrm{wp}(\text{„}h := i; i := j; j := h\text{“}, i = j_0 \wedge j = i_0)\\ =\ & \mathrm{wp}(\text{„}h := i; i := j\text{“}, \mathrm{wp}(\text{„}j := h\text{“}, i = j_0 \wedge j = i_0))\\ =\ & \mathrm{wp}(\text{„}h := i; i := j\text{“}, i = j_0 \wedge h = i_0)\\ =\ & \mathrm{wp}(\text{„}h := i\text{“}, \mathrm{wp}(\text{„}i := j\text{“}, i = j_0 \wedge h = i_0))\\ =\ & \mathrm{wp}(\text{„}h := i\text{“}, j = j_0 \wedge h = i_0)\\ =\ & \{j = j_0 \wedge i = i_0\}\end{aligned}$$

Dabei haben wir zweimal hintereinander (8.35) und (8.33) angewandt. Den Term $h = i_0$ in der abschließenden Nachbedingung von (8.37) benötigen wir

26. engl. *proof obligation*.

nicht. Die Aussage ist zwar richtig, aber unwichtig. Bei Vorwärtsanalyse ergibt sie sich dennoch automatisch. Dies illustriert nochmals, daß die Vorwärtsanalyse unter Umständen uninteressante Aussagen mitschleppt, wenn wir beim Beweis die beabsichtigte Nachbedingung nicht berücksichtigen. ♦

Beispiel 8.19: In Beispiel 8.18 haben wir nirgends vom Typ der Variablen i, j, h Gebrauch gemacht. Der Beweis ist also für Variable beliebigen Typs richtig. Für ganzzahlige Variable können wir die Aufgabe aus dem vorigen Beispiel auch ohne Hilfsvariable lösen. Es gilt nämlich:

$$\begin{aligned}
&\text{wp}(\text{„}i := i - j; j := i + j; i := j - i;\text{“}, j = i_0 \wedge i = j_0) \\
= \quad &\text{wp}(\text{„}i := i - j; j := i + j;\text{“}, \text{wp}(\text{„}i := j - i;\text{“} j = i_0 \wedge i = j_0)) \\
= \quad &\text{wp}(\text{„}i := i - j; j := i + j;\text{“}, j = i_0 \wedge i = i_0 - j_0) \\
= \quad &\text{wp}(\text{„}i := i - j;\text{“}, \text{wp}(\text{„}j := i + j;\text{“}, j = i_0 \wedge j - i = j_0)) \\
= \quad &\text{wp}(\text{„}i := i - j;\text{“}, i + j = i_0 \wedge i + j - i = j_0) \\
= \quad &\{i - j + j = i_0 \wedge j = j_0\} \\
= \quad &\{i = i_0 \wedge j = j_0\}
\end{aligned}$$

♦

Aufgabe 8.16: Formulieren Sie die Beweisvorgabe für Beispiel 8.19 und beweisen Sie sie mit Vorwärtsanalyse. Geben Sie ein Beispiel an, in dem 8.19 bei Zugrundelegung üblicher Rechnerarithmetik fehlschlägt. Welche Nachlässigkeit haben wir begangen, die uns diesen Fehler übersehen ließ, und wie können wir das korrigieren?

Aufgabe 8.17: Warum sollte Beispiel 8.19 nicht auf Gleitpunktzahlen angewandt werden?

Aufgabe 8.18: Können Sie die Werte von booleschen Variablen ohne Hilfsvariable vertauschen? Beweisen Sie die Korrektheit ihrer Lösung.

Aufgabe 8.19: Zeigen Sie die Zusicherung

$$\begin{aligned}
&\{a > 0 \wedge b > 0 \wedge \text{ggT}(a, b) = x\} \\
&h := a;\ a := b;\ b := h \ \mathsf{mod}\ b \\
&\{a > 0 \wedge \text{ggT}(a, b) = x\}
\end{aligned}$$

Die Anweisungsfolge läßt Aussagen über den ggT unverändert, nur die Aussage $b > 0$ könnte sich ändern. Zusammen mit Beispiel 8.13 beweist dies die Korrektheit von Beispiel 8.5.

Wenn wir eine Anweisungsfolge A zu einem Block **begin** h: T; A **end** erweitern, indem wir eine oder mehrere Vereinbarungen h: T voranstellen, ändert sich an unseren Axiomen wenig: Unter Berücksichtigung der Gültigkeitsbereichsregeln aus 8.1.3 wissen wir, daß in Vor- und Nachbedingungen des Blocks die Größe h nicht vorkommen kann. Bei Vorwärtsanalyse lassen wir daher am

Blockende etwaige Zusicherungen über die lokale Größe h einfach weg. Bei Rückwärtsanalyse ergibt sich wp(„begin h: T; A end“, Q) $=$ *falsch*, wenn h in wp(„A“, Q) vorkommt: Über den Wert von h zu Beginn des Blocks kann keine Aussage gemacht werden. Eine vorbesetzende Vereinbarung h: $T := a$ wird wie die Folge h: T; $h := a$ behandelt.

8.2.4 Bedingte Anweisungen

Wie in 8.1.6.2 und 8.1.6.3 setzen wir voraus, daß die Berechnung der Bedingung b einer bedingten Anweisung oder einer while-Schleife keine Nebenwirkungen hat. Die Forderung *nebenwirkungsfrei* schließt die Forderung zulässig(b) ein.

Wir wissen bereits, daß die einseitige bedingte Anweisung if b then A end äquivalent ist zu

if b then A else leer end

In funktionalen Sprachen bedeutet sie allerdings if b then A else fehler end !

Wir brauchen also nur die doppelseitige Anweisung zu betrachten. Diese können wir in der Form

if b then A_1
elsif $\neg b$ then A_2 else leer (8.38)
end

schreiben. Da $b \vee \neg b$ wahr, kann die leere Nein-Alternative nie erreicht werden! Wir entnehmen (8.38), daß eine Nachbedingung Q wahr ist, wenn entweder $b \wedge$ wp(A_1, Q) oder $\neg b \wedge$ wp(A_2, Q) gilt. Beide Bedingungen können nicht gleichzeitig gelten, da $b \wedge \neg b$ falsch ist. Ist umgekehrt eine Vorbedingung P gegeben, so erhalten wir die Nachbedingung Q, wenn $\{b \wedge P\}A_1\{Q\}$ und $\{\neg b \wedge P\}A_2\{Q\}$ gilt. Also gilt insgesamt

Axiom der bedingten Anweisung:

Aus $\{b \wedge P\}\ A_1\ \{Q\}$ und $\{\neg b \wedge P\}\ A_2\ \{Q\}$
folgt $\{P\}$ if b then A_1 else A_2 end $\{Q\}$ (8.39)

wp(„if b then A_1 else A_2 end“, Q) $=$
$(b \rightarrow \text{wp}(A_1, Q)) \wedge (\neg b \rightarrow \text{wp}(A_2, Q))$ (8.40)

(8.40) verlangt die Berechnung von wp(A_1, Q) bzw. wp(A_2, Q) nur, wenn die entsprechende Bedingung b bzw. $\neg b$ wahr ist! Abgesehen davon gilt $(b \rightarrow \text{wp}(A_1, Q)) \wedge (\neg b \rightarrow \text{wp}(A_2, Q)) = (b \wedge \text{wp}(A_1, Q)) \vee (\neg b \wedge \text{wp}(A_2, Q))$.

Für die einseitige bedingte Anweisung ergibt sich hieraus

$$\text{Aus } \{b \to P\}\ A\ \{Q\} \text{ und } \{\neg b \to Q\} \quad \text{folgt} \quad \{P\}\ \textsf{if } b \textsf{ then } A \textsf{ end}\ \{Q\}$$

$$\text{wp(„}\textsf{if } b \textsf{ then } A \textsf{ end}\text{“}, Q) \quad = \quad (b \to \text{wp}(A, Q)) \wedge (\neg b \to Q)$$

Beispiel 8.20 (Maximum):

$$\begin{aligned}
&\text{wp(„}\textsf{if } x > y \textsf{ then } max := x \textsf{ else } max := y \textsf{ end}\text{“}, max = x) \\
=\ & ((x > y) \to \text{wp(„}max := x\text{“}, \ max = x)) \\
& \quad \wedge((x \leqslant y) \to \text{wp(„}max := y\text{“}, \ max = x)) \\
=\ & ((x \leqslant y) \vee \text{wp(„}max := x\text{“}, \ max = x)) \\
& \quad \wedge((x > y) \vee \text{wp(„}max := y\text{“}, \ max = x)) \\
=\ & (x \leqslant y \vee x = x) \wedge (x > y \vee y = x) \\
=\ & wahr \wedge (x > y \vee y = x) \\
=\ & (x \geqslant y)
\end{aligned}$$

♦

Beispiel 8.21: Unter Verwendung von Beispiel 8.18 können wir die Richtigkeit des Rumpfs der Prozedur

```
minmax(&& i,j: INT) is if i>j then h: INT := i; i := j; j := h end end
```

aus Beispiel 8.10 nachprüfen. Es gelten die Vor- und Nachbedingungen:

Vor: $P: i = i_0 \wedge j = j_0.$

Nach: $Q: i \leqslant j \wedge ((i = i_0 \wedge j = j_0) \vee (i = j_0 \wedge j = i_0))$

Gilt anfangs $i \leqslant j$, so ist das Programm richtig, da $P \wedge i \leqslant j \to Q$. Gilt aber anfangs $i > j$, so folgt aus Beispiel 8.18: $\{P \wedge i > j\}\ h : \textsf{INT} := i; i := j; j := h\ \{i = j_0 \wedge j = i_0 \wedge i \leqslant j\}$, also gilt auch dann die Nachbedingung Q und wir haben insgesamt

$\{P\}$ if $i > j$ then h: INT; $h := i;\ i := j;\ j := h;$ end $\{Q\}$. ♦

Aufgabe 8.20: Formulieren Sie Beispiel 8.21 mit schwächsten Vorbedingungen.

Beispiel 8.22: Mit den Beispielen 8.18 und 8.21 können wir die Korrektheit des Programms zum Sortieren von 5 Zahlen in Beispiel 8.4 nachweisen. Dazu überlegen wir, daß eine Vorbedingung wie $a = a_0$ abgekürzt werden darf zu *wahr*: Selbstverständlich hat a einen Anfangswert, auch wenn wir ihn nicht kennen sollten. Die Werte aller 5 Variablen müssen eine Permutation der Anfangswerte sein. Wir kürzen diese Aussage mit perm ab. perm ist natürlich auch anfangs richtig. Damit erhalten wir das Programm 8.3 mit Beweisvorgaben. ♦

Aufgabe 8.21: Führen Sie den Beweis zu Beispiel 8.22 mit dem Kalkül der schwächsten Vorbedingungen aus. Formulieren Sie dazu ähnlich wie in den Zeilen 10, 21 zusätzlich die genauen Vorbedingungen für die Zeilen 13, 15, 24 und 26 unter Berücksichtigung der vorangehenden Bedingungen.

Programm 8.3: Sortieren von 5 Zahlen mit Beweisvorgabe

```
{perm}
if a>b then h: INT; h := a; a := b; b := h end;
-- {a <= b and perm}
if c>d then h: INT; h := c; c := d; d := h end;
-- {a <= b and c <= d and perm}
if b>d then h: INT; h := b; b := d; d := h; h := c; a := c; c := h end;
-- {a <= b <= d and c <= d and perm}
if b>e
then if a>e then h: INT; h := e; e := d; d := b; b := a; a := h
  -- {a <= b <= d <= e and c <= e and perm}
  else h: INT; h := e; e := d; d := b; b := h end;
  -- {a <= b <= d <= e and c <= e and perm}
elsif d>e then h: INT; h := e; e := d; d := h end
  -- {a <= b <= d <= e and c <= e and perm}
end;
-- {a <= b <= d <= e and c <= e and perm}
if c>b
then
  -- {a <= b <= d <= e and b < c <= e and perm}
  if c>d then h: INT; h := c: c:= d; d := h end
  -- {a <= b <= d <= e and b <= c <= d <= e and perm}
elsif c>a then h: INT; h := b; b := c; c := h
-- {a <= b <= d <= e and b <= c <= d <= e and perm}
else h: INT; h := a; a:= c; c := b; b := h
-- {a <= b <= d <= e and b <= c <= d <= e and perm}
end
-- {a <= b <= c <= d <= e and perm}
```

Beispiel 8.23: Zwei Anweisungen oder Anweisungsfolgen A, B haben die gleiche Wirkung, wenn für beliebige Vor- und Nachbedingungen P, Q gilt: Aus $\{P\}\ A\ \{Q\}$ folgt $\{P\}\ B\ \{Q\}$ und umgekehrt. A, B heißen dann **semantisch äquivalent** oder **verhaltensgleich**, in Zeichen $A \equiv B$. Die folgenden beiden bedingten Anweisungen sind äquivalent:

$$\begin{array}{lcl} \text{if } p \text{ then} & & \text{if } q \text{ then} \\ \quad \text{if } q \text{ then } A_1 \text{ else } A_2 \text{ end} & \equiv & \quad \text{if } p \text{ then } A_1 \text{ else } A_3 \text{ end} \\ \text{elsif } q \text{ then } A_3 \text{ else } A_4 \text{ end} & & \text{elsif } p \text{ then } A_2 \text{ else } A_4 \text{ end} \end{array}$$ ♦

Aufgabe 8.22: Beweisen Sie die vorstehende Äquivalenz.

Aufgabe 8.23: Zeigen Sie für beliebige Prädikate Q

$$\begin{aligned} &\text{wp(„if } B \text{ then } A_1; A_2; A_3 \text{ else } A_1; A_4; A_3 \text{ end“}, Q) = \\ &\qquad\qquad \text{wp(„}A_1;\ \text{if } B \text{ then } A_2 \text{ else } A_4 \text{ end; } A_3\text{“}, Q) \\ &\text{falls } B = \text{wp}(A_1, B) \text{ und } \neg B = \text{wp}(A_1, \neg B) \end{aligned}$$

Aufgabe 8.24: Zeigen Sie für beliebige Prädikate Q
wp(„if B then A_1 else A_2 end", Q) = wp(„if $\neg B$ then A_2 else A_1 end", Q)

Aufgabe 8.25: Sind

if B then A_1 else A_2 end und if B then A_1; if $\neg B$ then A_2 end

semantisch äquivalent?

Aufgabe 8.26: Die Anweisungsfolgen A' und A'' seien semantisch äquivalent. Sind dann auch

$$A_1;\ A';\ A_2 \quad \text{und} \quad A_1;\ A'';\ A_2;$$

semantisch äquivalent?

Aufgabe 8.27: Die Anweisungsfolgen A' und A'' seien semantisch äquivalent. Sind dann auch

if B then A' else A end und if B then A'' else A end

semantisch äquivalent?

8.2.5 Bewachte Anweisungen und die Fallunterscheidung

Der Kalkül der schwächsten Vorbedingungen geht auf E. W. DIJKSTRA zurück. Er führte dazu in (DIJKSTRA, 1976) bedingte Anweisungen und Schleifen mit der Technik der **bewachten Anweisungen**[27] ein. Dies ist eine indeterministische Form der Anweisungen mit der Syntax

```
bedingte_Anweisung          ::= 'if' bewachte_Anweisungsmenge 'fi'
Schleife                    ::= 'do' bewachte_Anweisungsmenge 'od'
bewachte_ Anweisungsmenge::= bewachte_Anweisung
                                 ('[]' bewachte Anweisung )*
bewachte_Anweisung          ::= Wächter '→' Anweisungsfolge .
```

Der Wächter ist ein boolescher Ausdruck. Die bedingte Anweisung und die Schleife bestehen aus einer Menge bewachter Anweisungen in beliebiger Reihenfolge. Eine beliebige bewachte Anweisung mit wahrem Wächter wird ausgewählt und ausgeführt. Für eine Schleife wird dies wiederholt, bis alle Wächter falsch sind. Ist kein Wächter wahr, so ist die bedingte Anweisung äquivalent zu fehler, die Schleife zu leer. Die Sprachelemente sind indeterministisch, weil mehrere Wächter gleichzeitig wahr sein können.

Beispiel 8.24: Die deterministische, bedingte Anweisung if b then A_1 else A_2 end lautet in dieser Form

27. engl. *guarded command*

if $b \rightarrow A_1$
[] $\neg b \rightarrow A_2$
fi

Die while-Schleife while b loop A end lautet

do $b \rightarrow A$ od ♦

Die bewachten Anweisungen umfassen die bisherigen deterministischen Varianten. Ihr Studium liefert uns wichtige Einsichten für die Axiome der Fallunterscheidung und der (deterministischen) Schleife.

IF sei die bedingte Anweisung

$$\text{if } b_1 \rightarrow A_1 \;[]\; b_2 \rightarrow A_2 \;[]\cdots[]\; b_n \rightarrow A_n \text{ fi}$$

Dann gilt für eine beliebige Nachbedingung R

$$\begin{aligned} \mathrm{wp}(\mathsf{IF}, R) \;&=\; (\exists j : 1 \leqslant j \leqslant n : b_j) \wedge \\ &\;\; (\forall j : 1 \leqslant j \leqslant n : b_j \rightarrow \mathrm{wp}(A_j, R)). \end{aligned}$$

Die Teilbedingung $(\exists j : 1 \leqslant j \leqslant n : b_j) = \bigvee_{j=1}^{n} b_j$ kürzen wir im folgenden mit BB ab. BB verlangt, daß mindestens ein b_j wahr ist; der zweite Teil der Bedingung ist die aus (8.40) bekannte Forderung, daß aus dem Zutreffen der Bedingung b_j die schwächste Vorbedingung der Anweisungsfolge A_j folgt. Insbesondere gilt wp(IF, R) = *falsch*, wenn kein b_j wahr ist; dies ist nach (8.29) die Charakterisierung der Fehleranweisung. Wir können nun wp(IF, R) umformen:

$$\mathrm{wp}(\mathsf{IF}, R) = BB \wedge \bigwedge_{i=1}^{n} (b_i \rightarrow \mathrm{wp}(A_i, R)). \tag{8.41}$$

In dieser Form liefert wp(IF, R) das Axiom für die Fallunterscheidung:

CASE : case i
when i_1 then A_1
⋮
when i_n then A_n
else A_0
end

ist äquivalent zur bedingten Anweisung

if $i = i_1 \rightarrow A_1$
[] $i = i_2 \rightarrow A_2$
⋮
[] $i = i_n \rightarrow A_n$
[] not $(i = i_1) \wedge$ not $(i = i_2) \wedge \cdots \wedge$ not $(i = i_n) \rightarrow A_0$
fi

wenn die i_j paarweise verschieden sind. Es ist immer genau eine der Vorbedingungen, also auch BB wahr. Daher können wir diesen Term in (8.41) weglassen und erhalten mit $BB' = \bigvee_{j=1}^{n} (i = i_j)$:

Axiom der Fallunterscheidung:

$$\begin{array}{ll} \text{Aus} & \forall j : 1 \leqslant j \leqslant n\{i = i_j \wedge P\}\ A_j\ \{Q\} \\ \text{und} & \{\neg BB' \wedge P\}\ A_0\ \{Q\} \\ \text{folgt} & \{P\}\ \mathsf{CASE}\ \{Q\}, \end{array}$$

$$\mathrm{wp}(\mathsf{CASE}, Q) = (\neg BB' \to \mathrm{wp}(A_0, Q)) \wedge \bigwedge_{j=1}^{n} (i = i_j \to \mathrm{wp}(A_j, Q)).$$

Das Fehlen der Alternative „**else** A_0“ ist nach den Regeln der meisten imperativen Sprachen als „**else leer**“ und nicht als „**else fehler**“ zu interpretieren. Eine solche Fallunterscheidung ist daher nur dann sinnvoll, wenn

$$\begin{aligned} \neg BB' \to \mathrm{wp}(\mathsf{leer}, Q) &= \neg BB' \to Q \\ &= BB' \vee Q \\ &= \neg Q \to BB' \end{aligned}$$

wahr ist: Bei einer Anweisung CASE ohne else-Alternative muß die Nachbedingung Q bereits vor Ausführung erfüllt sein, wenn keiner der Fälle $i = i_j$ vorliegt. Der Programmierer muß dafür sorgen, daß alle Alternativen, die eine Aktion erfordern, auch berücksichtigt sind.

8.2.6 Schleifen

Wenn wir in den Axiomen für die bedingte Anweisung oder die Fallunterscheidung die Ausführung einer Anweisung $\{P\}\ A\ \{Q\}$ auf das Ziehen eines logischen Schlusses $P \to Q$ reduzieren, entsteht bemerkenswerterweise eine Vorschrift, um einen mathematischen Beweis durch Fallunterscheidung zu führen. Aus Vor- und Nachbedingung werden Voraussetzung und Behauptung. Die Schwierigkeiten bei einer Fallunterscheidung ohne **else**-Alternative entsprechen dem Problem des Nachweises, daß die betrachteten Fälle die Behauptung vollständig abdecken.

In gleicher Weise entsprechen die nachfolgenden Axiome für Schleifen dem Beweisprinzip der vollständigen Induktion: Ist $P(k)$ die Aussage, daß P für alle $j < k$ gilt, so ist im Induktionsschluß die Gültigkeit von $P(k+1)$ zu beweisen. Ersetzen wir den Induktionsschluß durch Ausführung des Schleifenrumpfes, so sehen wir, daß der Schleifenrumpf nacheinander Zusicherungen

$P(0), P(1), P(2), \ldots$ herstellen muß. Diese dienen sowohl als Vor- wie als Nachbedingung des Schleifenrumpfes. Können wir die $P(k)$ ohne Bezug auf k als Bedingung P formulieren, so ist P die uns bereits bekannte **Schleifeninvariante**.

Da wir unendliche Mengen algorithmisch nicht verarbeiten können, müssen wir im Unterschied zur mathematischen Induktion zusätzlich das Terminieren der Schleife zeigen. An dieser Stelle zeigt sich der Unterschied des wp-Kalküls und der HOARE-Logik.

Wir betrachten eine Schleife

$$\mathsf{DO}: \ \mathsf{do}\ b_1 \rightarrow A_1\ []\ b_2 \rightarrow A_2\ [] \cdots []\ b_n \rightarrow A_n\ \mathsf{od}$$

IF bezeichne die entsprechende bedingte Anweisung mit do $\cdots$ od ersetzt durch if $\cdots$ fi. R sei die Nachbedingung von DO. Wenn die Schleife 0-mal durchlaufen wird, darf kein Wächter wahr sein und die Nachbedingung muß bereits gelten. Wir haben also die schwächste Vorbedingung

$$\begin{aligned} H_0(R) &= R \wedge \neg(\exists j : 1 \leqslant j \leqslant n : b_j) \\ &= R \wedge \bigwedge_{j=1}^{n} \neg b_j. \end{aligned}$$

Für höchstens k-maliges Durchlaufen der Schleife ergibt sich die Bedingung

$$H_k(R) = \mathrm{wp}\left(\mathsf{IF}, H_{k-1}(R)\right) \vee H_0(R). \tag{8.42}$$

Diese Bedingung gibt unser intuitives Verständnis (8.13) einer Schleife wieder: Wenn ein Wächter wahr ist, dann führe die IF-Anweisung aus und wiederhole den Vorgang. Wir können das jetzt beweisen:

Satz 8.4: *Die Anweisungen*

while b loop A end

und

if b then A; while b loop A end end

sind semantisch äquivalent.

Beweis: Wegen (8.42) gilt bei höchstens k-maligen Durchlaufen der Schleife

$$\{H_k(R)\}\ \mathsf{if}\ b\ \mathsf{then}\ A;\ \{H_{k-1}(R)\}\ \mathsf{while}\ b\ \mathsf{loop}\ A\ \mathsf{end\ end}\ \{R \wedge \neg b\}. \tag{8.43}$$

$H_k(R)$ ist die schwächste Vorbedingung; für jede andere Vorbedingung P muß $P \rightarrow H_k(R)$ gelten. Durch vollständige Induktion sieht man, daß auch

$$\{H_k(R)\}\ \mathsf{while}\ b\ \mathsf{loop}\ A\ \mathsf{end}\ \{R \wedge \neg b\}$$

gilt: Das Präfix „if b then A" in (8.43) entspricht dem Übergang $(k-1) \rightarrow k$. ♦

Im Beweis mußten wir annehmen, daß die Schleife höchstens k-mal durchlaufen wird. Wir fordern nun, daß ein solches k existiert und erhalten

Schleifenaxiom mit schwächster Vorbedingung:

$$\mathsf{wp}(\mathsf{DO}, R) \quad = \quad \exists k \geqslant 0 : H_k(R). \tag{8.44}$$

Für die sequentielle while-Schleife

$$\mathsf{WHILE}: \ \mathsf{while}\ b\ \mathsf{loop}\ A\ \mathsf{end}$$

ergibt sich hieraus:

Schleifenaxiom für while-Schleife mit schwächster Vorbedingung:

$$\begin{aligned} H_0(R) &= R \wedge \neg b, \qquad (8.45)\\ H_k(R) &= \mathsf{wp}(\text{„}\mathsf{if}\ b\ \mathsf{then}\ A\ \mathsf{end}\text{“}, H_{k-1}) \vee R \wedge \neg b,\\ \mathsf{wp}(\mathsf{WHILE}, R) &= \exists k \geqslant 0 : H_k(R). \end{aligned}$$

Dieses Axiom ist wegen der Folge $H_0(R), H_1(R), \ldots$ verschiedener Bedingungen schwierig zu handhaben. Wir benötigen es gerade bei den einfachsten Schleifen, nämlich Zählschleifen, die eine Folge von n Eingabedaten verarbeiten. Die Vorbedingung $H_k(R)$ hat dann die allgemeine Form „k Datensätze erfolgreich bearbeitet".

Es gilt nun der

Satz 8.5 (Schleifeninvariante): *Sei* DO *eine Schleife und* IF *die entsprechende bedingte Anweisung,* $BB = \bigvee_{j=1}^{n} b_j$*, und* P *eine Zusicherung mit*

$$P \wedge BB \rightarrow \mathsf{wp}(\mathsf{IF}, P). \tag{8.46}$$

Dann gilt $P \wedge \mathsf{wp}(\mathsf{DO}, \mathit{wahr}) \rightarrow \mathsf{wp}(\mathsf{DO}, P \wedge \neg BB)$.

Für die while-Schleife lautet dieser Satz

Korollar 8.6: *Falls* $P \wedge b \rightarrow \mathsf{wp}(\mathsf{WHILE}, P)$*, dann*

$$P \wedge \mathsf{wp}(\mathsf{WHILE}, \mathit{wahr}) \rightarrow \mathsf{wp}(\mathsf{WHILE}, P \wedge \neg b). \tag{8.47}$$

Jede Zusicherung P, die dem Satz bzw. dem Korollar genügt, ist eine Schleifeninvariante der betreffenden Schleife.

Beweis von Satz 8.5: Die Bedingung $\mathsf{wp}(\mathsf{DO}, \mathit{wahr})$ entspricht der Forderung, daß die Schleife terminiert: da jeder erreichbare Zustand z der trivialen Bedingung *wahr* genügt, reduziert sich $\mathsf{wp}(\mathsf{DO}, \mathit{wahr})$ nach (8.44) auf die Forderung, daß ein k existiert, so daß nach k-maliger Wiederholung $\neg BB$ gilt.

Mit den Bezeichnungen des Satzes haben wir

$$\begin{aligned} H_0(wahr) &= \neg BB \\ H_k(wahr) &= \mathrm{wp}(\mathsf{IF}, H_{k-1}(wahr)) \vee \neg BB \quad (8.48) \\ H_0(P \wedge \neg BB) &= P \wedge \neg BB \\ H_k(P \wedge \neg BB) &= \mathrm{wp}(\mathsf{IF}, H_{k-1}(P \wedge \neg BB)) \vee (P \wedge \neg BB) \quad (8.49) \end{aligned}$$

Durch vollständige Induktion ergibt sich

$$P \wedge H_k(wahr) \rightarrow H_k(P \wedge \neg BB)$$

Für $k = 0$ ist dies nach Definition richtig. Für $k > 0$ haben wir

$$\begin{aligned} P \wedge H_k(wahr) &= P \wedge (\mathrm{wp}(\mathsf{IF}, H_{k-1}(wahr)) \vee \neg BB) \\ &= (P \wedge BB \wedge \mathrm{wp}(\mathsf{IF}, H_{k-1}(wahr))) \vee P \wedge \neg BB \\ &\rightarrow \mathrm{wp}(\mathsf{IF}, P) \wedge \mathrm{wp}(\mathsf{IF}, H_{k-1}(wahr)) \vee P \wedge \neg BB \\ &= \mathrm{wp}(\mathsf{IF}, P \wedge H_{k-1}(wahr)) \vee P \wedge \neg BB \\ &\rightarrow \mathrm{wp}(\mathsf{IF}, H_{k-1}(P \wedge \neg BB)) \vee P \wedge \neg BB \\ &= H_k(P \wedge \neg BB) \end{aligned}$$

Dabei haben wir nacheinander (8.48), die Feststellung $\mathrm{wp}(\mathsf{IF}, R) \rightarrow BB$, die Voraussetzung (8.46) des Satzes, die Identität (8.21), die Induktionsvoraussetzung für $k - 1$ und (8.49) benutzt.

Schließlich erhalten wir

$$\begin{aligned} P \wedge \mathrm{wp}(\mathsf{DO}, wahr) &= \exists k \geqslant 0 : P \wedge H_k(wahr) \\ &\rightarrow \exists k \geqslant 0 : H_k(P \wedge \neg BB) \\ &= \mathrm{wp}(\mathsf{DO}, P \wedge \neg BB). \end{aligned}$$

♦

Axiom der partiellen Korrektheit einer Schleife:

$$\text{Aus } \{P \wedge b\}\ A\ \{P\} \quad \text{folgt} \quad P\ \{\mathsf{while}\ b\ \mathsf{loop}\ A\ \mathsf{end}\}\ P \wedge \neg b \quad (8.50)$$

Hier haben wir die Voraussetzung wp(„while b loop A end“, $wahr$) von Korollar 8.6, die die Terminierung garantiert, weggelassen. Die Terminierung überprüfen wir getrennt mit einer Terminierungsfunktion $t(k)$.

Beispiel 8.25 (Lineare Suche): Gegeben sei eine vorbesetzte Reihung $a[0 : n-1]$ und ein Wert x, der unter den $a[j]$ vorkommt. Wir wollen den kleinsten Index i mit $x = a[i]$ berechnen. Die Spezifikation dieser Aufgabe lautet

$$\begin{aligned} &\text{Vor:} \quad Q: 0 < n \wedge x \in a[0 : n-1] \\ &\text{Nach:} \quad R: 0 \leqslant i < n \wedge x \notin a[0 : i-1] \wedge x = a[i] \end{aligned}$$

Es gilt $R : 0 \leqslant i < n \wedge (\forall j : 0 \leqslant j < i : x \neq a[j]) \wedge x = a[i]$, wenn wir $x \notin a[0 : i-1]$ ausschreiben.

Eine Schleifeninvariante erhält man aus der Nachbedingung: Wegen des Schleifenaxioms (8.50) müßte sie die Form $R: P \wedge \neg b$ haben, wobei der Wächter b seinen Wert während des Schleifenablaufs ändern muß. Wir erreichen das mit $P: 0 \leqslant i < n \wedge (\forall j: 0 \leqslant j < i: x \neq a[j])$, $b: x \neq a[j]$. Dabei haben wir mit j einen Index in b eingeführt, der die Veränderlichkeit von b und für $j = i$ die ursprüngliche Bedingung herstellt. Wir sehen, daß b auch in P vorkommt.

Ferner überlegen wir, daß wir eine Invariante der Form $\forall j: 0 \leqslant j < i: \cdots$ mit einer Schleife $j := 0$; while $\cdots$ loop $j := j + 1$ end erhalten können, da aus dem Zuweisungsaxiom unmittelbar $\{0 \leqslant j < i\}\ j := j + 1\ \{0 \leqslant j < i \vee j = i\}$ folgt. Setzen wir nun noch b ein, so erhalten wir das Programmstück

j := 0;
while x /= a[j] loop $\{P\}$ j := j + 1 end

mit Schleifeninvariante P.[28] ♦

Beispiel 8.26 (**Summierung**): Gegeben sei eine vorbesetzte Reihung $a[0 : n-1]$ ganzer Zahlen. Wir wollen die Summe der Reihungselemente berechnen. Es gilt:

Gegeben: a : ARR[n](INT);

Gesucht: $s := \sum_{j=0}^{n-1} a_j$

Als Vor- bzw. Nachbedingung erhalten wir:

$$Q:\quad \mathit{wahr}$$
$$R:\quad s = \sum_{j=0}^{n-1} a[j]$$

Um hier die Nachbedingung in die Form $P \wedge \neg b$ zu bringen, setzen wir statt der Obergrenze n eine Variable i ein und benutzen $P: 0 \leqslant i \leqslant n \wedge s = \sum_{j=0}^{i-1} a[j]$, $b : i \neq n$. In Verallgemeinerung des vorigen Beispiels können wir mit dem Schleifenrumpf $s := s + a[i]$; $i := i + 1$ von i zu $i + 1$ übergehen. Für $i = 0$ müssen wir $s = \sum_{j=0}^{-1} a[j] = 0$ setzen. Damit erhalten wir das Programm

$\{\mathit{wahr}\}$
i := 0; s := 0;
while i /= n loop $\{P\}$ s := s + a[i]; i := i + 1 end
$\{R\}$ ♦

---

28. Hier wie im folgenden ist $\{\cdots\}$ oder ein Kommentar unmittelbar nach dem Wortsymbol loop stets eine Schleifeninvariante.

Beispiel 8.27 (Telefonbuchproblem, Gries): Wir wollen finden, wie oft der häufigste Namen im örtlichen Telefonbuch vorkommt. Das Telefonbuch ist alphabetisch nach diesen Namen geordnet. Da uns der Rest eines Telefonbucheintrags und die Länge der Namen nicht interessieren, beschreiben wir die Aufgabe abstrakt so: Gegeben sei eine geordnete Reihung $a[0 : n-1]$, $n \geqslant 1$. Gesucht ist die maximale Häufigkeit k eines Elements x, $x \in a$.

Wir wissen:

- $a[0 : n-1]$ enthält k gleiche Elemente und k$\geqslant$ 1.
- $a[0 : n-1]$ enthält keine $k+1$ gleichen Elemente.
- Die k gleichen Elemente folgen in einem Abschnitt $a[p : p+k-1], p+k-1 \leqslant n-1$, aufeinander.

Dies liefert die Nachbedingung.
R_n: $\exists p$: $0 \leqslant p < n-k \wedge a[p] = a[p+k-1]) \wedge (\forall j$: $0 \leqslant j < n-k-1$: $a[j] \neq a[j+k])$.

Die vorigen Beispiele legen nahe, R_i für $i = 1, \ldots, n$ als Schleifeninvariante und b: $i < n$ als Schleifenbedingung zu benutzen. Beim Übergang $i \rightarrow i+1$ kann sich k nur erhöhen, wenn der letzte Term $\forall j$: $0 \leqslant j < i-k-1$: $a[j] \neq a[j+k]$ der Invariante verletzt ist. Wenn dies zuvor nicht der Fall war, muß $a[i] = a[i-k]$ gelten. Dies führt zu der Lösung

```
i := 1; k := 1;
while i<n
loop {R_i}
  if a[i]=a[i-k] then
    k := k + 1;
  end;
  i := i+1
end;
{R}
```

oder mit einer Zählschleife

```
k := 1;
loop
  constant i: INT := 1.upto!(n-1);
  if a[i]=a[i-k] then
    k := k + 1;
  end
end
```

Aus $a[i] \neq a[i-1]$ folgt, daß $a[i] = a[i-k]$ erst wieder möglich ist, wenn i um k erhöht wurde. Wir können daher die erste Fassung durch das endgültige Programm 8.4 ersetzen. Während der Aufwand der ersten Fassung immer $O(n)$ ist, erhalten wir jetzt in vielen Fällen einen sublinearen Aufwand. ♦

Aufgabe 8.28: Erweitern Sie das Telefonbuch-Beispiel so, daß es den ersten bzw. letzten Namen mit Häufigkeit k liefert.

Programm 8.4: Längste Folge gleicher Namen

```
i := 1; k := 1;
while i<n
loop
  if a[i]=a[i-k] then
    k := k + 1; i := i+1
  elsif a[i] /= a[i-1] then i := i+k
  else i := i+1
  end;
end;
```

Beispiel 8.28 (Hoare): Für späteren Gebrauch entwickeln wir eine Prozedur

zerlege(&& a: ARR[*](INT); m, n: INT; &i, j: INT),

die aus der Vorbedingung

$$P\colon 0 \leqslant m \leqslant n < a.asize \tag{8.51}$$

die Nachbedingung

$$Q\colon (j < i) \wedge \mathsf{perm}(a) \wedge \forall p, q\colon \big((m \leqslant p < i) \wedge (j < q \leqslant n) \to (a[p] \leqslant a[q])\big) \tag{8.52}$$

folgert. perm(a) verlangt, daß die Reihung a gegenüber der Vorbesetzung höchstens permutiert worden ist.

Zur Lösung der Aufgabe könnten wir das Minimum aller $a[k]$, $m \leqslant k \leqslant n$, bestimmen. Hat dieses den Index k_0, so vertauschen wir die Werte von $a[m]$ und $a[k_0]$ und setzen $j = m$, $i = m + 1$. Damit ist die Nachbedingung erfüllt.

Eine allgemeinere Lösung geht von einem beliebigen Wert r mit $\min a[k] \leqslant r \leqslant \max a[k]$, $m \leqslant k \leqslant n$, z. B. $r = a[(m + n)\ \mathsf{div}\ 2]$, aus und bestimmt i, j so, daß

$$(m \leqslant p < i) \quad \to \quad a[p] \leqslant r, \tag{8.53}$$

$$(j < q \leqslant n) \quad \to \quad r \leqslant a[q], \tag{8.54}$$

$$(j < p < i) \quad \to \quad a[p] = r, \tag{8.55}$$

wobei (8.55) für den Fall $j < i$ aus den vorangehenden Bedingungen folgt. Die Bedingungen (8.53) – (8.55) definieren die Zerlegung der Indexbereiche wie in Abb. 8.6, die der Prozedur den Namen gibt, während die ursprüngliche Nachbedingung nur eine Aufteilung in zwei überlappende Indexbereiche vorsieht.

Die Zusicherung

$$Inv\colon \forall p, q\colon \big((m \leqslant p < i) \wedge (j < q \leqslant n) \to (a[p] \leqslant a[q])\big), \tag{8.56}$$

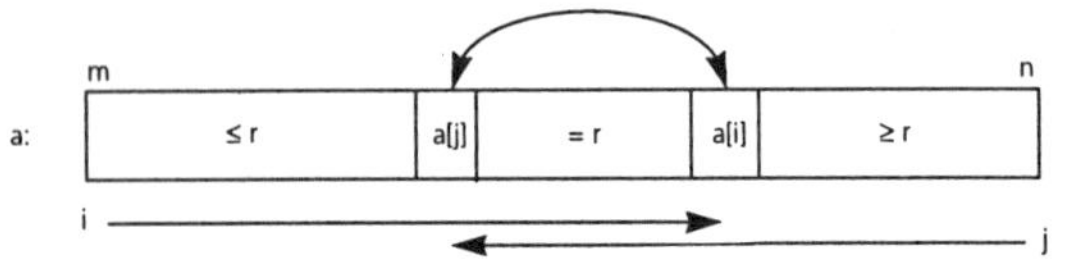

Abbildung 8.6: Schema der Zerlegung

also der zweite Teil der Nachbedingung Q, ist erfüllt, wenn wir $i = m, j = n$ wählen. Daher liegt es nahe, die Aufgabe durch eine Schleife mit Schleifeninvariante *Inv* und Endebedingung $j < i$ zu lösen. Die Prozedur

```
zerlege(&& a: ARR[*](INT); m,n: INT; & i,j: INT) is
-- Vor:  0 <= m <= n < a.asize
-- Nach: Q
  r: INT := a[(m+n) div 2];
  i := m;
  j := n;
  while i <= j
  loop -- Schleifeninvariante Inv
  ...
  end;
end; -- zerlege
```

löst das Problem, wenn wir den Schleifenrumpf passend ausfüllen können.

Dazu überlegen wir, daß wir i erhöhen und j erniedrigen dürfen, solange $a[i] < r < a[j]$ gilt, und daher die Schleifenbedingung erhalten bleibt. Dies erreichen wir mit

```
while a[i] < r loop i := i + 1 end;
while a[j] > r loop j := j - 1 end;
```
(8.57)

Danach gilt

a[i] ⩾ r ⩾ a[j]. (8.58)

Wenn nun die Endebedingung $j < i$ noch nicht erfüllt ist, vertauschen wir $a[i]$ mit $a[j]$; danach gilt die Schleifeninvariante sogar einschließlich der Indizes i, j, die wir daher noch um 1 erhöhen bzw. erniedrigen dürfen, ohne *Inv* zu verletzen. Dies ergibt zusammen den Schleifenrumpf

```
while a[i]<r loop i := i+1 end;
while a[j]>r loop j := j-1 end;
if i <=j
then h: INT := a[i]; a[i] := a[j]; a[j] := h;
   i := i+1; j :=j -1
end
```

In jedem Schleifendurchlauf ändert sich mindestens einer der Werte i, j: Entweder geschieht dies in einer der beiden while-Schleifen; oder die Bedingung $i \leqslant j$ gilt, und beide Indizes ändern sich. Wegen $m \leqslant i \leqslant j \leqslant n$ gibt es aber maximal $2(n - m)$ Änderungen der Indizes und daher auch maximal $2(n - m)$

Schleifendurchläufe: $t(i,j) = 2n - i - j$ ist eine Terminierungsfunktion für die Schleife. Wegen $Q = Inv \wedge (i > j)$ ist somit unsere Prozedur korrekt. Für den Aufwand erhalten wir

$$T_{\mathsf{zerlege}}(m,n) \leqslant 2(n-m) = \mathrm{O}(n-m). \qquad \blacklozenge \quad (8.59)$$

Aufgabe 8.29: Formulieren Sie eine Prozedur, die die Zerlegung mit der im Beispiel zuerst erwähnten Minimumbestimmung löst, und beweisen Sie deren Korrektheit.

Aufgabe 8.30: Formulieren Sie Invarianten für die Schleifen (8.57) so, daß anschließend die Zusicherung (8.58) gilt. Wieso terminieren diese Schleifen?

Aufgabe 8.31: Wie groß ist die Anzahl der Vergleiche in der Prozedur zerlege?

Die Axiome für bewachte Schleifen haben eine interessante Fortsetzung für parallele Programme, die auf (Owicki und Gries, 1976) zurückgeht und die wir hier nur andeuten können, vgl. auch (Apt und Olderog, 1991).

Wir betrachten eine Schleife do $b_1 \rightarrow A_1 \,[]\, b_2 \rightarrow A_2$ od mit der Eigenschaft, daß $b_i, i = 1,2$ anfangs beide wahr sind und falsch werden, sobald A_i ausgeführt wurde. Die Schleife wird also genau zweimal ausgeführt. Nach den Regeln der bewachten Anweisung können die A_i in beliebiger Reihenfolge ausgeführt werden, zuerst A_1 dann A_2 oder umgekehrt. Wir fragen, was wir über das Ergebnis wissen, wenn A_1, A_2 nicht nur nacheinander, sondern auch zeitlich verzahnt oder echt parallel ausgeführt werden können. Wir schreiben sie dann in der Form par $A_1 \,\|\, A_2$ end und verzichten auf die Wächter, deren Eigenschaften wir ja festgelegt haben. Gilt $\{P_i\}\, A_i\, \{Q\}, i = 1,2,$ so möchten wir eigentlich schließen:

$$\text{Aus } \{P_i\}\ A_i\ \{Q_i\}, i = 1,2 \text{ folgt } \{P_1 \wedge P_2\}\ \mathsf{par}\ A_1 \| A_2\ \mathsf{end}\ \{Q_1 \wedge Q_2\} \qquad (8.60)$$

Wegen Satz 8.5 können wir (8.60) nicht einmal bei Hintereinanderschaltung der A_i ohne Zusatzbedingung erwarten: Wird nämlich zuerst A_1 ausgeführt, so muß danach immer noch P_2 gelten, um Q_2 mit der Ausführung von A_2 zu erreichen. Ferner darf A_2 die Aussage Q_1 nicht zerstören.

Werden A_1, A_2 in Zustandsübergänge $\{P_{ij}\}\ A_{ij}\ \{P_{ij+1}\}, i = 1,2, j = 0,\dots,n-1, n = n(i)$, aufgespalten, die parallel oder verzahnt, aber unter Wahrung der Reihenfolge für jedes i ausgeführt werden, so erhalten wir für die A_{ij} die gleiche Nebenbedingung.

Owicki und Gries nennen A_1, A_2 **interferenzfrei**, wenn man den Beweis von $\{P_i\}\ A_i\ \{Q_i\}$ so führen kann, daß die gleichzeitige Ausführung der anderen Anweisung den Beweis nicht stört. Dies ist offenbar eine schärfere Formulierung der Nachbedingung. Sie konnten dann zeigen

Satz 8.7 (Owicki, Gries): *Es gilt (8.60), wenn die Anweisungen A_1, A_2 interferenzfrei sind.*

Der Satz läßt sich auf die Parallelausführung von n Anweisungen $A_1, \dots, A_n$ verallgemeinern.

Beispiel 8.29: Wir betrachten die Zuweisung

$$\{x = x_0\}\ \mathsf{par}\ x := x + a \,\|\, x := x + b\ \mathsf{end}\ \{x = x_0 + a + b\} \qquad (8.61)$$

Wenn wir die Einzelzusicherungen in der Form $\{x = x_0\}\ x := x + a\ \{x = x_0 + a\}$ und $\{x = x_0\}\ x := x + b\ \{x = x_0 + b\}$ formulieren, können wir das gewünschte Ergebnis nicht erreichen. Schreiben wir aber

$$\{x = x_0 \vee x = x_0 + b\} \quad x := x + a \quad \{x = x_0 + a \vee x = x_0 + b + a\}$$
$$\{x = x_0 \vee x = x_0 + a\} \quad x := x + b \quad \{x = x_0 + b \vee x = x_0 + a + b\}$$

so stört die jeweils andere Anweisung den Beweis nicht, wenn wir annehmen, daß die beiden Zuweisungen atomar sind, d. h. daß sich nicht beide Anweisungen den Wert von x gleichzeitig holen können und unabhängig voneinander zurückschreiben. Wir erhalten dann

$$\{(x = x_0 \vee x = x_0 + b) \wedge (x = x_0 \vee x = x_0 + a)\}$$
$$\textsf{par}\ x := x + a \,||\, x := x + b\ \textsf{end}$$
$$\{(x = x_0 + a \vee x = x_0 + a + b) \wedge (x = x_0 + b \vee x = x_0 + a + b)\}$$

Für den Beweis können wir $a, b \neq 0$ und $a \neq b$ voraussetzen. Dann gilt $x = x_0 + \alpha \wedge x = x_0 + \beta = \mathit{falsch}$ für alle Kombinationen $\alpha \neq \beta$, da die beiden Vergleiche in den Konjunktionen nicht gleichzeitig wahr sein können. Daher haben wir

$$\begin{aligned}
&(x = x_0 \vee x = x_0 + b) \wedge (x = x_0 \vee x = x_0 + a)\\
= \quad & (x = x_0) \vee (x = x_0 \wedge x = x_0 + a) \vee\\
& (x = x_0 + b \wedge x = x_0) \vee (x = x_0 + b \wedge x = x_0 + a)\\
= \quad & (x = x_0) \vee \mathit{falsch} \vee \mathit{falsch} \vee \mathit{falsch}\\
= \quad & (x = x_0)
\end{aligned}$$

Analog erhält man

$$\begin{aligned}
&(x_0 = x_0 + a \vee x_0 = x_0 + a + b) \wedge (x_0 = x_0 + b \vee x_0 = x_0 + a + b)\\
&\qquad = \quad (x = x_0 + a + b)
\end{aligned}$$

Das Programm (8.61) ist also korrekt, wenn die beiden Zuweisungen atomar sind. ♦

Die Voraussetzung, daß gewisse Zuweisungen $x := a$ **atomar** oder unteilbar sein müssen, d. h. als ein Zustandsübergang ablaufen, während dessen die andere Anweisung nicht auf die Variable x zugreifen darf, ist charakteristisch für parallele Programme mit gemeinsamen Variablen. Oft muß man größere Programmteile als atomar kennzeichnen; dies läßt sich technisch jedoch immer auf die Unteilbarkeit einer bedingten Zuweisung if $a \neq w$ then $a := w$ end zurückführen, vgl. auch Bd. I, 2.5.

8.2.7 Prozeduren

Wir beschränken uns zunächst auf eigentliche Prozeduren, die höchstens einen Eingabe- und einen Ausgabeparameter haben. Diese werden mit Wert- bzw. Ergebnisaufruf übergeben. Ferner nehmen wir an, daß Nebenwirkungen nur durch explizite Zuweisungen auftreten können; daher schreiben wir auch die in 8.1.4 bzw. 8.2.2 eingeführte Nebenbedingung zulässig(*ausdruck*) bei der Berechnung von Ausdrücken nicht explizit.

Gegeben sei eine Prozedurvereinbarung

$p(x\colon T; \&y\colon T')$
$--$ *Vor*: P
$--$ *Nach*: Q (8.62)
is A end

mit Aufrufen $p(a, \&b)$. Wir setzen voraus, daß $\{P\}\ A\ \{Q\}$ gilt.

P heißt eine Vorbedingung, Q eine Nachbedingung der Prozedur. Die Vorbedingung P enthält den Ergebnisparameter y nicht, da sein Wert noch undefiniert ist. Die Nachbedingung Q beschreibt den Wert y, sowie etwaige weitere Nebenwirkungen der Prozedur auf globale Größen als Funktion des Wertes x_0 des Eingabeparameters zu Beginn der Prozedur und der Eingangswerte etwa verwendeter globaler Größen. Wir sprechen im folgenden vom Wert des Eingabeparameters x, wenn wir seinen Anfangswert meinen.

Wie in 8.1.6.4 bemerkt, besteht die von außen sichtbare Zustandsänderung eines Aufrufs $p(a, \&b)$ aus der Wirkung einer oder mehrerer Zuweisungen

$$y := w_0; v_1 := w_1; \ldots; v_k = w_k \tag{8.63}$$

an den Ergebnisparameter y und an Variable v_i, die auf der Aufrufseite bekannt sind. Im einfachsten Fall ist $k = 0$ und es gibt nur die Zuweisung an y, die bei Ausführung durch eine Zuweisung an b ersetzt wird. Für $k \geqslant 1$ können die Variablen v_i nicht im Prozedurrumpf A vereinbart sein und es kann sich auch nicht um den Parameter x handeln, da Änderungen dieser Größen nicht außerhalb der Prozedur sichtbar sind; solche v_i können also nur globale Variable sein, auf deren Wert der Aufruf $p(a, \&b)$ eine Nebenwirkung ausübt. Wir setzen voraus, daß solche globalen Variablen an der Aufrufstelle die gleiche Bedeutung haben wie in der Prozedurvereinbarung. Die Bezeichner x, y der Parameter seien im Kontext des Prozeduraufrufs nicht definiert. Diese Bedingungen können wir durch geeignete Ersetzung von Bezeichnern durch neue, im Programm noch nicht vorkommende Bezeichner immer gewährleisten.

Die zugewiesenen Werte w_i können Konstante sein oder vom Wert des Eingabeparameters x abhängen, der beim Aufruf durch das aktuelle Argument a ersetzt wird, oder sie könnten zusätzlich von Werten globaler Größen g_j abhängen, auf die der Prozedurrumpf zugreift.

Somit kann die Vorbedingung P nur Aussagen über x und die verwandten globalen Größen g_j enthalten; die Nachbedingung Q beschränkt sich auf Aussagen über die Werte von y und der globalen Variablen v_i, an die zugewiesen wird. Sollten P oder Q weitere Teilaussagen T enthalten, so wird deren Gültigkeit durch den Aufruf der Prozedur nicht verändert; die Teilaussagen müssen also sowohl in P als auch in Q vorkommen.

Der Prozedurrumpf A kann bedingte Anweisungen, Schleifen und weitere Prozeduraufrufe enthalten. Auch kann er an den Ergebnisparameter y oder eine der Variablen v_i aus (8.63) mehrfach zuweisen. Die Zuweisung an eine Variable v_i könnte auch unter Bedingung stehen und bei Nichterfüllung entfallen. Wenn wir die von außen beobachtbare Wirkung eines Prozeduraufrufs auf die Wirkung der Zuweisungen (8.63) reduzieren, abstrahieren wir von allen diesen Einzelheiten, die den Aufrufer der Prozedur ja auch nichts angehen. Insbesondere zählt bei Mehrfachzuweisung an y oder ein v_i immer nur die letzte Zuweisung zu (8.63).

In der Programmiersprache EIFFEL kann man Vor- und Nachbedingungen P, Q nicht nur als Kommentare, sondern als Teil des Kopfs einer Prozedurvereinbarung mit der Interpretation

```
p(x: T, &y: T')
        is assert P;
          begin A end;          (8.64)
          assert Q;
        end
```

schreiben. In den meisten anderen Programmiersprachen müssen diese Fehlerabfragen explizit programmiert werden.

Wir geben hier die Vor- und Nachbedingungen als Kommentare an, um auch Aussagen, die allgemeiner sind als boolesche Ausdrücke, formulieren zu können. Dem Leser wird empfohlen, sich dieses Verfahren als ständigen Programmierstil anzugewöhnen. Man erleichtert damit den Schreibern von Prozeduraufrufen das Leben. Sie kennen die Wirkung des Prozedurrumpfes, ohne die ganze Prozedur studieren zu müssen. Die assert-Anweisung sollte zusätzlich benutzt werden, um explizite und mit booleschen Ausdrücken darstellbare Bedingungen, insbesondere Bereichsangaben wie $a > 0$, $1 \leqslant b \leqslant 5$ usw. zu prüfen.

Wir untersuchen nun den Zusammenhang zwischen den Vor- und Nachbedingungen P, Q und den Zusicherungen R, S eines Aufrufs $\{R\}p(a, \&b)\{S\}$.

Bei einer parameterlosen Prozedur sind P, Q zugleich Zusicherungen für den Prozeduraufruf p: Für einen Aufruf p von p is A end mit Vorbedingung P und Nachbedingung Q gilt $\{P\}\ p\ \{Q\}$. Aus wp(„A“, Q) $= P$ folgt wp(„p“, Q) $= P$. Daher muß für R, S gelten $R \rightarrow P$ und $Q \rightarrow S$.

Bei einer Prozedur mit Parametern wie (8.62) ohne weitere Nebenwirkungen, $k = 0$ in (8.63), können wir die Wirkung des Rumpfes A durch die Zuweisung $y := w_0$ ersetzen. Dem geht bei einem Aufruf $p(a, \&b)$ die Zuweisung $x := a$ des Arguments an den Eingabeparameter voraus und es folgt die Zuweisung $b := y$ des Ergebnisses an das zugehörige Argument. Der Aufruf wird also abstrahiert zu der Zuweisungsfolge

$$\begin{aligned} &x := a;\\ &y := w_0; \\ &b := y \end{aligned} \tag{8.65}$$

Die Beweisvorgabe hierfür lautet

$$\{R\}x := a;\ \{P\}\ y := w_0;\ \{Q\}\ b := y\ \{S\}\ . \tag{8.66}$$

Wir könnten nun den Beweis von (8.66) für jeden Prozeduraufruf $p(a, \&b)$ einzeln führen. Wenn wir aber den Korrektheitsbeweis $\{P\}\ A\ \{Q\}$ für den Prozedurrumpf A wieder verwenden wollen, muß gemäß dem Zuweisungsaxiom, angewandt auf $x := a$ und $b := y$ gelten: $R \rightarrow P[a/x]$ und $Q \rightarrow S[y/b]$. Für den eigentlichen Prozedurrumpf, abstrahiert zu $y := w_0$, erhalten wir $P \rightarrow Q[w_0/y]$. Diese Folgerungen müssen für alle Werte w_0 gelten, die der Prozedurrumpf an y zuweisen könnte. Mit $S[y/b, w_0/y] = S[w_0/b]$ erhalten wir folglich im Kalkül der schwächsten Vorbedingungen für R in der Beweisvorgabe (8.66) die Bedingung

$$PR\colon P[a/x] \wedge \forall w\colon (Q[w/y] \rightarrow S[w/b]) \tag{8.67}$$

als Vorbedingung für den Prozeduraufruf $p(a, \&b)$. Es gilt also

Satz 8.8 **(Axiom für Prozeduraufrufe):** *Für einen Aufruf $p(a, \&b)$ der Prozedur (8.62) gilt mit (8.67)*

$$PR \to \text{wp}(„p(a, \&b)“, S), \tag{8.68}$$

wenn die Prozedur keine Nebenwirkungen auf andere Variable als b hat.

Wir begnügen uns also mit der stärkeren Vorbedingung PR, um den Beweis von $\{P\}\ A\ \{Q\}$ für den Prozedurrumpf nur einmal führen zu müssen. Die Folgerung $Q[w/y] \to S[w/b]$ beantwortet die Frage nach der Bedeutung von Q im Kontext des Aufrufs.

Beispiel 8.30: Wie in Beispiel 8.22 bedeutet eine Vorbedingung *wahr*: Die Eingabeparameter haben einen beliebigen Wert. Beim Beweis eines Prozedurrumpfes folgern wir aus *wahr* Aussagen $x = x_0$ mit belibigen Eingabewerten x_0 für alle Eingabeparameter x. In der Prozedur

```
erhöhe(i: INT; & k: INT)
  -- Vor: wahr
  -- Nach: k = i + 1
  is k := i+1 end
```

gilt daher die triviale Vorbedingung $i = i_0$ mit beliebigem i_0. In der Nachbedingung bezeichnet i den Anfangswert i_0. Für einen Aufruf erhöhe(a, &x) mit Nachbedingung S: $x > 4$ liefert unser Satz

$$\begin{aligned} PR\ :\ & (i = i_0)[a/i] \wedge \forall w: ((k = i_0 + 1)[w/k] \to (x > 4)[w/x]) \\ & = (a = i_0) \wedge \forall w: ((w = i_0 + 1) \to (w > 4)). \end{aligned}$$

Der zweite Term dieser Konjunktion ist nur für $i_0 > 3$ wahr. Zusammen mit dem ersten Term ergibt sich die Vorbedingung $a > 3$. ♦

In vielen Fällen sind Q und S mit Ausnahme der Bezeichner y bzw. b für das Ergebnis identisch. Da wir nur die Folgerung $Q[w/y] \to S[w/b]$ benötigen, in der die unterschiedlichen Bezeichner einheitlich durch w ersetzt sind, ist dann der zweite Term von PR eine Tautologie.

Beispiel 8.31: Die Prozedur

```
tausche'(i,j: INT; & a,b: INT)
  -- Vor: wahr
  -- Nach: a = j ∧ b = i
  is a:=j; b:=i end
```

weist die Anfangswerte i_0, j_0 vertauscht an die Ausgabeparameter a, b zu. Für einen Aufruf tausche$'(u, v, \&x, \&y)$ mit Nachbedingung $S: (x = v) \wedge (y = u)$ erhalten wir aus (8.67)

$$\begin{aligned} PR : &(i = i_0) \wedge (j = j_0)[u/i, v/j] \wedge \\ &\quad \forall p, q: (((a = j_0) \wedge (b = i_0))\,[p/a, q/b] \rightarrow ((x = v) \wedge (y = u))\,[p/x, q/y]) \\ = &(u = i_0) \wedge (v = j_0) \wedge \\ &\quad \forall p, q: (((p = j_0) \wedge (q = i_0)) \rightarrow ((p = v) \wedge (q = u))) \\ = &(u = i_0) \wedge (v = j_0), \end{aligned}$$

da die Implikation im zweiten Term gilt, wenn der erste Term wahr ist. ♦

Das Beispiel zeigt überdies, daß wir die gleichen Regeln auch für Prozeduren mit mehreren Eingabe- und Ergebnisparametern einsetzen können. Bei den Ergebnisargumenten haben wir jedoch zwei Annahmen gemacht, die wir explizit formulieren müssen:

1. Gibt es mehrere Ergebnisargumente, so müssen diese *verschiedene* Variable darstellen.
2. Die Nachbedingung S darf keine Aussagen über globale Variable enthalten, die in der Prozedur verändert werden und zugleich als Ergebnisargumente auftreten.

Wir bezeichnen diese Bedingungen mit disj(arg), wobei arg die Liste der Ergebnisargumente eines Prozeduraufrufs und der im Prozedurrumpf veränderten globalen Variablen ist.

Man sieht nun leicht, daß wir auch transiente Parameter zulassen können, indem wir sie als Paar von Eingabe- und Ergebnisparameter behandeln. Die Berechnung von PR in Beispiel 8.31 überträgt sich auf die Prozedur tausche von S. 29. Transiente Argumente müssen ebenfalls in die Liste arg der Ergebnisargumente aufgenommen werden.

Funktionsprozeduren lassen sich nach dem gleichen Schema verifizieren: Ein Aufruf $p(a, \&b)$ der Prozedur (8.62) führt zur gleichen Nachbedingung S wie die Zuweisung $b := f(a)$ mit der Funktionsvereinbarung

$$f(x: T): T' \text{ is } A[\text{res}/y] \text{ end} \tag{8.69}$$

in deren Rumpf wir den vormaligen Ergebnisparameter y durch die Ergebnisvariable res ersetzen.

Die Nachbedingung S eines Prozeduraufrufs $p(a, \&b)$ besteht häufig aus zwei Teilen $S = S' \wedge S''$. S' ist die eigentliche Nachbedingung des Prozeduraufrufs; S'' enthält keine Größen aus arg und ändert sich daher durch den Prozeduraufruf nicht. Daher kann S'' unverändert in die Vorbedingung übernommen werden, und wir erhalten abschließend

Korollar 8.9: *Sei arg die Liste der Ergebnisargumente, der transienten Argumente und der globalen Variablen, die durch einen Aufruf einer Prozedur (8.62) verändert werden. Es gelte* disj(*arg*), *d. h. arg enthält keine Variable mehrfach.* $S = S' \wedge S''$ *sei eine Zusicherung, in der keine Variable aus arg in* S'' *vorkommt. Dann hat ein Aufruf* $p(a, \&b)$ *mit Nachbedingung S die Vorbedingung* $PR \wedge S''$ *mit*

$$PR\colon P[a/x] \wedge \forall w\colon (Q[w/y] \rightarrow S'[w/b]). \tag{8.70}$$

Aufgabe 8.32: Zeigen Sie $\{a = 4 \wedge b = 3\}$ updiv(a, b, &c) $\{c = 2\}$ mit

```
updiv (x,y: INT; & z: INT) is
  -- Vor:  x > 0 ∧ y > 0
  -- Nach:  z – 1 < x div y ⩽ z
    z:= 0;
    while x > 0
    loop x := x - y; z := z + 1 end;
end;
```

Aufgabe 8.33: Zeigen Sie $\{a > 0\}$ sqrtint(a, &b) $\{b = \lfloor\sqrt{a}\rfloor\}$ mit

```
sqrtint(x: INT; & y: INT) is
  -- Vor:  x > 0
  -- Nach:  y² ⩽ x < (y + 1)²
  y := x;
  while y > x div y loop y := (y + x div y) div 2 end;
end;
```

Aufgabe 8.34 (Gries): Mit der Prozedur tausche aus Beispiel 8.10, vgl. auch Beispiel 8.31, gilt für einen Aufruf tausche(&& i, && $b[i]$)

$$\{i = i_0 \wedge (\forall j\colon b[j] = w_j)\}$$
tausche(&& i, && $b[i]$)
$$\{R\colon i = w_i \wedge b[i] = i_0 \wedge (\forall j\colon j \neq i_0 \rightarrow b[j] = w_j)\}$$

Aufgabe 8.35 (Gries): Die Prozedur

```
p(x: INT; && b: ARR[*](INT); && n: INT; & m: INT) is
-- Vor:  0 ⩽ n ∧ x = x₀ ∧ b = b₀
-- Nach:  0 ⩽ m < n ∧ b[m] = x₀
  m := 0; b[n] := x;
  while x /= b[m]
  loop -- inv:  0 ⩽ m ⩽ n ∧ x ∉ b[0 : m – 1]
    m := m+1
  end;
  if m=n then
    n := n+1
  end
end; -- p
```

sucht x in der Reihung $b[0 : n-1]$. Wenn x nicht vorkommt, wird n erhöht und x in $b[0 : n-1]$ aufgenommen. Der Index m enthält zum Schluß die Position von x.

1. Spezifizieren die Vor- und Nachbedingung die Prozedur p vollständig? Oder gibt es zusätzliche Aussagen, die man über den Prozedurrumpf beweisen könnte?
2. Welche der folgenden Zusicherungen über einen Aufruf von p kann man mit Hilfe von Satz 8.8 beweisen (geeignete Vereinbarungen für f, c, s, j und Verallgemeinerung des Satzes auf mehrere, auch transiente Parameter vorausgesetzt)?:

   a. $\{wahr\}\ p(5, c, 0, j)\quad \{c[j] = 5\}$

   b. $\{0 \leqslant s\}\ p(f, c, s, j)\quad \{c[j] = f\}$

   c. $\{0 < s\}\ p(b[0], c, s, j)\ \{c[j] = c[0]\}$

   d. $\{0 < s\}\ p(5, c, s, m)\quad \{c[j] = 5\}$

3. Welche Beweise könnte man mit Korollar 8.9 führen?

8.2.7.1 Rekursives und iteratives Problemlösen

Die Funktionale until und while, also die Schleifen des funktionalen Programmierens, hatten wir in 5.5.1 als Spezialfälle rekursiver Funktionen eingeführt. Mit Hilfe von Zusicherungen können wir die Korrespondenz Schleife ↔ rekursive Funktion im zustandsorientierten Programmieren aufklären.

Beispiel 8.32 (Binärsuche): Gegeben sei eine Reihung a: ARR[n](INT), deren Elemente aufsteigend geordnet sind, $a[0] \leqslant a[1] \leqslant \cdots \leqslant a[n-1]$, sowie eine ganze Zahl x. Wir wollen wissen, ob x in a vorkommt. Mit sequentieller Suche ist der Aufwand $O(n)$. Da aber a geordnet ist, können wir wie in 7.2.2 Teile-und-Herrsche mit einem Aufwand $O(\log n)$ anwenden. Die Übertragung der Lösung aus 7.2.2 lautet rekursiv:

```
suche_rek(x: INT; a: ARR[*](INT); u,o: INT): BOOL is
  -- Vor:  0 ⩽ u ∧ o ⩽ a.asize − 1
  -- Nach:  x ∈ a[u : o]?
  m: INT := (u+o) div 2;
  if u>o then res := false
  elsif x = a[m] then res := true
  elsif x<a[m] then res := suche_rek(x,a,u,m-1)
  else res := suche_rek(x,a,m+1,o) -- Fall x>a[m]
  end
end
```

Bei Verwendung von Listen hatten wir in der Rekursion die Listen verkürzt. Bei Verwendung von Reihungen führen wir stattdessen zusätzliche Indexparameter u, o ein, die uns den jeweils betrachteten Ausschnitt der Reihung zeigen. Der Aufruf „von außen“ lautet suche_rek(x, a, 0, a.asize − 1). Will man diese zusätzlichen Parameter vermeiden, so muß man eine weitere (Haupt-)Prozedur

```
suche(x: INT; a: ARR[*](INT)): BOOL is res := suche_rek(x,a,0,a.asize-1) end
```

einführen, deren einziger Zweck darin besteht, die noch fehlenden Argumente für den rekursiven Aufruf von suche_rek zu ergänzen. suche_rek ist dann eine Hilfsprozedur, die dem Anwender nicht zur Verfügung stehen sollte.

Die vorstehende Aufteilung einer rekursiven Problemlösung in eine Haupt- und eine Hilfsprozedur kommt häufig vor. In Pascal oder Modula-2 vereinbart man die Hilfsprozedur lokal in der Hauptprozedur und dadurch für den Anwender unsichtbar machen. In Sather oder Java benutzt man eine öffentliche und eine private Methode. Die öffentliche Methode besitzt die gewünschte Aufrufschnittstelle und delegiert die eigentliche Problemlösung an die private Methode.

Für eine Schleifenlösung bringen wir die rekursive Prozedur in die Form

```
suche_rek(x: INT; a: ARR[*](INT); u,o: INT): BOOL is
  m: INT := (u+o) div 2;
  if u<= o and x /= a[m]
  then
    if x<a[m] then o := m-1 else u := m+1 end;
    res := suche_rek(x,a,u,o)
  else res := u<=o -- aus u ≤ o folgt x = a[m]!
  end
end
```

Aus dieser können wir, wie wir gleich zeigen werden, Programm 8.5 als Schleifenfassung herleiten. Es repräsentiert die Hauptprozedur mit eingebauter Hilfsprozedur. Aus der Hauptprozedur suche haben wir die Vorbesetzung lokaler Größen *u*, *o* übernommen. Dann haben wir eine Schleifenfassung von suche_rek explizit einkopiert. Dieses Einkopieren eines Prozedurrumpfs nennen wir im folgenden **offenen Einbau.**

Programm 8.5: Binärsuche

```
suche(x:INT; a:ARR[*](INT)): BOOL is
  -- Vor: wahr
  -- Nach: x ∈ a[0 : a.asize − 1]?
  u,o,m: INT;
  u := 0; o := a.asize-1; m := (u+o) div 2;
  while (u <= o) and (x /= a[m])
  loop
    if x < a[m] then o := m-1
    else u := m+1
    end;
    m := (u+o) div 2
  end;
  res := u <= o
end
```

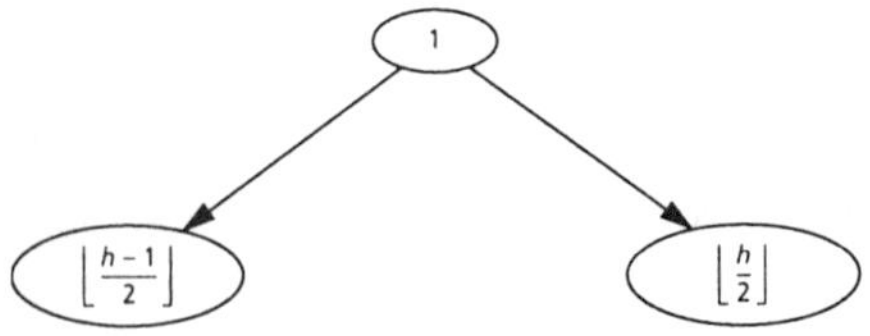

Abbildung 8.7: Schema eines binären Suchbaums

Für späteren Gebrauch analysieren wir, wie der Aufwand $T_{\text{suche}} = O(\log n)$ zustandekommt: Ein Durchlauf der Schleife zerlegt den Reihungsabschnitt $a[u : o]$ in die drei Teile $a[u : m - 1]$, $a[m]$, $a[m + 1 : o]$ des Umfangs $\lfloor \frac{h-1}{2} \rfloor$, 1, $\lfloor \frac{h}{2} \rfloor$ mit $h = o - u + 1$. Wir können dies durch den binären Suchbaum der Abb. 8.7, vgl. auch 6.3, darstellen. $\lfloor \frac{h-1}{2} \rfloor$ bzw. $\lfloor \frac{h}{2} \rfloor$ ist die Anzahl der Ecken im linken bzw. rechten Unterbaum. Setzen wir das Schema wie in Abb. 8.8 fort, so entspricht die

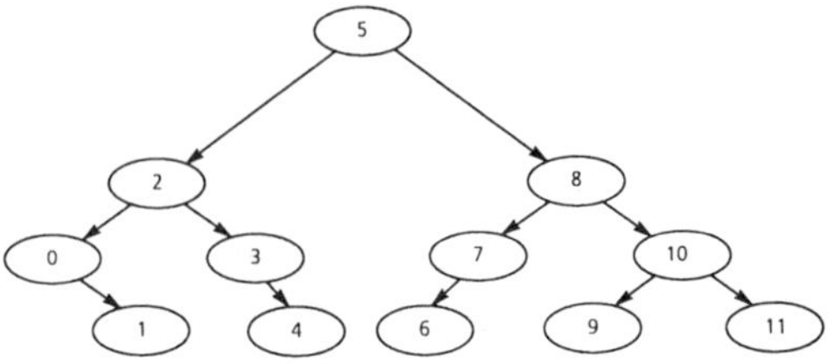

Abbildung 8.8: Binärer Suchbaum für $n = 11$

Anzahl der Schleifendurchläufe der Weglänge + 1 im Baum bis zum gefundenen Element. Ist x nicht im Baum enthalten, so ist für $2^{k-1} \leqslant n < 2^k - 1$ die Anzahl der Schleifendurchläufe $k - 1$ oder k, da der Suchbaum die maximale Höhe (= maximale Weglänge) $k - 1$ hat. Im Erfolgsfall kann die Anzahl der Durchläufe nicht größer sein, also gilt

$$T_{\text{suche}} \leqslant c_0 + c_1 \cdot (\lfloor \text{ld}\, n \rfloor + 1) = O(\log n). \tag{8.71}$$

Hier ist c_0 der Aufwand für den Prozeduranfang, c_1 der Aufwand für einen Schleifendurchlauf und $\lfloor \text{ld}\, n \rfloor + 1$ die maximale Anzahl von Wiederholungen. ♦

Obige Rekursion entspricht folgendem Schema, mit Bedingung B, Blöcken A, C.

$$p(x\colon T; \&y\colon T') \text{ is if } B \text{ then } A\,;\ x := f(x);\ p(x, \&y) \text{ else } C \text{ end end} \tag{8.72}$$

Dieses Schema heißt eine **rechtsrekursive Prozedur**. Es ist äquivalent zu

$$ps(x\colon T; \&y\colon T') \text{ is while } B \text{ loop } A;\ x := f(x) \text{ end; } C \text{ end} \tag{8.73}$$

Die Zuweisung $x := f(x)$ spiegelt die Änderung der Argumente für den rekursiven Aufruf wider. Zum Beweis der Äquivalenz betrachten wir die Ausführungsreihenfolge der Ausdrücke, Zuweisungen und Blöcke in Abb. 8.9. Sie ist offenbar für (8.72) und (8.73) identisch. Die Vorbedingung P der rekursiven

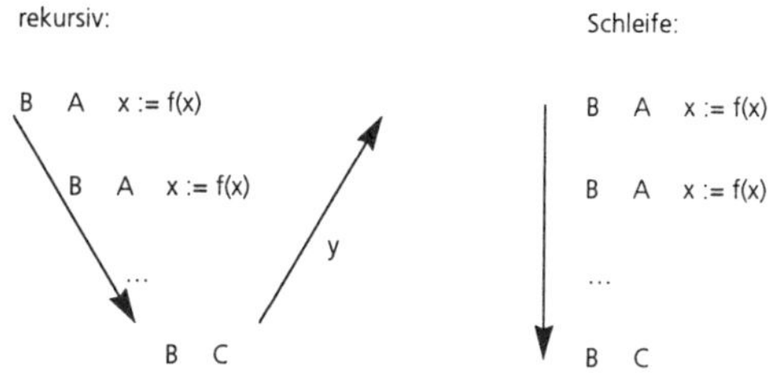

Abbildung 8.9: Rechtsrekursive und iterative Ausführung

Fassung ist in der rekursiven und der iterativen Fassung vor jeder Zeile erfüllt; in der iterativen Fassung ist P folglich eine Schleifeninvariante! Für die letzte Zeile erhalten wir die Zusicherung $\{P \wedge \neg B\}\ C\ \{Q\}$, wobei die Nachbedingung Q eine Aussage über das Ergebnis y enthält.

Die Aufgaben, eine Vorbedingung einer rekursiven Prozedur zu ermitteln und eine Schleifeninvariante zu finden, sind also in diesem Fall gleichwertig.

Beispiel 8.33 (Hornerschema): Gegeben seien die Koeffizienten $a_0, a_1, \ldots, a_n$ eines Polynoms $pol(x) = \sum_{i=0}^{n} a_i x^i$. Wir wollen den Polynomwert berechnen. Dazu sei $pol_k(x) = \sum_{i=k}^{n} a_i x^{i-k}$, $k = 0, \ldots, n$, also $pol(x) = pol_0(x)$. Es gilt

$$pol_k(x) = \begin{cases} a_n, & k = n, \\ x * pol_{k+1}(x) + a_k, & 0 \leqslant k < n. \end{cases} \tag{8.74}$$

Bilden die Koeffizienten eine Reihung a mit a.asize $= n + 1$, so erhalten wir:

```
horner(x: FLT; a: ARR[*](FLT); k: INT): FLT is
  -- Vor:  0 ⩽ k < a.asize
  -- Nach: res = pol[k](x)
  if k = a.asize-1 then res := a[k]
  else res := x*horner(x,a,k+1) + a[k]
  end
end
```

Der Aufruf horner(x, a, 0) berechnet $pol(x)$. Wie im vorigen Beispiel könnten wir eine Hauptprozedur einführen, um nach außen den zusätzlichen Parameter k zu verdecken. Mit einer Schleife erhalten wir Programm 8.6.

Programm 8.6: Hornerschema

```
horner(x: FLT; a: ARR[*](FLT)): FLT is
  -- Vor: wahr
  -- Nach: res = pol[0](x)
  k: INT := a.asize-1;
  res := a[k];
  while k >= 1 loop
    k := k-1;
    res := x*res + a[k]
  end
end
```

Das rekursive Hornerschema entspricht mit den obigen Konventionen dem Schema

$$p(x\colon T;\ \&y\colon T')\ \textsf{is if}\ B\ \textsf{then}\ C\ \textsf{else}\ x := f(x);\ p(x, \&y);\ A\ \textsf{end end} \tag{8.75}$$

Allerdings setzen wir jetzt zusätzlich voraus, daß die Veränderungen $x := f(x)$ der Argumente zu einem Wert x_n führen, den wir vorhersagen können, und für den die Bedingung B nicht mehr erfüllt ist. Ferner soll die Berechnung von $f(x)$ keine Nebenwirkungen haben und umkehrbar sein. In unserem Beispiel entspricht $x := f(x)$ der Zuweisung $k := k + 1$ mit Endwert $k = a.\textsf{asize} - 1$ und Umkehrung $f^{-1}(k) = k - 1$.

Unter diesen Voraussetzungen heißt das Schema eine **linksrekursive Prozedur**. Es ist äquivalent zu

$$ps(x\colon T;\ \&y\colon T')\ \textsf{is}\ C;\ \textsf{justasoften loop}\ x := f^{-1}(x);\ A\ \textsf{end end} \tag{8.76}$$

justasoften bedeutet, daß wir A ausführen, bis x wieder seinen Anfangswert erreicht hat, also für $x_i = f^{-1}(x_{i+1})$, $x_i = x_{n-1}, x_{n-2}, \ldots, x_0$. Die Abb. 8.10 zeigt, daß auch hier die Ausführungsreihenfolge identisch ist. Allerdings lassen

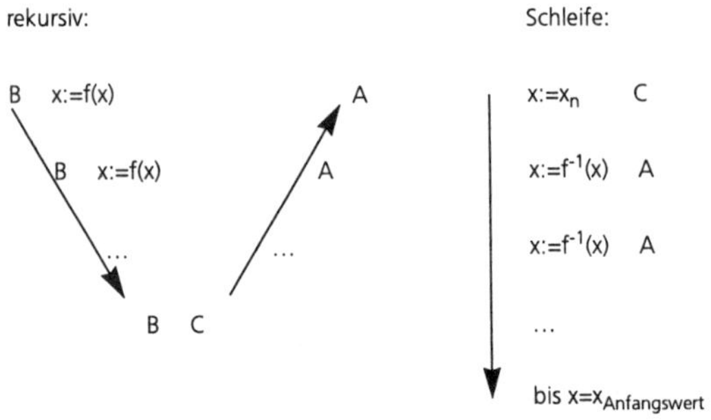

Abbildung 8.10: Linksrekursive und iterative Ausführung

wir die Anweisungen $x := f(x)$ aus und beginnen unmittelbar mit $x = x_n$. Man sieht, daß diesmal die Nachbedingung Q der rekursiven Prozedur der Schleifeninvariante der iterativen Fassung entspricht.

Für die Ausführung von C erhalten wir die Zusicherung $\{P \wedge \neg B\}\ C\ \{Q\}$.

Wenden wir das Schema auf eine Funktion statt auf eine eigentliche Prozedur an, so sieht man am Beispiel, daß in der Schleife statt des rekursiven Funktionsaufrufs die Ergebnisvariable res eingesetzt wird.

Die Transformation links- und rechtsrekursiver Prozeduren in Schleifen ist ein Spezialfall allgemeinerer Transformationen, die wir in Bd. III behandeln.

Aufgabe 8.36: Untersuchen Sie die Beispiele aus Kapitel 5, insbesondere aus 5.5.1: Welche sind rechts- bzw. linksrekursiv? Formulieren Sie imperative Fassungen dieser Funktionen in rekursiver und Schleifenform, und zeigen Sie ihre Äquivalenz. Bestimmen Sie die Vor- und Nachbedingungen beider Fassungen sowie die Invarianten der Schleifen.

Bei der Parameterübergabe wird in der rekursiven Fassung unserer Beispiele jedesmal die Reihung a der Länge n als Wertparameter übergeben und daher kopiert. Dies verursacht einen Aufwand von $\Theta(n)$. Einschließlich der Parameterübergabe ist der Aufwand für die Binärsuche daher nicht $O(\log n)$, sondern $O(n \log n)$. Für das Hornerschema beträgt er sogar $\Theta(n^2)$. In der Schleifenfassung erhalten wir für die beiden Beispiele $O(n + \log n)$ bzw. $\Theta(n)$; die Reihung wird jetzt nur noch einmal zu Beginn der Prozedur kopiert. Zwei Aufgabenlösungen können also unterschiedlichen Ressourcenverbrauch und Zeitaufwand haben, auch wenn sie funktional gleichwertig sind.

Mit Hilfe von Referenzaufruf für die Übergabe der Reihung könnte man dieses Kopieren vermeiden und für die Binärsuche tatsächlich den Aufwand $O(\log n)$ erreichen. Dies ist die in Sprachen wie C, PASCAL oder JAVA übliche Lösung des Problems. In 9.3.2 werden wir sehen, wie wir Referenzaufrufe in SATHER verwenden können.

8.2.8 Ausnahmebehandlung

Gegeben sei eine Zusicherung

$$\{P\}\ \textsf{begin}\ B\ \textsf{except}\ bez\ \textsf{when AUSNAHMETYP then}\ A\ \textsf{end}\ \{Q\} \qquad (8.77)$$

über eine Ausnahmeanweisung mit den Blöcken A, B entsprechend 8.1.6.5. Tritt die Ausnahme *bez* im Block B wirklich auf, so zerlegt sie die Ausführung des Blocks B in zwei Teile B', B'' von im allgemeinen unbekanntem Umfang: Einerseits könnte es mehrere Stellen geben, an denen die Ausnahme auftritt. Andererseits teilt uns die heutige Hardware oft nicht präzise mit, an welcher Stelle die Ausnahme auftrat, da zur gleichen Zeit mehrere Befehle ausgeführt wurden. Hardware oder Übersetzer könnten zudem die Reihenfolge der Operationen gegenüber dem Quellprogramm verändert haben, so daß selbst bei präziser Feststellung der Fehlerstelle keine klare Aufteilung des Quellprogramms in Teile B', B'' möglich ist.

Tritt die Ausnahme auf, so wird B' gefolgt von A ausgeführt. Damit erhalten wir ein Axiom für die Korrektheit der Zusicherung (8.77). Es muß gelten

$$\{P\} \quad B \quad \{Q\} \tag{8.78}$$

$$\{P\}\; B';\; A\, \{Q\} \text{ für jede mögliche Aufteilung } B', B'' \text{ von } B \tag{8.79}$$

Will man nicht von speziellen Kenntnissen über die Hardware und den Übersetzer Gebrauch machen, sondern implementierungsunabhängig programmieren, so sind folgende Überlegungen nützlich:

1. Ausnahmeanweisungen können ohne Probleme nur eingesetzt werden, wenn, wie in dem Beispiel in 8.1.6.5, die Ausnahme zu einem speziellen Ergebnis führt, das in der Nachbedingung Q bereits vorgesehen ist.
2. Indem man von B Anfangs- und Endteile B_0, B_1 abspaltet, die den Fehler nicht verursachen und daher außerhalb der Ausnahmeanweisung stehen können, kann man oft B so verkleinern, daß die nach B' gültigen Zusicherungen genauer bestimmt werden können.
3. Läßt sich keine Aussage der Form (8.79) zeigen, so muß die Anweisung A die Ausnahme erneut auslösen, um in einer (dynamisch) umfassenden Ausnahmeanweisung eine ggf. schwächere Nachbedingung zu erfüllen.

Beispiel 8.34: Wird für eine Folge von Eingabedaten $e_1, e_2, \ldots$ unabhängig voneinander jeweils ein Ergebnis $f(e_i)$ berechnet und ausgegeben, so besagt Punkt 3: Wenn die Berechnung von $f(e_i)$ fehlschlägt, so sollte dies in einer Ausnahmeanweisung abgefangen werden, die zur Berechnung von $f(e_{i+1})$ überleitet. Die Nachbedingung „Fall e_i verarbeitet" läßt sich nämlich auf jeden Fall erfüllen. ♦

8.3 Anmerkungen und Verweise

Viele Erstveröffentlichungen über strukturiertes Programmieren und Weitergehendes findet man in (Gries, 1978). Dort findet sich insbesondere der Artikel (Hoare, 1969), der die Hoare-Logik einführt. Die Methodik der schwächsten Vorbedingungen wurde von (Dijkstra, 1976) eingeführt. Ein elementares Lehrbuch dazu ist (Dijkstra und Feijen, 1988); (Gries, 1981) gibt einen Gesamtüberblick mit vielen Beispielen. Die Verifikation von Prozeduren geht auf (Hoare und Wirth, 1973) zurück. Unsere Darstellung folgt (Gries, 1981).

Die Terminologie bezüglich Prozeduren ist relativ uneinheitlich, vgl. auch S. 7: In Maschinensprachen und in Fortran benutzt man das Wort **Unterprogramm** oder engl. *subroutine*. In der englischen Literatur über Eiffel oder Sather heißen Prozeduren **Routinen**. Unser Gebrauch des Worts Prozedur folgt der Terminologie von Sprachen wie Algol 60, Pascal und Modula-2.

Kapitel 9
Strukturiertes Programmieren

The task of organizing one's thought in a way that leads, in a reasonable time, to an understandable expression of a computing task, has come to be called structured programming. C. A. R. HOARE[1]

Program testing can be used to show the presence of bugs but never their absence. E. W. DIJKSTRA[2]

Auf die Strukturierung des Konstruktionsprozesses für Informatiksysteme sind wir grob in 1.3.2 eingegangen. Wir verlangten, daß die Konstruktion mit einer **Anforderungsanalyse** beginnt; diese muß zu einem **Pflichtenheft** führen, in dem die Aufgabenstellung, ihre Ziele, meßbare Erfolgskriterien, der Aufgabenumfang, die Kosten, usw. festgehalten sind. Im Kleinen entspricht dem Pflichtenheft eine Spezifikation, die die Funktion des Programms und gegebenenfalls Leistungsanforderungen darlegt. Die weiteren in 1.3.2 genannten Schritte führen zu einer Zerlegung in Teilaufgaben, aus deren Bearbeitung die Lösung des Gesamtproblems zusammengesetzt wird.

Die skizzierte Vorgehensweise heißt **zielorientierter Entwurf**[3]. Im Gegensatz dazu würde ein **basisorientierter Entwurf**[4] zunächst prüfen, für welche Teilaufgaben bereits Lösungen bekannt sind oder leicht konstruiert werden können. Aus diesen würde dann schrittweise die Gesamtlösung zusammengesetzt. Wir können diese gegensätzlichen Vorgehensweisen mit der Rückwärts- und Vorwärtsanalyse, S. 38, vergleichen: Bei Rückwärtsanalyse wie bei zielorientiertem Entwurf schließen wir aus dem Ziel auf die benötigten Anfangsbedingungen bzw. die zu

1. C. A. R. HOARE, geb. 1934, Professor in Oxford, Turingpreisträger.

2. EDSGER W. DIJKSTRA, geb. 1930, Niederländer, Professor in Austin/Texas, Turingpreisträger. Das Zitat stammt aus dem Artikel (DIJKSTRA, 1970), dessen Überschrift den Begriff *strukturiertes Programmieren* erstmalig gebraucht. Man vergleiche auch das Buch (DIJKSTRA et al., 1972).

3. engl. *top down design*.

4. engl. *bottom up design*.

lösenden Grundaufgaben. Der Konstruktionsprozeß könnte allerdings auf eine sehr schwierige oder sogar unlösbare Teilaufgabe führen. Bei Vorwärtsanalyse und basisorientiertem Entwurf schließen wir aus Vorbedingungen bzw. gegebenen Vorkenntnissen auf die voraussichtliche Lösung. Hier bleibt bis zum Schluß offen, ob das Ziel überhaupt erreicht und nicht fehlerhafterweise eine andere Aufgabe gelöst wird.

Zielorientierter Entwurf ist im allgemeinen vorzuziehen. Er verlangt aber ausreichende Erfahrung und Kenntnisse, um im Detail auftretende Schwierigkeiten rechtzeitig vorherzusehen und zu umgehen. In der Praxis verwendet man daher gewöhnlich **Entwurf aus der Mitte**[5]. Hier werden zuerst wichtige Teilaufgaben festgelegt und ihre Lösbarkeit untersucht, bevor man zum zielorientierten Entwurf schreitet. Im Großen gehören dazu etwa die Qualifikation der einzusetzenden Mitarbeiter und die am Markt verfügbaren Teillösungen, die in die Gesamtlösung eingehen könnten. Im Kleinen sind es oft bestimmte Datenstrukturen, die wir vorab festlegen; auch folgt die Lösung oft einem bestimmten **Entwurfsmuster**, z. B. den Entwurfsprinzipien für Algorithmen aus Kap. 7 und 12. Die weitgehende Wiederverwendung bereits vorliegender Algorithmen, Datenstrukturen und größerer (Teil-)Entwürfe kürzt den Konstruktionsprozeß, vermindert die Kosten und erhöht die Zuverlässigkeit der Lösung.

Wir erörtern im folgenden die vorstehenden Konstruktionsprinzipien, wobei wir überwiegend von der Strukturierung des zu schreibenden Systems ausgehen. Die Methodik ist auch auf Hardware und die Bearbeitung von Organisationsaufgaben anwendbar.

9.1 Schrittweise Verfeinerung

Die einfachste Strategie für zielorientierten Entwurf nimmt an, daß es einen Rechner mit mächtigen, für die Aufgabe geeigneten Grundoperationen gibt, und die Aufgabenlösung durch ein vergleichsweise einfaches Programm für diesen Rechner beschrieben werden kann. Wir nennen einen solchen gedachten Rechner eine **abstrakte Maschine**. Sie wird für jede Aufgabe neu erfunden. Bei vorgegebener Aufgabenspezifikation gehen wir in folgenden Schritten vor:

1. Bestimme die Grundoperationen einer geeigneten abstrakten Maschine und spezifiziere ihre Funktion und Leistung.
2. Schreibe ein Programm zur Lösung der Gesamtaufgabe und zeige, daß die Lösung korrekt ist, falls die abstrakte Maschine und ihre Operationen korrekt implementiert sind.

5. engl. *middle out design*.

3. Betrachte die Implementierung der Grundoperationen als neues Problem und verfahre für jede nicht-elementare Grundoperation nach dem gleichen Schema.

Die Methodik hat verschiedene Namen. Die Bezeichnung **schrittweise Verfeinerung** weist daraufhin, daß wir eigentlich von einer Maschine ausgehen, die die Operation *löse Aufgabe* beherrscht und hierauf die Verfeinerungsschritte 1–3 anwendet. Technisch können wir uns jede Operation als eine Prozedur (mit Parametern) vorstellen, deren Rumpf wieder aus Prozeduraufrufen (von Grundoperationen) besteht; daher die Bezeichnung **prozedurale Verfeinerung**. Die Bezeichnung **prozedurale Abstraktion** weist auf die basisorientierte Sicht der Zerlegung hin: die Zusammenfassung von Aufrufen zu einer Prozedur *löse Aufgabe* abstrahiert von den Einzelheiten des Lösungsvorgangs.

Wir begegnen schrittweiser Verfeinerung überall: Wenn wir eine Rechenaufgabe auf Additionen und Subtraktionen zurückführen und diese Grundoperationen dann mit Schaltfunktionen realisieren, entspricht die abstrakte Maschine der Schnittstelle eines realen Rechners. Die Beispiele 5.33 und 5.37 aus Bd. I definieren eine abstrakte Maschine, die rationale Arithmetik beherrscht. Die where-Klausel in GOFER setzen wir ein, um im Beispiel 8.5 die Berechnung des ggT auf andere Operationen zurückzuführen.

Im zustandsorientierten Programmieren spezifizieren wir die Aufgabe durch Vor- und Nachbedingungen und realisieren sie durch Zustandsübergänge. Diese könnten durch Prozeduraufrufe, aber auch unmittelbar durch Zuweisungen, bedingte Anweisungen oder Schleifen realisiert sein. Die Beispiele 8.10 sowie 8.25 - 8.28 zeigen verschiedene Anwendungen schrittweiser Verfeinerung.

Beispiel 9.1 (nächste Permutation, DIJKSTRA): Gegeben sei eine geordnete Menge M mit n Elementen. Wir möchten die Menge $\mathcal{S}$ aller $n!$ Permutationen von M erzeugen.

O. B. d. A. sei M die Menge $\{0, 1, \ldots, n-1\}$. Wir stellen eine Permutation $p = \{p_0, \ldots, p_{n-1}\}$ in einer Reihung p: ARR[n](INT) dar. Das Programmstück

```
p := erste Permutation;
loop
  constant i : INT := 2.upto!(fak(n));          (9.1)
  nächste_perm(&& p)
end
```

löst das Problem, wenn wir eine Operation nächste_perm angeben, die aus einer Permutation p eine neue, von allen bisherigen verschiedene Permutation p' erzeugt. Die Schleifeninvariante lautet informell

P: alle bisherigen Permutationen p sind verschieden. (9.2)

nächste_perm verfeinert das Problem. Die Aufgabe ist gelöst, wenn wir mit nächste_perm und fak die Schleifeninvariante erfüllen. Auf die Wahl der ersten Permutation $p^{(1)}$ kommt es nicht an.

Die Permutationen lassen sich lexikographisch anordnen: $p < p'$, wenn $p_i = p'_i$ für $i = 0, \dots, k-1$ und $p_k < p'_k$. $p^{(1)} = \{0, 1, \dots, n-1\}$ ist die kleinste, $p^{(n!)} = \{n-1, n-2, \dots, 0\}$ die größte Permutation. Wenn wir die Permutationen in der Reihenfolge $p^{(1)} < p^{(2)} < \cdots < p^{(n!)}$ erzeugen, ist die Schleifeninvariante P automatisch erfüllt und das Programm (9.1) daher korrekt.

Ist p eine Permutation und $p' > p$ die nächste, so gibt es einen Index k so, daß $p[0 : k-1] = p'[0 : k-1]$ und $p'[k : n-1]$ eine Permutation der Werte von $p[k : n-1]$ ist. Für $p = \{0, 3, 6, 5, 4, 2, 1\}$ ist z. B. $k = 1$ und $p' = \{0, 4, 1, 2, 3, 5, 6\}$.

$k < n-1$ ist der größte Index i mit $p_i < p_{i+1}$. k kann nicht größer sein, sonst müßten wir die monoton fallende Sequenz $p[k : n-1]$ permutieren; das kann nicht zu einem Nachfolger in der lexikographischen Ordnung führen. Wäre k kleiner, dann würden wir nicht den unmittelbaren Nachfolger erzeugen. $p^{(n!)}$ ist die einzige Permutation, für die kein solches k existiert. Ist $j = p_h$ der kleinste Wert aus $p[k+1 : n-1]$ mit $p_h > p_k$, so hat p' die Form

$$p' = \{p_0, \dots, p_{k-1}, j, p_{n-1}, p_{n-2}, \dots, p_{h+1}, p_k, p_{h-1}, \dots, p_{k+1}\}, \tag{9.3}$$

und es gilt

$$p_{n-1} < p_{n-2} < \cdots < p_{h+1} < p_k < p_{h-1} < \cdots < p_{k+1}. \tag{9.4}$$

Wir erhalten das Programm 9.1 als nächste Verfeinerung. *umkehren* ist eine imperative Fassung der Funktion reverse aus Aufgabe 5.24.

Programm 9.1: Nächste Permutation

```
1 nächste_perm(&& p: ARR[*](INT)) is
2 -- Vor: p ist eine Permutation mit Nachfolger p'
3 -- Nach: p = p'
4   berechne k;
5   berechne h;
6   vertausche p[k] mit p[h];
7   umkehren(&& p[k+1:n-1])
8 end
```

Aufgabe 9.1: Zeigen Sie, daß die nächst höhere Permutation p' tatsächlich durch die obigen Bedingungen bestimmt ist.

Sei $l(p)$ die Länge der fallenden Kette $p[k+1 : n-1]$ in der Permutation p, die den Index k festlegt. Es gilt $l(p) \geqslant 1$. Wir können den Index k mit Aufwand $\Theta(l(p))$ bestimmen, indem wir die Reihung p von hinten durchlesen, bis $p_k < p_{k+1}$ gilt. Mit gleichem Aufwand können wir h berechnen und $p[k+1 : n-1]$ umkehren. Daher ist der Aufwand für die Zeilen 4, 5 und 7 gleich $\Theta(l(p))$. Da der Aufwand für Z. 6 konstant ist, ist auch der Aufwand für nächste_perm $\Theta(l(p))$. Er schwankt mit k. Den mittleren Aufwand erhalten wir aus dem Mittelwert $\overline{l(p)}$:

$$s_n = \sum_{p \in \mathcal{S}} l(p) = n! \cdot \overline{l(p)}.$$

Das Element p_0 kann nur für $p^{(n!)} = \{n-1, n-2, \ldots, 1, 0\}$ in einer fallenden Kette vorkommen. In allen anderen Fällen gilt $\sum_{p \in \mathcal{S}, p_0 = j} l(p) = s_{n-1}$, wobei s_{n-1} die entsprechende Summe für $p[1 : n-1]$ ist. Da es n Wahlmöglichkeiten für p_0 gibt, erhalten wir die Rekurrenz

$$\begin{aligned} s_1 &= 1, & n &= 1, \\ s_n &= n \cdot s_{n-1} + 1, & n &> 1. \end{aligned} \tag{9.5}$$

Sie hat die Lösung

$$s_n = n! \sum_{j=1}^{n} \frac{1}{j!} = n! \left(\mathrm{e} - 1 - \sum_{j=n+1}^{\infty} \frac{1}{j!} \right), \tag{9.6}$$

wie man durch vollständige Induktion sieht; die Summen sind Abschnitte der Taylorreihe für $\mathrm{e}^1 = \mathrm{e}$. Daher gilt

$$1 \leqslant \overline{l(p)} = \frac{s_n}{n!} < \mathrm{e} - 1 \approx 1{,}72. \tag{9.7}$$

Der mittlere Aufwand ist also $T_{\text{nächste\_perm}} = \Theta(1)$. ♦

Aufgabe 9.2: Zeigen Sie die Korrektheit von Programm 9.1 und verfeinern Sie es zu einem endgültigen Programm.

Aufgabe 9.3: Zeigen Sie, daß nächste_perm auch dann den lexikographischen Nachfolger berechnet, wenn mehrere der p_i gleich sind.

Aufgabe 9.4: Erweitern Sie nächste_perm so, daß die Prozedur $p^{(1)}$ als Nachfolger von $p^{(n!)}$ berechnet.

Aufgabe 9.5: Gegeben sei eine Menge, auf der keine Ordnungsbeziehung definiert ist, z. B. $M = \{$Apfel, Bratwurst, Käse, Fleisch$\}$. Wie könnten Sie Beispiel 9.1 einsetzen, um die Elemente von M zu permutieren?

Aufgabe 9.6: Geben Sie eine rekursive Funktion fak(n) zur Berechnung von $n!$ an und zeigen Sie ihre Korrektheit. Leiten Sie daraus mit den Methoden aus 8.2.7.1 eine iterative Fassung ab. Ermitteln Sie durch Messung, welche Fassung effizienter ist. Bis zu welchem $n = n_0$ können Sie fak(n) mit ganzen Zahlen in 32-Bit Darstellung berechnen?

Schrittweise Verfeinerung führt zu einer strikten Trennung der Aufgabenlösung auf den verschiedenen Verfeinerungsstufen: Die Prozedur nächste_perm wird ohne Rücksicht auf ihren Einsatzzweck konstruiert. Oft kann man im nachhinein die Analyse benutzen, um eine elegantere Lösung zu konstruieren:

Aufgabe 9.7: Will man mit Beispiel 9.1 nur die Permutationen ausdrucken, so kann man dies durch eine Prozedur permute realisieren, die $(n-1)$-fach rekursiv aufgerufen wird. In der k-ten Rekursionsstufe bleiben die $k-1$ Elemente $p[0:k-1]$ fest. In einer Schleife durchläuft p_k die in $p[k:n-1]$ vorhandenen Werte, um dann die verbleibenden Werte im $(k+1)$-ten Aufruf zu permutieren. In der $(n-1)$-ten Rekursion wird die Reihung p ausgegeben.

Geben Sie die Prozedur permute an. Dabei können Sie die Vereinbarung

```
p: ARR[n](INT)
```

mit der Initialisierung

```
loop constant i: INT := 0.upto!(n-1); p[i] := i end
```

und eine geeignete Ausgabeprozedur schreibe voraussetzen.

Für diese Aufgabe und das folgende Beispiel kann die Rekursion nicht mehr mit den Methoden aus 8.2.7.1 in Schleifenform gebracht werden.

Beispiel 9.2 (Türme von Hanoi): Dieses 1883 von EDOUARD LUCAS erfundene Spiel verlangt, n Steine unterschiedlicher Größe von einem Stapel auf einen anderen zu bringen, vgl. Abb. 9.1. Dabei kann ein weiterer Stapel zu Hilfe genommen werden. Die Steine müssen einzeln bewegt werden; zu keiner Zeit darf ein Stein auf einem kleineren liegen.

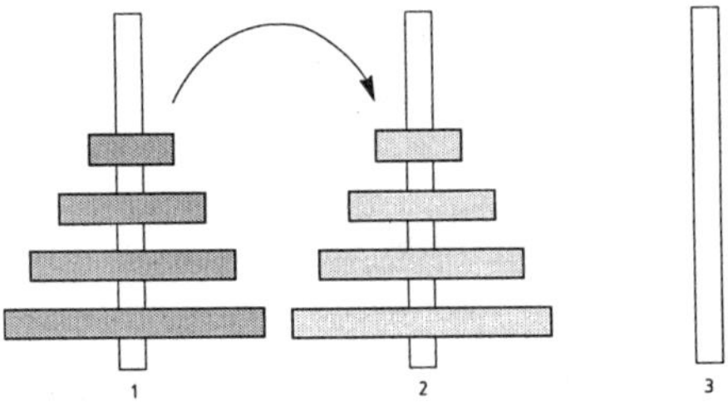

Abbildung 9.1: Türme von Hanoi

Also müssen die kleineren Steine mit Nummer $h+1, \ldots, n$ sämtlich auf Stapel 3 liegen, wenn Stein h von Stapel 1 auf Stapel 2 gebracht wird. Allgemeiner: Wenn für $i, j \in \{1, 2, 3\}$ Stein h von Stapel i auf Stapel j gebracht wird, müssen alle kleineren Steine auf dem Stapel mit der Nummer $k = 6 - i - j$ liegen. Für das Bewegen des (Teil-)Turms aus den Steinen $h, h+1, \ldots, n$ von i nach j erhalten wir daher für $i \neq j$ das Programm 9.2. Ein Aufruf hanoi(1, 1, 2) löst die Gesamtaufgabe in Abb. 9.1. Man prüft leicht nach, daß die Vor- bzw. Nachbedingung dieser Prozedur lautet: alle Steine mit Nummer $h, h+1, \ldots, n$ auf Stapel i bzw. j. ♦

Programm 9.2: Türme von Hanoi

```
hanoi(h,i,j: INT) is
  if h < n then hanoi(h+1,i,6-i-j) end;
  bewege Stein h von i nach j;
  if h < n then hanoi(h+1,6-i-j,j) end
end; -- hanoi
```

In diesem Beispiel führt die Verfeinerung zur Rekursion: die zu lösenden Teilprobleme sind identisch mit der ursprünglichen Aufgabe, werden aber für einen kleineren Datensatz gelöst. Teile-und-Herrsche und das Konstruktionsprinzip gieriger Algorithmen aus Kap. 7 erweisen sich im nachhinein als Spezialfälle schrittweiser Verfeinerung.

Beispiel 9.3 (*n*-**Damenproblem, C. F. Gauss, 1850**):
In 7.3 stellten wir fest, daß die Aufgabe „Gegeben seien n Damen; sie sollen so auf einem $n \times n$-Schachbrett plaziert werden, daß sie sich nicht gegenseitig schlagen können." nicht mit einem gierigen Algorithmus gelöst werden kann.

Zur Lösung setzen wir die Technik des **Rücksetzens**[6] ein: Für $i = 0, \dots, n-1$ setzen wir die i-te Dame so, daß sie keine der Damen mit einer Nummer $0 \leqslant j < i$ schlagen kann. Gelingt dies auch für die $(n - 1)$-te Dame, so haben wir eine Lösung gefunden. Andernfalls erlauben die Positionen der ersten i Damen keine Lösung. Daher plazieren wir die i-te Dame neu. Gibt es für sie keine Position, die zu einer Lösung führt, so erklären wir den Versuch für gescheitert. In diesem Fall verbieten bereits die Positionen der ersten $(i - 1)$ Damen eine Lösung. Wir versuchen daher die $(i - 1)$-te Dame neu zu plazieren und setzen dazu den Wert von i auf $i - 1$ zurück. Erreichen wir dabei $i < 0$, so gibt es überhaupt keine Lösung. Dies ergibt den Ansatz in Programm 9.3. Abb. 9.2 zeigt eine Lösung.

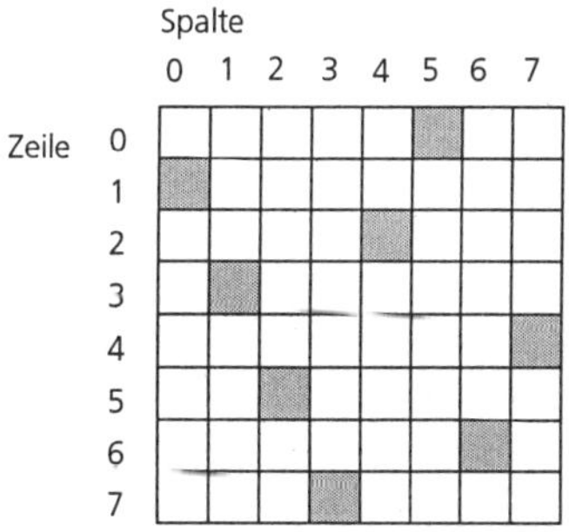

Abbildung 9.2: Eine Lösung des 8-Damenproblems

6. engl. *backtracking*.

Programm 9.3: Erzeuge-und-Teste am Beispiel *n* Damen

```
setze_Dame(i: INT) is initialisiere;
  while ¬erfolgreich ∨ noch Plätze frei
  loop
    wähle nächsten möglichen Platz;
    if Platz akzeptabel
    then
      notiere Platz;
      if noch Plätze frei
      then
        setze_Dame(i+1);
        if ¬erfolgreich then setze zurück end
      end
    end
  end; -- Schleife
  schließe ab
end; -- setze_Dame
```

Im Vergleich zum Schema gieriger Algorithmen in 7.3 ist nur das Rücksetzen neu. Programm 9.3 gibt das allgemeine Lösungsschema **Erzeuge-und-Teste** wieder: Ausgehend von einer Anfangssituation *0-te Dame noch nicht gesetzt* bauen wir einen **Suchbaum** wie in Abb. 9.3 auf.

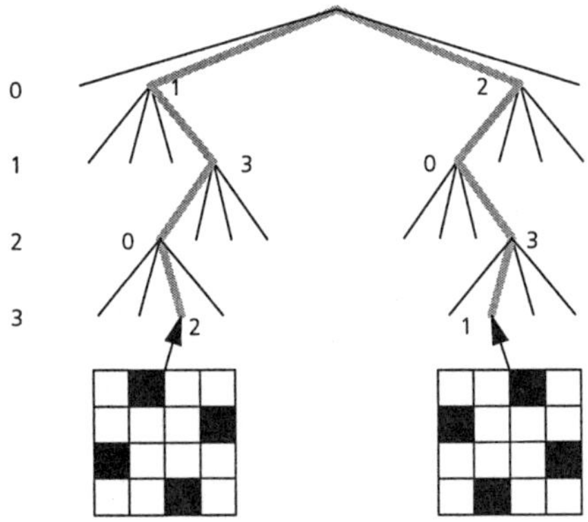

Abbildung 9.3: (Unvollständiger) Suchbaum des 4-Damenproblems

Wenn eine Plazierung akzeptabel ist, gehen wir zur nächsten Stufe im Suchbaum über und setzen die nächste Dame. Wenn dort keine akzeptable Plazierung möglich ist, gehen wir zur vorigen Stufe zurück, um eine andere Alternative zu versuchen. Suchbäume erreichen oft eine beträchtliche Tiefe oder sind sogar unendlich; der praktische Einsatz des Verfahrens ist meist nur möglich, wenn man frühzeitig erkennen kann, daß in einem bestimmten Teil des Suchbaums keine Lösung zu finden ist. Hierauf gehen wir im folgenden nicht ein.

Da in jeder Zeile des Bretts genau eine Dame stehen muß, genügt als Datenstruktur eine einstufige Reihung d: ARR[n](INT). $d[i] = j$ bedeutet: die i-te Dame steht in der i-ten Zeile in Spalte j. Wir könnten d wie in Beispiel 9.1 als transienten Parameter mitschleppen, ziehen es aber diesmal vor, d als globale Variable zu behandeln.

Für jede Dame sind die Plätze $j = 0, \ldots, n-1$ möglich. *wähle nächsten möglichen Platz* geben wir durch Erhöhung von j wieder.

Ein Platz für die i-te Dame ist akzeptabel, wenn es keine gegenseitige Bedrohung mit den vorangehenden Damen gibt. Diese dürfen nicht in der gleichen Zeile, der gleichen Spalte oder in der gleichen Haupt- oder Nebendiagonalen stehen. Wir setzen die Damen zeilenweise; die erste Bedingung ist damit automatisch erfüllt. Die anderen Bedingungen lauten für $0 \leqslant k < i$

$$\begin{aligned} d[i] &\neq d[k], \\ d[i] - i &\neq d[k] - k, \\ d[i] + i &\neq d[k] + k, \end{aligned} \tag{9.8}$$

da sich die Differenz bzw. Summe der Spalten- und Zeilennummer auf einer Haupt- bzw. Nebendiagonalen nicht ändert. Wir können die letzten beiden Bedingungen zu $|d[i] - d[k]| \neq |i - k|$ zusammenfassen.

Unser erster Ansatz für den Akzeptanztest ist daher eine Funktion

```
akzeptabel(i: INT): BOOL is
  res := true;
  while res
  loop
    constant k: INT := 0.upto!(i-1);
    res := (d[i] /= d[k]) and ((d[i]-d[k]).abs /= (i-k).abs)
  end
end; -- akzeptabel
```

wobei in SATHER die Betragsfunktion abs eine Qualifikation des vorangehenden Ausdrucks ist und daher mit einem Punkt nachgestellt geschrieben wird.

Das Notieren des Platzes ist eine Zuweisung an $d[i]$; ein zusätzlicher Platz ist frei, wenn $i < n-1$. Wenn wir setze_Dame zu einer booleschen Funktion (mit Nebenwirkung!) machen, bestimmt ihr Ergebnis, ob wir erfolgreich sind.

Beim Rücksetzen müssen wir alle Zuweisungen eines Schrittes rückgängig machen. In der jetzigen Fassung ist dies nur die Zuweisung $d[i] := j$. Jedoch wird $d[i]$ im nächsten Schritt überschrieben, also entfällt dieses Rückgängigmachen und wir erhalten die Lösung

```
setze_Dame(i: INT): BOOL is
  res := false; -- initialisiere, res ist die Bedingung „erfolgreich"
  while not res -- „noch Plätze frei" durch die Zählung getestet
  loop
    constant j: INT := 0.upto!(n-1);
```

```
6      if akzeptabel(i,j)
7      then
8        d[i] := j;
9        res :=  i=n-1 or setze_Dame(i+1)
10     end
11   end; -- Schleife
12  end; -- setze_Dame
```

Die in Programm 9.3 vorgesehenen Abschlußarbeiten entfallen.

Durch welche Dame eine mögliche Position der *i*-ten Dame bedroht ist, interessiert nicht. Daher können wir die Schleife in der Funktion akzeptabel sparen, indem wir uns in Tabellen merken, welche Spalten und Diagonalen nicht akzeptabel sind. Mit vorbesetzten Reihungen

```
spalte: ARR[n](BOOL);
hdiag,ndiag: ARR[2*n-1](BOOL);
loop constant i: INT := 0.upto!(n-1); spalte[i] := false end;
loop constant i: INT := 0.upto!(2*n-2); hdiag[i] := false; ndiag[i] := false end;
```

ersetzen wir die Zuweisung $d[i] := j$ in Zeile 7 durch

```
d[i] := j; spalte[j] := true; hdiag[i-j+n-1] := true; ndiag[i+j] := true;
```

Damit legen wir implizit die Numerierung der Diagonalen fest. Der Aufruf von akzeptabel wird ersetzt durch

```
not spalte[j] and not hdiag[i-j+n-1] and not ndiag[i+j]
```

Allerdings müssen wir jetzt die Zuweisungen in unseren Tabellen beim Zurücksetzen zurücknehmen. Dies führt zusammengenommen zu Programm 9.4.

Programm 9.4: *n*-Damenproblem mit Rücksetzen

```
setze_Dame(i: INT): BOOL is
  res := false; -- initialisiere, res ist die Bedingung „erfolgreich"
  while not res -- „noch Plätze frei" durch die Zählung getestet
  loop
    constant j: INT := 0.upto!(n-1);
    if not spalte[j] and not hdiag[i-j+n-1] and not ndiag[i+j]
    then
      d[i] := j; spalte[j] := true; hdiag[i-j+n-1] := true; ndiag[i+j] := true;
      res := i=n-1 or setze_Dame(i+1);
      if not res -- Zurücksetzen
      then spalte[j] := false; hdiag[i-j+n-1] := false; ndiag[i+j] := false end
    end
  end; -- Schleife
end; -- setze_Dame
```

Diese letzte Fassung spart wegen Wegfalls der Funktion akzeptabel Rechenaufwand, verbraucht dafür aber zusätzlich Platz für $5n - 2$ boolesche Werte. Dies ist ein Beispiel, wie durch erhöhten Speicheraufwand Rechenzeit gespart werden kann (und umgekehrt). Wir werden dies in 12.1 noch genauer erörtern.

Das Programm können wir erweitern, um alle Lösungen des Problems zu berechnen. Dazu geben wir die Lösung aus, wenn die Bedingung $i = n - 1$ erfüllt ist. Anschließend setzen wir jedoch res := false! Wir behaupten also, daß wir keine Lösung gefunden haben. Folgerichtig setzt der Algorithmus nun zurück und sucht eine andere Lösung.

Das n-Damen-Problem ist für $n \neq 2, 3$ lösbar und ein Standardbeispiel für einen Algorithmus mit Rücksetzen. Wenn die 0-te Dame nicht richtig gesetzt wird, benötigen wir allerdings bis zu $(n - 1)!$ Schritte, um dies herauszufinden. Nach der **Stirlingschen Formel**

$$\begin{aligned} n! &= n^n \mathrm{e}^{-n+\frac{\theta}{12n}} \cdot \sqrt{2\pi n}, \quad 0 < \theta < 1, \\ \log(n!) &\approx (n + \tfrac{1}{2}) \log n - n + \tfrac{1}{2} \log(2\pi) = \mathrm{O}(n \log n) \end{aligned} \tag{9.9}$$

aus der Analysis ist der Aufwand also exponentiell. AHRENS (1921) gibt jedoch eine auf eine Veröffentlichung in der deutschen Schachzeitung, Berlin 1874, zurückgehende Lösung mit linearem Zeitaufwand an! Sie klassifiziert n modulo 6 und setzt die Damen wie in Abb. 9.2 gezielt in Mustern, die dem Rösselsprung entsprechen. Allerdings kann man auf diese Weise nur eine der 92 Lösungen des 8-Damenproblems erhalten. ♦

Aufgabe 9.8: Modifizieren Sie setze_Dame so, daß alle Lösungen berechnet werden. Die wievielte Lösung zeigt Abb. 9.2?

Aufgabe 9.9 (N. WIRTH): Schreiben Sie ein Programm, das Folgen von n Elementen der Menge $\{a, b, c\}$ erzeugt, so daß keine zwei nebeneinanderliegende Teilfolgen gleich sind. (*abcba* ist akzeptabel, *abcbc* oder *ababc* nicht.)

Bei schrittweiser Verfeinerung beschreiben wir die Lösung zunächst als abstraktes Programm mit informell angegebenen Operationen. Diese spezifizieren wir dann genauer und zeigen die Korrektheit des Programms. Schließlich ersetzen wir die einzelnen Operationen durch Prozeduraufrufe oder Anweisungen. Zusicherungen, insbesondere Schleifeninvarianten, die wir zum Korrektheitsnachweis benötigen, werden während der Konstruktion des abstrakten Programms entwickelt. Unter Annahmen über den Aufwand für die Grundfunktionen kann man auch den Gesamtaufwand oft bereits abschätzen, bevor man das Programm endgültig konstruiert hat.

Schrittweise Verfeinerung ersetzt nicht die Idee zur Lösung einer Aufgabe, sondern führt nur zu einer systematischen Umsetzung von Ideen in Programmstücke. Die Systematik führt leider oft dazu, daß man Teillösungen mehrfach neu entwickelt, statt sich über vielleicht bereits vorhandene Lösungen des gleichen oder eines ähnlichen Problems zu informieren. Die Lösung hat nicht automatisch geringen Aufwand; die Aufwandsfrage muß getrennt erörtert werden. Das letzte Beispiel zeigt, daß der Aufwand mehr mit den Ideen als mit deren Umsetzung zu tun hat. Bei der Lösung vieler Programmieraufgaben organisatorischer Natur und beim Zusammensetzen von Algorithmen und Datenstrukturen zu größeren Einheiten steht diese Frage jedoch nicht im Vordergrund, da die Grundoperationen, aus denen die Lösung aufgebaut werden, oft „auf der Hand liegen“ oder aus anderen Gründen bereits bekannt sind.

9.2 Datenverfeinerung am Beispiel Sortieren

Die bisherigen Beispiele betrachten nur den Ablauf, man spricht von **Ablaufverfeinerung**. Die entsprechende **Datenverfeinerung** haben wir bereits in Kap. 6 kennengelernt: Wir beschreiben Operationen auf Datenstrukturen unter Verwendung der abstrakten Operationen, die zusammengenommen die Schnittstelle eines abstrakten Datentyps darstellen. Anschließend verfeinern wir die Datenstruktur, indem wir eine Implementierung der Schnittstelle angeben. Diese Vorgehensweise geht meist Hand in Hand mit der Ablaufverfeinerung. Die Frage „Mit welcher (abstrakten) Datenstruktur wollen wir arbeiten?“ ist oft der Schlüssel zur Bestimmung der Grundoperationen für die Ablaufverfeinerung.

Wir erörtern dieses Zusammenspiel am Beispiel von Sortierverfahren. Die meisten dieser Verfahren haben wir bereits in 5.3.4.1 und 7.2.1 in Anwendung auf Listen in GOFER kennengelernt. Unser Augenmerk gilt nun einer effizienten Implementierung mit Hilfe von Reihungen. Die dargestellten Verfahren sind sämtlich Standardalgorithmen, die zum Grundwissen der Informatik zählen.

9.2.1 Die Aufgabe

Gegeben sei eine Grundmenge $\mathcal{U}$, auf der eine vollständige Ordnung $\leqslant$ definiert ist, und eine endliche Mehrfachmenge M von Elementen $e \in \mathcal{U}$. Ziel des **Sortierens** ist es, die Elemente von M in der Reihenfolge dieser Ordnung anzuordnen. M liegt uns als Sequenz oder Liste $M = [e_0, e_1, \dots, e_{n-1}]$ vor. Wir wollen eine Liste $L = [e_{j_0}, e_{j_1}, \dots, e_{j_{n-1}}]$ mit der Nachbedingung

$$e_{j_0} \leqslant e_{j_1} \leqslant \cdots \leqslant e_{j_{n-1}} \wedge \mathsf{perm}(M, L) \tag{9.10}$$

konstruieren. $\mathsf{perm}(M, L)$ verlangt, daß L eine Permutation von M ist.

Die Elemente e_i sind gewöhnlich Tupel $(t_i^1, \dots, t_i^k)$, z. B. Namens- und Adreßeinträge in einem Telefonbuch. Ein oder mehrere Tupelelemente t_i^h bilden zusammen den (**Sortier-**)**Schlüssel** e_i^s, der die Ordnung bestimmt und den wir bereits in 5.3.4.1 kennenlernten. Das Sortieren heißt **stabil**, wenn Elemente mit gleichem Schlüssel in M und L in der gleichen Reihenfolge erscheinen.

Wir sortieren vor allem aus den folgenden Gründen, vgl. (Knuth, 1998):

1. um Dinge mit gleichem oder ähnlichem Schlüssel zusammenzubringen (Das Adreßbuch von Karlsruhe listet beispielsweise die Haushalte einer Straße alle hintereinander.);
2. um gleiche Dinge, die mehrfach auftreten, herauszufinden, etwa Mehrfachnennungen in einer Adreßliste für die Werbung;
3. zur Erleichterung von Suchvorgängen (vgl. 10.4.2).

Der Aufwand T_s für das Sortieren lohnt sich, wenn $m \cdot T > T_s + m \cdot T'$, wobei m die zu erwartende Anzahl der nachfolgenden (z.B. Such-) Vorgänge, und T, T' der Aufwand für diese Vorgänge in der unsortierten bzw. sortierten Mehrfachmenge M bzw. L ist. Diese Voraussetzung ist sehr oft erfüllt.

Die e_i sind in vielen Fällen umfangreiche Datensätze, z. B. Datenbankeinträge über eine Versicherung, die die Historie über mehrere Jahrzehnte umfassen. Wir müssen dann das Umkopieren der Elemente, falls es überhaupt stattfindet, auf ein Minimum beschränken. Hierzu wird der Sortierschlüssel aus dem Datensatz herausgezogen und wie in Abb. 9.4 mit einem Verweis auf den eigentlichen

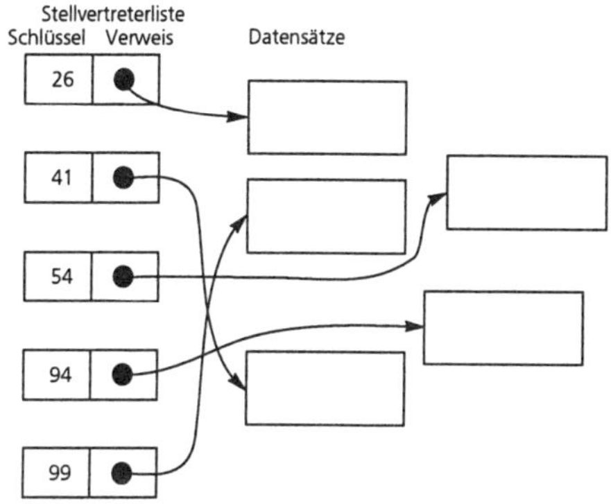

Abbildung 9.4: Stellvertreterliste

Datensatz versehen. Die Sortieraufgabe beschränkt sich auf die Anordnung der Stellvertreterliste. Mit mehreren Stellvertreterlisten kann man auch Aufgaben behandeln, bei denen mehrere Sortierschlüssel auftreten, bei den Stammdaten der Beschäftigten eines Unternehmens z. B. Namen und Personalnummer.

In der Praxis sind Schlüssel oft Texte, die lexikographisch geordnet sind. Bei gleichem Namen zählen auch noch Vornamen, usw.; es tragen also mehrere Tupelelemente zum Schlüssel bei. Die Vergleichsfunktion $e_i \leqslant e_j$ kann eine aufwendige Prozedur sein.

Aufgabe 9.10: Geben Sie eine Vergleichsfunktion zum Sortieren eines Literaturverzeichnisses an. Die Elemente sind Tupel t = (Verfasser-Nachname, Verfasser-Vorname, Jahr, Titel, Verlag). Wie verfahren Sie bei mehreren Verfassern und bei Sammelbänden, die Herausgeber, aber keine Verfasser haben?

Wir abstrahieren von allen diesen Einzelheiten und nehmen an, daß wir eine Mehrfachmenge M ganzer Zahlen mit der üblichen Ordnung sortieren müßten. Wir illustrieren die Verfahren am Beispiel der Liste

$$M = [26, 94, 41, 54, 99, 65, 57, 78, 27, 97, 80, 36, 11, 43, 39, 92].$$

9.2.2 Sortieren durch Auswahl

Die Grundidee von **Sortieren durch Auswählen**[7] in 5.3.4.1 war es, fortlaufend die Minima aus der Liste M zu löschen und an eine anfangs leere Ergebnisliste L anzuhängen. Rekursiv lautete dieses Programm in GOFER:

```
selsort [] = []
selsort xs = kleinstes : selsort (ohne kleinstes xs)
             where kleinstes = minimum xs
                   ohne x (y:ys)
                  | x == y = ys
                  | otherwise = y:(ohne x ys)
```

Wir nehmen nun an, daß uns der in GOFER definierte abstrakte Datentyp Liste mit der Spezifikation

$$\textbf{data}\ \text{Liste}\ t = \text{CreateList} \mid \text{Cons}\ t\ (\text{Liste}\ t) \tag{9.11}$$

auch in imperativen Sprachen zur Verfügung steht. Dann lautet die Prozedur:

```
selsort(M: Liste): Liste is
  if |M| > 0
  then res := Cons (minimum(M), selsort(M \ minimum(M)))
  else res := CreateList
  end
end; -- selsort
```

Programm 9.5: Sortieren durch Auswahl

```
selsort(M: Liste; && L: Liste) is
-- Vor: P : ∀v ∈ M, v' ∈ L: v ≥ v' ∧ M ∪ L = M0 ∧ L sortiert.
-- Nach: perm(M0, L) ∧ L sortiert.
  m: INT;
  if not empty(M) then
    m := minimum(M);
    M := delete(M,m);
    L := append(L,m);
    selsort(M, && L)
  end;
end; -- selsort
```

7. engl. *selection sort*.

Wir ziehen die zweimalige Minimumsuche heraus. Ferner führen wir als Ergebnisvariable einen transienten Parameter L vom Typ Liste ein und rufen die Prozedur mit L := CreateListe; selsort(M, && L) auf. Damit erhalten wir Programm 9.5. Dazu benötigen wir zusätzliche Operationen empty zum Test, ob eine Liste leer ist, append zum Anhängen eines Elements und delete zum Herausnehmen eines Elements mit den Spezifikationen; init, last, head, tail haben dabei die aus dem funktionalen Programmieren bekannte Bedeutung.

```
empty(l: Liste): BOOL is
  -- Vor: wahr
  -- Nach: res = (l = CreateList)
  ... end;
append(l: Liste; m: INT): Liste is
  -- Vor: wahr
  -- Nach: init res = l ∧ last res = m
  ... end;
delete(l: Liste; m: INT): Liste is
  -- Vor: m kommt in l vor
  -- Nach: if head l = m then res = tail l else res = (head l) : delete(tail l, m)
  ... end;
```

M_0 bezeichnet in Programm 9.5 und im folgenden stets die ursprünglich zu sortierende Liste. Die Gültigkeit der Vorbedingung P leitet man durch vollständige Induktion aus dem funktionalen Programm her. Wir können sie aber auch direkt schließen: Für die leere Liste $L =$ CreateList ist sie wahr. Die Zeilen 6 – 9 des Programms stellen sie für die veränderten Listen M, L wieder her.

Aufgabe 9.11: Beweisen Sie diese Aussage im Zusicherungskalkül.

Damit gilt:

1. selsort ist korrekt. Die partielle Korrektheit ergibt sich induktiv mit Aufgabe 9.11 als Induktionsschritt: Der letzte Aufruf in der Rekursion ist selsort(CreateList, && L); P bleibt unverändert und impliziert perm(M_0, L). selsort terminiert nach $n =$ length M Schritten, da die Liste M in jedem rekursiven Aufruf um ein Element verkürzt wird.
2. Das Verfahren ist stabil, wenn die Minimumsuche das in der Reihenfolge von M erste Minimum auswählt.
3. Der Zeitaufwand des Verfahrens ist $T_{\text{selsort}}(n) = \Theta(n^2)$, wenn der Aufwand für die Operationen empty, append und delete konstant, also unabhängig vom Umfang der Listen ist.

Der Beweis von (2) sei dem Leser überlassen. Den Aufwand $\Theta(n^2)$ hatten wir bereits in Beispiel 7.2 festgestellt. Die Prozedur ist rechtsrekursiv. Die nach 8.2.7.1 umformulierte iterative Fassung mit P als Schleifeninvariante lautet:

```
selsort_iterativ(M: Liste; && L: Liste) is
  -- Vor:  M = M₀ Liste der zu sortierenden Elemente.
  -- Nach:  empty(M) ∧ perm(M₀, L) ∧ L sortiert
  m: INT;
  L:= CreateList;
  while not empty(M)
  loop -- P gilt
    m := minimum(M);
    M := delete(M,m);
    L := append(L,m)
  end; -- while
end; -- selsort_iterativ
```

Sie bezieht auch die Initialisierung mit einer leeren Liste L ein.

Bisher haben wir die Prozedur durch schrittweise Verfeinerung gewonnen und in einer Mixtur aus funktionalen (Datentyp Liste) und imperativen Sprachelementen geschrieben. Das funktionale Programm diente als Ausgangspunkt. Da sowohl M als auch L alle n Elemente aufnehmen, benötigen wir Platz für $2n$ Elemente. Zu jeder Zeit sind aber nur n Elemente vorhanden. Dies nehmen wir zum Ausgangspunkt für die Datenverfeinerung: Wir könnten die Listen M und L wie in Abb. 9.5 gemeinsam in einer Reihung a unterbringen.

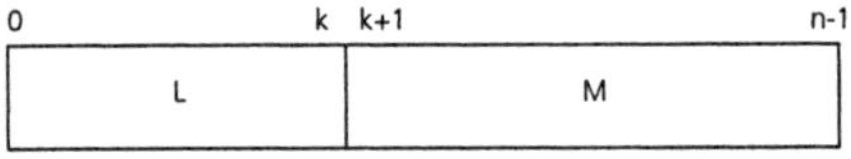

Abbildung 9.5: Reihungsbelegung bei Sortieren durch Auswahl

Zu Beginn ist L leer und $k = -1$. Hat das Minimum von M den Index h, so fügen wir es der Liste L an und beseitigen es zugleich aus M, indem wir k erhöhen und $a[k]$ mit $a[h]$ vertauschen. Da eine einelementige Menge stets geordnet ist, müssen wir nur die ersten $(n - 1)$ Elemente bearbeiten. Damit ergibt sich Programm 9.6 als (endgültiger) Algorithmus für das Sortieren durch Auswahl.

Abb. 9.6 zeigt die Anwendung auf unsere Beispielsequenz. In den Vergleich gehen die Elemente unterhalb der Treppenlinie ein. Der Aufwand $\Theta(n^2)$ wird durch die Anzahl der Durchläufe der i-Schleife bestimmt. Hier wie bei allen anderen allgemeinen Sortierverfahren enthält diese innerste Schleife genau einen Schlüsselvergleich. Die Anzahl $\Theta(n^2)$ der Vergleiche ist proportional zur Anzahl der Schleifendurchläufe. Man pflegt daher den Aufwand von Sortierverfahren in *Anzahl von Vergleichen* zu messen

Aufgabe 9.12: Ist auch Sortieren durch Auswahl mit Programm 9.6 stabil?

Aufgabe 9.13: Formulieren Sie Sortieren durch Auswahl mit Maximum- statt mit Minimumsuche.

Programm 9.6: Iteratives Sortieren durch Auswahl

```
1  selection_sort(&& a: ARR[*](INT)) is
2    -- Vor: a enthält die zu sortierenden Elemente.
3    -- Nach: a sortiert
4    m: INT; -- Elementtyp
5    n,k,h: INT;
6    n := a.asize;
7    k := -1; -- L leer
8    while k < n-1
9    loop -- Invariante: a[0 : k] sortiert und a[i] ≤ a[j] für i ≤ k < j
10     k := k+1;
11     -- finde Minimum
12     m := a[k];
13     h := k;
14     loop constant i : INT := (k+1).upto!(n-1);
15       if a[i] < m
16       then m := a[i]; h := i;
17       end; -- if
18     end; -- i-Schleife
19     -- vertausche:
20     a[h] := a[k]; a[k] := m;
21   end; -- k-Schleife
22   -- a[0 : n − 2] sortiert und Invariante, also a[0 : n − 1] sortiert
23 end; -- selection_sort
```

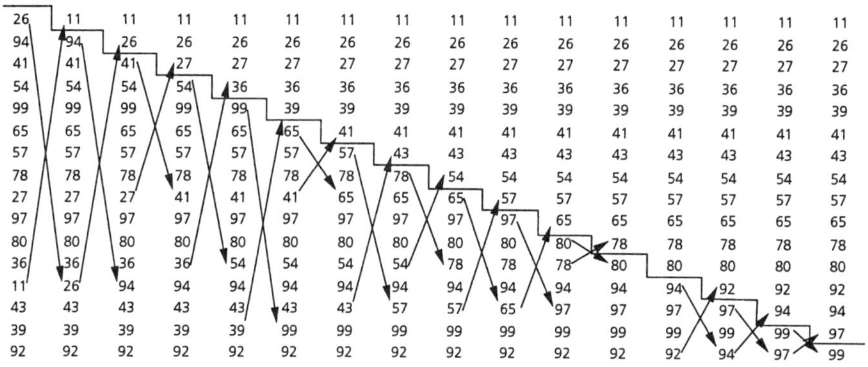

Abbildung 9.6: Sortieren durch Auswahl

Sortieren durch Auswahl benötigt immer $\Theta(n^2)$ Vergleiche, unabhängig von der Anordnung der Eingangsdaten. Allerdings nutzt es nicht alle Kenntnisse, die man in einem Durchlauf durch $a[k+1 : n-1]$ gewinnen könnte: Die Nachbedingung der Zeilen 14 – 20 in Programm 9.6 lautet

$$a[k] \leqslant a[j] \text{ für } k \leqslant j \leqslant n-1,$$

also $a[k] = \min a[k : n-1]$. Wir können diese Zusicherung zu

$$a[i] = \min a[i : n-1] \text{ für } k \leqslant i \leqslant n-1 \qquad (9.12)$$

verschärfen, indem wir die Schleifenrichtung umkehren und die Zeilen 14 – 20 durch

```
loop
  constant i: INT := (n-2).downto!(k); minmax(&& a[i], && a[i+1])
end
```

mit der Prozedur minmax von S. 29 ersetzen.

Dies ist das Verfahren **Sortieren durch Vertauschen**. Abb. 9.7 zeigt, daß die Minima wie Blasen nach oben steigen, weshalb das Verfahren im Englischen als *bubble sort* bekannt ist.

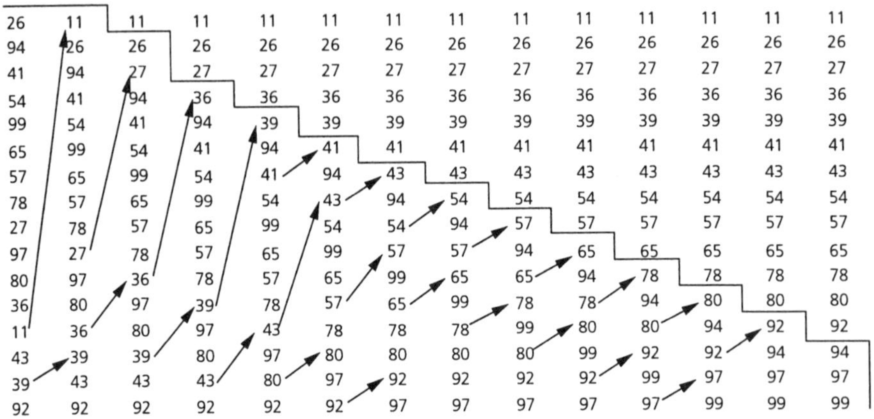

Abbildung 9.7: Sortieren durch Vertauschen

Aufgabe 9.14: Formulieren Sie Sortieren durch Vertauschen als Prozedur, wobei Sie den Rumpf von minmax explizit einsetzen, und zählen Sie die Anzahl der Vertauschungen. Beweisen Sie die Korrektheit und Stabilität des Verfahrens.

Der Aufwand für Sortieren durch Vertauschen beträgt wie für selection_sort $\Theta(n^2)$. Für eine geordnete Reihung $a = \{0, 1, \ldots, n-1\}$ finden allerdings keinerlei Vertauschungen statt. Wenn wir die Anzahl q der Vertauschungen in einer i-Schleife kennen, folgt aus $q = 0$: die gesamte Reihung ist sortiert, und die k-Schleife kann abgebrochen werden. Mit dieser Verfeinerung benötigt Sortieren durch Vertauschen im besten Fall nur noch $n-1$ Vergleiche, ohne daß der Aufwand im ungünstigsten Fall $a = \{n-1, n-2, \ldots, 0\}$ ebenfalls abnimmt. Auch der mittlere Aufwand bei Annahme von Gleichverteilung bleibt $O(n^2)$.

Da wir jedoch in der Praxis sehr oft Listen oder Reihungen sortieren, die nur wenig in Unordnung geraten sind, ist die Verbesserung praktisch interessant.

Wir haben am Anfang Annahmen über die Verfügbarkeit gewisser Operationen auf dem Datentyp Liste gemacht. Damit konnten wir Sortieren durch Auswahl schrittweise umformen. Dann haben wir aber Listen durch Reihungen wiedergegeben und so ihre explizite Realisierung eingespart; Listen dienen also nur als Hilfsmittel, um uns Klarheit über den Algorithmus zu verschaffen und diesen so aufzubereiten, daß wir über eine effiziente Implementierung entscheiden können.

9.2.3 Sortieren durch Einfügen

Zum Sortieren eines Kartenspiels können wir Karten nacheinander aufnehmen und in die anfänglich leere, geordnete Folge an der richtigen Stelle einfügen. Dies ist die Grundidee von **Sortieren durch Einfügen**, das wir funktional in 5.3.4.1 formulierten, und für das wir in Beispiel 7.3 einen günstigsten Aufwand $O(n)$ und einen mittleren und ungünstigsten Aufwand $O(n^2)$ ermittelten.

Das Schema lautet imperativ:

```
insort( M: Liste; && L: Liste) is
  -- Vor:  M = M_0 zu sortierende Liste
  -- Nach: M leer und L sortiert und perm(M_0, L)
  m: INT; -- Elementtyp
  L := CreateList;
  while not empty(M)
  loop -- L geordnet und M ∪ L = M_0
    nimm das Anfangselement m aus M heraus;
    suche in L ein Paar (m', m'') aufeinanderfolgender Elemente mit P : m' ⩽ m < m''
    füge m zwischen m' und m'' in L ein
  end; -- Schleife
  -- L sortiert, perm(M_0, L) und M leer
end; -- insort
```

Wenn $m < \min L$ bzw. $m \geqslant \max L$ gilt, fügen wir m am Anfang bzw. am Ende in L ein. Die Bedingung P garantiert die Ordnung von L. Da am Anfang der Schleife L, am Ende M leer ist, gilt die Nachbedingung der Prozedur. Da wir in jedem Schleifendurchlauf ein Element aus M wegnehmen, terminiert die Schleife. Also ist Sortieren durch Einfügen ein korrektes Sortierverfahren.

Aufgabe 9.15: Zeigen Sie, daß Sortieren durch Einfügen stabil ist. Gilt das auch noch, wenn wir $P : m' < m \leqslant m''$ annehmen?

Wir nehmen nun wie im letzten Abschnitt an, daß uns die Liste M in einer Reihung a gegeben ist und wir in dieser Reihung wie in Abb. 9.5 auch L aufbauen wollen. Wenn L bereits $a[0 : k-1]$ enthält, ist $a[k]$ das nächste Element $m \in M$, das in L eingefügt wird. Dabei dehnt sich L aus und umfaßt danach auch $a[k]$, also gerade die Position von m. Wenn m an der Stelle p, $0 \leqslant p \leqslant k$ eingefügt werden soll, müssen die Elemente $a[p], a[p+1], \ldots, a[k-1]$ auf die Plätze $a[p+1], a[p+2], \ldots, a[k]$ wandern. Für $p = k$ wandert kein Element.

Da L bereits geordnet ist, können wir die Einfügestelle p mit der Binärsuche aus Beispiel 8.32 mit Aufwand $O(\log k)$ finden. Gegenüber diesem Beispiel ändert sich aber unsere Aufgabe: Kommt m bereits in L vor, so fügen wir das neue Element m nach dem vorhandenen ein, um die Stabilität des Verfahrens sicherzustellen. Dies führt insgesamt zum Programm 9.7.

Programm 9.7: Sortieren durch Einfügen mit Binärsuche

```
1  insertion_sort(&& a: ARR[*](INT)) is
2    -- Vor:  a[0 : n − 1] enthält die Elemente von M0.
3    -- Nach:  a[0 : n − 1] sortiert.
4    m: INT; -- Elementtyp
5    n,i,p,q: INT;
6    n := a.asize;
7    -- a[0] wird sofort in L aufgenommen, daher Schleifenbeginn mit 1
8    loop constant k: INT := 1.upto!(n-1);
9      -- P0,k: a[0 : k − 1] geordnet
10     m:=a[k];
11     p := 0; q := k-1;
12     while p <= q
13     loop -- p ⩽ Einfügestelle ⩽ q + 1
14       i := (p+q) div 2;
15       if m < a[i]
16       then q := i-1
17       else p := i+1
18       end; -- if
19     end; -- p = q + 1 ist Einfügestelle
20     loop constant j: INT := (k-1).downto!(p); a[j+1] := a[j] end;
21     a[p] := m
22   end; -- k-Schleife
23   -- a[0 : n − 1] sortiert
24 end; -- insertion_sort
```

Zur Bestimmung des Aufwands $T_{\text{insort}}(n)$ betrachten wir die k-Schleife für $k = n - 1$. Sie verursacht den konstanten Aufwand c_0 für die Anfangszuweisungen, Z. 10, 11; $O(\operatorname{ld} n)$ ist der Aufwand für die while-Schleife, Z. 12 – 19. Bei Voraussetzung von Gleichverteilung ist $p \approx n/2$. Daher ist $O(n)$ der mittlere und zugleich der ungünstigste Aufwand für die Schleife in Z. 20.

Der Aufwand für die vorangehenden Schleifendurchläufe fällt auch für $n' = n - 1$ an. Damit erhalten wir

$$T_{\text{insort}}(n) = \begin{cases} c_0 + O(\operatorname{ld} n) + O(n) + T_{\text{insort}}(n-1), & n > 1 \\ c_0, & n = 0, 1. \end{cases}$$

Wegen $O(\mathrm{ld}\, n) + O(n) = O(n)$ liefert dies wie in Beispiel 7.3 den Aufwand $T_{\mathrm{insort}}(n) = O(n^2)$.

Den günstigsten Aufwand $T_g(n)$ erhalten wir, wenn a bereits geordnet ist. Dann ist die Schleife Z. 20 für alle k leer und verursacht nur konstanten Aufwand. Der Gesamtaufwand ist dann

$$\begin{aligned} T_g(n) &= c_0 + O(\mathrm{ld}\, n) + c_1 + T_g(n-1) && (9.13)\\ &= (n-1)c + \sum_{k=2}^{n} O\left(\mathrm{ld}\, k\right) + c_0 \\ &= O(n) + O\left(\mathrm{ld}\left(n \cdot (n-1)\cdots 2\right)\right) \\ &= O(n) + O(n\, \mathrm{ld}\, n) && (9.14)\\ &= O(n \log n). && (9.15) \end{aligned}$$

Die Konstante c setzt sich aus c_0 und c_1 zusammen. Beim Übergang zu (9.14) benutzen wir die Stirlingsche Formel (9.9), S. 83.

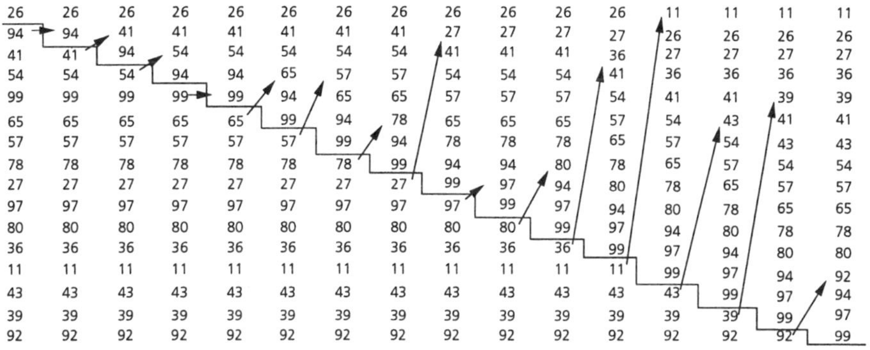

Abbildung 9.8: Sortieren durch Einfügen

Das Verfahren läßt sich noch verbessern, wenn wir keine Binärsuche anwenden, sondern die Suche mit dem Wandern der Elemente verbinden. Ersetzen wir die Zeilen 19, 20 durch

```
i := k-1;
while i>=0 and m<a[i]
loop a[i+1] := a[i]; i := i-1 end;
a[i+1] := m;
```

so können wir die Zeilen 13 – 18 streichen. Wir bezeichnen dieses Verfahren als **Sortieren durch Einfügen mit sequentieller Suche**. Sein günstigster Aufwand ist $T_g(n) = O(n)$.

Aufgabe 9.16: Zeigen Sie die Korrektheit und Stabilität des obigen Verfahrens und bestimmen Sie den Aufwand. Was ist der ungünstigste Fall?

Aufgabe 9.17: Beim Sortieren durch Einfügen mit sequentieller Suche können wir einen weiteren Test in der Schleife sparen, wenn wir nur $a[1 : n-1]$ sortieren müssen und das überzählige Element $a[0]$ als **Anschlag**[8] verwenden können. Wir ersetzen dazu die Zeilen 19, 20 des ursprünglichen Programms durch

```
i := k-1; a[0] := m;
while m<a[i] loop a[i+1] := a[i]; i := i-1 end;
a[i+1] := m;
```

Zeigen Sie die Korrektheit des so modifizierten Verfahrens zum Sortieren von $a[1 : n - 1]$.

Die Schritte beim Sortieren unserer Beispielsequenz in Abb. 9.8 sind unabhängig davon, wie wir M und L intern darstellen, und ob wir die Einfügestelle sequentiell oder binär suchen.

9.2.4 Sortieren durch Zerlegen

In 7.2.1.1 hatten wir **Sortieren durch Zerlegen** mit dem funktionalen Programm

```
qsort       :: Ord t => [t] -> [t]
qsort [ ]   = [ ]
qsort (x:xs) = qsort [ u | u<-xs, u<x ] ++ [ x ] ++ qsort [ u | u<-xs, u>=x ]
```

vorgestellt. Das imperative Schema lautet:

```
quicksort(M: Liste; & L: Liste) is
  -- Vor:  M = M₀ zu sortierende Liste
  -- Nach: L sortiert und perm(M₀, L)
  r: INT; -- Elementtyp
  if lenght M>1
  then
    zerlege M in M₁, M₂ mit
    -- P: ∃r∀x ∈ M₁, y ∈ M₂ : x ≤ r ≤ y
    quicksort(M₁, &L₁);
    quicksort(M₂, &L₂);
    füge L₁, L₂ zum Resultat L zusammen
  else L:=M -- M einelementig und sortiert
  end; -- if
end; -- quicksort
```

Daß das Programm korrekt ist, hatten wir bereits in 7.2.1.1 gesehen. Verwenden wir wieder eine Reihung a zur Darstellung der Liste M, so löst Beispiel 8.28 die Zerlegungsaufgabe: Die dortige Prozedur zerlege(&& $a, m, n,$ &i, &j)

8. engl. *sentinel*.

ordnet die Elemente von $a[m : n]$ so um, daß anschließend für einen Wert r mit $\min a[m : n] \leqslant r \leqslant \max a[m : n]$ gilt

$$\begin{aligned} P'\colon\ & \mathsf{perm(a)} \wedge \mathsf{m} \leqslant \mathsf{j} < \mathsf{i} \leqslant \mathsf{n} \wedge \\ & (\mathsf{m} \leqslant \mathsf{p} < \mathsf{i} \rightarrow \mathsf{a[p]} \leqslant \mathsf{r}) \wedge \\ & (\mathsf{j} < \mathsf{q} \leqslant \mathsf{n} \rightarrow \mathsf{r} \leqslant \mathsf{a[q]}) \wedge \\ & (\mathsf{j} < \mathsf{s} < \mathsf{i} \rightarrow \mathsf{a[s]} = \mathsf{r}). \end{aligned} \tag{9.16}$$

P' faßt die Bedingungen (8.53) – (8.55) zusammen. Wir setzen $M_1 := a[m : j]$, $M_2 := a[i : n]$. Die Elemente von $M_3 := a[j + 1 : i - 1]$ können wir beliebig zu M_1 oder M_2 rechnen. Dann folgt P aus P'.

Durch noethersche Induktion schließen wir, daß auch L, L_1 und L_2 durch Abschnitte der Reihung a dargestellt werden können: Wir betrachten die Menge $\mathscr{L} = \{L\}$ der sortierten Listen als durch Inklusion geordnet. Ist $M = a[m : n]$ einelementig, so belassen wir das Element an seinem Ort und benennen $a[m : n]$ um in L. Dies genügt der Nein-Alternative des Programmschemas. Es zeigt, daß die minimalen Elemente von $\mathscr{L}$ in a untergebracht werden können, ohne dort vorhandene andere Werte zu überschreiben. Unter der Voraussetzung, daß L_1 und L_2 sortiert sind und in a den Platz von M_1 und M_2 einnehmen, ergibt sich dann aus P, daß auch der gesamte Abschnitt $a[m : n]$ bereits sortiert ist und L darstellt. Dies beweist den Induktionsschritt.

Das Zusammenfügen von L_1, L_2 zu L bedarf also keiner weiteren Operationen: Die Elemente befinden sich bereits an der richtigen Stelle. Insbesondere befinden sich alle Elemente von M_3 am gleichen Ort wie zuvor. Die rekursiven Aufrufe können sich auf die oben definierten Abschnitte $M_1 := a[m : j]$, $M_2 := a[i : n]$ beschränken. M_3 entspricht der einelementigen Liste $[x]$ des funktionalen Programms und bleibt unberücksichtigt.

Bauen wir die Prozedur zerlege explizit ein, so erhalten wir insgesamt das Programm 9.8. Es wird mit quicksort(0, a.asize − 1) aufgerufen und setzt die Reihung a als globalen Parameter voraus.

Abb.9.9 zeigt die Anwendung des Algorithmus. Die Werte von r sind unterstrichen. Die Striche zeigen die Unterteilung bei den rekursiven Aufrufen. Man erkennt, daß M_3 nur dann nicht leer ist, wenn r noch zum Überschneidungsbereich gehört.

Aus (8.59) folgt, daß der Aufwand für das Zerlegen proportional zur Länge $(n - m + 1)$ des Abschnitts ist. Unter dieser Voraussetzung hatten wir in 7.2.1.1 einen ungünstigsten Aufwand $T_{\mathsf{quicksort}}(n) = O(n^2)$ und einen mittleren Aufwand von $O(n \log n)$ ermittelt, der auch für das Programm 9.8 gilt. Die Wahl $r = a[(m + n)\ \mathsf{div}\ 2]$ ist besser als $r = a[m]$, da letztere Wahl, wie in 7.2.1.1 erörtert, bei „fast“ sortierten Reihungen zu quadratischem Aufwand führt.

Aufgabe 9.18 (Sedgewick, 1978): Für kleines n kann der Aufwand für Sortieren durch Einfügen geringer sein als der für Sortieren durch Zerlegen. Ermitteln Sie

Programm 9.8: Sortieren durch Zerlegen

```
quicksort(m,n: INT) is
 -- Vor: a[m : n] ist der zu sortierende Reihungsabschnitt und n ⩾ m
 -- Nach: a[m : n] sortiert
 if n>m
 then
   i,j: INT; -- Indizes
   r,h: INT; -- Elementtyp
   r := a[(m+n) div 2];
   i := m;
   j := n;
   while i <= j
   loop -- Schleifeninvariante Inv Gl. (8.56), S. 57
     while a[i]<r loop i := i+1 end;
     while a[j]>r loop j := j-1 end;
     if i <=j
     then h := a[i]; a[i] := a[j]; a[j] := h;
          i := i+1; j :=j-1
     end;
   end;
   quicksort(m,j);
   quicksort(i,n)
 end; -- if
end; -- quicksort
```

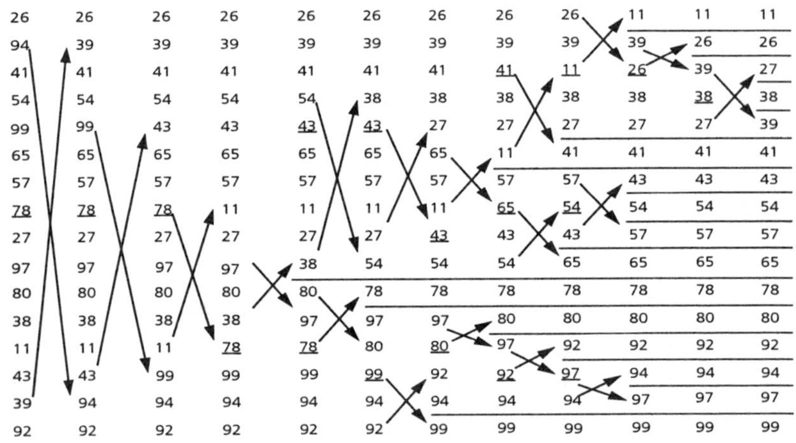

Abbildung 9.9: Sortieren durch Zerlegen

empirisch den Umstiegspunkt n_U. Modifizieren Sie Sortieren durch Zerlegen so, daß Abschnitte einer Länge < n_U durch Einfügen sortiert werden.

Aufgabe 9.19: Zeigen Sie, daß man für Abschnitte einer Länge < n_U das Sortieren völlig einstellen kann, wenn man am Ende die gesamte Reihung durch

Einfügen sortiert. Wieso ist der Aufwand dafür $O(a.\mathsf{asize} \cdot n_U)$?

Der Speicheraufwand für Sortieren durch Zerlegen ist leider nicht n Speicherplätze. Vielmehr benötigen wir zusätzlichen Speicher für die sämtlichen, gleichzeitig aktiven rekursiven Aufrufe. Die Anzahl dieser Aufrufe ist im günstigsten Fall und im Mittel $\log n$. Bei quadratischem Zeitaufwand haben wir bis zu n gleichzeitig aktive Aufrufe. Der Speicheraufwand liegt also zwischen $c_1 \cdot n + c_2 \cdot \log n$ und $c_1 \cdot n + c_2 \cdot n \leqslant 2n$ Speicherplätzen.

Aufgabe 9.20:

1. Implementieren Sie Sortieren durch Zerlegen ohne rekursive Aufrufe. Hinweis: Führen Sie einen Keller ein, in dem Sie für jeden Aufruf die Indexpaare (m, j) bzw. (i, n) speichern. In einer Schleife entnimmt man dem Keller Indexpaare (p, q) und sortiert $a[p : q]$, bis der Keller leer ist.
2. Messen sie den Speicherverbrauch an Beispielen.
3. Verringern Sie den Speicheraufwand, indem Sie von den beiden Abschnitten $a[m : j]$ und $a[i : n]$ der Zerlegung jeweils den kleineren zuerst weitersortieren (also als letzten in den Keller schreiben).

Aufgabe 9.21: Ist Sortieren durch Zerlegen stabil?

9.2.5 Baumsortieren

Um die Anzahl der Vergleiche beim Sortieren durch Auswahl herabzusetzen, könnte man sich die Ergebnisse aller (oder doch der meisten) Vergleiche merken. Dazu könnte man die bisherigen Vergleichsergebnisse in einer Tabelle notieren. Oder man verändert während der Minimumsuche die Anordnung in der zu sortierenden Liste M so, daß man anschließend nicht nur das Minimum kennt, sondern auch für bestimmte weitere Elemente m, m' aus der Anordnung auf $m \leqslant m'$ schließen kann.

J. Williams schlug 1964 den zweiten Weg ein. Aus Gründen, die weiter unten klar werden, ging er nicht von der Auswahl des Minimums, sondern des Maximums aus und ordnete die Elemente von M so in einen binären Baum ein, daß für alle Ecken k mit Söhnen $k.l$, $k.r$ wie in Abb. 9.10 gilt:

$$P_k \;:\; k \geqslant k.l \wedge k \geqslant k.r, \text{ also} \qquad (9.17)$$
$$k \geqslant \max(k.l, k.r), \text{ soweit } k.l \text{ und } k.r \text{ existieren.}$$

B heißt ein P-Baum, wenn P_k für alle Ecken k eines Baumes B gilt. Williams nannte solche Bäume einen *heap* (Haufen)[9]. Baumsortieren ist im Englischen als *heap sort* bekannt.

9. *heap* kommt in der Informatik auch noch in der Bedeutung *Halde* vor, vgl. Kap. 11.

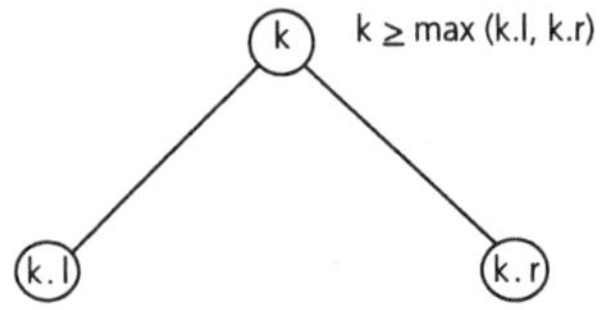

Abbildung 9.10: Williams Idee

Wir nehmen an, wir können die Liste M_0 durch einen P-Baum B repräsentieren. In diesem gilt auf allen Wegen $(k_0, k_1, k_2, \ldots, k_n)$, die von der Wurzel $w = k_0$ ausgehen, $k_i \geqslant k_{i+1}, i = 0, \ldots, n-1$. Die Wurzel w ist also das Element mit maximalem Schlüssel. Zur Bestimmung des zweitgrößten Elements benötigen wir nur einen einzigen Vergleich unter den beiden Söhnen der Wurzel statt der $(n-2)$ Vergleiche bei Sortieren durch Auswählen. Nehmen wir fortlaufend die Wurzel w aus B heraus und fügen sie als neues Minimum in eine anfangs leere Ergebnisliste L ein, so besitzt B anschließend nicht mehr die Eigenschaft P; B ist nicht einmal mehr ein Baum, da die Wurzel fehlt. Stellen wir die Eigenschaft P wieder her, so können wir den Vorgang wiederholen. Das Sortierprogramm

```
1  heapsort(M: Liste; & L: Liste) is
2    -- Vor:  M = M0 zu sortierende Liste
3    -- Nach: L sortiert und perm(M0, L)
4    B: P-Baum;
5    L := CreateList;
6    trage alle m ∈ M in den P-Baum B ein;
7    while not empty(B)
8    loop -- Schleifeninvariante Q
9      w: INT := Wurzel von B;
10     L := Cons(w,L);
11     streiche w aus B;
12     stelle Eigenschaft P für B wieder her
13   end
14 end; -- heapsort
```

mit der Schleifeninvariante

$$Q \quad : \quad B \text{ ist } P\text{-Baum} \wedge \forall m \in B, m' \in L : m \leqslant m' \wedge L \text{ ist sortiert} \wedge$$
$$B \text{ und } L \text{ enthalten zusammen alle Elemente von } M_0.$$

ist daher korrekt. Enthält B zum Schluß keine Ecken mehr, so gilt offenbar perm(M_0, L) und L ist sortiert. Die Schleife terminiert, da der Baum B in jedem Durchgang eine Ecke an L abgibt. Die schwierige Operation ist die Herstellung der Eigenschaft P in den Zeilen 6 und 12 des Programms.

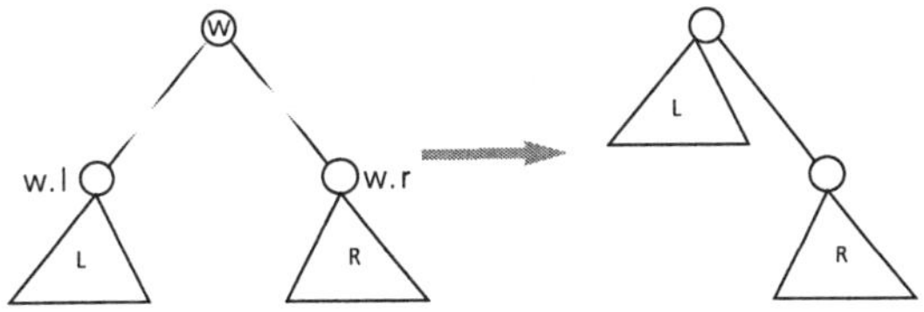

Abbildung 9.11: Entfernen der Wurzel eines P-Baumes

Wir betrachten zunächst Zeile 12. Der Versuch, wie in Abb. 9.11 den größeren der beiden Söhne $w.l, w.r$ der vormaligen Wurzel w zur neuen Wurzel zu machen, scheitert. Das Ergebnis ist kein Binärbaum, denn die neu gebildete Wurzel hätte drei Söhne.

Williams nahm stattdessen ein Blatt des Baumes als neue Wurzel w. Im Baum gilt dann P mit möglicher Ausnahme von P_w. Hierfür schreiben wir kürzer: $P \setminus P_w$. Falls P_w wirklich nicht gilt, vertauschen wir w mit seinem größten Sohn g und erhalten damit $P \setminus P_g$. Dieses Verfahren setzen wir fort, bis keine Söhne mehr existieren oder P_g gilt. Das ursprüngliche Blatt w sinkt dabei im Baum nach unten. Die Korrektur des Baumes besteht demnach insgesamt aus dem Einsetzen eines Blattes als neue Wurzel und einem Aufruf der folgenden Prozedur sinken:

```
sinken is
  -- Vor: im Baum B gilt P \ P_w.
  -- Nach: B ist P-Baum.
  m,g: Ecke;
   -- Kandidaten für die Wurzel und ihren
   -- maximalen Sohn im jeweiligen Teilbaum
  m:= Wurzel w;
  while not P_m do
    -- P \ P_m
    vertausche m mit dem Sohn g mit maximalem Schlüssel
    -- P \ P_g
    m:=g;
  end
end; -- sinken
```

Die Korrektheit dieses Verfahrens haben wir gerade gesehen. Der maximale Aufwand ist

$$T_{\text{sinken}}(h) = O(h), \quad h = \text{Höhe des Baumes},$$

da die Schleife maximal h-mal durchlaufen wird. h wird minimal, wenn der Baum möglichst vollständig ist. Dazu nehmen wir stets ein Blatt der maximalen

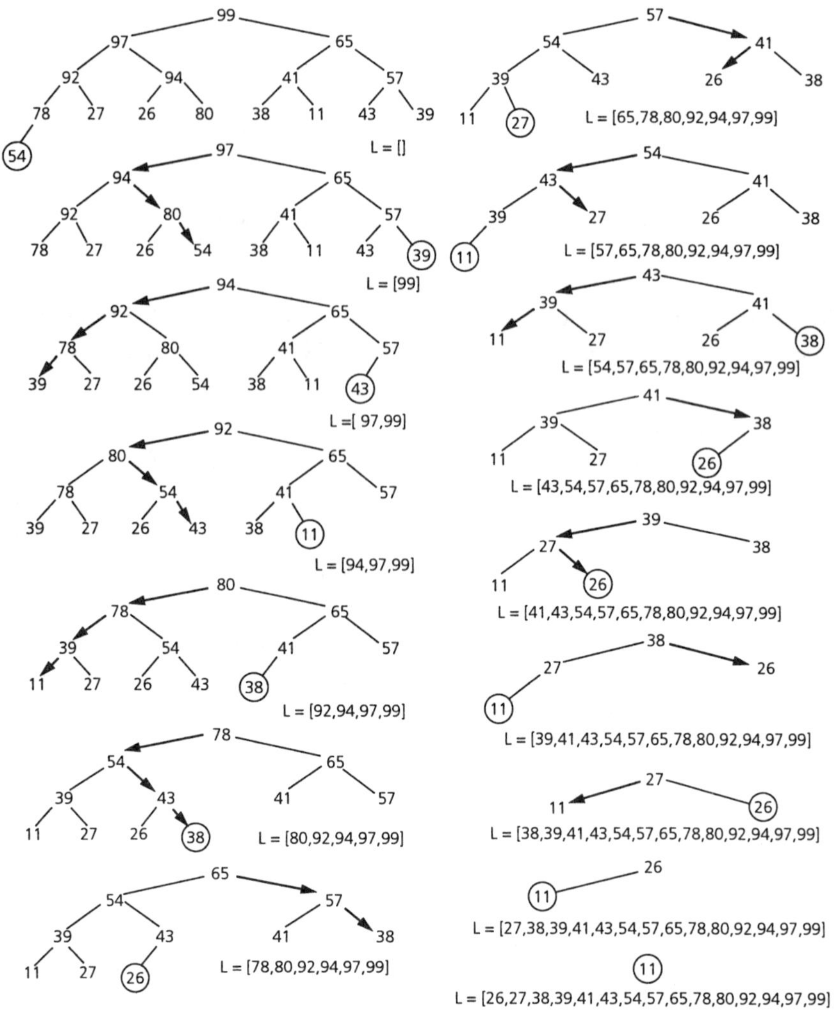

Abbildung 9.12: Sinken im Baum

Tiefe h als neue Wurzel. Abb. 9.12 zeigt die Bäume für unsere Beispielfolge. Das gekennzeichnete Blatt wird die nächste Wurzel. Die Pfeile zeigen die Bahn, auf der die Wurzel sinkt.

Für $n = 2^p - 1 + q, \quad 0 \leqslant q < 2^p$, muß ein möglichst vollständiger Baum q Blätter der Tiefe p und $2^{p-1} - \lceil q/2 \rceil$ Blätter der Tiefe $(p - 1)$ haben, insgesamt also $2^{p-1} + q - \lceil q/2 \rceil = \lceil n/2 \rceil$ Blätter. Wir bauen den Baum schrittweise aus solchen Blättern von unten nach oben auf, indem wir die Folge der Blätter als eine Folge F von P-Bäumen der Höhe 0 auffassen. Wir nehmen nacheinander die letzten beiden Bäume f', f'' aus F heraus, setzen sie mit einem der verbliebenen

Elemente w aus M als Wurzel zu einem neuen P-Baum zusammen und fügen diesen Baum vorne wieder in F ein. Falls n gerade ist, nehmen wir im ersten Schritt nur einen Baum f' aus F; ist $|M|$ die Anzahl der in M verbliebenen Elemente, so gilt damit stets $|F| = |M| + 1$. Zum Schluß ist $|M| = 0, |F| = 1$ und F enthält den gewünschten P-Baum B.

Da die neuen, aus w, f', und f'' gebildeten Bäume die Bedingung $P \setminus P_w$ erfüllen, erreichen wir die Eigenschaft P mit der Prozedur sinken. Wir erhalten einen Baum, in dem alle q Blätter der Tiefe p „ganz links" stehen. Mit $n = |M_0|$ lautet der Algorithmus:

```
F := { ((n + 1) div 2) Elemente aus M0}; M := M0 \ F;
-- F ist Menge einelementiger P-Bäume
k := n mod 2 + 1;
while not empty(M)
loop
  -- F enthält nur P-Bäume
  -- F und M zusammen ergeben M0
  -- |F| = |M| + (k div 2)
  nimm aus M ein Element w heraus;
  nimm aus F die letzten k Bäume (k = 1,2) heraus und
    setze sie mit w zu einem neuen Baum b zusammen;
  sinken; -- angewandt auf b
  füge b als ersten Baum in F ein;
  k := 2; -- ab dem zweiten Durchlauf immer zwei Bäume f, f' nehmen
end;
```

Zur Berechnung des Aufwandes für den Baumaufbau nehmen wir zunächst $n = 2^p - 1$ an. Die Bäume in F unterscheiden sich in der Höhe höchstens um 1. Am Anfang gibt es 2^{p-1} Bäume der Höhe 0, nach 2^{p-2} Schritten 2^{p-2} Bäume der Höhe 1, usw. Der Aufwand T_{sinken} ist proportional zur Baumhöhe; wenn die anderen Aktionen zum Baumaufbau konstanten Aufwand haben, gilt für den Aufwand T_{aufbau} bei $n = 2^p - 1$

$$
\begin{aligned}
T_{\mathsf{aufbau}} &= \sum_{k=0}^{p-2} 2^k \cdot T_{\mathsf{sinken}}(p-k-1) \\
&= O\left(\sum_{k=0}^{p-2} 2^k(p-k-1)\right) = O\left(\sum_{k=0}^{p-1} 2^k(p-k-1)\right).
\end{aligned}
$$

Beim Wegnehmen der Wurzeln aus dem fertigen Baum benötigt heapsort bei $n = 2^p - 1$ den Aufwand

$$T_{\text{wegnehmen}} \leqslant \sum_{k=0}^{p-1} 2^k T_{\text{sinken}}(k) = \mathrm{O}\left(\sum_{k=0}^{p-1} k \cdot 2^k\right)$$

und wegen $p - 1 = \mathrm{ld}(n+1) - 1$ insgesamt

$$\begin{aligned} T_{\text{heapsort}} &= T_{\text{aufbau}} + T_{\text{wegnehmen}} \\ &\leqslant \mathrm{O}\left(\sum_{k=0}^{p-1} k \cdot 2^k + \sum_{k=0}^{p-1} 2^k(p-k-1)\right) \\ &= \mathrm{O}\left((p-1) \cdot \sum_{k=0}^{p-1} 2^k\right) \\ &= \mathrm{O}\big((p-1)(2^p-1)\big) = \mathrm{O}(n \log n). \end{aligned} \tag{9.18}$$

Für $2^p \leqslant n < 2^{p+1} - 1$ ist eine theoretisch befriedigende Analyse des Maximalaufwands $T_{\text{heapsort}}(n)$ nicht bekannt. Es gilt aber sicher $T_{\text{heapsort}}(2^p - 1) < T_{\text{heapsort}}(n) < T_{\text{heapsort}}(2^{p+1} - 1) \approx 2 \cdot T(2^p - 1)$. Die Aussage $T_{\text{heapsort}}(n) = \mathrm{O}(n \log n)$ ist also allgemein richtig.

Bisher haben wir Baumsortieren durch Verfeinerung entwickelt und die Korrektheit gezeigt. Unter der Annahme, daß das Herausnehmen und Vertauschen von Ecken in Bäumen und das Herausnehmen und Einfügen von Bäumen in Listen nur konstanten Aufwand benötigen, konnten wir sogar den Aufwand bestimmen. Wie man den Baum implementiert, ist noch offen.

Wenn M in einer Reihung $a[0 : n-1]$ geliefert wird, die abschließend auch die sortierte Liste L aufnimmt, können wir versuchen, zwischenzeitlich auch den Baum B in dieser Reihung unterzubringen. Da der Baum, soweit möglich, vollständig ist, bestimmen wir dazu die Vater-Sohn-Beziehung durch Indexrechnung wie in Abb. 9.13: Ein Element a_i besitzt die Söhne a_{2i+1}, a_{2i+2};

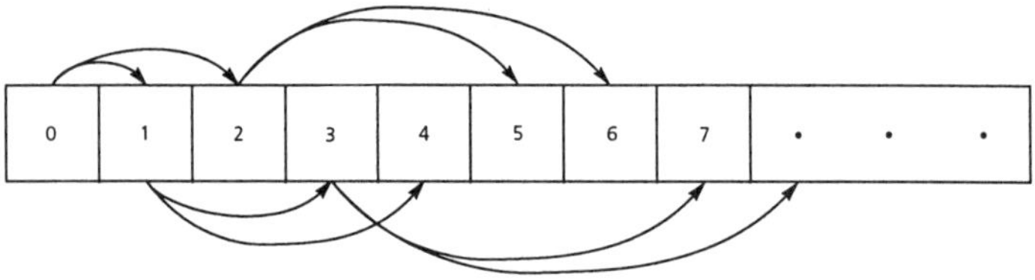

Abbildung 9.13: Die Sohn-Beziehung $i \xrightarrow{\text{Söhne}} 2i+1, 2i+2$

a_0 ist die Baumwurzel. In einem Baum mit m Elementen ist a_i ein Blatt, wenn $2i + 1 \geqslant m$; a_i besitzt nur einen (linken) Sohn, wenn $2i + 2 = m$ ist.

Während des Baumaufbaus besteht die Baumfolge F aus $a[\lfloor n/2 \rfloor : (n-1)]$. Wir verlängern sie schrittweise nach vorne. Beim Aufbau von L wird der Platz

a_r, $r = n-1, n-2, \ldots, 0$ dem Baum entzogen und für L verwendet. Durch Vertauschen von a_0 und a_r ersetzen wir die Wurzel w durch das letzte Blatt und setzen zugleich w vorne in L ein. Hiermit wird klar, warum das Verfahren auf dem Auswählen des Maximums gründet. Ähnlich früheren Verfahren ist bei $r = 0$ nichts mehr zu tun; man kann also bei $r = 1$ aufhören. Die Programme 9.9 und 9.10 zeigen den endgültigen Algorithmus heapsort und die Prozedur sinken.

Programm 9.9: Baumsortieren

```
heapsort(&& a: ARR[*](INT)) is
  -- Vor:  a enthält die zu sortierende Liste M0.
  -- Nach:  a sortiert ∧ perm(a, M0)
  constant n: INT := a.asize;
  q,r: INT;
  h: INT; -- Elementtyp
  q := n div 2; r := n-1;
  -- Baumaufbau
  while q>0
  loop -- S:  a[q : r] enthält Folge F von P-Bäumen
    q := q-1; sinken(q,r, && a);
  end; -- Baumaufbau
  -- der P-Baum B ist vollständig aufgebaut.
  --  L = a[(r + 1) : (n − 1)] ist leer.
  while r>0
  loop --  a[0 : r] ist P-Baum B ∧ L ist aufd sortiert ∧
       --  ∀a[i] ∈ B, a[j] ∈ L: a[i] ≤ a[j]
    -- nimm  a[0] in L auf und  a[r] als Wurzel von B:
    h := a[r]; a[r] := a[0]; a[0] := h; r := r-1;
    -- in B gilt  P \ P0
    sinken(0,r, && a);
  end; --  r-Schleife
end; -- heapsort
```

Aus (9.18) schließen wir, daß die Anzahl der Vergleiche zwischen Elementen maximal $2n \operatorname{ld} n$ ist, da in jedem Schleifendurchlauf von sinken zwei solche Vergleiche durchgeführt werden.

Für die Praxis würde man den Rumpf von sinken zweimal offen in heapsort einsetzen. In Pascal oder Modula-2, aber nicht in C, Sather oder Java, könnte man sinken auch als lokale Prozedur in heapsort vereinbaren; die Prozedur wäre dann parameterlos und würde auf die Variablen q, r und a der sie umgebenden Prozedur heapsort zugreifen.

Aufgabe 9.22: Wie muß die Sohn-Beziehung $i \xrightarrow{\text{Söhne}} 2i+1, 2i+2$ ersetzt werden, wenn die Reihung, wie in Pascal üblich, mit dem Index 1 (nicht 0) beginnt?

Aufgabe 9.23: Zeigen Sie an einem Beispiel, daß heapsort nicht stabil ist.

Die Datenstruktur ***P*-Baum**, implementiert in einer Reihung, wird auch für die Prioritätsschlangen aus 6.2.4 eingesetzt: Kommen in einer Warteschlange

Aufträge A an, die mit einem Vorrang Rang(A) versehen und in der Reihenfolge ihres Ranges der Schlange entnommen und bearbeitet werden sollen, so können wir die Prioritätsschlange mit Hilfe binärer Suche und nachfolgendem Einfügen wie in 9.2.3 in einer Reihung a organisieren. a_0 ist der Auftrag höchsten Ranges. Wird er entnommen und bearbeitet, so müssen mit Aufwand $\Theta(n)$ alle anderen Elemente nachrücken. Organisieren wir die Schlange jedoch als P-Baum, so kostet das Entfernen der Wurzel einen Aufruf von sinken, also nur Aufwand $O(\log n)$. Auch das Eintragen kostet nur Aufwand $O(\log n)$:

Aufgabe 9.24 (Prioritätsschlangen): Gegeben sei ein korrekt aufgebauter P-Baum in einer Reihung a. Geben Sie Algorithmen für folgende Probleme an:

1. Wiederherstellung der Eigenschaft P nach Entfernung der Wurzel.
2. Einfügen eines neuen Elementes.
3. Einfügen zweier neuer Elemente mit Wiederherstellung der Eigenschaft P.

Anleitung: Definieren Sie eine Prozedur steigen, die ein Blatt im P-Baum aufsteigen läßt; die Bedingung P muß am Ende von steigen gelten.

Programm 9.10: Prozedur sinken für Baumsortieren

```
sinken(q,r: INT; && a: ARR[*](INT)) is
  -- Vor:  0 ⩽ q ⩽ r ⩽ a.asize − 1 ∧ im Baum B mit Wurzel q gilt P \ P_q
  -- Nach: a[q : r] ist P-Baum
  i,j: INT;
  m: INT; -- Elementtyp
  i := q; j := 2*i+1; m := a[i];
  --  a[j] ist Kandidat für Sohn von a[i] mit größtem Schlüssel
  while j <= r
  loop --  a[j] gehört zum Baum ∧ P \ P_i
    if j< r and a[j]<a[j+1] then j := j+1 end;
    --  a[j] ist Sohn von a[i] mit größtem Schlüssel
    if m<a[j]
    then -- erfülle P_i durch Vertauschen.
       -- Die Zuweisung a[j] := m folgt am Ende
      a[i] := a[j]; i := j; j := 2*i+1
    else -- P_i gilt, daher Schleife beendigen
      break
    end; -- if
  end; -- Schleife
  -- es gilt P mit m statt a[i]: das ist nachgeprüft
  --    oder a[i] hat keine Söhne
  a[i] := m;
end; -- sinken
```

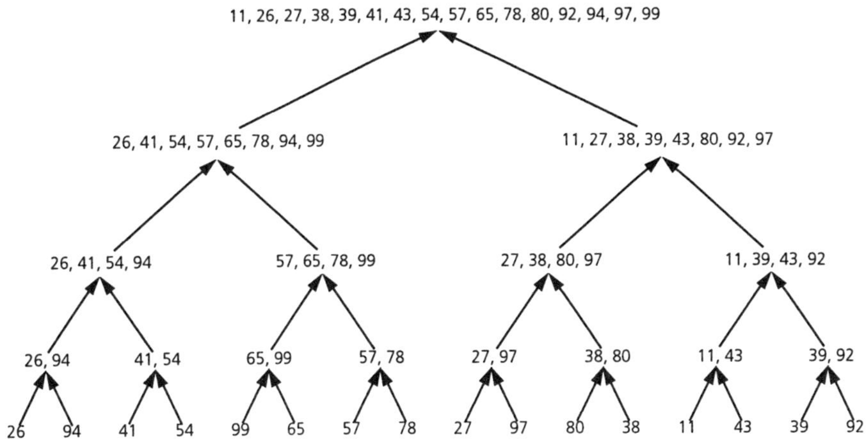

Abbildung 9.14: Sortieren durch Mischen

9.2.6 Sortieren durch Mischen

Sortieren durch Mischen wie in Abb. 9.14 haben wir in 7.2.1.2 kennengelernt. Programm 9.11 gibt das imperative Schema wieder. Die Prozedur merge zeigt ein allgemeines Schema des Zusammenfügens zweier Listen nach dem **Reißverschlußprinzip**, das auch viele andere Anwendungen hat.

mergesort hat die gleiche Struktur wie quicksort, S.94. Dort war das Zusammenfügen der Ergebnisse kostenlos; der Aufwand wurde in das Zerlegen gesteckt. Beim Sortieren durch Mischen kann man das Umgekehrte erreichen. Dazu nutzen wir die Freiheitsgrade bei der Reihenfolge der Zerlegungs- und Mischschritte: Wir können sie beliebig ändern, solange wir keine Teillisten verarbeiten, die noch nicht erstellt wurden. Die Pfeile in Abb. 9.14 stellen diese Abhängigkeiten dar.

Dazu bestimmen wir die (Teil-)Listen in Abb. 9.14 zeilenweise von unten nach oben. Zu Beginn fassen wir M als Folge einelementiger Teillisten auf. Die Teillistenlänge ist $m = 2^k$ für $k = 0$. Wir mischen nun für $k = 0, 1, \ldots$ Paare aufeinanderfolgender Teillisten miteinander. In jedem Schritt entstehen Teillisten der Länge 2^{k+1}, die im nächsten Schritt verarbeitet werden. Dies wiederholen wir, bis nur noch eine sortierte Liste existiert. Für $n \neq 2^s$ bleiben bei der Paarbildung in manchen Schritten ungepaarte Teillisten übrig. Wir übernehmen sie unverändert in den nächsten Schritt.

Die Darstellung von M und L durch Reihungen führt zum Programm 9.12 mit der Mischschleife von Programm 9.13. Im Unterschied zu den vorangehenden Verfahren benötigen wir zwei Reihungen. Der Speicherbedarf zum Misch-Sortieren von n Elementen ist $2n$.

Aufgabe 9.25: Setzen Sie den Rumpf von Programm 9.13 ohne Prozeduraufruf in Programm 9.12 ein.

Programm 9.11: Schema des Sortierens durch Mischen

```
mergesort(M: Liste; & L: Liste) is
  -- Vor:  M zu sortierende Folge,  L ist leer
  -- Nach:  L sortiert ∧  perm(M0, L)
  n,m1,m2: INT;
  L1, L2, S1, S2: Liste;
  n := length M;
  m1 := n div 2; m2 := n-m1;
  -- m1, m2: Umfang der Listen  S1, S2 ≈ n/2
  if n>1
  then
    zerlege M in zwei Teilfolgen S1, S2 des Umfangs m1, m2;
    mergesort(S1, &L1);
    mergesort(S2, &L2);
    merge(L1, L2, &L)
  else L := M; --  M einelementig und sortiert
  end; -- if
end; -- mergesort

merge(L1, L2: Liste; & L: Liste) is
-- Vor:  L1, L2 sortiert
-- Nach:  L sortiert ∧  perm(M0, L) mit M0 = L1,0 ∪ L2,0
  L := CreateList;
  while not empty(L1) and not empty(L2)
  loop
    -- L sortiert und  L enthält alle Elemente aus  M0 \ L1 \ L2
    if head L1 ≤ head L2
    then L := append(L, head L1); L1 := tail L1
    else L := append(L, head L2); L2 := tail L2
    end
  end; -- Schleife
  -- L1 oder L2 leer, aber nicht beide
  while not empty(L1) loop L := append(L, head L1); L1 := tail L1 end;
  while not empty(L2) loop L := append(L, head L2); L2 := tail L2 end;
end; -- merge
```

Beim Mischsortieren heißt jeder Vorgang, der sämtliche Daten genau einmal bearbeitet, eine **Phase**. Es gibt eine Zerlegungsphase „$b := a$" und eine Mischphase. Zusammen nennt man sie einen *Durchlauf* oder **Arbeitsgang**, d. h. den Teilprozeß, dessen Wiederholung das Sortieren liefert. Die Anzahl s der Durchläufe ist offenbar $s = \lceil \mathrm{ld}\, n \rceil$.

Über mergesort weiß man:

1. mergesort ist korrekt. Der Beweis sei dem Leser überlassen.
2. mergesort ist stabil. Zwei gleiche Schlüssel e_1, e_2 gehören für irgend ein $m \geqslant 1$ zu verschiedenen Teillisten. Der Vergleich $a1[i] <= a2[j]$ in Zeile 9 von Programm 9.13 gewährleistet daß das e_i aus der ersten Teilliste auch als

Programm 9.12: Sortieren durch paarweises Mischen mit Reihungen

```
mergesort_Reihung(&& a : ARR[*](INT)) is
  -- Vor: a zu sortierende Reihung
  -- Nach: a  sortiert
  b: ARR[a.asize](INT);
  k,m,n : INT;
  n := a.asize;
  m := 1; -- Länge der zu sortierenden Teillisten (außer der letzten)
  k := n; -- Anzahl der Teilfolgen
  while m < n
  loop -- die Teillisten a[0 : m − 1], a[m : 2m − 1], ..., a[(k − 1)m : n − 1]
       -- sind in sich aufsteigend geordnet
    b := a;         -- a ist frei zur Aufnahme der gemischten Teillisten
    k := (k+1) div 2; -- diese beiden Zuweisungen erledigen die Zerlegung
    loop constant i: INT := 0.upto!(k-1);
      -- P_{0,q}: a[2pm : q] geordnet
      --    für q = min{2m(p + 1) − 1, n − 1} und p = 0, 1, ..., i − 1
      if n > (2i+1)m then
        mische b[2im : (2i + 1)m − 1] mit b[(2i + 1)m : r],
        Ergebnis in a[2im : r] mit
        r = min{2(i + 1)m − 1, n − 1}
      end;
    end; -- i-Schleife
    m := 2* m;
  end; -- while
end; -- mergesort_Reihung
```

erstes in das Ergebnis eingeht. (Mit $a1[i] < a2[j]$ wäre das Verfahren nicht stabil.)

3. mergesort benötigt zum Sortieren von n Elementen höchstens

$$T(n) = n \cdot \lceil \mathrm{ld}(n) \rceil - 2^{\lceil \mathrm{ld}\, n \rceil} + 1 = O(n \log n) \qquad (9.19)$$

Vergleiche und $O(n \log n)$ sonstige Operationen.

Zum Aufwand: Das Mischen zweier sortierter Teilfolgen mit zusammen n Elementen benötigt höchstens $n - 1$ Vergleiche, da die Prozedur merge nach jedem Vergleich ein Element dem Ergebnis zufügt. Zum Schluß bleibt mindestens ein Element übrig. Kommen die Elemente abwechselnd aus beiden Teilfolgen, so wird das Maximum $n - 1$ tatsächlich angenommen.

(9.19) beweisen wir nun durch vollständige Induktion. Da die Programme 9.11 und 9.12, 9.13 die gleiche Zahl von Vergleichen durchführen, gehen wir der Einfachheit halber von Programm 9.11 aus. Dann gilt

$$n = 1 : T(n) = 0, \text{ da die Bedingung in Z. 9 nicht erfüllt ist,}$$
$$n > 1 : \; T(n) = n - 1 + T(m_1) + T(m_2).$$

Programm 9.13: Mischen mit Reihungen

```
merge(a1, a2: ARR[*](INT); && a: ARR[*](INT)) is
  -- Vor: zwei sortierte Reihungen a1[0 : m − 1], a2[0 : n − 1]
  -- Nach: Reihung a besteht aus den Elementen von a1, a2 und ist sortiert
  i,j,k,m,n : INT;
  m := a1.asize; n := a2.asize;
  i := 0; j := 0; k := 0;
  while i <= m-1 and j <= n-1
  loop
    if a1[i] <= a2[j]
    then a[k] := a1[i]; i := i+1;
    else a[k] := a2[j]; j := j+1;
    end; -- if
    k:=k+1;
  end;
  if i = m-1
  then -- a1 fertig
    loop constant h: INT := j.upto!(n-1);
      a[k] := a2[h]; k := k+1;
    end;
  else -- a2 fertig
    loop constant h: INT := i.upto!(m-1);
      a[k] := a1[h]; k := k+1;
    end;
  end; -- if
end; -- merge
```

Es sei $f(n) = \lceil \operatorname{ld} n \rceil$. Für $n = 2^k + 1$ ist $m_1 = 2^{k-1}, m_2 = 2^{k-1} + 1$, $f(n) = k+1, f(m_1) = k - 1 = f(n) - 2, f(m_2) = k = f(n) - 1$, $m_1 = 2^{f(n)-2}$. Nach Induktionsannahme erhalten wir damit

$$
\begin{aligned}
T(n) &= n - 1 + (m_1 \cdot f(m_1) - 2^{f(m_1)} + 1) + (m_2 \cdot f(m_2) - 2^{f(m_2)} + 1) + 1 \\
&= n + m_1(f(n) - 2) - 2^{f(n)-2} + m_2(f(n) - 1) - 2^{f(n)-1} + 2 \\
&= n(1 + f(n)) - 2m_1 - m_2 - 2^{f(n)-2} - 2^{f(n)-1} + 2 \\
&= n \cdot f(n) - m_1 - 2^{f(n)-2} - 2^{f(n)-1} + 2 \\
&= n \cdot f(n) - 2^{f(n)} + 1 + (-m_1 + 2^{f(n)-2}) \\
&= n \cdot f(n) - 2^{f(n)} + 1.
\end{aligned}
$$

Für $n \neq 2^k + 1$ gilt $f(m_1) = f(m_2) = \lceil \operatorname{ld} n \rceil - 1 = f(n) - 1$, also ebenfalls

$$
\begin{aligned}
T(n) &= n - 1 + (m_1 \cdot (f(n) - 1) - 2^{f(m_1)} + 1) + (m_2 \cdot (f(n) - 1) - 2^{f(m_2)} + 1 \\
&= n - 1 + n \cdot f(n) - n - 2 \cdot 2^{f(n)-1)} + 1 \\
&= n \cdot f(n) - 2^{f(n)} + 1.
\end{aligned}
$$

Wie wir an der Implementierung mit Reihungen sehen, kostet das Zerlegen (Z. 11 von Programm 9.11) den Aufwand $O(n)$, also genausoviel wie das Mischen. Daraus folgt mit der gleichen Rechnung wie für $T(n)$ auch die Abschätzung für die anderen Operationen.

Aufgabe 9.26: Zeigen Sie die Korrektheit der Programme 9.12, 9.13. Hinweis: Beweisen Sie die Korrektheit von Programm 9.11 und verfeinern Sie dies.

Die beim Mischen entstehenden geordneten Abschnitte heißen **Läufe**[10]. Die Zerlegungsphase mit dem Umkopieren der Elemente kann man einsparen, indem man in den einzelnen Arbeitsgängen abwechselnd von b nach a und von a nach b mischt. Bei ungeradem s muß man zum Schluß einmal b nach a kopieren.

Sortieren durch Mischen kostet zwar die geringste Anzahl von Vergleichen, die wir bisher sahen. Da es aber den doppelten Platzbedarf für die Daten verlangt, ist es gegenüber anderen Verfahren bei kleinem n nicht konkurrenzfähig. Wenn jedoch n so groß ist, daß die zu sortierenden Listen nicht in den Hauptspeicher passen, ist mergesort das Verfahren der Wahl: Programm 9.11 greift auf die Elemente seiner Listen sequentiell zu. Alle anderen Verfahren verlangen wahlfreien Zugriff auf die Elemente und lassen sich daher nicht mit sequentiellen Dateien implementieren. Wir werden das nochmals in Programm 10.10 sehen.

Programm 9.12 tut dies noch nicht: die zu mischenden Listen stehen an verschiedenen Stellen der Reihung b. Wenn wir jedoch statt einer Reihung b zwei Reihungen b, c verwenden, können wir dafür sorgen, daß die zu mischenden Teilfolgen jeweils die nächsten Elemente in b und c sind. Statt des Umkopierens $b := a$ in Z. 12 von Programm 9.12 schreiben wir abwechselnd Abschnitte der Länge m in b und c:

```
begin
  wechsel: BOOL := true;
  h,hb,hc: INT;
  h := 0; hb := 0; hc := 0;
  while h<n
  loop
    if wechsel
    then
      while h<n
      loop constant j: INT := 1.upto!(m);
        b[hb] := a[h]; hb := hb+1; h := h+1
      end;
      wechsel := not wechsel
    else
      while h<n
      loop constant j: INT := 1.upto!(m);
        c[hc] := a[h]; hc := hc+1; h := h+1
```

10. engl. *run*.

```
        end;
        wechsel := not wechsel
    end; -- Hauptschleife
end
```

Mit Dateien statt mit Reihungen heißt dieses Verfahren **3-Bänder-Mischen.** Auch hier kann die Zerlegungsphase eingespart werden, indem man vier Dateien *a*, *b*, *c* und *d* verwendet. Zu Anfang verteilen wir die Elemente aus *a* auf *c* und *d*. Anschließend mischen wir Läufe der Länge *m* von *c* und *d* zu Läufen der Länge 2*m*, die wir abwechselnd in *a* und *b* schreiben. Dann vertauschen wir die Rollen von (*a*, *b*) und (*c*, *d*) und mischen weiter, bis nur ein Lauf der Länge *n* übrigbleibt. Dieser steht für ungerades *s* in *a*, sonst in *c*. Für unser Beispiel ergibt sich der Ablauf in Tabelle 9.1; Apostrophe markieren die Laufgrenze. Dieses 4-Bänder-Mischen ohne Zerlegungsphasen heißt **ausgeglichenes Mischen.**

	a:	26	94	41	54	99	65	57	78	27	97	80	38	11	43	39	92
1. Zerlegung:																	
	c:	26'	41'	99'	57'	27'	80'	11'	39'								
	d:	94'	54'	65'	78'	97'	38'	43'	92'								
1. Mischen:																	
	a:	26	94'	65	99'	27	97	11	43'								
	b:	41	54'	57	78'	38	80'	39	92'								
2. Mischen:																	
	c:	26	41	54	94'	27	38	80	97'								
	d:	57	65	78	99'	11	39	43	92'								
3. Mischen:																	
	a:	26	41	54	57	65	78	94	99'								
	b:	11	27	38	39	43	80	92	97'								
4. Mischen:																	
	c:	11	26	27	38	39	41	43	45	54	57	65	78	92	94	97	99'
	d:	(leer)															

Tabelle 9.1: Ausgeglichenes Mischen am Beispiel

Ausgeglichenes Mischen berücksichtigt eine teilweise Vorsortierung der Eingabe nicht. Es werden immer $\lceil \mathrm{ld}\, n \rceil$ Mischschritte durchgeführt. Wir können die Vorsortierung ausnutzen, indem wir das Verschmelzen von Läufen nicht einstellen, wenn wir 2*m* Elemente aufgenommen haben, sondern den Lauf noch aufsteigend verlängern, wenn in einer der Eingabedateien entsprechende Elemente nachfolgen. Tabelle 9.2 zeigt dieses **natürliche Mischen** unserer Beispielsequenz. Es benötigt nicht vier, sondern nur noch drei Mischphasen. Das zugehörige

	a:	26	94	41	54	99	65	57	78	27	97	80	38	11	43	39	92
Zerlegung:																	
	c:	26	94'	65'	27	97'	38'	39	92'								
	d:	41	54	99'	57	78'	80'	11	43'								
1. Mischen:																	
	a:	26	41	54	94	99'	11	27	43	97'							
	b:	57	65	78	80'	38	39	92'									
2. Mischen:																	
	c:	26	41	54	57	65	78	80	94	99'							
	d:	11	27	38	39	43	92	97'									
3. Mischen:																	
	a:	11	26	27	38	39	41	43	54	57	65	78	80	92	94	97	99'
	b:	(leer)															

Tabelle 9.2: Natürliches Mischen am Beispiel

Programm 9.14 besteht aus zwei Prozeduren. Die Anzahl der benötigten Mischschritte ist höchstens so groß wie beim ausgeglichenen Mischen.

Aufgabe 9.27: Wie lautet die Hauptprozedur mergesort zu Programm 9.14?

Auf die zahlreichen weiteren Varianten des Mischsortierens gehen wir nicht ein.

9.2.7 Die minimale Anzahl von Vergleichen

Zu einem *Algorithmus* gibt es eine Funktion $O(f(n))$, die den Aufwand asymptotisch für $n \to \infty$ abschätzt. Eine *Aufgabe A* besitzt die **Komplexität** $O(f(n))$, wenn es für A einen Algorithmus mit Aufwand $O(f(n))$ gibt, und kein Algorithmus mit geringerem Aufwand existiert. Baumsortieren und Sortieren durch Mischen haben einen ungünstigsten Aufwand $O(n \log n)$. Wir zeigen, daß dies die Komplexität des Sortierens ist.

Bei der Bestimmung der Komplexität einer Aufgabe machen wir eine Aussage auch über Algorithmen, die wir gar nicht kennen. Dies ist ungleich schwieriger als die Aufwandsberechnung für einen existierenden Algorithmus. Wie die Sortierverfahren zeigen, kann der günstigste Aufwand im Einzelfall geringer als die Komplexität sein. Auch ist die Komplexität nur eine Aussage für schließlich alle n. Für kleine n bis zu einem (implementierungsabhängigen) **Umstiegspunkt** $n = n_0$, vgl. 7.1.2, kann ein Algorithmus höheren Aufwands günstiger sein. In der Praxis gehen in die Auswahl eines Algorithmus auch noch andere Gesichtspunkte als der Aufwand ein, insbesondere die Repräsentation der Daten.

Wir wissen bereits, daß die Anzahl der Vergleiche zwischen Elementen der Menge ein Maß für den Aufwand eines Sortierverfahrens ist. Tab. 9.3 (aus KNUTH

Programm 9.14: Natürliches Mischen

```
mische(a,b: ARR[*](INT); & c,d: ARR[*](INT)) is
  -- Vor:  a, b enthalten geordnete Läufe der Länge m. Der letzte Lauf in b kann kürzer sein.
  --         Die Anzahl der Läufe in a, b ist gleich, oder b enthält einen Lauf weniger.
  -- Nach: c, d enthalten geordnete Läufe einer Länge ≥ 2m
  m1,m2,ha,hb,hc,hd,Laufanzahl: INT;
  m1 := a.asize-1; m2 := b.asize-1;
  ha := 0; hb := 0; hc := 0; hd := 0;
  Laufanzahl:=0;
  while ha<=m1 and hb<=m2
  loop -- auf c, d sind bereits Laufanzahl Läufe geschrieben
    Laufanzahl := Laufanzahl+1;
    if odd(Laufanzahl)
    then Lauf(a, b, & c, && ha, && hb, && hc)
    else Lauf(a, b, & d, && ha, && hb, && hd)
    end; -- if
  end; -- while
end; -- mische

Lauf(a,b: ARR[*](INT); & c: ARR[*](INT); && ha,hb,hc: INT) is
  -- Schreibe einen vollständigen Lauf in c
  m1,m2: INT;
  s: INT; -- Elementtyp, Minimum der bisherigen Elemente
  m1 := a.asize-1; m2 := b.asize-1;
  if a[ha]<=b[hb] then s := a[ha] else s := b[hb] end;
  while ha<=m1 and hb<=m2 and s<=a[ha] and s<=b[hb]
  loop
    if a[ha] <= b[hb]
    then c[hc] := a[ha]; ha := ha+1
    else c[hc] := b[hb]; hb := hb+1
    end; -- if
    s := c[hc]; hc := hc+1
  end; -- while
  while ha<=m1 and s<=a[ha]
  loop s := a[ha]; c[hc] := s; ha := ha+1; hc := hc+1 end;
  while hb<=m2 and s<=b[hb]
  loop s := b[hb]; c[hc] := s; hb := hb+1; hc := hc+1 end;
end; -- Lauf;
```

(1998)) zeigt für $n \leqslant 12$ die minimal benötigte Anzahl $S(n)$ von Vergleichen.

Die Funktion $n \cdot \operatorname{ld} n$ majorisiert $S(n)$ für kleine n. Es gilt sogar

Satz 9.1:

$$\lim_{n\to\infty} \frac{S(n)}{n \operatorname{ld} n} = 1.$$

Beweis: (9.19), S. 107, zeigt, daß beim Sortieren durch Mischen für $n \to \infty$ die Anzahl der Vergleiche $n \operatorname{ld} n$ nicht übersteigt. Der Grenzwert in unserem Satz ist also $\leqslant 1$.

n	1	2	3	4	5	6	7	8	9	10	11	12
$S(n)$	0	1	3	5	7	10	13	16	19	22	26	30
$\lfloor n \operatorname{ld} n \rfloor$	0	2	4	8	11	15	19	24	28	33	38	43

Tabelle 9.3: Minimale Anzahl von Vergleichen $S(n)$ zum Sortieren

Wenn nun $S(n) \geqslant \operatorname{ld}(n!)$ für $n \to \infty$ gilt, ist unser Satz richtig, denn aus der Stirlingschen Formel (9.9) folgt $\lim\limits_{n\to\infty} (\operatorname{ld}(n!)) \,/\, (n \operatorname{ld} n) = 1$.

Die Behauptung $S(n) \geqslant \operatorname{ld}(n!)$ für $n \to \infty$ folgt aus der Shannonschen Informationstheorie in B.3.1: Die zum Sortieren notwendige Anzahl von Vergleichen bestimmt auch die Permutation, die zum Sortieren durchzuführen ist. Jeder Vergleich $s_1 : s_2$ zweier Schlüssel zerlegt eine Menge von Permutationen in zwei Teile P_1, P_2. P_1 enthält alle Permutationen mit $s_1 < s_2$, P_2 alle Permutationen mit $s_1 > s_2$. Ein Vergleich ist also eine Entscheidung zwischen zwei Mengen, zu denen die gesuchte Permutation gehören könnte. Sei N die Gesamtanzahl der Entscheidungen, die zusammen die gesuchte Permutation unter den $n!$ Möglichkeiten bestimmen. Wir hatten in (B.15) gesehen, daß im günstigsten Fall $N - 1 \leqslant \operatorname{ld}(n!) \leqslant N$ gilt. Mit $N = S(n)$ ist also $S(n) \geqslant \operatorname{ld}(n!)$. ♦

Aufgabe 9.28: Die $n!$ Permutationen bilden die Blätter eines binären Entscheidungsbaumes. Zeigen Sie, daß ein solcher Baum mindestens die Höhe $\lceil \operatorname{ld}(n!) \rceil$ haben muß. Anleitung: Benutzen Sie die Überlegungen aus Beispiel 8.32.

Nach Satz 9.1 ist nicht nur Sortieren durch Mischen, sondern auch Baumsortieren optimal: der Rechenaufwand für das Sortieren kann im Mittel höchstens um konstante Faktoren, aber nicht um eine unbeschränkte Funktion $g(n)$ erniedrigt werden. Für andere Aufgaben A läßt sich manchmal die Komplexität durch eine Funktion $O(f(n))$ nach unten beschränken mit dem Argument, daß man andernfalls mit geringerem Aufwand als $O(n \log n)$) sortieren könnte.

9.2.8 Stellenweises Sortieren

Gegeben seien n Briefe, die in Deutschland zugestellt und zu diesem Zweck nach Postleitzahlen sortiert werden sollen. Wir zeigen, daß man diese Aufgabe für sehr große n in linearer Zeit $\Theta(n)$ lösen kann.

Beispiel 9.4: Zum Sortieren der 32 Karten eines Skatspiels verteilen wir die Karten auf 8 Haufen *Wert* = {*7*, *8*, *9*, *10*, *Bube*, ...} Dann legen wir diese Haufen in dieser Reihenfolge wieder zusammen und verteilen die Karten auf vier Haufen *Farbe* = {*Karo*, *Herz*, *Pik*, *Kreuz*}. Legt man diese Haufen übereinander, so ist das Kartenspiel sortiert: die zweite Verteilung hat Priorität vor der ersten, ist aber ansonsten unabhängig. Dieses Verfahren heißt **Fachsortieren**; wir besprechen es in 9.2.8.1. Eine Spezialisierung, die mit weniger Speicher auskommt ist das **Stellensortieren** mit Vertauschen in 9.2.8.2. ♦

Beispiel 9.5 (Trie): Sucht man im Kartenspiel nach einer bestimmten Karte, z. B. *Herz König*, so kann man wie im vorigen Beispiel vorgehen: Man sucht zuerst nach *Herz*-Karten und unter diesen nach *König* (oder umgekehrt). Dies ergibt einen Suchbaum wie in Abb. 9.15: Die Karten sind durch n Merkmale ausgezeichnet, hier $n = 2$. Jedes Merkmal m_i stammt aus einem endlichen

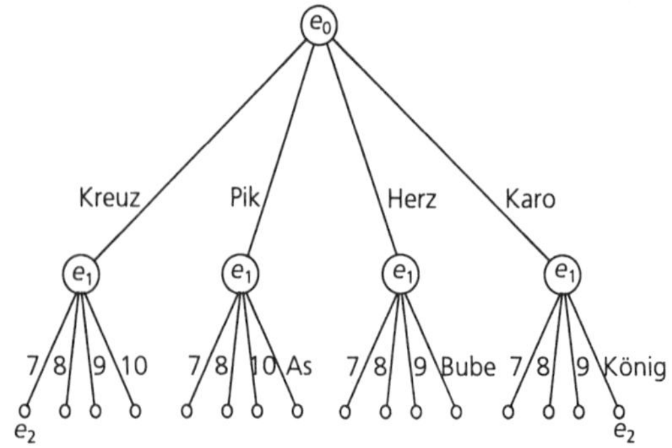

Abbildung 9.15: Ein Suchbaum in einem Kartenspiel

Alphabet Σ_i, $i = 0, 1, \ldots, n-1$. Der Suchbaum verzweigt ausgehend von der Wurzel, $i = 0$, in jeder Ecke der Höhe i nach dem Alphabet Σ_i. Die Kanten sind mit den Merkmalen m_i benannt. Jede Ecke e_i, die auf dem Weg $(e_0, e_1, \ldots, e_i)$ von der Wurzel erreicht wird, repräsentiert die Menge aller Elemente mit der durch den Weg gegebenen Merkmalfolge. Die Blätter des Baumes repräsentieren Einzelelemente. Die Sortierung aus dem vorigen Beispiel erhalten wir, indem wir den Baum von links nach rechts durchlaufen und die Blätter aufnehmen. Fehlen wie in Abb. 9.15 Karten, so fehlen die entsprechenden Kanten und Ecken.

Wenn alle Alphabete gleich sind, $\Sigma_0 = \cdots \Sigma_n = \Sigma$, heißt ein solcher Suchbaum ein **Trie**[11]. Ein Blatt b entspricht einem Wort $m(b) = m_0 m_1 \cdots m_k \in \Sigma^*$. Die Tiefe der Blätter, d. h. die Länge des Wortes $m(b)$ kann von Blatt zu Blatt schwanken. Besonders wichtig sind **binäre Tries** über dem binären Alphabet $\Sigma = \{\mathtt{O}, \mathtt{L}\}$. Man benutzt Tries zu Codierungszwecken, zur Datenkompression und zur Suche nach Wörtern oder Textpassagen in Textdokumenten. Auch die Wörter in einem Lexikon zur Rechtschreibprüfung ordnet man oft so an. Insbesondere sind die Codebäume aus B.3 Tries. ♦

Die Beispiele legen nahe, Sortierschlüssel s als Wörter $s = s_0 \ldots s_{k-1}$ über einem Alphabet Σ, $|\Sigma| = m$ aufzufassen. Über dem Alphabet $\Sigma = \{0, 1, \ldots, 9\}$

11. Trie ist ein Kunstwort von engl. *retrieval*. Um es von *tree* zu unterscheiden spricht man es wie engl. *try* aus.

haben beispielsweise ganze Zahlen in dezimaler Stellenschreibweise diese Form. Wir setzen voraus, daß es eine Funktion $z_m(i, s)$ mit $z_m(i, s) = s_i$ gibt, die in konstanter Zeit arbeitet. Ferner nehmen wir an, daß die Schlüssellänge k aller n Schlüssel gleich sei. Sind alle Schlüssel verschieden, so muß $k \geqslant \log_m n$ gelten.

9.2.8.1 Fachsortieren

Fachsortieren[12] implementiert die Methodik des Beispiels 9.4. Wir verdeutlichen die Idee am Beispiel des Sortierens einer Menge M von Dezimalzahlen der Länge k. Es gilt $m = 10$; $z_{10}(i, s)$ liefere die Ziffer mit Stellenwert 10^i, $i = 0, 1, \dots, k - 1$.

Wir verteilen für $i = 0, 1, \dots, k - 1$ die Menge M auf m Fächer $f_0, \dots, f_{m-1}$ entsprechend dem Wert von $z_m(i, s)$. Anschließend sammeln wir die Fächer in der Reihenfolge $f_0, \dots, f_{m-1}$ wieder ein, wobei ein Element s, welches vor einem Element s' in ein Fach f_j gelegt wurde, auch vor s' wieder dem Fach entnommen wird. Die Fächer sind also erster-zuerst Schlangen. Nach dem letzten Einsammeln ist die Folge aufsteigend sortiert. Das Verfahren setzt sich aus wiederholten Verteil- und Sammelphasen zusammen:

```
bucketsort(M: Liste; & L: Liste) is
-- Vor:  k : Schlüssellänge,  m : Fächerzahl
-- Nach:  L sortiert ∧ perm(M₀, L)
  f: ARR[m](Liste);
  s: INT; -- Elementtyp
  loop constant j : INT := 0.upto!(m-1); f[j] := CreateList end;
  loop -- Pᵢ:  M nach Stellen 0, ..., i − 1 sortiert
    constant i : INT := 0.upto!(k-1);
    while not empty(M)
    loop
      s := head M; M := tail M;
      f[z_m(i,s)] := append(f[z_m(i,s)],s)
    end; -- Verteilungsschleife
    --  M ist leer
    loop constant j :INT := 0.upto!(m-1);
      while not empty f[j]
      loop M := append(M,head f[j]); f[j] := tail f[j] end
    end; -- Sammelschleife
    -- alle  f[j] sind leer
  end; -- i-Schleife über Schlüssellänge
  L := M
end; -- bucketsort
```

Für jeden Durchlauf der i-Schleife wissen wir:

- Kommt s vor s' in M_{vorher}, so kommt s genau dann vor s' in $M_{nachher}$, wenn $z_m(i, s) \leqslant z_m(i, s')$.

12. engl. *bucket sort*.

$z_m(i, s) \leqslant \cdots$ vergleicht dabei die Fachnummern, auf die s und s' verteilt werden. Daraus folgt die Schleifeninvariante P_i. Sie lautet ausführlich:

$$P_i \colon \forall s, s' \in M \colon s_{i-1}s_{i-2}\cdots s_0 \leqslant s'_{i-1}s'_{i-2}\cdots s'_0 \to s \text{ vor } s' \text{ in } M \qquad (9.20)$$

Am Ende gilt P_k. Daraus folgt die Korrektheit und Stabilität des Verfahrens.

Der Aufwand des Verfahrens ist $T_{\mathsf{bucketsort}}(n) = \Theta(k \cdot n)$. Um ihn zu bestimmen, wenden wir eine Idee an, die uns noch häufiger begegnen wird: Wir wissen zwar nicht, wieviele Schlüssel jeweils in einem Fach $f[j]$ sind und können daher den Aufwand einer einzelnen inneren Schleife in Z. 16/17 nicht bestimmen. Summieren wir aber über alle j, so sehen wir, daß Z. 17 für alle $s \in M$, also insgesamt n-mal, durchgeführt wird. Jedes Fach muß im ungünstigsten Fall alle n Elemente von M aufnehmen können. Bei Implementierung mit Reihungen ergäbe sich ein Speicherbedarf von n^2 Plätzen für die Fächer. Besser ist es, eine einzige Hilfsreihung f zu benutzen und vor jeder Verteilungsphase festzustellen, wieviele Elemente auf die einzelnen Fächer entfallen werden. Mit diesen Verteilungszahlen kann man Startpositionen der einzelnen Fächer in b berechnen. Dies führt zu der Lösung in Programm 9.15.

Die Werte von $v[j]$ nach Z. 16 repräsentieren die Anzahl t_j der Schlüssel im Fach f_j im i-ten Schritt. Nach Z. 17/18 gilt $v[j] = \sum_{q=0}^{j-1} t_q$. Daher ist $v[j]$ der Anfangsindex für das j-te Fach. Nach Z. 25 stehen die Schlüssel lückenlos in f. Sie können von dort übernommen werden, entweder um den nächsten Durchlauf vorzubereiten, oder um das Endergebnis zu erhalten.

Beispiel 9.6: Sei $M = \{511, 127, 002, 233, 067, 782, 425, 398, 098, 122\}$. Wir sortieren M nach aufsteigenden Stellen. Dies liefert für $i = 0, 1, 2$ folgendes:

$i = 0$:

f_0	f_1	f_2	f_3	f_4	f_5	f_6	f_7	f_8	f_9
		122							
		782					067	098	
	511	002	233		425		127	398	

$M = \{511, 002, 782, 122, 233, 425, 127, 067, 398, 098\}$.

$i = 1$:

f_0	f_1	f_2	f_3	f_4	f_5	f_6	f_7	f_8	f_9
		127							
		425							098
002	511	122	233			067		782	398

$M = \{002, 511, 122, 425, 127, 233, 067, 782, 398, 098\}$.

$i = 2$:

f_0	f_1	f_2	f_3	f_4	f_5	f_6	f_7	f_8	f_9
098									
067	127								
002	122	233	398	425	511		782		

$M = \{002, 067, 098, 122, 127, 233, 398, 425, 511, 782.\}$. ♦

Programm 9.15: Fachsortieren mit Reihungen

```
1  fachsortieren(&& a: ARR[*](INT); k,m:INT) is
2    -- Vor:  k : Schlüssellänge,  m : Fächerzahl,  a : Schlüsselmenge M_0
3    -- Nach:  a geordnet ∧ perm(M_0, a)
4    constant n: INT := a.asize;
5    f: ARR[n](INT); -- Hilfsreihung für die Fächer
6    v: ARR[m](INT); -- Häufigkeit und Indizes der Fächer
7    p: INT;
8    loop constant i: INT := 0.upto!(k-1);
9      -- Es gilt P_i
10     -- Verteilungsphase
11     loop constant j: INT := 0.upto!(m-1); v[j] := 0 end;
12     -- Verteilungen bestimmen
13     loop constant h: INT := 0.upto!(n-1);
14       p := z_m(i,a[h]);
15       v[p] := v[p]+1;
16     end;
17     v[m-1] := n-v[m-1];
18     loop constant j: INT := (m-2).downto!(0); v[j] := v[j+1]-v[j] end;
19     --  v[j] ist Anfangsindex von Fach  j für Feld  i
20     -- Verteilung auf die Fächer:
21     loop constant h: INT := 0.upto!(n-1);
22       p := z_m(i,a[h]);
23       f[v[p]] := a[h];
24       v[p] := v[p] + 1;
25     end;
26     -- Sammelphase
27     a := f
28   end; -- Schleife über Schlüssellänge
29 end; -- fachsortieren
```

Eine Reihung h mit $h_i = \{\text{Anzahl der } m \in M \mid f(m) = i\}$ heißt ein **Histogramm** einer Menge M bezüglich einer Merkmalfunktion $f(m)$. Mit Histogrammen ermittelt man Häufigkeitsverteilungen von Merkmalen. Die Zeilen 11 – 16 erstellen ein Histogramm der Reihung a zur Funktion z_m.

9.2.8.2 Binäres stellenweises Sortieren mit Vertauschen

Fachsortieren benötigt $2n + m$ Speicherplätze. Speziell für $m = 2, \Sigma = \{0, 1\}$, kommt man mit weniger Speicher aus, indem man das Fachsortieren einer Reihung a von Schlüsseln $s = s_0 \dots s_{k-1}$ mit Ideen aus dem Sortieren durch Zerlegen kombiniert: Mit Hilfe der Prozedur zerlege aus Beispiel 8.28 zerlegen wir die Reihung a so, daß alle Schlüssel mit $s_{k-1} = 0$ vor allen Schlüsseln mit $s_{k-1} = 1$ stehen. Die beiden Teilmengen sortieren wir getrennt nach dem gleichen Verfahren weiter und benutzen dabei die nächstniedrigere Schlüsselposition

$s_{k-2}, \ldots$ als Sortierkriterium. Programm 9.16 zeigt dieses Verfahren. Es heißt **stellenweises Sortieren mit Vertauschen**[13].

Programm 9.16: Binäres stellenweises Sortieren

```
radix_exchange(&& a: ARR[*](INT); l,r,k: INT) is
  -- Vor: k : Schlüssellänge, a[l : r] : Schlüsselmenge M0
  -- Nach: a[l : r] geordnet ∧ perm(M0, a[l : r])
  if l<r
  then
    i,j:INT;
    h: INT; -- Elementtyp
    i := l; j := r;
    -- Aufteilung von a[l : r] abhängig von Bit Nr. k − 1
    while i<j
    loop -- (l ⩽ s < i → z2(k − 1, a[s]) = 0) ∧ (j < s ⩽ r → z2(k − 1, a[s]) = 1)
      while z2(k-1,a[i])=0 and i<j loop i := i+1 end;
      while z2(k-1,a[j])=1 and i<j loop j := j-1 end;
      -- i = j ∨ (z2(k − 1, a[i]) = 1 ∧ z2(k − 1, a[j]) = 0)
      if i<j then h := a[i]; a[i] := a[j]; a[j] := h end;
    end;
    if z2(k-1,a[i])=0 then i:=i+1; j:=j+1; end;
    -- j = i und
    -- alle Elemente mit 0 an Position k − 1 in a[l : i − 1]
    -- alle Elemente mit 1 an Position k − 1 in a[j : r]
    if k > 0
    then
      radix_exchange(&& a, l, i-1, k-1);
      radix_exchange(&& a, j, r, k-1);
    end;
  end;
end; -- radix_exchange
```

Beispiel 9.7: Für die Eingabe $\{1001, 0111, 1000, 1100, 0100, 0010\}$ erhalten wir:

Schritt	Folgen	Bit Nr.
1.	0010 0111 0100 | 1100 1000 1001	3
2.	0010 | 0111 0100 | 1001 1000 | 1100	2
3.	0010 | 0100 | 0111 | 1001 1000 | 1100	1
4.	0010 | 0100 | 0111 | 1000 | 1001 | 1100	0

♦

Es gibt maximal $2^k - 1$ rekursive Aufrufe. Die maximale Rekursionstiefe ist $k - 1$. Auf einer Rekursionsstufe werden zusammengenommen alle n Eingabeelemente verarbeitet, wenn auch durch verschiedene Aufrufe. Daher kostet ein Aufruf radix_exchange(&& a, 0, n − 1, k − 1) den Aufwand $T_{\text{radix\_exchange}}(n) = O(k \cdot n)$.

13. engl. *radix exchange sort*.

Werden die maximal möglichen 2^k verschiedenen Schlüssel auch genutzt, und sind alle Schlüssel verschieden, dann ist $k \approx \mathrm{ld}\, n$. Der Aufwand ähnelt dem anderer Verfahren. Ist $n << 2^k$, so ist der Aufwand sogar höher.

Haben jedoch sehr viele Elemente gleichen Schlüssel, so kann $k << \mathrm{ld}\, n$ sein. Stellenweises Sortieren mit Vertauschen ist dann vergleichsweise billig. Dies trifft auf das zu Beginn von 9.2.8 genannte Sortieren einer sehr großen Anzahl von Briefen nach Postleitzahlen zu. Hier ist k eine von n unabhängige Konstante, also $T_{\mathrm{radix\_exchange}}(n) = O(n)$.

Aufgabe 9.29: Wie hoch ist der Aufwand von Fachsortieren für das Sortieren von Briefen?

9.2.8.3 Sortierverfahren im Vergleich

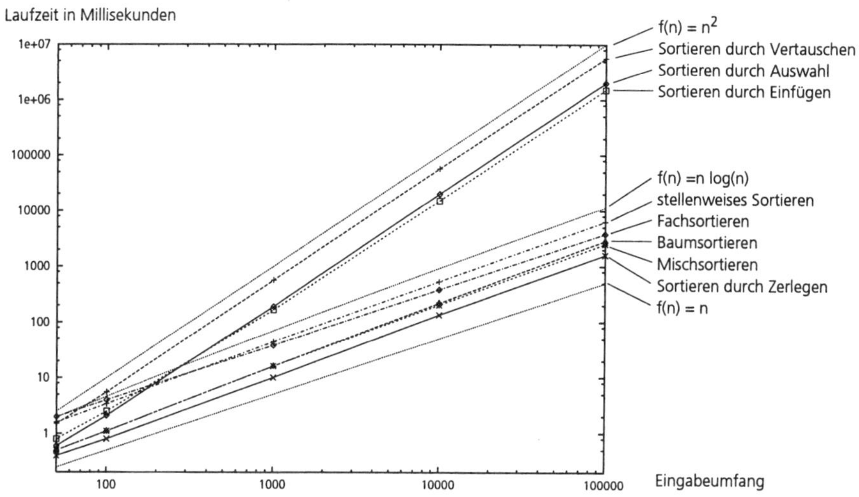

Abbildung 9.16: Aufwandsvergleich beim Sortieren

Die unterschiedlichen Leistungen verschiedener Sortierverfahren zeigt die Tabelle 9.4 und die Graphik 9.16. Sortiert wurden Zufallszahlen. Die absoluten Werte der aufgezeichneten Laufzeiten sind implementierungsabhängig; sie wurden jeweils aus mehreren Programmläufen gemittelt. Interessant sind der Vergleich verschiedener Verfahren bei gleichem n und der Anstieg der Kurven bei gleichem Verfahren.

9.3 Programmieren mit Objekten

Wir hatten in 8.1.4 Verbunde als Äquivalent der Tupel im funktionalen Programmieren erwähnt, aber offengelassen, wie wir sie in SATHER definieren. Ferner

Tabelle 9.4: Zeitaufwand beim Sortieren von Zufallszahlen

Sortieren durch	$n=$ 50	100	1000	10000	100000
Auswahl	0.6	2.1	190	19900	$2.0 \cdot 10^6$
Vertauschen	1.5	5.5	564	56900	$5.7 \cdot 10^6$
Einfügen	0.8	2.5	164	15000	$1.5 \cdot 10^6$
Zerlegen	0.4	0.8	10	134	1600
Baumsort.	0.5	1.1	16	219	2870
Mischen	0.5	1.1	16	202	2510
Fachsortieren	2.0	4.0	38	382	3820
stellenweise m. Vert.	1.6	3.4	44	532	6330

hatten wir in 8.1.1 Größen, also Variable oder Konstante, als Tripel (Referenz, Behälter, Wert) eingeführt, die durch einen Namen *bez* benannt sein können. Genauer: der Name bezeichnet eine Zugriffsfunktion, mit der wir die Referenz der Größe feststellen und damit lesend oder schreibend zugreifen können. Insbesondere schreibt eine Zuweisung $x := y$ eine Kopie des Werts von y in den Behälter von x.

Statt beim Zuweisen eine Kopie anzufertigen, könnte man auch bei jeder Verwendung einer Größe als Operand eine Kopie des Wertes herstellen. Die beiden Auffassungen sind semantisch äquivalent.

In SATHER benutzen wir diese Auffassung für Größen der bisher eingeführten Typen BOOL, INT, FLT, FLTD, CHAR, ARR[*n*](T), STR[*n*]. Wir nennen diese Auffassung **Wertsemantik** von Größen und Typen und bezeichnen nachfolgend die Größen als **Wertobjekte** und ihre Typen als **Werttyp**.

Bei Wertsemantik treten Referenzen nicht explizit in Erscheinung. Daher müssen alle Objekte explizit einen Namen haben, ein Literal, einen Bezeichner oder einen zusammengesetzten Namen in Form eines indizierten Bezeichners.

Bei vielen Aufgaben ist die Anzahl der benötigten Objekte aus der Aufgabenstellung nicht bekannt; sie ergibt sich erst aus dem Programmablauf. So kennen wir beim zeichnerischen Entwurf einer Schaltung anfangs die voraussichtliche Anzahl der Ecken, Kanten, Texte, usw. in der Zeichnung noch nicht. Eine Unterbringung dieser Elemente in Reihungen fester Länge und der Zugriff mit Indizierung ist nicht angemessen. Um diesem Problem zu begegnen, betrachten wir neben der Wertsemantik noch Objekte mit **Referenzsemantik**. Sie heißen **Referenzobjekte** und ihr Typ ein **Referenztyp**. Das Referenzobjekt heißt auch **Bezugsobjekt**. Statt Referenz benutzen wir im folgenden auch die Wörter **Verweis** oder **Bezug**. Mit Referenzsemantik bedeutet eine Vereinbarung

$$a : T \quad \text{bzw.} \quad \textsf{constant}\ a : T := \ldots$$

einer Größe des Typs T, daß der Wert von a wie in Abb. 9.17 eine Referenz

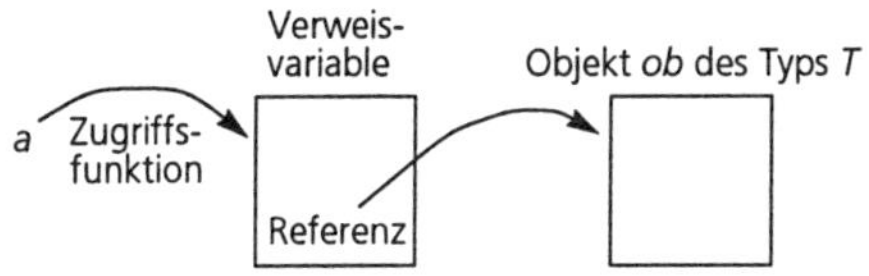

Abbildung 9.17: Variable mit Referenzsemantik

für (Referenz-)Objekte *ob* des Typs *T* ist. Die Vereinbarung $a : T$ erweitert den Zustand nur um die Verweisvariable; ein Objekt *ob*, auf das sich *a* bezieht, muß durch spezielle Ausdrücke, sogenannte Typkonstruktoren, gebildet werden.

Bei Referenzsemantik gibt es keine Möglichkeit, ein Objekt *ob*, auf das man sich beziehen will, unmittelbar mit einem Namen zu versehen. Alle solchen Objekte sind von Natur **anonym**. Ein Zugriff ist nur möglich, wenn die Referenz eines solchen Objekts als Wert einer Verweisvariablen oder -konstanten vorliegt. Eine vereinbarte Größe hat also wie auch bisher Wertsemantik; neu ist, daß Refrenzen als Werte zugelassen sind.

Zusammengesetzte und anonyme Objekte kennt man aus vielen imperativen Programmiersprachen. COBOL führte bereits Ende der 50er Jahre Verbunde mit Wertsemantik ein. Die Sprachen ALGOL-W, ALGOL 68 und PASCAL übernahmen diese Strukturierungsmöglichkeit und fügten Objekte mit Referenzsemantik hinzu. In C sind Verbunde als Strukturen[14] bekannt; Verweise sind in C und C++ eigenständige Datentypen, mit denen man rechnen kann, und die durch Adressen implementiert werden. Dies erweist sich zwar als sehr effizient, führt aber zu schwer verständlichen und fehleranfälligen Programmen. Andere Sprachen vermeiden daher das Rechnen mit Verweisen.

Objektorientierte Sprachen benutzen Wertsemantik nur aus Effizienzgründen und für relativ einfache Objekte. Im allgemeinen verwenden sie Referenzsemantik. Der Objekt- und Klassenbegriff, den wir nachfolgend für SATHER einführen, wird in Kap. 10 vertieft und erweitert. Wir beschränken uns daher auf nur wenige Beispiele.

In C++ und JAVA besitzen die **primitiven Typen** boolean, byte, short, int, char, float und double Wertsemantik; die Bezeichnung *Objekt* ist für anonyme Größen der **Referenztypen** reserviert.

9.3.1 Zusammengesetzte Objekte

Um Objekte zu bilden, definieren wir zunächst ihr **Baumuster** und nennen dies den Typ der Objekte. In objektorientierten Sprachen wie SATHER benutzt man das Wort **Klasse** statt Baumuster. Eine Klasse T wird durch eine **Klassenvereinbarung**

class T is
  Vereinbarung von Merkmalen (9.21)
end

14. engl. *structure*.

eingeführt. Sollen die Objekte Wertsemantik besitzen, so wird der Klassenvereinbarung das Symbol value vorangestellt. Unter einem **Merkmal**[15] verstehen wir dabei ein **Attribut** oder **Feld**[16], d. h. die Vereinbarung einer Größe, oder die Vereinbarung einer Methode, z. B. einer Prozedur. Ein solcher (Klassen-)Typ heißt **zusammengesetzt**, wenn er eine Reihung definiert oder mehr als ein Merkmal besitzt; andernfalls heißt er **einfach**. Auch die bisher benutzten Typen wie INT und Reihungen sind durch Klassenvereinbarungen wie

```
value class INT is ... end; -- INT
```

definiert. Bei ihnen hat allerdings das eine zentrale Attribut, nämlich der Wert, keinen speziellen Attributnamen; daher kann in den meisten Sprachen eine Vereinbarung der Klasse INT nicht syntaktisch einwandfrei wiedergegeben werden.

Solche Probleme haben wir bei den Klassenvereinbarungen

```
value class RAT is zähler, nenner: INT end;
value class COMPLEX is re, im: FLT end;
```

für rationale und komplexe Zahlen nicht. Wie in 5.3.6 können wir damit die Arithmetik rationaler Zahlen definieren:

```
kurz(r: RAT): RAT is -- bessere Formulierung weiter unten!
  constant h: INT := ggT(r.zähler, r.nenner)
  res.zähler := r.zähler div h; res.nenner := r.nenner div h
end; -- kurz
ratadd(r1,r2: RAT): RAT is
  res.zähler := r1.zähler*r2.nenner + r1.nenner*r2.zähler;
  res.nenner := r1.nenner*r2.nenner;
  res := kurz(res)
end; -- ratadd
ratmult(r1,r2: RAT): RAT is
  res := kurz(#RAT{r1.zähler*r2.zähler, r1.nenner*r2.nenner});
end; -- ratmult
ratgleich(r1,r2: RAT): BOOL is
  res := r1.zähler*r2.nenner = r1.nenner*r2.zähler
end; -- ratgleich
```

Diesen Beispielen entnehmen wir folgende Sprachkonventionen:

1. Klassennamen wie RAT können überall gebraucht werden, wo Typbezeichner auch bisher zulässig waren. Bei Gebrauch in einer Vereinbarung, Parameter- oder Ergebnisspezifikation bestimmen sie, daß die Größe ein Objekt der Klasse ist; dies gilt auch für die implizit vereinbarte Ergebnisvariable res.

15. engl. *feature*, in C++ und JAVA *member*.

16. Feld, engl. *field*, ist die ursprünglich in COBOL eingeführte Bezeichnung für Attribute und im Datenbankbereich weithin gebräuchlich.

2. Auf ein Merkmal *a* eines zusammengesetzten Objekts *ob* greifen wir mit einem qualifizierten Namen *ob.a* zu. *ob* heißt der **Qualifikator** des Merkmals *a*. Diese Begriffe hatten wir bereits in 8.1.4 kennengelernt.
3. Jede Klasse *K* definiert einen eigenen Gültigkeitsbereich; wir sprechen auch vom lokalen **Namensraum** der Klasse *K*. Er besteht aus den Bezeichnern der Merkmale der Klasse. Innerhalb der Klasse, z. B. in einer Prozedur *p*, die in der Klasse als Merkmal vereinbart ist, bezieht sich ein Bezeichner *m* auf die Merkmalvereinbarung, sofern *p* den Bezeichner *m* nicht als Parameter oder lokale Größe nochmals definiert. Nach einem Qualifikator *ob* kann *m* nur ein Merkmal der Klasse bedeuten, zu der *ob* gehört. Dies ist eine wesentliche Erweiterung der Gültigkeitsbereichsregeln aus 8.1.3. Abb. 9.18 zeigt eine Erweiterung von Beispiel 8.1. Was es in Abb. 9.18 bedeutet, wenn

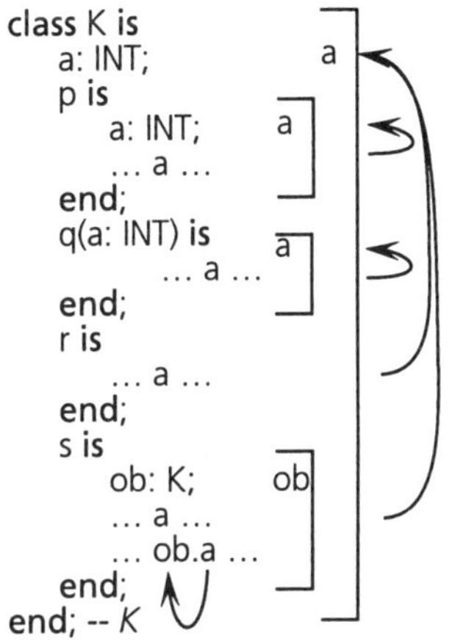

Abbildung 9.18: Gültigkeitsbereichsregeln einschließlich Qualifikatoren

die Prozeduren *r* und *s* ein Attribut *a* benutzen, das nicht zu einem Objekt, sondern nur zu dem Baumuster *K* eines solchen Objekts gehört, erklären wir in 9.4. Beim Zugriff *ob.a* gibt es diese Frage nicht.

4. Wenn wir ein neues Objekt einer Klasse *K*, dessen Attribute uns bekannt sind, als Bestandteil eines Ausdrucks einsetzen wollen, schreiben wir

$$\#K\{\textit{Liste von Ausdrücken für die Attribute}\} \qquad (9.22)$$

Hier bezeichnet das Gatter # gefolgt von einem Klassennamen einen **Typkonstruktor** zur Bildung eines Objekts der Klasse *K*. Folgt ihm eine Liste in geschweiften Klammern, so nennen wir ihn ein **Aggregat**. Die Werte der Liste werden den Attributen des Objekts in der Reihenfolge ihrer Vereinbarung als Vorbesetzung zugewiesen.

In PASCAL, MODULA-2 und objektorientierten Sprachen wie EIFFEL lauten die Typkonstruktoren new(T) oder t.new. In C++ werden Klassennamen ohne Zusatz als Typkonstruktoren benutzt. In JAVA können Prozeduren einer Klasse K ebenfalls mit K bezeichnet sein und sind dann Typkonstruktoren; solche Prozeduren können Parameter haben, um das neu gebildete Objekt geeignet zu initialisieren. Allerdings kann man in C++ und JAVA nur Referenzobjekte derart bilden.

Die Vereinbarung von ratmult zeigt die Verwendung eines Aggregats. Auch kurz (und ebenso ratadd) definiert man übersichtlicher durch

```
kurz(r: RAT): RAT is -- zweiter Versuch
  constant h: INT := ggT(r.zähler, r.nenner)
  res := #RAT{r.zähler div h, r.nenner div h}
end; -- kurz
```

Der Typkonstruktor kann auch ohne eine solche Liste vorkommen und konstruiert dann ein Objekt mit Attributen ohne Vorbesetzung. Eine Vereinbarung

ob: K := #K{...}

kann zu

ob: #K{...}

abgekürzt werden. Insbesondere können Aggregate auch zur Vorbesetzung von Reihungen eingesetzt werden. Dabei darf die explizite Längenangabe durch einen Stern ersetzt werden: #ARR[*](INT){· · ·}. Die Länge der Reihung wird der Länge der Aggregatliste entnommen. Ist ein Aggregat selbst Element eines anderen Aggregats, so darf der Typkonstruktor #K im allgemeinen weggelassen werden; der Typ ist bereits aus dem umgebenden Aggregat bekannt. Dies gilt auch bei mehrstufigen Reihungen, die zeilenweise als Reihung von Reihungen angegeben werden: #ARR[*, *](INT){{1, 1}, {2, 2}, {3, 3}} definiert eine 3×2-Matrix.

Aggregate können in C, C++ und JAVA in der Form int a[3] = {0, 1, 2} zur Initialisierung von Reihungen eingesetzt werden.

Aufgabe 9.30: Berechnen Sie ratadd(#RAT{3, 4}, #RAT{8, 7}).

Aufgabe 9.31: Geben Sie Funktionen für die Subtraktion, Division, Betragsbildung und den Größenvergleich rationaler Zahlen an.

Aufgabe 9.32: Geben Sie Funktionsdefinitionen für die Grundoperationen auf komplexen Zahlen an.

9.3.2 Referenztypen

Eine Klassenvereinbarung (9.21) ohne den Zusatz value definiert ein Baumuster für Objekte eines Referenztyps. Die Aussagen des vorigen Abschnitts über die Verwendung von Klassennamen, qualifizierten Namen, Gültigkeitsbereiche von Merkmalbezeichnern, Typkonstruktoren und Aggregaten gelten auch hier. Während aber Typkonstruktoren bei Werttypen nur zusätzliche Bequemlichkeit bieten, sind sie bei Referenztypen zwingend erforderlich: Größen, also Variable oder

Konstante eines Referenztyps haben als Wert höchstens einen Verweis auf ein Objekt des Referenztyps; ein Objekt wird bei Vereinbarung einer Referenzvariablen *nicht* gebildet. Dies gilt unabhängig davon, ob die Größe als Attribut in einer Klasse, durch eine Parameterspezifikation oder durch eine lokale Vereinbarung in einem Block eingeführt ist.

Die Verwendung von Referenzvariablen ohne Vorbesetzung ist eine der häufigsten Fehlerquellen in Sprachen, die Objekte mit Referenzsemantik besitzen. Um anzuzeigen, daß eine Referenzvariable *leer* ist, d. h. nicht auf ein Bezugsobjekt verweist, verfügen diese Sprachen über einen **Leerverweis**, in SATHER void. Wird eine leere Referenzvariable in einem Zusammenhang verwandt, der ein Bezugsobjekt voraussetzt, so wird void in den meisten Fällen von der Hardware (als unzulässige Adresse) erkannt und führt zur Ausnahme REFERENCE_ERROR bzw. zum Programmabbruch. Der Leerverweis gehört zum Wertevorrat aller Referenztypen und kann explizit im Programm verwandt werden. Alle Vereinbarungen von Größen eines Referenztyps, die keine Vorbesetzung enthalten, werden in SATHER automatisch mit dem Leerverweis vorbesetzt.

Technisch wird der Leerverweis oft durch die Adresse 0 codiert. Wir hatten ihn erstmalig in LISP als Verweis nil angetroffen. In PASCAL, MODULA-2, C, C++ und JAVA heißt der Leerverweis null. Daß *alle* nicht initialisierten Vereinbarungen von Verweisen automatisch mit dem Leerverweis vorbesetzt werden, gilt leider nicht für alle Sprachen, z. B. nicht für C.

Beispiel 9.8: Wir nehmen an, wir hätten im vorigen Abschnitt RAT nicht als Wert-, sondern als Referenzklasse eingeführt. Dann müßten zur Sicherheit alle unsere Funktionen zuerst testen, ob ihre Argumente nicht leer sind, also z. B.

```
kurz(r: RAT): RAT is
 if r /= void
 then constant h: INT := ggT(r.zähler, r.nenner);
   res := #RAT{r.zähler div h, r.nenner div h}
 else raise REFERENCE_ERROR
 end
end; -- kurz
```

Ferner ist die ursprüngliche Formulierung

```
res.zähler := r.zähler div h; res.nenner := r.nenner div h
```

und ebenso unser erster Versuch für ratadd bei Referenzsemantik unzulässig: res ist jetzt eine Referenzvariable; an die Attribute zähler, nenner kann man nur zuweisen, wenn es ein Bezugsobjekt gibt. ♦

In Sprachen wie PASCAL und MODULA-2 entsprechen Typvereinbarungen

```
type rat = record zähler, nenner: integer end
```

einer Klassenvereinbarung mit Wertsemantik. Referenzsemantik erhält man durch Verwendung des Typs ^ rat. In C schreibt man mit Wertsemantik

```
typedef struct rat { int zähler, nenner }
```

und kann dann rat * als Typ mit Referenzsemantik verwenden. Bei Referenzsemantik muß in diesen Sprachen das **Dereferenzieren**, d. h. der Übergang von der Referenz zum Bezugsobjekt explizit geschrieben werden. Dazu benutzen PASCAL und MODULA-2 ein nachgestelltes ^; statt *r.nenner* schreibt man *r ^ .nenner*. In C schreibt man *r − > nenner*.

Referenzsemantik verändert automatisch die Bedeutung der Zuweisung, der Konstantenvereinbarung und des Vergleichs mit = bzw. /=.

Beispiel 9.9: Hat der Typ RAT wie in Beispiel 9.8 Referenzsemantik, so gibt es nach den Vereinbarungen und Zuweisungen

```
constant r0: #RAT{3,2};
r1, r2, r3: RAT;
r1 := #RAT{5,3};
r2 := r1; r3 := r0;
r2.zähler := -r2.zähler;
r0.zähler := r0.zähler+2; -- bei Referenzsemantik erlaubt, bei Wertsemantik nicht
```

genau zwei Objekte. $r1, r2$ und $r0, r3$ beziehen sich jeweils auf *dasselbe* Objekt. Bei Zuweisungen an Referenzvariable wird zwar der Verweis kopiert, der sich aus dem Ausdruck auf der rechten Seite ergibt, nicht jedoch dessen Bezugsobjekt. Wir sagen auch $r2$ sei ein **Aliasname**, oder kurz ein **Alias**, für das Bezugsobjekt von $r1$.

Da die Zuweisung an r2.zähler bzw. r0.zähler ein Attribut des jeweiligen Bezugsobjekts ändert, beziehen sich anschließend auch $r1$ und $r3$ auf diese geänderten Objekte. Die folgenden vier Vergleiche liefern bei Referenzsemantik alle das Ergebnis true:

```
r1 = r2                -- dasselbe Bezugsobjekt, gleicher Verweis
r0 = r3                -- dasselbe Bezugsobjekt, gleicher Verweis
r1.zähler = r2.zähler -- gleicher Wert
r0.zähler = r3.zähler -- gleicher Wert
```

Bei Wertsemantik würden alle vier Vergleiche false ergeben: die ersten beiden Zuweisungen hätten jeweils eine Kopie des Objekts hergestellt. Da zähler nur in jeweils einem Exemplar (Kopie bzw. Original) geändert wird, sind anschließend die Werte aller vier zähler verschieden.

Überdies ist bei Wertsemantik die letzte Zuweisung überhaupt verboten: Bei einem konstanten, zusammengesetzten Wert sind auch alle Attribute konstant. Hingegen ist bei Referenzsemantik nur der Verweis konstant, d. h. $r0$ verweist durchgehend auf dasselbe Bezugsobjekt. ♦

Aliasnamen sorgen nicht nur in diesem Beispiel für Verwirrung. Sie sind zwar, wie wir noch sehen werden, unvermeidbar und auch sehr nützlich, aber oft recht schwierig als solche zu erkennen. Probleme, die sich aus der Existenz von Aliasen und der Schwierigkeit ihrer Erkennung ergeben, bezeichnet man zusammenfassend als **Aliasprobleme**.

Ist a eine Variable eines Referenztyps T, so wird einer Prozedur

```
p(x: T) is ... end;
```

bei einem Aufruf $p(a)$ der Wert von a, also eine Referenz, übergeben. Wird im Prozedurrumpf an x ein neuer Wert zugewiesen, so muß es sich ebenfalls um eine Referenz vom Typ T handeln; wie auch bisher schon gewohnt, ist dies eine Zuweisung an eine lokale Variable der Prozedur, die keine Bedeutung außerhalb von p hat. Hingegen führt eine Zuweisung $x.m := w$ an ein Attribut m von x (ohne vorangehende Zuweisung an x) zu der gleichen Situation wie oben im Verhältnis von $r1, r2$: Die Zuweisung verändert das Objekt, auf das auch a verweist; die Änderung wird unmittelbar auch außerhalb der Prozedur p wirksam.

Der Vergleich mit 8.1.6.4, S. 28, zeigt, daß beim Wertaufruf mit Referenzsemantik das Bezugsobjekt des aktuellen Parameters a mit Referenzaufruf übergeben wird.

Aus Beispiel 8.9, S. 29, folgt, daß Referenzaufruf unter bestimmten Vorsichtsmaßnahmen die Aufgaben des Wert-Ergebnisaufrufs übernehmen kann. Wenn wir mit dem obigen Aufruf $p(a)$ den Wert der Argumentvariablen a nicht verändern wollen, sondern höchstens Attribute des Bezugsobjekts von a, benötigen wir bei der Parameterübergabe weder Ergebnis- noch Wert-Ergebnisaufruf. Umgekehrt gibt es für dieses Bezugsobjekt keinen Wertaufruf. Wenn Zuweisungen an Attribute von x in der obigen Prozedur p keine Wirkung außerhalb der Prozedur haben sollen, müßten wir in der Prozedur ein neues Objekt bilden, das wir mit den Attributen von x vorbesetzen.

Daß Wertaufruf mit Referenzsemantik semantisch äquivalent zum Referenzaufruf für das Bezugsobjekt sein könnte, erschien den Vätern von SIMULA-67 noch so abenteuerlich, daß sie den Referenzaufruf als zusätzliches (wenngleich überflüssiges) Sprachelement einführten. Da der Referenzaufruf transiente und Ergebnisparameter ersetzen kann, verzichten viele objektorientierte Sprachen, z. B. EIFFEL, auf diese Formen der Parameterübergabe vollständig.

Im Zusicherungskalkül bleibt zwar das Zuweisungsaxiom weiterhin gültig; jedoch bezieht es sich jetzt nur noch auf die Zuweisung von Verweisen. Eine Zuweisung des Werts eines Bezugsobjekt an ein anderes Objekt erreichen wir nur durch komponentenweises Zuweisen aller Attribute. Bei qualifizierten Namen $x.m$ müssen wir das Dereferenzieren als Operation berücksichtigen. Auch die anderen Axiome des Zuweisungskalküls bleiben gültig, wenn wir bei Prozeduren in Satz 8.9 in die Menge arg der Argumente, für die $\mathsf{disj}(arg)$ wahr ist, die also untereinander und von allen globalen Variablen der Prozedur verschieden sind, auch alle Argumente eines Referenztyps aufnehmen. In der Terminologie der Aliasnamen lautet die Forderung $\mathsf{disj}(arg)$: Außer Wertparametern eines Werttyps darf kein Parameter einer Prozedur Alias eines anderen solchen Parameters oder einer globalen Variablen der Prozedur sein.

Aufgabe 9.33: Das untenstehende Programmfragment verletzt alle Regeln vernünftigen Programmierens. Ermitteln Sie trotzdem den Wert von $a.m$ nach einem Aufruf $p(a)$ in der Klasse K.

```
class T is m: INT end;
class K is
  a: #T;
  p(x: T) is
    y: T := x;
    x.m := 0;
    y.m := y.m+1; a.m := a.m+1; x.m := x.m+1
  end; -- p
end; -- K
```

9.3.3 Anonyme Objekte

Mit Referenzobjekten können wir Datenstrukturen aufbauen, die sich aus mehreren anonymen Objekten zusammensetzen.

Beispiel 9.10: Wir konstruieren Listen ganzer Zahlen, wie wir sie in GOFER als Grundkonzept vorfanden. In SATHER leistet dies die Klasse

```
class LISTE_EL is
  w: INT; -- Elementtyp
  nach: LISTE_EL; -- Nachfolger
end; -- LISTE_EL
```

Sei *liste* eine (Referenz-)Variable des Typs LISTE_EL. Ist der Wert von *liste* void, so können wir *liste* als leere Liste [ ] ansehen. Mit den Prozeduren

```
create: LISTE_EL is res := void end; -- create leere Liste
cons(a: INT; li: LISTE_EL): LISTE_EL is
  res := #LISTE_EL; res.w := a; res.nach := li
end; -- cons
head(li: LISTE_EL): INT is
  if li = void then raise REFERENCE_ERROR else res := li.w end
end; -- head
tail(li: LISTE_EL): LISTE_EL is
  if li = void then raise REFERENCE_ERROR else res := li.nach end
end; -- tail
length(li: LISTE_EL): INT is
  res := 0;
  while li /= void loop res := res+1; li := li.nach end
end; -- length
is_equal(l1,l2: LISTE_EL): BOOL is --  l1 = l2 ?
  res := l1 = void and l2 = void;
  if not res
  then if l1 /= void and l2 /= void and l1.a = l2.a
     then res := is_equal(l1.nach,l2.nach) end
  end
end; -- is_equal
```

erhalten wir die Grundoperationen auf Listen. Abb. 9.19 zeigt die Struktur.

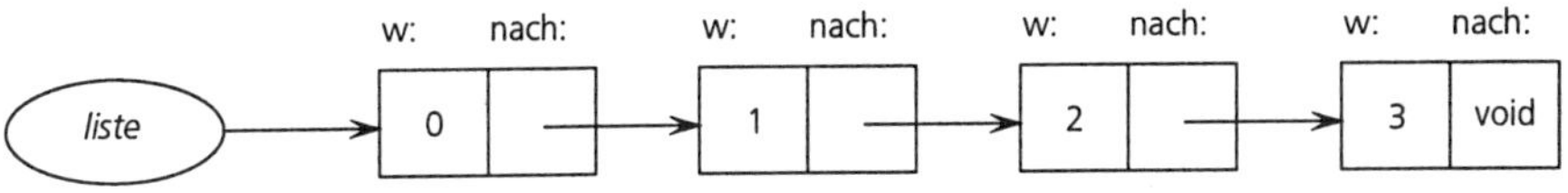

Abbildung 9.19: Einfach verkettete Liste

Man nennt dies eine **einfach verkettete Liste**. Allgemein nennen wir eine solche verzeigerte Struktur, deren Abstraktion ein gerichteter Graph ist, ein **Geflecht**.

In der Schleife der Prozedur length zeigt der Referenzparameter *li* nacheinander auf die einzelnen Elemente der Liste. Wir sagen, wir **wandern** oder **navigieren** mit *li* durch die Liste. Da *li* lokal in der Prozedur ist, bleibt dies nach außen verborgen. Man mache sich aber klar, daß *li* jeweils ein Aliasname für ein Objekt ist, auf das ein weiterer Verweis vom Vorgänger aus existiert. Ohne Aliasnamen könnte man nicht durch Geflechte wandern.

Die Vereinbarungen und Aufrufe

```
alte_liste, neue_liste : LISTE_EL;
alte_liste := create;
alte_liste := cons(2, alte_liste); ... weitere cons-Aufrufe        (9.23)
neue_liste := cons(5, alte_liste);
alte_liste := cons(10, alte_liste);
```

ergeben ein Geflecht aus zwei Listen mit unterschiedlichem Anfang und gemeinsamem Schwanz. Die beiden Listen können völlig unabhängig voneinander mit Hilfe der Operationen cons, head und tail bearbeitet werden, da diese die Werte der Attribute vorhandener Listenelemente nicht verändern. Aliasprobleme entstehen, wenn wir einem Attribut eines Listenelements im gemeinsamen Schwanz einen neuen Wert zuweisen. Solche Änderungen wirken auf beide Listen.

Technisch ist die Bedingung $l1 \neq \text{void} \wedge l2 \neq \text{void} \wedge l1.a = l2.a$ in is_equal bemerkenswert: Wegen der Vorbedingung not res wissen wir, daß mindestens eine der Bedingungen $l \neq \text{void}$ erfüllt sein muß. Wir wissen aber nicht, welche von beiden. Daher testen wir beide nochmals. Beide Tests zusammen sind Voraussetzung dafür, daß wir $l1.a = l2.a$ überhaupt auswerten dürfen. Wäre einer der Tests nicht erfüllt, so würde für diese Liste der Zugriff $l.a$ versuchen, das a-Attribut der leeren Liste zu berechnen, was zur Ausnahme REFERENCE_ERROR führt. Wir verwenden hier wie bei zahlreichen nachfolgenden Beispielen die Kurzauswertung boolescher Ausdrücke, weil wir Teilbedingungen nicht nur zur Berechnung des Ergebnisses, sondern auch als Vorbedingung für die Berechnung weiterer Teilbedingungen benötigen. ♦

Aufgabe 9.34: Formulieren Sie is_equal nicht-rekursiv mit Hilfe einer Schleife.

Aufgabe 9.35: Definieren Sie die anderen Grundoperationen last, init, ++ und !! aus 5.3.4 und zeigen Sie mit dem Zusicherungskalkül, daß die dort in Tab. 5.7

angegebenen Beziehungen gelten. Geben Sie auch Prozeduren für die weiteren Grundoperationen auf Listen an, die wir in 9.2.2 einführten.

Mit den Listen aus Beispiel 9.10 und einer Übersetzung von Tupeln in Objekte geeigneter Klassen beherrschen wir sämtliche Datenstrukturen, die wir in GOFER kennenlernten, und können daher sämtliche Algorithmen aus den letzten drei Kapiteln des ersten Bandes in SATHER übertragen. Daß dabei die Notation wesentlich aufwendiger wird, ist der Preis, den wir für größere Flexibilität zahlen.

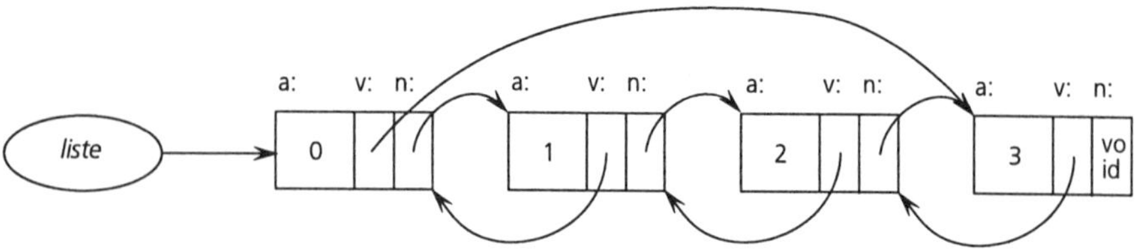

Abbildung 9.20: Doppelt verkettete Liste

Beispiel 9.11: Die Operationen last und init in Aufgabe 9.35 benötigen einen Aufwand O(length *liste*). Wir können sie mit konstantem Aufwand realisieren, wenn wir wie in Abb. 9.20 die Liste nicht nur vorwärts, sondern auch rückwärts verketten. Als Vorgänger des ersten Listenelements gilt das letzte Element. Das Baumuster der Listenelemente und die Operationen cons und last lauten

```
class LISTE_EL_D is
  w: INT: -- Elementtyp
  vor, nach: LISTE_EL_D; -- Vorgänger und Nachfolger
end; -- LISTE_EL_D
cons(a: INT; li: LISTE_EL_D): LISTE_EL_D is
  res := #LISTE_EL; res.w := a; res.nach := li;
  if li /= void then res.vor := li.vor; li.vor := res
  else res.vor := res
  end
end; -- cons
last(li: LISTE_EL_D): INT is
  if li = void then fehler else res := li.vor.w end
end; -- last
```

Wir nennen dies eine **doppelt verkettete Liste**. Die Konstruktion (9.23) zweier Listen führt jetzt zur Situation in Abb. 9.21.Durch das Verlängern von alte_liste um ein Element haben wir die neue Liste zerstört.

Eine einfach verkettete Liste ist problemlos, wenn wir nur funktionale Operationen einsetzen und auf Zuweisungen an einzelne Attribute von Listenelementen

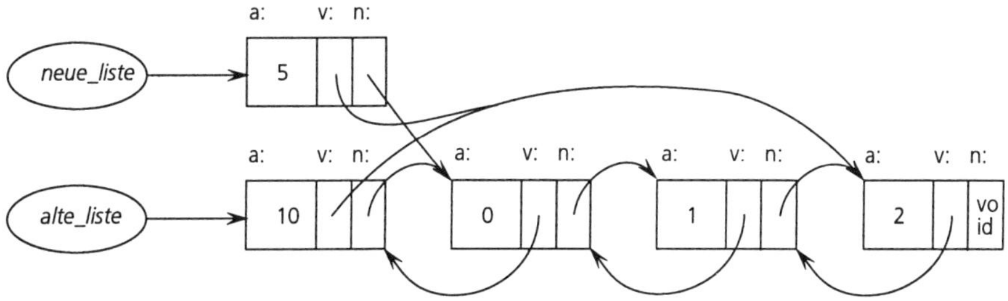

Abbildung 9.21: Doppelt verkettete Liste mit Alias

verzichten. Bei doppelt verketteten Listen bereiten bereits die funktionalen Operationen Aliasprobleme, sobald wir mehr als eine Referenz für die Liste besitzen und diese Referenzen unabhängig voneinander als Listen verarbeiten.

Diesem Problem können wir beikommen, indem wir der gesamten Liste eine eigene Identität geben, unabhängig von ihren Elementen. Wir führen dazu ein weiteres Objekt *lk* vom Typ LISTE_EL_D, den **Listenkopf**, ein und verabreden, daß eine leere Liste allein durch ihren Listenkopf mit leeren Vorgänger- und Nachfolgerverweisen repräsentiert wird. Wie in Abb. 9.22 hat der Listenkopf das letzte Element als Vorgänger und dieses den Listenkopf als Nachfolger.

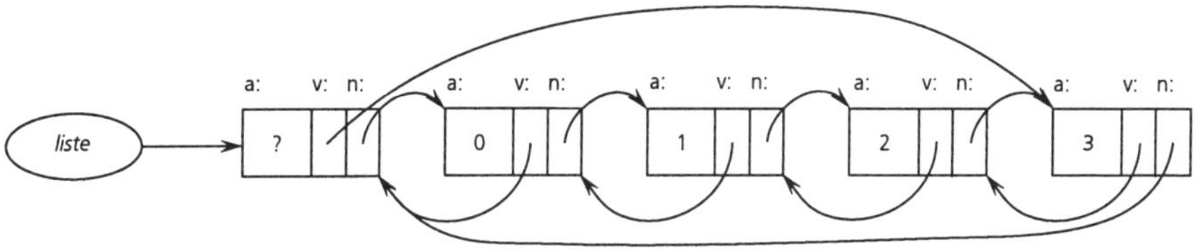

Abbildung 9.22: Symmetrische Liste

Die Einzelheiten der Formulierung der Operationen für diese **symmetrischen, doppelt verketteten Listen** überlassen wir dem Leser. Die Operation length lautet beispielsweise

```
length(li: LISTE_EL_D): INT is
  res := 0;
  if li.nach /= void -- Liste nicht leer
  then h: LISTE_EL_D := li;
     while h.nach /= li loop res := res+1; h := h.nach end
  end
end; -- length
```

Mit symmetrischen Listen zeigen nach (9.23) alte_liste, neue_liste auf den gleichen Listenkopf. Es gibt nur eine Liste. Sie ist insgesamt um zwei Elemente (mit den Werten 5, 10) verlängert worden.

In einer symmetrischen Liste können wir ein Element *el*, das wir etwa beim Wandern durch die Liste identifiziert haben, entfernen:

```
delete(el: LISTE_EL_D) is
  if el.nach = el.vor -- el ist einziges Element
  then el.vor.vor := void; el.vor.nach := void
  else
    el.vor.nach := el.nach;
    el.nach.vor := el.vor
  end
end; -- delete
```

Diese Version von delete ist allerdings höchst fehleranfällig. Wir haben nicht überprüft, ob das Element *el* ordnungsgemäß in einer symmetrischen Liste eingehängt war. Besser wäre eine Prozedur delete(el, listenkopf: LISTE_EL_D), die zuerst prüft, ob *el* zu der Liste listenkopf gehört. Dann ist allerdings der Aufwand nicht mehr konstant.

Mehrfach qualifizierte Namen wie *el.vor.nach* dienen der lokalen Navigation in Geflechten; sie entsprechen den Ketten von car/cdr-Aufrufen in LISP. Zur Vermeidung von Fehlern sei dem Leser empfohlen, sich die Geflechte aufzuzeichnen, bevor er solche Mehrfachqualifikatoren programmiert. ♦

Aufgabe 9.36: Formulieren Sie alle Grundoperationen für symmetrische Listen.

Das Verfahren, einer Datenstruktur einen **Kopf** zu geben, um sie nicht mit ihren Elementen zu verwechseln, und, um eine nicht-existente von einer leeren Datenstruktur zu unterscheiden, wendet man vielfach an. Der Kopf muß nicht immer den gleichen Typ wie die Elemente haben. Die Existenz eines Kopfelements garantiert, daß nicht nur einzelne Referenzobjekte, sondern auch aus mehreren anonymen Objekten zusammengesetzte Geflechte eine eigene Identität besitzen, die man durch Zuweisung von einer Referenzvariablen zur nächsten weitergeben kann.

Aufgabe 9.37: In symmetrischen Listen ist das Attribut *a* im Listenkopf unbenutzt. Wir könnten es dazu benutzen, die Länge der Liste anzuzeigen. Modifizieren Sie die Operationen für symmetrische Listen entsprechend. (Auch der Aufwand für length *lk* ist jetzt konstant.)

Bisher haben wir angenommen, daß anonyme Objekte einen Typ haben, den der Programmierer selbst durch eine Klassenvereinbarung eingeführt hat. Zu den vordefinierten Klassen mit Referenzsemantik zählt in vielen Sprachen eine Klasse ARRAY[· · ·](K), um Reihungen mit Elementen des Typs K mit Referenzsemantik zu definieren. Nach der Vereinbarung

```
a: ARRAY[*](INT);
```

einer Referenzvariablen eines solchen Reihungstyps muß *a* zunächst durch

```
a := #ARRAY[n](INT)
```

ein Reihungsobjekt zugewiesen werden. Dann kann *a* wie eine Reihung vom Typ ARR[*n*](INT) mit Indizierung benutzt werden.

Den Wert *n* der Obergrenze müssen wir erst bei der Bildung des Reihungsobjekts festlegen. Der Stern anstelle der Obergrenze in der Vereinbarung von *a* zeigt an, daß *a* auf eine Reihung beliebiger Länge verweisen kann. In gleicher Funktion hatten wir den Stern auch schon beim Typ ARR[*](T) kennengelernt: Dort kam er bei Prozedurparametern vor, deren Länge durch das zugeordnete Argument bei Aufruf festgelegt wird. Wir merken uns allgemein, daß der Stern immer dann benutzt werden darf, wenn die Typangabe nicht zur Bildung eines Reihungsobjekts (mit Wert- oder Referenzsemantik) führt.

In PASCAL und MODULA-2 sind Reihungen ohne Grenzenangaben als Prozedurparameter erlaubt; sie heißen dort **offene Reihungen**. In C++ und JAVA entspricht einer Vereinbarung a: ARRAY[*](T) die Vereinbarung T[ ] a; *T* kann hierbei ein Klassenname (für Referenzobjekte) oder ein primitiver Typ, vgl. S. 121, sein.

Übergeben wir einen Verweis auf eine Reihung als Argument (des Typs ARRAY[*](T)) an eine Prozedur, so wird nur der Verweis, aber nicht das Reihungsobjekt kopiert. Stattdessen beziehen sich Zugriffe auf Reihungselemente auf das Original: der Reihungsparameter in der Prozedur ist ein Aliasname für das Argument. Untersuchen wir mit dieser Einsicht nochmals die Sortieralgorithmen in 9.2, so können wir dort alle Prozeduren mit einem *Wertparameter* des Typs ARRAY[*](INT) versehen. Wir erhalten damit die gleichen Ergebnisse, die wir zuvor mit einem transienten Parameter des Typs ARR[*](INT) erzielten. Da die Reihung bei Übergabe nicht kopiert wird, sparen wir den Aufwand $O(n)$. Dies rechtfertigt im nachhinein, daß wir in 9.2 die Parameterübergabe nicht bei der Aufwandsberechnung berücksichtigten.

Der Vergleich mit 6.2.2 zeigt, daß Variable eines Typs ARRAY[*](T) wie eine **flexible Reihung** mit veränderlicher Länge eingesetzt werden können. Man kann ihnen Reihungsobjekte auch unterschiedlicher Länge zuweisen.

Für Textobjekte mit flexibler Länge benutzen wir in SATHER den Referenztyp ARRAY[*](CHAR), den wir kurz mit STRING[*] wiedergeben. Wie bei dem Werttyp STR[*] stellt die Operation length die aktuelle Länge des Textes fest.

9.4 Modularität

Im Sinne von Kap. 1 ist ein **Modul** ein Teilsystem mit einer klaren Grenze, der **Schnittstelle**, zu seiner Umgebung. Wir treffen Moduln in der Natur, in der Gesellschaft und in vielen technischen Bereichen an: Das System *Baum* besteht aus den Teilsystemen Wurzel, Stamm, Zweige, Blätter, Blüten, Früchte; ein Wirtschaftsunternehmen hat Organe (Gesellschafterversammlung, Geschäftsführer), Einkauf, Verkauf, Produktion, usw.; ein Auto besteht aus Fahrwerk, Karosserie, Motor, Laderaum, usw. **Modularisierung**, die begriffliche und tatsächliche Aufgliederung eines Systems in Teilsysteme, setzen wir für verschiedene Ziele ein:

- **Erhöhung der Übersichtlichkeit**: Systeme setzen wir aus einer geringen Anzahl von Teilsystemen zusammen, hinter denen sich dann die Komplexität der Einzelheiten verbirgt. Die Psychologie weist nach, daß Menschen Schwierigkeiten haben, Systeme schnell zu erfassen, die aus mehr als 7 Teilsystemen bestehen.
- **Arbeitsteilung**: Die Schnittstellen sind die Kooperationsabsprachen zwischen den beteiligten Menschen, Organisationen oder Systemen.
- **Unterscheidung Funktion/Implementierung**: Im Theater und im täglichen Leben unterscheiden wir die *Rolle* von demjenigen, der sie ausfüllt; eine Rolle kann gleichzeitig von mehreren besetzt sein, ein Mensch kann gleichzeitig mehrere Rollen spielen. Die Rolle entspricht einer Schnittstelle. Der Mensch implementiert sie.
- **Lokalisierung der Entscheidung**: Jedes Teilsystem besitzt seinen eigenen Zustand; der Zustandsraum des Gesamtsystems setzt sich aus den Zustandsräumen der Teilsysteme zusammen. Wechsel der Implementierung eines Teilsystems ändert lokal den Zustandsraum, hat aber global keinen Einfluß, wenn sich an der Schnittstelle nichts ändert.
- **Wiederverwendung**: Wiederkehrende Aufgaben grenzen wir so ab, daß die Aufgabenlösung wiederholt eingesetzt werden kann.

Hieraus ergeben sich folgende Anforderungen an einen Modulbegriff:

1. **Rekursivität**: Ein Teilsystem kann sich wiederum aus Teilsystemen zusammensetzen.
2. **Unterscheidung Schnittstelle/Implementierung**: Die Schnittstelle ist die Außenansicht eines Moduls, sie kann auf verschiedene Arten implementiert sein. Umgekehrt ist die Schnittstelle die einzige Information, die dem Implementierer über den Einsatz des Moduls bekannt ist.
3. **Geheimnisprinzip**[17]: Die Einzelheiten der Implementierung einer Schnittstelle müssen so gekapselt werden, daß die Außenwelt weder beabsichtigt noch unbeabsichtigt die korrekte Arbeitsweise eines Moduls stören kann.
4. **Zusammengehörigkeit (Kohäsion)**: Die Funktionen, die zusammen die Schnittstelle ausmachen, müssen ein logisch zusammenhängendes und vollständiges Ganzes bilden. Sonst leidet die Verständlichkeit und Wiederverwendbarkeit.

---

17. engl. *information hiding*.

In der Informatik sind die kleinsten Einheiten, die wir als Moduln identifizieren können, Gatter und Schaltkreise. Im Programmieren sind es Anweisungen und Prozeduren. Ein abstrakter Datentyp (ADT) ist eine Schnittstellenspezifikation einer Datenstruktur; in Kap. 6 sahen wir für zahlreiche ADTs mehrere Implementierungen. Allerdings hatten wir bisher keine Möglichkeit, das Geheimnisprinzip so durchzusetzen, daß z. B. Hilfsfunktionen, die wir zur Implementierung eines abstrakten Datentyps benötigen, nach außen nicht sichtbar sind.

Im Gegensatz zu GOFER verfügt die Sprache ML über solche Möglichkeiten. Modularisierung ist auch in funktionalen Sprachen möglich, z. B. in HASKELL.

Im imperativen und objektorientierten Programmieren heißt ein Programmstück ein **(Programm-)Modul**, wenn es aus logisch zusammengehörigen Vereinbarungen und Anweisungen besteht und von außen nur über eine genau festgelegte Schnittstelle angesprochen werden kann. Das Programmstück soll eine syntaktische Einheit im Sinne der Programmiersprache oder sogar eine getrennt übersetzbare Programmeinheit sein. Die Schnittstelle ist, wie bei ADTs, das Verzeichnis der Signaturen der Funktionen, im imperativen Programmieren der Methodenköpfe, die das Modul bereitstellt; wir nennen sie auch die **Signatur** des Moduls.

In vielen Sprachen z. B. MODULA-2, ADA, OBERON, C, C++, können auch Typvereinbarungen und sogar Vereinbarungen von Größen zur Schnittstelle gehören. In JAVA gehören insbesondere die in einer Klasse auslösbaren, extern sichtbaren Ausnahmen zur Schnittstelle.

Das Ziel der Arbeitsteilung bei der Konstruktion von Systemen aus unabhängigen Teilsystemen und die Wiederverwendbarkeit von Moduln erreichen wir nur, wenn die Spezifikation der Schnittstelle eines Moduls bereits ausreicht, um die Korrektheit der Implementierung des Moduls zu überprüfen, und, wenn umgekehrt der Gebrauch des Moduls außer der Schnittstellenspezifikation keine weiteren Kenntnisse über das Modul voraussetzt. Der Anwender soll keine Kenntnisse über die Implementierung, der Implementierer keine Kenntnisse über die Anwendung benötigen. Bezüglich der Funktionalität können wir dieses Ziel erreichen, wenn wir wie bei ADTs der Schnittstelle neben der Signatur noch Axiome für die korrekte Verwendung der Funktionen im Sinne einer *abstrakten Implementierung* beifügen. Ersatzweise benutzen wir Vor- und Nachbedingungen für die Funktionen und Prozeduren. Zusätzlich muß dann an Schnittstellen das zulässige Zusammenspiel verschiedener Methoden eines Moduls angegeben werden. Zum Beispiel kann man aus einer Datei nicht lesen, bevor man sie geöffnet hat. Wir nennen dies ein **(Schnittstellen-)Protokoll**.

Allerdings gibt es zahlreiche nicht-funktionale Eigenschaften wie Effizienz und Komplexität der Funktionen, Speicherverbrauch, Zuverlässigkeit und Robustheit bei Fehlbedienung usw., wegen derer eine vollständige Trennung von

Gebrauch und Implementierung eines Moduls Schwierigkeiten bereitet. Trotzdem bleibt die Trennung ein wichtiges Ziel des Entwurfs und der Spezifikation von Moduln.

Eine Programmiersprache unterstützt modulares Programmieren, wenn die Programmeinheit *Modul* so ausgezeichnet ist, daß man Vereinbarungen innerhalb des Moduls wahlweise als extern sichtbar oder nicht sichtbar markieren kann.

In MODULA-2 und ADA besteht ein Modul aus zwei Programmeinheiten, die in MODULA-2 Definitions- und Implementierungsmodul heißen; ersteres spezifiziert die Schnittstelle. Vereinbarungen im Implementierungsmodul sind extern nicht sichtbar. In C spezifiziert eine Datei modul.h die Schnittstelle und eine Datei modul.c die Implementierung; beide sind getrennt übersetzbar; modul.h spezifiziert darüber hinaus, welche Schnittstellen anderer Moduln für modul.c benötigt werden. Diese Festlegungen sind eigentlich nicht Eigenschaften von C, sondern Konventionen, denen alle Implementierungen von C gehorchen. In OBERON ist ein Modul eine Programmeinheit, in der die extern sichtbaren Vereinbarungen durch einen vorangestellten Stern gekennzeichnet sind. In JAVA sind nur solche Vereinbarungen in einer Klasse extern sichtbar, denen das Schlüsselwort **public** vorangestellt ist.

Wir setzen hier voraus, daß an Schnittstellen das Zusammenpassen der Signaturen (korrekte Anzahl und Typ von Parametern und Resultaten, gleichartige Parameterübergabe) überprüft wird. Diese Typprüfung an Schnittstellen ist bei älteren Programmiersprachen keineswegs selbstverständlich, bereitet beim Zusammensetzen von Moduln aus unterschiedlichen Sprachen Probleme, führt aber zur frühzeitigen Entdeckung vieler Programmierfehler.

In SATHER sind Moduln Klassen. Merkmalvereinbarungen können zusätzlich als **private** oder **readonly** gekennzeichnet sein. Private Merkmale sind nur innerhalb der Klasse und der in ihr definierten Methoden zugänglich; alle andren Merkmal sind auch extern sichtbar. Der Wert von Attributen, die **readonly** vereinbart sind, kann zwar von außen gelesen, aber nicht verändert werden. Um die Einheitlichkeit der Schnittstelle zu gewährleisten, fassen wir Attributvereinbarungen $a : T$ an der Klassenschnittstelle als ein Paar von Prozeduren a: T **is** $\cdots$ **end** und a(w: T) **is** $\cdots$ **end** auf. Die erste liefert den Wert von a, die zweite weist bei Aufruf das Argument an a zu: eine Zuweisung $x.a := w$ und der Prozeduraufruf $x.a(w)$ bedeuten dasselbe. **readonly** bedeutet dann, daß die Zuweisungsprozedur nach außen nicht sichtbar ist. Damit besteht die Schnittstelle einheitlich nur aus Methodenspezifikationen. Diese Eigenschaft heißt **referentielle Transparenz**. Wenn der Anwender $x.a := y.b$ schreibt, bleibt ihm verborgen, ob es die Attribute a bzw. b tatsächlich gibt, oder ob sich hinter ihrer Verwendung komplizierte Prozeduren verbergen.

Analog sind übrigens die gewöhnlichen arithmetischen und sonstigen Operatoren $a + b$ usw. in Tab. 8.2 nur Kurzschreibweisen für die in der dritten Spalte der Tabelle angegebenen Methodenaufrufe a.plus(b) usw.

Nicht jede Prozedur p ist ein Modul. Sobald eine Prozedur auf eine globale Variable x lesend zugreift, kann ihre Funktionsweise von außen durch Veränderung von *x* beeinflußt werden. Da *x* nicht zur Signatur der Prozedur gehört, ist dies ein Verstoß gegen die Modularisierungsforderungen, eine *schwarze Schnittstelle*. Wenn *x* unvermeidlich eine globale Variable und kein Parameter ist, muß die Vereinbarung von *x* zum gleichen Modul wie *p* gehören und von außen darf höchstens lesend auf *x* zugegriffen werden.

Beispiel 9.12 (Zufallszahlengenerator): Der Zufallszahlengenerator random *x* in 5.5.3.1 verwendet einen Parameter *x*, der spezifisch ist für die Art, wie wir Pseudozufallszahlen erzeugen. Dies ist eine Implementierungseinzelheit, die dem Anwender von random verborgen bleiben sollte. Programm 9.17 zeigt die Lösung in SATHER mit random als parameterloser Funktion und dem vormaligen Parameter als einer globalen Variablen, die zur gleichen Klasse gehören muß und dort privat ist. Diesen Zufallszahlengenerator setzen wir ein, indem wir etwa mit der Vereinbarung

```
zufall: RANDOM := #RANDOM.init
```

ein neues Objekt des Typs RANDOM bilden und darin sofort die Variable *x* vorbesetzen. Zur Vorbesetzung benutzen wir hier eine zufällige Zahl, die wir aus der Uhrzeit erzeugen. ♦

Programm 9.17: Standard-Zufallszahlengenerator

```
class RANDOM is
-- minimal standard random number generator, (PARK und MILLER, 1988)
-- setzt 32-Bit Arithmetik voraus, Erläuterungen in Bd. I, 5.5.3.1
  shared private constant m: INT := 2^31-1;
  shared private constant a: INT := 16807;
  shared private constant q: INT := m div a;
  shared private constant r: INT := m mod a;
  private x: INT;

  init: RANDOM is x := TIME::time; res := self end;

  random: INT is
    x := x * (x mod q) - (x div q) *r;
    if x<0 then x := x + m end;
    res := x
  end; -- random
end; -- RANDOM
```

Modulare Programmiersprachen erlauben genau ein Exemplar oder **Ausprägung** ihres lokalen Zustandsraums. Das Programm 9.17, formuliert in MODULA-2, erlaubt nur einen einzigen Zufallszahlengenerator. Will man mehrere Generatoren bilden, so muß man die für einzelne Exemplare spezifischen Daten, hier also die Variable *x*, in eine Typvereinbarung

```
type zustandsraum = record x: INT end
```

einbringen. Jedes Objekt des Typs zustandsraum stellt dann einen neuen Generator dar; auf die Frage, wie man dabei das Geheimnisprinzip durchsetzt, gehen wir hier nicht ein. Ein Modul in einer solchen Sprache hat also eine Schnittstelle, die aus Methoden (und vielleicht auch Variablen) besteht. Zusätzlich kann sie Typvereinbarungen umfassen; jedes Objekt eines solchen Typs repräsentiert einen Zustandsraum für ein Teilsystem.

Diese Auffassung liegt den Beispielen im Abschnitt 9.3.3 zugrunde: Die Klassen LISTE_EL bzw. LISTE_EL_D definieren jeweils einen solchen Zustandsraum. Die Operationen für einfache bzw. symmetrische Listen kann man zu einem Modul, repräsentiert durch eine weitere Klasse, zusammenfassen. Die Methoden etwa des Moduls *einfache Liste* arbeiten auf Objekten der Klasse LISTE_EL als Zustandsraum.

Die Sprache OBERON zeigt, daß man diese Auffassung zu einer vollständigen objektorientierten Sprache erweitern kann. Andere objektorientierte Sprachen, darunter JAVA und SATHER, verfolgen einen anderen Weg: Wie in Programm 9.17 fassen wir die Zustandsvariablen und Methoden, die zusammen ein Modul ausmachen, zu einer einzigen Klasse zusammen. Jedes Objekt dieser Klasse repräsentiert ein Exemplar des Moduls, also ein Teilsystem.

Gibt es Attribute, die gleichzeitig zu allen Teilsystemen gehören, so vereinbaren wir sie mit dem Schlüsselwort **shared** und nennen sie **Klassenvariable** bzw. **-konstante**. Im Gegensatz dazu heißen die anderen Attribute dann **Objektattribute**. Klassenvariable existieren unabhängig von Objekten der Klasse und können in SATHER mit der Syntax *Klassenname::Attributname* anstelle von *Objektname.Attributname* von außen angesprochen werden, sofern sie nicht, wie im Beispiel, zusätzlich privat sind.

In C++ und JAVA heißen Klassenvariable **statisch** und sind durch das vorangestellte Schlüsselwort **static** gekennzeichnet. In MODULA-2 entsprechen ihnen Variablenvereinbarungen im Definitionsmodul (öffentlich) oder dem Implementierungsmodul (privat).

Auch die Methoden der Klasse existieren unabhängig von Objekten; sie können daher auf die gleiche Weise aufgerufen werden: Im Beispiel ist TIME::time ein Aufruf der parameterlosen Prozedur time, die in der vordefinierten Klasse TIME definiert ist. Allerdings darf eine so aufgerufene Methode nicht auf Objektattribute zugreifen, da möglicherweise gar kein Objekt existiert; sie muß sich auf die Verwendung von Klassenvariablen beschränken.

Wenn es nun zu Beispiel 9.12 mehrere Zufallszahlengeneratoren zufall1, zufall2 mit entsprechenden privaten Variablen x gibt, so entsteht die Frage, welches x gemeint ist, wenn die Funktion random darauf zugreift. Von außen wird etwa die Funktion zufall1.random, die auf dem Zustandsraum des Objekts zufall1 arbeitet, aufgerufen. Dann bedeutet x die lokale Variable, die zu dem Objekt gehört, mit dem der Aufruf qualifiziert ist.

Technisch erreicht man dies, indem man jeder in einer Klasse vereinbarten Methode (also allen Methoden) einen Verweis als zusätzliches 0-tes Argument mitgibt, der auf das Objekt zeigt, in dessen Zustandsraum man sich begibt. Der Parameter hat stets den Typ der Klasse, zu dem die Methode gehört. Er wird nicht explizit vereinbart, sondern hat, in SATHER, den Namen self. random ist also gar keine parameterlose Prozedur, sondern besitzt einen Parameter; während des Aufrufs zufall1.random gilt self = zufall1. Da man den Zustandsraum nicht wechseln darf, ist self eine konstante Referenz, an die nicht zugewiesen werden kann. Wohl aber kann man Attribute von self ändern: Jede Zuweisung an x in unserem Beispiel tut das.

Auch in SMALLTALK und OBJECT PASCAL heißt die Referenz auf das aktuelle Objekt self. In C++ und JAVA schreibt man this.

Wird eine Methode m ohne Objekt in der Form $K :: m$ aufgerufen, so hat self den Wert **void**. Auch bei einem Aufruf $a.m$ gilt self = **void**, wenn der Wert der Referenzvariablen a der Leerverweis **void** ist, etwa weil a nicht initialisiert wurde. In diesen Fällen darf m nur auf gemeinsame Größen des Zustandsraums (Vereinbarung mit **shared**) zugreifen, aber nicht auf objektspezifische Größen.

Beispiel 9.13: Wenn wir in Beispiel 9.10 die Operationen in die Klasse LISTE_EL aufnehmen, so können wir demnach jeweils einen expliziten Parameter des Typs LISTE_EL streichen und durch den impliziten Parameter self ersetzen. Dies führt (in Auswahl) zu den Prozeduren

```
cons(a: INT): LISTE_EL is
  res := #LISTE_EL; res.w := a; res.nach := self
end; -- cons
head: INT is
  if self = void then raise REFERENCE_ERROR else res := w end
end; -- head
length: INT is
  h: LISTE_EL := self;
  res := 0;
  while h /= void loop res := res+1; h := h.nach end
end; -- length
```

In length benötigen wir eine Hilfsvariable, da wir self selbst nicht fortschalten können.

Erklären wir zusätzlich die Attribute w und *nach* in LISTE_EL als privat, so kann man von außen nicht mehr auf sie zugreifen. Insbesondere sind keine Zuweisungen an w mehr möglich. Damit haben wir genau die Situation wie im funktionalen Programmieren erreicht; Aliasprobleme, wie wir sie noch in 9.3.3 bei einfach verketteten Listen diskutierten, können nicht mehr auftreten. ♦

Aufgabe 9.38: Formulieren Sie entsprechend Beispiel 9.13 vollständige Klassen für einfach verkettete und symmetrische Listen einschließlich aller Operationen.

Wir haben jetzt also zwei verschiedene Möglichkeiten, um Operationen auf Objekten zu formulieren. Entweder schließen wir die Operation in die Klasse der Objekte ein und benutzen self als einen Parameter; oder wir schreiben sie in eine andere Klasse und spezifizieren wie bisher den benötigten Parameter explizit. Wenn wir eine Datenstruktur wie z. B. einfach verkettete Listen definieren, benutzen wir grundsätzlich das erste Verfahren; Aufgabe 9.38 führt zur endgültigen und verbindlichen Lösung. Bei den Sortierverfahren aus 9.2 verhalten wir uns gewöhnlich anders: Es gibt so viele Algorithmen, die mit Reihungen arbeiten, daß es unzweckmäßig und sogar unmöglich wäre, sie alle in die Klassen, die Reihungen definieren, aufzunehmen. Stattdessen fassen wir solche Verfahren in sogenannten **Algorithmenklassen** zusammen, für die typischerweise kein Objekt erzeugt wird.

Beispiel 9.14: In der Bibliothek vordefinierter SATHER-Klassen gibt es eine Algorithmenklasse MATH, die die elementaren transzendenten Funktionen wie sin und cos sowie einige universelle Klassenkonstante wie π und e definiert. Wir rufen solche Funktionen und Konstante mit

```
y := MATH::sin(MATH::pi*x)
```

auf. ♦

Diese Schreibweise ist lästig. Wir vereinfachen sie, indem wir erlauben, daß eine Klasse wie MATH in eine andere Klasse aufgenommen wird. Mit

```
class Klassenname is
  include MATH;
  ...
  p is ... y := sin(pi*x); ... end;
  ...
end; -- Klassenname
```

ist jetzt die übliche Schreibweise möglich. Wir sagen, wir hätten die Klasse MATH **importiert**. In der gleichen Terminologie sagen wir auch, eine Klasse **exportiert** die sämtlichen Methoden, die zur Schnittstelle der Klasse gehören. Das Importieren mit include ist zugleich die einfachste Form der **Vererbung**, die wir im nächsten Kapitel betrachten.

Man kann auch mehrere Klassen importieren. Technisch könnten wir uns den Import so vorstellen, daß wir den Klassenrumpf der importierten Klassen anstelle der Klausel include *Klasse* einkopieren. Wir nennen das Import bzw. Vererbung mit **Kopiersemantik**. Sollten dabei Namenskollisionen auftreten, weil der gleiche Bezeichner in den importierten und der importierenden Klasse mehrfach vereinbart wird, so gilt in SATHER jeweils die *letzte* dieser Vereinbarungen; alle vorangehenden Vereinbarungen des gleichen Bezeichners werden gestrichen.

In MODULA-2 und ähnlich in anderen modularen Programmiersprachen gibt es zwei Formen des Imports: Eine Klausel wie **import** MathLib ist Voraussetzung dafür, daß man überhaupt eine

Anweisung wie in Beispiel 9.14 schreiben darf, in der der Modul, von dem importiert wird, noch explizit erwähnt wird. In objektorientierten Sprachen wie SATHER ist eine solche Klausel überflüssig. Schreibt man hingegen **from** MathLib **import** sin, pi, so ist die abgekürzte Schreibweise $y := \mathrm{sin}(pi * x)$ zulässig. Allerdings benutzen diese Sprachen keine Kopiersemantik und beschränken das Importieren auf die in der Schnittstelle definierten Attribute und Methoden, während in SATHER und ähnlich in anderen objektorientierten Sprachen auch die privaten Merkmale übernommen werden.

Ob include mit Kopiersemantik definiert wird, und wie etwaige Namenskollisionen aufgelöst werden, ist in verschiedenen objektorientierten Sprachen unterschiedlich gelöst.

9.5 Anmerkungen und Verweise

Der Begriff *schrittweise Verfeinerung* geht auf N. WIRTH[18] zurück. Man vergleiche etwa (WIRTH, 1972) oder (WIRTH, 2000). Die rekursive Lösung des Beispiels 9.3 stammt aus (DIJKSTRA et al., 1972). Die in 8.3 zitierten Bücher sind auch für dieses Kapitel einschlägig. Das Beispiel 9.1 geht auf DIJKSTRA (1976) zurück. Die Rekurrenz (9.5) verdanke ich W. ZIMMERMANN. (KNUTH, 1998) und (MEHLHORN, 1986) behandeln Such- und Sortierverfahren in wesentlich größerer Tiefe.

Der Modulbegriff wurde zuerst in den Arbeiten (PARNAS, 1972a,b) entwickelt, von denen auch die Konzeption abstrakter Datentypen ausging. Die auch heute noch lesenswerten Beispiele in diesen Arbeiten zeigen insbesondere, daß es zu vorgegebenen Problemen unterschiedliche Modularisierungen geben kann, die zu ganz unterschiedlichem Aufwand führen. Auch hier führt schrittweise Verfeinerung nicht immer zu *der* besten Lösung. Zur Rolle hierarchischer und anderer Modularisierungen in der Evolution natürlicher und technischer Systeme vergleiche man (SIMON, 1996).

Das schrittweise Zusammensetzen von Moduln zu größeren (Teil-)Systemen heißt **Konfigurierung**[19] eines Systems. Dabei stößt man sehr schnell auf Probleme, die im Rahmen einer Programmiersprache nicht mehr bewältigt werden können, z. B. wenn Moduln aus verschiedenen Programmiersprachen oder aus verschiedenen Bibliotheken mit kollidierender Namensgebung für Moduln zusammen konfiguriert werden müssen. Daher ist der Modulbegriff in Programmiersprachen nicht rekursiv, obwohl wir das in 9.4 forderten. Die Konfigurierung wird mit von der Programmiersprache unabhängigen Programmen erledigt.

Die Abschnitte 9.3 und 9.4 zeigen eine Doppelrolle von Klassen und Objekten: Zunächst bestehen sie nur aus Attributen, repräsentieren also wie die Tupel in GOFER nur Daten. Danach fügen wir Operationen hinzu; die Klasse bzw. das Objekt wird zu einem Programmstück, das einen ADT implementiert. Im

18. NIKLAUS WIRTH, geb. 1934, Professor der Informatik an der ETH Zürich, Turing-Preisträger, entwarf u. a. die Programmiersprachen PASCAL, MODULA-2 und OBERON.

19. Das ist nur eine der Bedeutungen dieses Wortes!

Systementwurf nennen wir die erste Vorgehensweise **datenorientierte**, die zweite **prozedurale Modellierung**. Die prozedurale Modellierung nimmt den Standpunkt ein, daß Daten nicht beliebig interpretiert werden dürfen, sondern nur mit den angegebenen Methoden; zahlreiche Beispiele von Fehlinterpretationen isoliert betrachteter Daten führen zu dem Schluß, daß dies der einzig richtige Standpunkt sei. Wenn wir eine neue Aufgabenstellung analysieren, sind aber meist zuerst nur die zu verarbeitenden Daten erfaßbar, die zugehörigen Operationen werden erst später ermittelt; der Entwurf von Anwendungen geht daher von datenorientierter Modellierung aus. Auch überdauern Daten oft die Programme, mit denen sie verarbeitet werden sollen: die Daten über Versicherungsnehmer der Bundesangestelltenversicherung aus den 50er und 60er Jahren müssen auch heute noch verarbeitbar sein, obwohl die Rechner, Datenbanken und Programme, mit denen sie ursprünglich erfaßt wurden, seit langem nicht mehr existieren. Datenorientierte Modellierung hat daher eine eigenständige Bedeutung; in der Praxis finden wir beide Modellierungsformen nebeneinander.

Kapitel 10

Objektorientiertes Programmieren

Die vorangehenden Kapitel zeigten, wie man Aufgaben durch zielorientierten Entwurf lösen kann. Mit schrittweiser Verfeinerung von Operationen und Datenstrukturen erreicht man eine funktionale Zerlegung der Aufgabe. Man kann auch die voraussichtliche Funktionsweise umfangreicherer Systeme analysieren, bevor man untergeordnete Implementierungsaufgaben angreift. Wir sahen dies beim Sortieren, wo wir sowohl die Korrektheit der Lösung als auch mehrfach den voraussichtlichen Aufwand bestimmen konnten, bevor wir die Einzelheiten der Datenrepräsentation und der Realisierung der Grundoperationen festlegten.

Zielorientierter Entwurf setzt voraus, daß das Ziel vorher bekannt ist. In der Praxis finden wir stattdessen oft **evolutionäre Programmentwicklung**, um Systeme in ihrer Funktionalität zu erweitern und wechselnden Bedürfnissen anzupassen. Wir begreifen hierbei ein System als Menge relativ unabhängiger, kooperierender Einheiten, dem wir neue Einheiten zufügen, oder in dem wir vorhandene Einheiten modifizieren oder ersetzen können. Dies begünstigt auch die Wiederverwendung bereits vorhandener Einheiten.

Dazu fassen wir im **objektorientierten Entwurf** ein System als eine **Menge kooperierender Objekte** auf. Da unsere Systeme Probleme in der realen oder einer gedachten Modellwelt lösen sollen, sind sie und die Objekte, aus denen sie bestehen, selbst Teil dieser Welt. Mit **objektorientiertem Programmieren** simulieren wir solche Systeme auf Rechnern oder Rechnernetzen. Wir könnten objektorientierte Entwurfsmethoden ebenso einsetzen, um die Organisation einer Firma oder die Konstruktion eines Flugzeugs zu beschreiben. Die kooperierenden Objekte sind dann Abteilungen, Projektgruppen, Menschen oder die technischen Teilsysteme, aus denen ein Flugzeug besteht.

Wir klären in 10.1 Grundbegriffe, wenden uns dann der objektorientierten Analyse und dem Entwurf zu, bevor wir auf objektorientiertes Programmieren eingehen und dies am Beispiel unterschiedlicher Implementierungen der abstrakten Datentypen Menge und Graph üben.

Analysieren und *Entwerfen* sind menschliche Tätigkeiten, die keine festen Regeln kennen. Es kommt darauf an, Zusammenhänge und sonstige Kenntnisse explizit darzustellen, Aufgaben und beteiligte Gegenstände zu identifizieren und zu klassifizieren, bevor man Beziehungen herstellt, die konstruktiv zu einer Lösung führen. Die Verfahren der Analyse und des Entwurfs in Abschnitt 10.2, die wir in 10.2.6 an einem größeren zusammenhängenden Beispiel üben, sind ein möglicher Weg zur Systematisierung objektorientierten Entwerfens. Wie alle Verfahren der schrittweisen Verfeinerung führen sie überdies nicht automatisch zu einer „besten" Lösung. Qualitätskriterien wie zuverlässige und korrekte Implementierung, Effizienz der Lösung im Sinne geringen Ressourcenverbrauchs, leichte Änderbarkeit für bestimmte vorgegebene Zwecke, kurze Entwicklungszeit, usw. müssen zusätzlich berücksichtigt werden, indem man unterschiedliche Lösungsansätze vergleicht und vor allem, indem man existierende Teillösungen wiederverwendet. Hierauf gehen wir hier nur in sehr beschränktem Umfang ein.

Die Zeichnungen dieses Kapitels erläutern nicht nur den Text. Sie führen Notationen der **UML**[1] und der **KZK-**[2] oder **Klassenkarten** ein und sind Vorgaben für eigene Entwürfe des Lesers. Wir benutzen nur Teile der UML; Literaturhinweise zu dieser Notation findet der Leser in 10.5.

10.1 Grundbegriffe

Ein System besteht nach 1.3 aus Komponenten, zwischen denen Beziehungen bestehen. Es stellt einen Ausschnitt aus einer realen oder gedachten Welt dar und besitzt eine Außenschnittstelle, die die möglichen Beziehungen zu anderen Systemen beschreibt. Die Komponenten nennen wir hier **Teilsysteme**. Aussagen über Systeme gelten in gleicher Weise für Teilsysteme.

Informatik-Systeme besitzen statische und dynamische Beziehungen zwischen Teilsystemen. Aussagen über den statischen Aufbau eines Systems aus Teilsystemen und Objekten nennen wir zusammenfassend ein **Objektmodell** (des Systems). Das **Verhaltensmodell** erfaßt die dynamische Kooperation der Teilsysteme zur Erfüllung einer bestimmten Aufgabe und deren zeitlichen Ablauf. Die statische Systemstruktur wird in UML durch **Klassendiagramme** dargestellt; **Objektdiagramme** geben Schnappschüsse des dynamischen Verhaltens wieder. Das Verhaltensmodell wird in **Kollaborationsdiagrammen** und weiteren Diagrammarten erfaßt.

Die Leistungen und möglichen Anwendungen eines Systems sind durch seine Außenschnittstelle bestimmt. Für die Systemkonstruktion muß man wich-

1. engl. *unified modeling language*.
2. KZK: Klasse – Zuständigkeit – Kooperation, engl. *class – responsibility – cooperation, CRC Card*.

tige Anwendungsszenarien bereits bei der Ermittlung der Anforderungen an ein System herausarbeiten, um die an dieser Stelle sehr häufigen Mißverständnisse, Fehler und Versäumnisse zu vermeiden. Zu diesem Zweck sieht UML eine spezielle Notation für **Anwendungsfälle**[3] vor.

10.1.1 Systeme und Teilsysteme

Wir erörtern zuerst Grundbegriffe, auf denen das dynamische Verhalten von Systemen aufbaut.

An seiner Außenschnittstelle kann ein System von sich aus **aktiv** werden und Aufträge an andere Systeme erteilen. Oder es bietet **Dienste** an, die von anderen durch einen **Auftrag** in Anspruch genommen werden können. Wir nennen es dann **passiv**. Auch Mischformen sind möglich. Die Handlungsvorschriften zur Ausführung von Diensten heißen **Methoden**.

Mit einem Auftrag werden einem System Daten oder materielle Gegenstände übergeben. Zum Beispiel übergeben wir einem System, das den Dienst *drucken* anbietet, die zu druckenden Daten. Die Ausführung eines Dienstes mit diesen Auftragsdaten heißt ein **Vorgang**. Dem Drucksystem können weitere Druckaufträge erteilt werden, bevor die vorangehenden abgeschlossen sind. Es können also mehrere Vorgänge gleichzeitig in Arbeit sein. Die Tätigkeiten eines Systems sind Vorgängen zugeordnet und können auch Unteraufträge an andere Systeme umfassen. Die zu einem Vorgang gehörigen Daten wandern entsprechend diesen Tätigkeiten und Unteraufträgen durch das System. Man spricht von einem **Datenfluß**. Der Datenfluß jedes einzelnen Vorgangs muß konsistent und vollständig sein: Ein Drucksystem muß gewährleisten, daß es alle Seiten eines Auftrags druckt und die Seiten verschiedener Druckaufträge nicht durcheinander bringt.

Die Übermittlung eines Auftrags sowie Fertig- und Fehlermeldungen sind Signale, die vom Empfänger als **Ereignisse** aufgefaßt werden. Der Empfänger kann auf ein solches Ereignis gewartet haben, oder er fragt in regelmäßigen oder unregelmäßigen Abständen nach, ob Ereignisse für ihn vorliegen. Oder das Ereignis unterbricht, wie z. B. ein Telefonanruf, die laufende Arbeit. Nicht alle Ereignisfolgen sind zulässig. Wir können nicht nach der Fertigstellung eines Druckauftrags fragen, bevor wir den Auftrag erteilt haben.

Die Übermittlung eines Ereignisses zusammen mit den dabei übergebenen Daten nennen wir eine **Botschaft** oder Nachricht. Führt diese Botschaft zur Ausführung eines Dienstes, so sprechen wir von einem Dienst- oder Methodenaufruf. Auftragserteilung, Ereignis, Botschaft und Dienst- oder Methodenaufruf

3. engl. *use-case*.

betonen unterschiedliche Aspekte der Kommunikation zwischen Sender und Empfänger.

Jedes dynamische System S besitzt einen Zustand. Er setzt sich aus den Zuständen seiner Teilsysteme zusammen und ändert sich während der Ausführung von Diensten. Wenn jemand S einen Auftrag zu einem Dienst erteilt, also einen Dienstaufruf übersendet, muß sich S zuvor in einem von mehreren möglichen Grundzuständen befunden haben; andernfalls wird der Aufruf nicht akzeptiert oder falsch interpretiert. Der Grundzustand eines Telefonapparats ist *Hörer aufgelegt*; andernfalls können keine Gespräche eingehen. Bei Abschluß eines Dienstes muß S in einen seiner Grundzustände zurückgekehrt sein. Die Aussage *S befindet sich in einem Grundzustand* ist ein Prädikat $P(S)$ über den Zustandsraum von S. Wir nennen dieses Prädikat eine Systeminvariante. Systeminvarianten sind nicht vom Einzelsystem abhängig, sondern für die Klasse gleichartig gebauter Systeme gleich. Wir sprechen daher gewöhnlich von einer **Klasseninvarianten**.

10.1.2 Objekte und Klassen

Ein **Objekt**, ein elementares Teilsystem, repräsentiert einen beliebigen Gegenstand (Person, Ding, Thema, Sachverhalt, Menge anderer Gegenstände) und besitzt meßbare, durch Werte erfaßbare Eigenschaften. Wir nennen sie **Attribute** des Objekts. Ferner kann ein Objekt Tätigkeiten, d. h. Methoden, ausführen und damit Ereignisse auslösen und Botschaften übermitteln: Personen handeln und reagieren auf Ereignisse in der Umwelt, Sachverhalte können sich ändern. Die von einem Objekt ausführbaren Methoden bilden zusammen mit seinen Attributen die **Merkmale** des Objekts.

Jedes Objekt gehört zu einer Menge von Objekten mit gleichen Merkmalen und gleichem Verhalten. Wir sagen, die Objekte gehören zur gleichen **Klasse** und bezeichnen sie als **Ausprägungen** der Klasse[4]. Die Klasse repräsentiert das Konzept oder den abstrakten Begriff, den wir uns von ihren Objekten machen. Technisch gibt eine Klasse das Baumuster ihrer Objekte wieder. In Programmiersprachen bezeichnen wir Merkmale und Verhalten von Konstanten, Variablen und sonstigen Objekten als ihren Typ. Die Wörter *Klasse* und *Typ* betonen unterschiedliche Aspekte des gleichen Begriffs.[5]

Objekte sind elementare dynamische Systeme und besitzen, wie oben ausgeführt, einen Zustand. Die Klasseninvariante, die den Grundzustand eines Objekts kennzeichnet, ist für alle Objekte der gleichen Klasse gleich. Dies erklärt den Begriff **Klasseninvariante** auf eine andere Weise.

---

4. Das stattdessen häufig benutzte Wort **Instanz** hat in der deutschen Umgangssprache einen anderen Sinn; der Gebrauch dieses Wortes ruft bei Nicht-Informatikern Mißverständnisse hervor.

5. Die feinen Unterschiede, die diesen Worten manchmal beigelegt werden, sind dem Aufbau eines stabilen Begriffsgerüsts nicht dienlich.

Man spricht von **objektgestütztem** oder **objektbasiertem Programmieren,** wenn die vorstehenden Begriffe ausreichen, um Objekte und das Gesamtsystem zu beschreiben. Objektgestützter Entwurf bietet größere Flexibilität bei der Veränderung von Systemen als zielorientierter Entwurf. Das resultierende System muß jedoch stets vorgegebene Aufgaben erfüllen und kann daher auch zielorientiert interpretiert werden. Daher ist es nicht verwunderlich, daß wir die vorstehend eingeführten Begriffe auch bisher schon mit gleicher Bedeutung kannten und benutzten. Neu ist, daß wir die Begriffe ohne Bezug zum konkreten Programmieren allein im Zusammenhang einer abstrakten Beschreibung von Systemen erklären. Wir konzentrieren uns dabei auf das Zusammenwirken der Objekte. Man nennt dies auch **Programmieren-im-Großen** im Unterschied zum **Programmieren-im-Kleinen**[6], das sich mit der Ausformulierung der einzelnen Methoden beschäftigt.

Bei **objektorientiertem Entwurf** und **Programmieren** als Erweiterung des objektgestützten Vorgehens interessiert uns zusätzlich die Klassifikation von Objekten, Teilsystemen und Systemen mit (weitgehend) gleichem Außenverhalten ohne Rücksicht auf die interne Realisierung.

Ein digitales Abspielgerät ist ein Wiedergabegerät mit Eigenschaften wie *maximale Ausgabeleistung, durchschnittlicher Rauschpegel, Anzahl der Lautsprecherausgänge* usw. Es bietet Funktionen (Methoden) wie *Wiedergabe starten, Wiedergabe anhalten, vor- und zurückspulen, zum vorigen oder zum nächsten Titel springen.* Ein solches Wiedergabegerät ist stets passiv im Sinne der obigen Definition. Den allgemeinen Begriff *digitales Abspielgerät* nennen wir eine **abstrakte** oder **(Schnittstellen-)Klasse.** Sie beschreibt das Außenverhalten, jedoch nicht oder nicht vollständig den internen Aufbau und die interne Arbeitsweise ihrer Objekte. Alle abstrakten Datentypen aus Kap. 6 sind abstrakte Klassen. Dies unterstreicht, daß die Wörter *Klasse* und *Typ* den gleichen Begriff meinen. Entsprechend bezeichnen wir die Menge der Spezifikationen der Merkmale einer Klasse als **Signatur** der Klasse. An der Schnittstelle können wir referentielle Transparenz wie in 9.4 herstellen, indem wir Attribute durch die entsprechenden Zugriffsmethoden *schreibe Attributwert* und *gib Attributwert* ersetzen.

Eine abstrakte Klasse repräsentiert eine Menge **konkreter Klassen** mit gleichem Außenverhalten. Ein digitales Abspielgerät kann z. B. ein DAT-Abspielgerät oder ein CD-Spieler sein. In gleicher Weise kann eine Liste, wie in 9.3.3 erörtert, mit unterschiedlichen Eigenschaften realisiert sein. Die Unterschiede charakterisieren konkrete Klassen, die weitere Merkmale zum Außenverhalten beitragen können und die Realisierung der Abstraktion spezifizieren. In diesem Zusammenhang heißt die abstrakte Klasse eine **Oberklasse** oder ein **Obertyp**, die konkrete

6. engl. *programming-in-the-large* bzw. *programming-in-the-small.* Die Begriffe wurden von DeRemer und Kron (1976) eingeführt.

Klasse eine **Unterklasse** oder ein **Untertyp**. Wir sagen, die Unterklasse **erbt** (die Merkmale) von der Oberklasse.

Oft entstehen Abstraktionen durch die Verallgemeinerung konkreter Gegenstände: Ein Kind lernt eine (Fahrradluft-)Pumpe kennen und begreift die allgemeinere Funktionsweise einer (abstrakten) *Pumpe* erst später. Man versteht die Bedienung eines CD-Spielers und erkennt erst später, daß sich ein DAT-Wiedergabegerät fast genauso bedienen läßt. Im Systementwurf entspricht dem: Wir konstruieren zuerst Objekte einer konkreten Klasse K; später stellen wir fest, daß stattdessen auch Objekte mit abweichender Realisierung eingesetzt werden können, die das gleiche Außenverhalten wie Objekte von K zeigen. Deshalb sind auch konkrete Oberklassen zulässig.

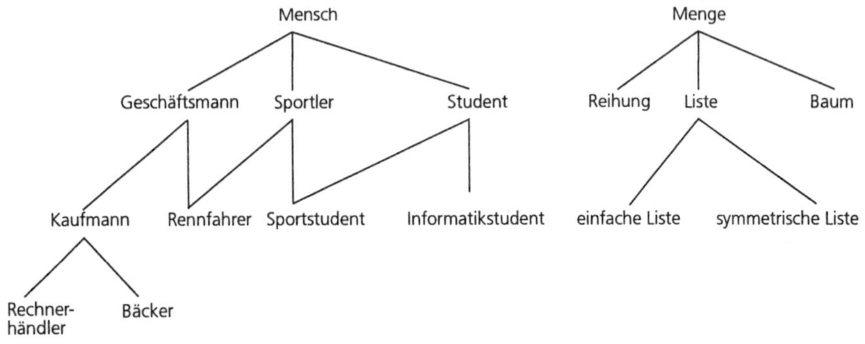

Abbildung 10.1: Vererbungshierarchien

Abbildung 10.1 zeigt, daß Abstraktionen in einer Hierarchie von Begriffen und den sie repräsentierenden Klassen angeordnet werden können. Die Oberklasse-Unterklasse-Beziehungen aus dieser Hierarchie nennen wir zusammengenommen einen **Typabhängigkeits-** oder **Vererbungsgraph**. Die Blätter dieses Graphen sind immer konkrete Klassen; abstrakte Klassen können nur als Oberklassen vorkommen.

In anderem Zusammenhang heißt der Vererbungsgraph eine **Taxonomie** der Begriffe und Objekte.

Der Begriff **Vererbung**[7] kann verschiedene Beziehungen zwischen Klassen ausdrücken, darunter:

- A **ist ein** B: Dies ist die häufigste Beziehung. Die Unterklasse A übernimmt alle Merkmale der Oberklasse B ohne Einschränkungen. Ein Student ist ein Mensch, ein Mensch ist ein Lebewesen, usw. Wir sagen auch, A sei **verhaltensgleich** oder **konform** zu B.

---

7. engl. *inheritance*.

- *A* **ist eine Spezialisierung von** *B*: Ein gleichseitiges Dreieck ist eine Spezialisierung eines Dreiecks, für das man aber im Unterschied zum allgemeinen Fall keine drei unterschiedlichen Seitenlängen angeben kann. *A* schränkt also *B* zugunsten eines spezifischeren Verhaltens ein.
- *A* **implementiert** *B*: *A* realisiert die Konzepte von *B*. CD-Spieler implementieren digitale Abspielgeräte; Listen implementieren Mengen.
- *A* **verwendet** *B*: *A* verwendet den Code von *B*. Dies ist die include-Beziehung, die wir bereits in 9.4 kennenlernten.

Die letztgenannte Beziehung *A verwendet B* ist im Unterschied zu den vorangehenden ausschließlich technisch und begründet keine inhaltliche Vererbungsbeziehung. Sie liegt aber den anderen Beziehungen in der Realisierung zugrunde. Beim Programmieren benutzen wir sie zusätzlich, um das Kopieren von Programmteilen zu sparen, und um dafür zu sorgen, daß Programmodifikationen, z. B. Fehlerkorrekturen, an allen Verwendungsstellen gleichzeitig wirksam werden.

Erbt eine Klasse zugleich Verhalten und Merkmale mehrerer Klassen, ist sie also eine Unterklasse mehrerer Oberklassen, so spricht man von **Mehrfachvererbung**. Ein Sportstudent ist zugleich Sportler und Student.

UML ergänzt die verschiedenen Formen von Vererbung um den Begriff **Stereotyp**. Ein Stereotyp ist eine Charakterisierung einer Klasse *K*, die dieser und ihren Objekten eine spezielle semantische Interpretation zuordnet.Beispiele sind die Stereotypen «Aktor» und «*interface*» zur Kennzeichnung aktiver Objekte bzw. von Schnittstellen. Stereotype gibt es auch für Methoden und Beziehungen zwischen Klassen bzw. Objekten. Sie werden mit Wörtern in französischen Anführungszeichen «. . . » benannt oder mit Ikonen dargestellt.

Spezifische Merkmale einzelner Unterklassen heißen **Kernmerkmale** der Unterklasse: das Abspielen einer CD und das Abspielen einer DAT-Kassette sind technisch unterschiedliche Realisierungen der Methode *abspielen*. Diese ist eine Kernmethode, die für jedes Gerät spezifisch ist. Die gemeinsamen Merkmale aller Abspielgeräte, die in der abstrakten Klasse *digitales Abspielgerät* spezifiziert sind, heißen **abgeleitete Merkmale** (abgeleitete Methoden bzw. Attribute). Die Implementierung abgeleiteter Methoden baut auf Kernmethoden auf. So kann die abgeleitete Methode *Anspielen aller Titel* auf der Basis von Kernmethoden, hier das Abspielen und das Springen zum nächsten Titel, vollständig und ohne Kenntnis des spezifischen Geräts vorgegeben werden: *Wiedergabe starten – nach 10 Sekunden Wiedergabe anhalten – zum nächsten Titel wechseln*.

Oft kann man abgeleitete Methoden durch Ausnutzen spezieller Zusammenhänge von Kernmerkmalen in einer Unterklasse günstiger realisieren. Wir schreiben dann für die Unterklasse eine neue Kernmethode, die die Aufgaben der abgeleiteten Methode aus der Oberklasse übernimmt, und sagen, die Kernmethode der Unterklasse **überschreibt** die Methode der Oberklasse.

Die vorstehenden Überlegungen können wir im Sinne der Beziehung *A verwendet B* einsetzen. Wir können sie aber auch inhaltlich im Sinne der Vererbungsbeziehungen *A ist ein B*, *A ist Spezialisierung von B* und *A implementiert B* interpretieren. Damit können wir das Zusammenwirken von Objekten abstrakter beschreiben, als es die konkreten Klassen erlauben: Die Anforderung des Dienstes *starte die Wiedergabe auf Abspielgerät a* ist unabhängig davon, ob *a* ein CD-Spieler oder ein DAT-Bandgerät ist. Wegen des einheitlichen Außenverhaltens bieten alle Abspielgeräte die Methode (oder den Dienst) *Abspielen starten* an, unabhängig davon, wie das konkrete Abspielgerät *a* diesen Dienst mit seinen Kernmethoden realisiert.

Die Anforderung des Dienstes ist ein **polymorpher Methodenaufruf**: Der Aufrufer sagt, was er von einem Objekt *a* will. Das Objekt *a* bestimmt, wie es den geforderten Dienst erbringt. Wenn wir eine Oberklasse wie eine Typvariable auffassen, die als Werte sämtliche Unterklassen im Vererbungsgraphen annehmen kann, so ist dies formal die gleiche Definition von **Polymorphie** wie im funktionalen Programmieren in 5.4.1. Allerdings besitzen dort polymorphe Funktionen nicht nur die gleiche Signatur, sondern auch den gleichen Funktionsrumpf. Polymorphie im objektorientierten Programmieren erlaubt hingegen unterschiedliche Methoden gleicher Signatur.

Polymorphie setzen wir zu unterschiedlichen Zwecken ein:

- **Trennung und Verzögerung von Entscheidungen**: Sobald eine Schnittstelle in Form der Signatur einer abstrakten Klasse festliegt, können wir den Gebrauch der Klasse entwerfen, ohne auf die Einzelheiten der Realisierung Rücksicht zu nehmen. Natürlich muß die Realisierung in Form einer konkreten Klasse noch ergänzt werden. Da diese dann fest an die abstrakte Schnittstellenklasse gebunden ist, nennt man diesen Gebrauch der Polymorphie auch **statische Bindung**. In objektorientierten Programmiersprachen spricht man wie im funktionalen Programmieren vom **Überladen** (von Methoden) oder von **parametrischer Polymorphie**.
- **Einheitlicher Gebrauch von Objekten gleichen Außenverhaltens**: In der Zusammenarbeit zweier Objekte *a*, *b* genügt es, wenn *a* eine Oberklasse *K* kennt, zu der *b* gehört. *a* kann dann *b* veranlassen, Methoden aus der Signatur von *K* auszuführen, die je nach der konkreten Klasse von *b* unterschiedlich realisiert sind. Im Beispiel der abstrakten Klasse *Abspielgerät* bedeutet das: Das Starten der Wiedergabe auf drei Abspielgeräten kann drei verschiedene Tätigkeiten bedeuten, abhängig von der konkreten Art des Gerätes. Wenn wir ein Element in eine Liste einfügen, wird das Einfügen bei den einfachen und symmetrischen Listen aus 9.3.3 unterschiedlich ausgeführt. Da hier die auszuführende Methode erst während der Systemausführung festgelegt

wird, heißt diese Form der Polymorphie **dynamische Bindung**[8]. Wie wir in 10.2.4 noch genauer ausführen, ist dynamische Bindung allerdings nur bei der Vererbungsbeziehung *A ist verhaltensgleich mit B* uneingeschränkt anwendbar, wenn sie korrekt sein soll.

- **Alter Code ruft neuen Code**: Wir können dynamische Bindung benutzen, um in einem laufenden System ein Objekt durch ein anderes zu ersetzen, das zu einer anderen Unterklasse gehört; oder wir können neue Objekte samt zusätzlichen Unterklassen einführen. Solange der Rest des Systems sich nur auf die unveränderte Schnittstellenklasse bezieht, ist er von solchen Modifikationen nicht betroffen. Wenn wir in unseren Beispielen einen zusätzlichen Typ von Abspielgeräten oder eine andere Implementierung von Listen einführen, ändert sich am Gebrauch von Abspielgeräten und Listen nichts.

Alle diese inhaltlichen Interpretationen von Vererbung verlangen, daß wir das in 9.4 diskutierte Geheimnisprinzip streng beachten. Sobald ein kooperierendes Objekt weitergehende Kenntnisse über seinen Kooperationspartner einsetzt, als sie ihm aus der Schnittstellenklasse bekannt sind, kann dynamische Bindung zu Fehlern führen.

Behälter wie Listen, Reihungen und die anderen abstrakten Datentypen aus Kap. 6 bieten neben unterschiedlicher Implementierung noch den Freiheitsgrad, daß ihre Funktion nicht vom Typ der Elemente abhängt, die wir in ihnen aufbewahren. Klassen wie LISTE_EL in 9.3.3 sind zwar auf Listen ganzer Zahlen zugeschnitten. Sinnvoller wäre aber eine allgemeinere Klasse LISTE_EL(*Elementtyp*), parametrisiert mit einem beliebigen *Elementtyp*, der den (einheitlichen) Typ ihrer Elemente wiedergibt, und beliebig, z. B. auf INT, aber auch auf LISTE_EL(INT) spezialisiert werden kann. Wir nennen eine solche allgemeinere Klasse eine **generische Klasse** und *Elementtyp* einen **generischen** oder **Typparameter**. Insbesondere sind Reihungstypen ARR[∗](*Elementtyp*) bzw. ARRAY[∗](*Elementtyp*) generische Klassen, die wir bisher nur mit dem Typargument INT kennenlernten.

Zum Sortieren von Reihungen mit Elementtyp T benutzen wir **beschränkt generische Klassen**: Die Objekte des Elementtyps T müssen vergleichbar sein, es sind also nur Klassen als Typargumente zulässig, in denen eine passende Vergleichsoperation zur Verfügung steht. Dies kennen wir bereits aus dem funktionalen Programmieren in 5.4.2: Dort hatten wir, mit einem anderen Klassenbegriff, Klassen von Typen definiert, die zwar die gleiche Klassensignatur aufweisen, aber die Signatur teils durch abgeleitete Funktionen, teils mit unterschiedlichen Kernfunktionen realisieren. Im objektorientierten Programmieren definieren wir solche funktionalen Klassen ebenfalls durch (möglicherweise generische) Klassen und nennen sie **Typschranken**.

8. Meist ist nur dynamische Bindung gemeint, wenn von Polymorphie die Rede ist.

Die Vererbungsbeziehungen zwischen Klassen sind statisch. Daneben kann es noch andere Beziehungen oder Relationen geben, auf die wir in 10.2.2 eingehen.

In SATHER vereinbart man Größen einer Oberklasse T mit a: $\$T$, wenn Methodenaufrufe $a.m$ polymorph sein sollen. In C++ hängt dies nicht von der Vereinbarung von a, sondern der von m ab: Eine polymorphe Methode, die in Unterklassen überschrieben werden kann, muß in der Oberklasse explizit als virtual vereinbart sein; in JAVA kann jede Methode einer Oberklasse in Unterklassen überschrieben werden.

Viele objektorientierte Sprachen erlauben nur einfache Vererbung, keine Mehrfachvererbung. So kann eine Klasse in JAVA zwar von mehreren Schnittstellenklassen, jedoch nur von einer gewöhnlichen Klasse erben. In dem objektorientierten LISP-Dialekt CLOS berücksichtigt ein polymorpher Aufruf bei der Methodenauswahl nicht nur die Klasse des angesprochenen Objekts, sondern auch die Klassen, zu denen die Argumente des Aufrufs gehören.

Einen fertigen objektorientierten Entwurf kann man auch in einer nicht objektorientierten Sprache formulieren. Umgekehrt ist eine objektorientierte Sprache auch bei anderen Entwurfsstilen einsetzbar.

10.2 Objektorientiertes Modellieren

Die Analyse einer Aufgabenstellung führt zu einem Modell des Ausschnitts der Welt, der dem Problem entspricht. Das Modell beschreibt die wichtigen Eigenschaften des Systems zur Lösung der Aufgabe. Es ist anwendungs-, nicht implementierungsorientiert und sagt daher, *was* das System tut, nicht *wie* es das tut. Die Fragen *was* und *warum* kommen vor der Frage *wie*.

Wenn das System aus kooperierenden Objekten bestehen soll, lauten die Fragen:

1. Welche Objekte benötigen wir?
2. Welche Merkmale besitzen diese Objekte?
3. Wie lassen sich diese Objekte klassifizieren? Welche Klassen gibt es? Welche Klassen sind generisch? Welche Beziehungen bestehen zwischen den Objekten dieser Klassen?
4. Wie werden diese Objekte verwandt?
5. Welche Tätigkeiten führen diese Objekte aus? Wie wirken die Objekte zusammen? In welchen Zuständen können sich Objekte befinden und durch welche Ereignisse können sie in einen anderen Zustand wechseln?

Die Antworten auf diese Fragen bestimmen das Objekt- und Verhaltensmodell wie in Abb. 10.2. Die Modelle sind zugleich Ergebnis der Analyse und Grundlage des Entwurfs.

Das **Objektmodell**, in UML ein **Klassendiagramm**, beantwortet die Fragen 1 – 3. Es beschreibt die statische Struktur der Klassen und Objekte eines Systems und ihre Beziehungen. Die Objekte und ihre Beziehungen sind durch die Eigenschaften ihrer Klassen bestimmt.

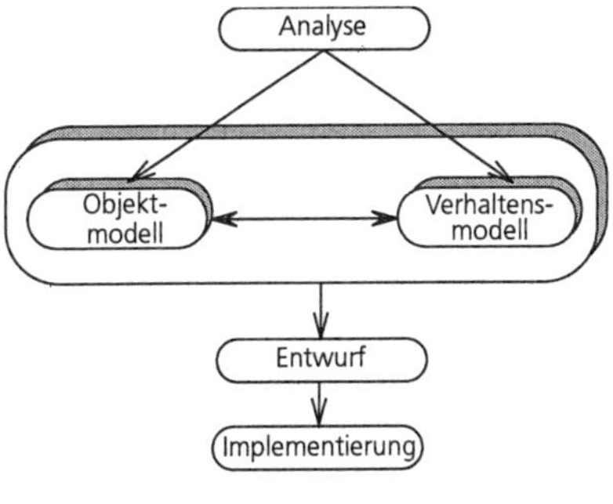

Abbildung 10.2: Objektorientierte Analyse

Anwendungsfälle, in UML **Anwendungsdiagramme**, beantworten Frage 4. Sie beschreiben typische Anwendungen und spezifizieren damit Tätigkeiten von Objekten und deren Interaktion.

Das **Verhaltensmodell** beantwortet Frage 5. Es beschreibt die Methoden, Zustände, zeitliches Verhalten und Interaktionen der Objekte vollständig, z. B. auch in Form endlicher Automaten. In UML erfaßt man das Verhaltensmodell in mehreren Diagrammen. Die durch diese Diagramme beschriebenen Aspekte eines Systems überschneiden sich:

Kollaborationsdiagramm[9]: Es beschreibt das Zusammenwirken der Objekte bei der Ausführung von Operationen.

Sequenzdiagramm[10]: Es stellt die Reihenfolge der Nachrichten und Methodenaufrufe zwischen Objekten gleicher oder verschiedener Klasse dar.

Zustandsdiagramm[11]: Es beschreibt die Zustände und Zustandsübergänge eines Objekts und seiner Operationen.

Aktivitätsdiagramm[12]: Es erweitert die Zustände aus dem Zustandsdiagramm um die in einem Zustand ablaufende Aktivität. Abhängig von deren Ergebnis kann es verschiedene **Transitionen**, d. h. Zustandsübergänge, in andere Zustände bzw. zu anderen Aktivitäten geben.

Auf Zustandsdiagramme gehen wir noch ausführlicher in Bd. III ein.

10.2.1 Kooperation von Objekten

„Wie finde ich die Objekte?“ ist die schwierigste Frage in der Analyse. Sie hat gewöhnlich keine eindeutige Antwort; man kann ein Problem auf verschiedene Weisen objektorientiert modellieren. Dazu betrachten wir Anwendungsfälle, die

9. engl. *collaboration diagram.*
10. engl. *sequence diagram.*
11. engl. *statechart diagram.*
12. engl. *activity diagram.*

wir schematisch wie in Abb. 10.3 und praktisch wie in den Abbildungen 10.5 und 10.40 beschreiben. Rechtecke stellen das System, Teilsysteme oder einzelne Objekte dar; Ovale beschreiben Vorgänge und Striche zeigen, von wem sie angestoßen werden. Aktive Objekte, beispielsweise Benutzer des Systems, die nicht zum System gehören, sind durch das Stereotyp «Aktor» angegeben, hier dargestellt durch ein Strichmännchen.

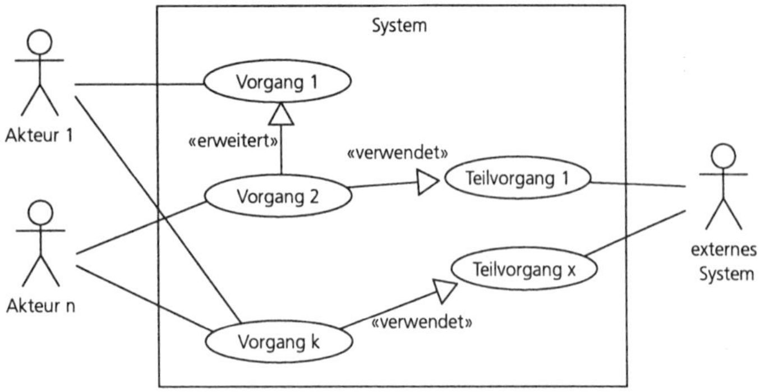

Abbildung 10.3: Schema eines Anwendungsfalls in UML

Der Anwendungsfall beschreibt Aktivitäten an der Außenschnittstelle eines Systems und zeigt nur die dort sichtbaren Objekte, z. B. Datenobjekte, die in Botschaften eingehen. Wenn wir die Beschreibung verfeinern, werden weitere Objekte sichtbar. Wir untersuchen, wie solche Objekte bei der Lösung von Aufgaben kooperieren. Das Prinzip ist als **Entwurf nach Zuständigkeit** bekannt:

Jedes Objekt ist für bestimmte Aufgaben zuständig und besitzt entweder alle Fähigkeiten, um diese Aufgaben selbst zu lösen, oder es kooperiert dazu mit anderen Objekten.

Wir charakterisieren zunächst die Klasse eines Objekts durch eine **KZK-** oder **Klassenkarte** mit Klassennamen und den Zuständigkeiten und Kooperationspartnern der Objekte der Klasse wie in Abb. 10.4. Die Klassenkarte gibt die **Rolle** wieder, die Objekte der Klasse im Gesamtsystem übernehmen sollen.

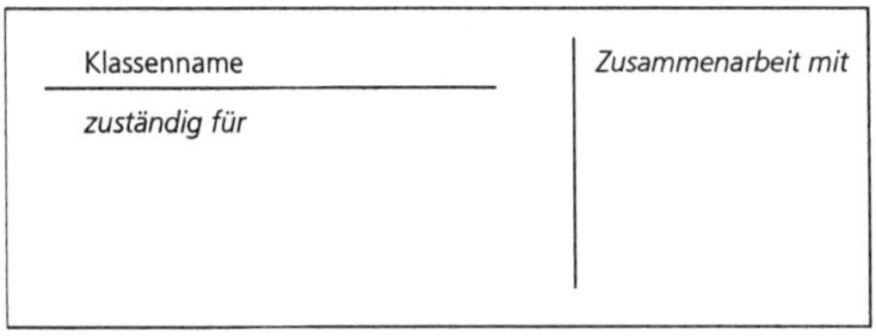

Abbildung 10.4: Klassenkarte

Klassenkarten sind Hilfsmittel der von Hand durchzuführenden Analyse.

Beispiel 10.1: Student Fritz bestellt nach Preisvergleich mit einem Brief bei der Firma Rechnerwelt einen Rechner. Dieser wird ihm nach mehreren Tagen als Paket durch die Firma gelbe Post zugestellt.

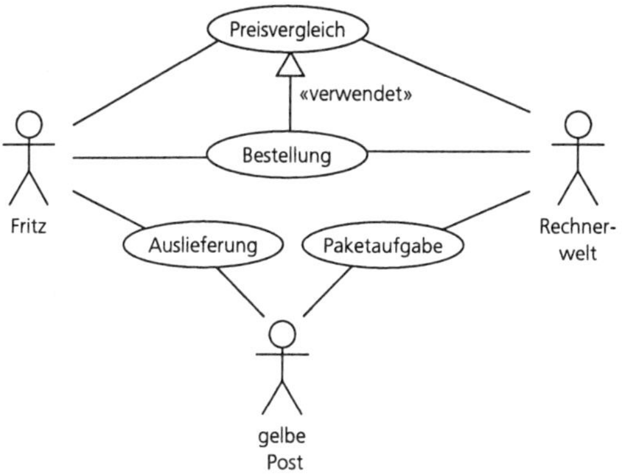

Abbildung 10.5: Anwendungsfall Rechnerbeschaffung

Student	
zuständig für	*Zusammenarbeit mit*
bestellen	Rechnerhändler
Paket annehmen	Zusteller

Rechnerhändler	
zuständig für	*Zusammenarbeit mit*
Bestellung annehmen	Student
Paket absenden	Zusteller

Zusteller	
zuständig für	*Zusammenarbeit mit*
Paket annehmen	Rechnerhändler
Paket ausliefern	Student

Abbildung 10.6: Klassenkarten der Rechnerbeschaffung (erste Näherung)

Abb. 10.5 zeigt den Anwendungsfall, Abb. 10.6 die nach der Aufgabenstellung unmittelbar zu erwartenden Klassenkarten. Wir bemerken, daß es hier nicht darauf ankommt, daß Fritz Student ist[13]. Fritz tritt in seiner Rolle als Kunde auf; seine Zuständigkeiten sind die eines Kunden; die Eigenschaft *Student* ist eine Überspezifikation in der Aufgabenstellung. Wir müssen daher den Klassennamen der ersten Klassenkarte korrigieren, um die Situation richtig zu beschreiben.

13. Es sei denn, er bekäme einen Studentenrabatt.

Ferner fehlen uns der Brief und das Paket aus der Aufgabenstellung als Objekte. Ihre Klassen haben keine Zuständigkeiten und keine Kooperationspartner; es handelt sich um reine Datenobjekte. Schließlich haben wir offengelassen, wie der Bestellbrief zum Rechnerhändler gelangt; er könnte ebenfalls von der gelben Post befördert werden. Diese wäre dann zusätzlich für das Entgegennehmen und Ausliefern von Briefen zuständig. ♦

Wie in diesem Beispiel finden wir Klassen und Objekte für viele Anwendungen, indem wir die Substantive in der Aufgabenbeschreibung einzeln auf ihre Bedeutung untersuchen: „Fritz ist Student", „Rechnerwelt ist ein Rechnerhändler", usw. Die Verben in der Aufgabenbeschreibung kennzeichnen Handlungen, für die die Objekte zuständig sind. Subjekt – Objekt-Bezüge, Genitivkonstruktionen usw. weisen auf Kooperationen hin. Diese sogenannte **Substantiv-Verb-Analyse** führt weiter, wenn sich die Objekte aus der Aufgabe ergeben; sie leistet wenig, wenn Objekte und Klassen aus ganz anderen Vorkenntnissen stammen. Am Beispiel der Veränderung *Student* → *Kunde* sehen wir, daß die richtige Wahl der Abstraktion nachträglich überprüft werden muß. Auch führt die Analyse nicht zu einer eindeutigen Klasseneinteilung. Sie kann sogar mögliche Alternativen ausschließen; dies kann mit nicht ausreichendem technischen Überblick des Auftraggebers oder sprachlicher Unbeholfenheit zusammenhängen. So schließt das Beispiel durch seine Formulierung aus, daß die Bestellung telefonisch, oder über das Internet übermittelt wird, oder daß die Firma Rechnerwelt unter verschiedenen Zustellfirmen wählt oder einen eigenen Lieferdienst unterhält.

Neben den so gefundenen Klassen kennen wir meist auch schon konkrete Objekte der einzelnen Klassen. Es empfiehlt sich, diese auf den KZK–Karten der entsprechenden Klassen zu notieren. So wissen wir bereits, daß *Fritz* ein Objekt der Klasse *Kunde*, *Rechnerwelt* ein *Rechnerhändler* und *gelbe Post* ein *Zusteller* ist.

Wie eine Aufgabe gelöst wird, ist Sache des zuständigen Objekts bzw. seiner Klasse. Wir unterscheiden zwei Formen: das zuständige Objekt löst die Aufgabe, indem es eine Botschaft an ein anderes Objekt übermittelt und dort einen Dienst anfordert; oder es akzeptiert solche Botschaften von anderen Objekten und erbringt selbst einen Dienst. In Beispiel 10.1 ist *Fritz* ein Kunde, der eine Bestellung aufgibt. Er führt die Tätigkeit *bestellen* in eigener Zuständigkeit aus und versendet eine Botschaft an *Rechnerwelt*, die diese mit dem Dienst *Bestellung annehmen* entgegennimmt. Da dies ohne Einfluß eines anderen Objekts zustandekommt, ist *Fritz* ein aktives Objekt (relativ zum betrachteten System).

Die Zuständigkeiten führen entweder zu Diensten, die ein Objekt anbietet, oder zu Aufrufen von Diensten kooperierender Objekte. Die angebotenen Dienste bilden die **Schnittstelle** eines Objekts und bestimmen seine Rolle in der Zusammenarbeit. Wir unterscheiden **Kunden**, die Dienste beanspruchen, und **Anbieter**, die Dienste bereitstellen. Sind die Rollen vollständig getrennt, ist ein Kunde also nicht zugleich Anbieter für seine eigenen Lieferanten, so nennen wir das Systemmodell ein **Kunden-Anbieter-Modell**[14]. Objekte, die einen abstrakten Datentyp realisieren, sind die uns bisher geläufigsten Beispiele von Anbietern, die unabhängig vom Kunden sind. Im Kunden-Anbieter-Modell sind die Kunden aktive Objekte, die Anbieter sind passiv. Im Beispiel 10.1 ist *Fritz* ein Kunde, *Rechnerwelt* und *gelbe Post* sind mit Bezug auf die Leistungen für Fritz beides Anbieter.

Im strukturierten Entwurf entspricht das Kunden-Anbieter-Modell dem hierarchischen Zusammensetzen eines abstrakten Programms (dem Kunden) mit den Datenstrukturen und Prozeduren (dem Anbieter), die es aufruft. Das abstrakte Programm ist nur korrekt, wenn auch die aufgerufenen Prozeduren korrekt sind. Man sagt daher, der Kunde **benutzt** den Anbieter zur Lösung seines Problems, und spricht von einer **Benutzt-Hierarchie**, wenn die Korrektheit der Lösungen in dieser Weise voneinander abhängt. Das Kunden-Anbieter-Modell ist also nicht spezifisch objektorientiert.

Aufgabe 10.1: Erweitern Sie Beispiel 10.1 um das Stellen und Bezahlen der Rechnung. Welche Probleme verursacht das getrennte Versenden von Rechnung und Lieferung?

Eine allgemeinere Beschreibung der Zusammenarbeit von Objekten geht vom Begriff des Vorgangs aus Abschnitt 10.1.1 aus: Kooperierende Objekte schließen einen Vertrag über ihre gegenseitigen Verpflichtungen bei der Bearbeitung von Vorgängen (**Entwurf durch Vertrag**[15]). Im Beispiel 10.1 wird der von *Fritz* geforderte Vorgang *Rechner liefern* durch den Vertrag zwischen *Rechnerwelt* und *gelbe Post* erbracht, wonach ein Paket, das *Rechnerwelt* an die *gelbe Post* gibt, von dieser in angemessener Zeit an den Adressaten ausgeliefert wird. Dieser Vertrag ermöglicht es der *Rechnerwelt*, das Abliefern des Pakets an die *gelbe Post* als Abschluß des Vorgangs *Rechner liefern* und somit als Erfüllung seines Vertrags mit *Fritz* anzusehen.

Technisch besteht ein solcher Vertrag aus mehreren Teilen:

- Zusicherungen über die Argumente und Ergebnisse von Diensten; dies sind die Vertragsdaten, die den Vorgang und seine ordnungsgemäße Bearbeitung beschreiben.
- Zusicherungen über das Schnittstellenprotokoll: *Fritz* gibt keine Aufträge an *Rechnerwelt*, bevor diese Firma eröffnet hat oder nachdem sie geschlossen wurde. Auch darf *Rechnerwelt* keine Mahnung an *Fritz* schicken, wenn dieser den Rechner und die beigefügte Rechnung noch gar nicht erhalten hat.
- Nicht-funktionale Bedingungen: Zum Beispiel muß geregelt werden, was *gelbe Post* unter angemessener Zeit bis zur Auslieferung versteht.

---

14. engl. *client-server-model*. Sind Kunde und Anbieter Programme, die auf verschiedenen Rechnern laufen, so nennt man diese Rechner im Jargon oft Kunde bzw. Anbieter.

15. engl. *design by contract*.

Die Zusicherungen über Argumente und Ergebnisse beschreiben den funktionalen Zusammenhang. Zusammen mit der Information, welche anderen Objekte bei der Vorgangsbearbeitung beteiligt sind und wie sie kooperieren, werden sie im Kooperationsmodell erfaßt.

Daneben sind Reihenfolgebedingungen von besonderem Interesse: *Fritz* führt die Operationen *bestellen – Paket annehmen – Rechnung bezahlen* nur in dieser Reihenfolge aus. Weder nimmt er Lieferungen an, die er nicht bestellt hat, noch bezahlt er Rechnungen vor Lieferung.

Diese Reihenfolgebedingungen werden in einem Sequenzdiagramm beschrieben. Abbildung 10.7 zeigt dies für unser Beispiel. Unterstrichene Namensvereinbarungen *Objektname*: *Objektklasse* bzw. unvollständige Vereinbarungen : *Objektklasse* geben hier wie auch sonst in UML Objekte wieder.

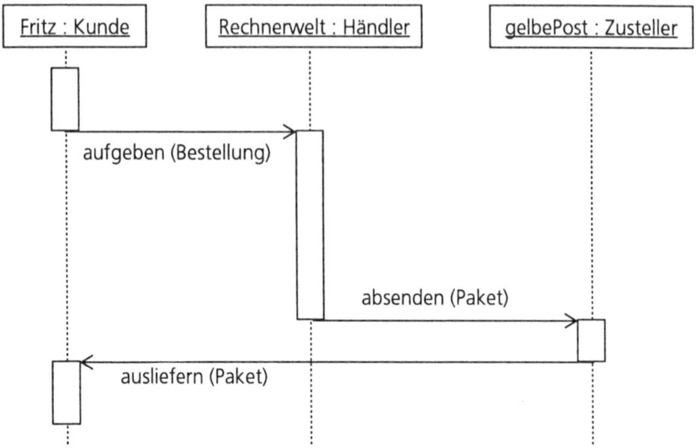

Abbildung 10.7: Sequenzdiagramm zu Beispiel 10.1

Sequenzdiagramme regeln für jedes einzelne Objekt, in welcher Reihenfolge welche Dienste aufgerufen bzw. ausgeführt werden können. Was ein Dienst und was ein Dienstaufruf ist, und in welcher Weise er zur Erfüllung eines Vertrags beiträgt, bleibt dabei offen. So könnten wir Beispiel 10.1 so ändern, daß *Rechnerwelt* bei *Fritz* nachfragt, ob er einen Rechner bestellen will. Dann wäre *Rechnerwelt* das aktive Objekt in der Zusammenarbeit; *bestellen* wäre ein Dienst von *Fritz*, der auf Anfrage ausgeführt wird; der Dienst *Bestellung annehmen* von *Rechnerwelt* würde durch den Aufruf *nach Bestellungen fragen* ersetzt. Dienstaufrufe können unter bestimmten Bedingungen auch durch Aufrufe in umgekehrter Richtung ersetzt werden.

Da ein Objekt seine Dienste in eigener Zuständigkeit erbringt, unterliegt deren Realisierung dem Geheimnisprinzip. Ob in Beispiel 10.1 die Firma *Rechnerwelt* zugleich Hersteller ist, und wie Bestellungen intern abgewickelt werden, ist an der Schnittstelle nicht sichtbar. Technisch ist das Kapseln der Dienste notwendig, damit man Klassen unabhängig voneinander entwickeln und die Realisierung später ändern kann, ohne das Funktionieren des Gesamtsystems zu stören.

10.2.2 Objektmodell

Das Studium der Zusammenarbeit legt Klassen und Zuständigkeiten fest. Im **Objektmodell** untersuchen wir genauer, welche Merkmale die Objekte besitzen und welche Beziehungen zwischen ihnen bestehen. Da alle Objekte einer Klasse gleiche Merkmale besitzen, werden in der Modellierung gleich die Klassen erfaßt und das Objektmodell durch ein Klassendiagramm dargestellt.

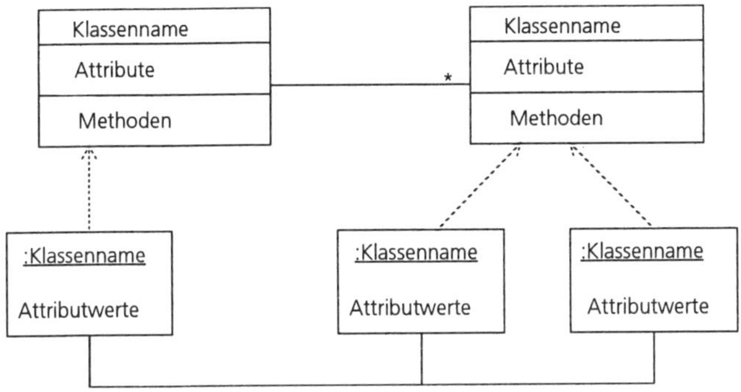

Abbildung 10.8: Klassendiagramm

Abbildung 10.8 zeigt schematisch den Aufbau von Klassendiagrammen. Eine Klasse — dargestellt durch ein Rechteck — wird durch ihren Klassennamen, ihre Attribute sowie die Signatur ihrer Methoden wiedergegeben; die Angaben können unvollständig sein, z. B. können die Attribute und/oder Methoden fehlen.

Ein **Attribut** eines Objekts ist ein Wert. Es besitzt einen Namen, einen Typ und bei Bedarf eine Vorbesetzung; diese Angaben stehen in der zugehörigen Klasse im Klassendiagramm. Der Wert ist im allgemeinen ein anderes Objekt, das durch *darauf zeigen*, also durch eine Referenz, identifiziert wird; in einfachen Fällen, z. B. bei Zahlwerten oder Texten, schreiben wir den Wert unmittelbar an. Demzufolge ist auch der Typ im allgemeinen ein Klassenname.

Ein Attribut, dessen Wert für alle Objekte einer Klasse gemeinsam gilt, heißt ein **Klassenattribut**; es existiert unabhängig von den Objekten der Klasse. Typische Klassenattribute sind globale Festlegungen über verwandte Zeichencodierungen, maximale Tabellenlängen, usw.

Jedes Objekt *kennt* seine Klasse und damit die Methoden, die es ausführt. Es kann auch Attributwerte enthalten, die auf Objekte der gleichen Klasse zeigen. Jede Methode *kennt* das sie ausführende Objekt und dessen Klasse.

In SATHER kann man Attribute, Parameter und lokale Größen mit dem Typbezeichner SAME vereinbaren. Ihr Typ ist die Klasse, in der die Vereinbarung steht. In 9.4 sahen wir den Parameter self, der das Objekt identifiziert, dessen Methode aufgerufen wird. In C++ und JAVA schreibt man this statt self.

Assoziationen in UML beschreiben sowohl in Klassen- als auch in Objektdiagrammen die Beziehungen zwischen einzelnen Objekten: Die Assoziationen zwischen Klassen beschreiben die möglichen Objektverknüpfungen abstrakt; bei den Objekten existiert die Beziehung konkret. Assoziationen können durch Verweise als Attributwerte wiedergegeben sein. Insbesondere in Datenbankanwendungen identifizieren wir Objekte oft statt durch *darauf zeigen* durch einen **Schlüssel**, der das Objekt eindeutig bestimmt. Der Schlüssel ist im Objekt durch ein oder mehrere Attribute codiert. Es sind jedoch auch andere Realisierungen denkbar und nötig.

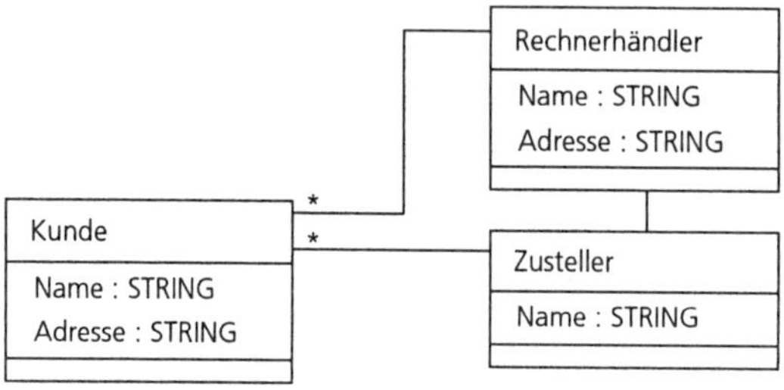

Abbildung 10.9: Klassendiagramm zu Beispiel 10.1

Abbildung 10.9 zeigt das Klassendiagramm zu Beispiel 10.1. Um die Bearbeitung des Vorgangs *Rechner liefern* genauer darzustellen, müssen wir den Inhalt des Bestellbriefes, des Warenlagers von *Rechnerwelt* und den Inhalt des Pakets beschreiben und miteinander in Beziehung setzen. Dabei ergeben sich weitere Klassen und Objekte, die in der ursprünglichen Aufgabenstellung nicht auftreten. Vor allem führt dies zu einer genaueren Bestimmung der Attribute und Kooperationen zwischen Objekten. Die Vorgehensweise ist als **Datenmodellierung** bekannt und beim Entwurf von Datenbankanwendungen weit verbreitet.

Assoziationen sind n-stellige Relationen, also Mengen von n-Tupeln von Objekten. Ein einzelnes n-Tupel heißt eine **Verknüpfung** (zwischen Objekten). Verknüpfungen entsprechen oft den Kooperationen in 10.2.1 und werden genau so durch Substantiv-Verb-Analyse ermittelt. Verknüpfungen $p - q$ zwischen Objekten p, q sind eigentlich symmetrisch: wenn p mit q assoziiert ist, dann auch q mit p.

Beispiel 10.2: Ein Professor p, d. h. ein Objekt der Klasse *Professor*, ist durch eine Vorlesung v assoziiert mit den Studenten $s_1, \ldots, s_n$, die diese Vorlesung besuchen. Der Satz *s besucht Vorlesung v von p* weist auf diese Assoziation hin. Umgekehrt ist jeder Student mit der Menge $\{p_1, \ldots, p_m\}$ von Professoren assoziiert, deren Vorlesungen er hört. Die Abb. 10.10 – 10.12 zeigen die Assoziation in verschiedenen Formen; oben ist jeweils das Klassen-, unten ein Objektdiagramm angegeben. Abbildung 10.10 stellt eine dreistellige Assoziation dar. Abbildung 10.11 zeigt eine zweistellige Assoziation, in der die Vorlesung als Attribut der Assoziation auftritt. Abbildung 10.12 gibt eine $m:n$-Assoziation zwischen m Professoren und n Studenten ohne Erwähnung der Vorlesung wieder. ♦

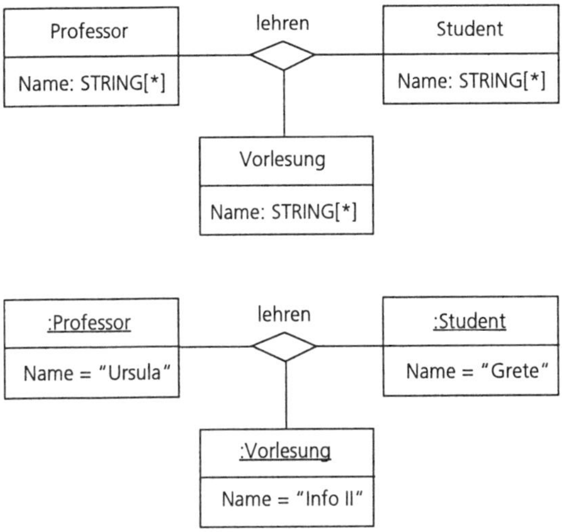

Abbildung 10.10: Student s besucht Vorlesung v von Professor p als dreistellige Assoziation *lehren*

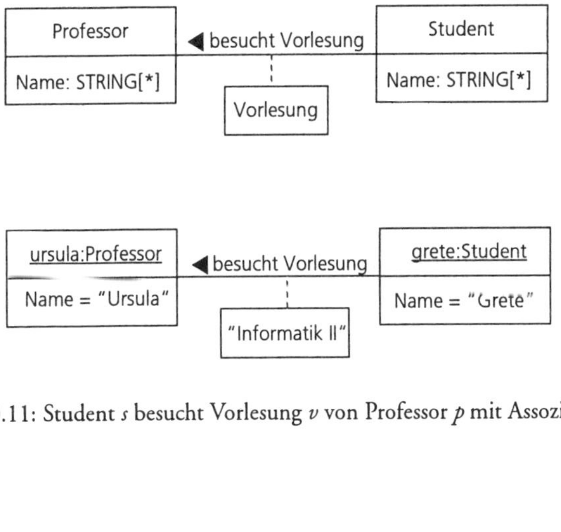

Abbildung 10.11: Student s besucht Vorlesung v von Professor p mit Assoziationsattribut

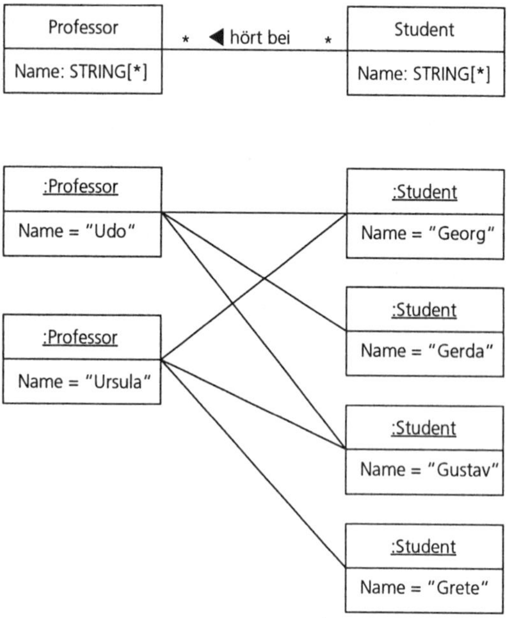

Abbildung 10.12: Student *s* hört bei Professor *p*

Assoziationen R können $m:n$-Relationen sein, bei denen ein Objekt p mit n Objekten q, und umgekehrt ein Objekt q mit m Objekten p verknüpft ist. Für jedes p bzw. q heißt n bzw. m die **Kardinalität** der Assoziation R. Wir fassen die Kardinalität gemeinhin als Attribut von p bzw. q auf. Zu vorgegebenem p ist pR die Menge der n Objekte q mit pRq. Auch pR und analog Rq lassen sich als mengenwertige Attribute von p bzw. q auffassen. Dies ist besonders naheliegend, wenn immer $n = 1$ gilt. Wir benutzen dann ein Attribut, das auf das einzige Objekt q mit pRq verweist. Wenn wir nur von p auf q und nicht umgekehrt schließen wollen, reicht dieses eine Attribut bereits aus. In Klassendiagrammen wie Abb. 10.9 bezeichnen Angaben wie 0..*, 1, *, usw. die Kardinalität: Objekte der Klassen *Rechnerhändler* und *Zusteller* können $n \geqslant 0$ Kunden haben. Die Angaben 0..* und * sind gleichwertig und werden auch unterstellt, wenn nichts angegeben ist.

Daß die Repräsentation von Assoziationen auf Attribute zurückgeführt wird, ist technisch bedingt. Da wir für Mengen verschiedene Darstellungsmöglichkeiten haben, vgl. 10.4.2, ist es unzweckmäßig, die Repräsentation von $m:n$-Assoziationen fest vorzugeben.

Durch eine **Qualifikation** läßt sich der Umfang der Mengen pR bzw. Rq in einer Assoziation R reduzieren, wie folgendes Beispiel zeigt:

Beispiel 10.3: Ein Dateiname *dn* ist global nicht eindeutig, sondern beschreibt eine $1:n$-Beziehung: *System S enthält Dateien* $\{d_1,\dots,d_n\}$ *mit Namen dn*. Innerhalb eines einzelnen Dateiverzeichnis v ist dn jedoch ein Schlüssel und kennzeichnet eine Datei eindeutig; Das Verzeichnis reduziert die $1:n$-Beziehung zu der $1:1$-Beziehung *v enthält Datei dn* in Abb. 10.13. ♦

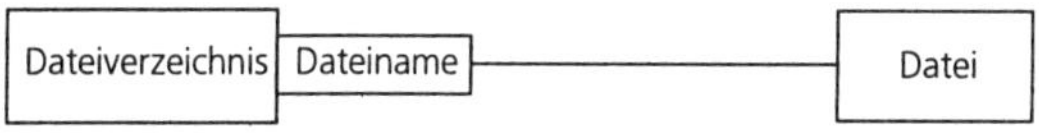

Abbildung 10.13: Klassendiagramm einer qualifizierten Assoziation

Im Klassendiagramm einer Assoziation spezifizieren wir oft die Rolle der Objekte und die Assoziation genauer:

Beispiel 10.4: Eine Person sei Mitarbeiter einer Firma und zugleich Patient ihres Hausarztes. Wir stellen dies durch die Klassendiagramme in Abb. 10.14 dar. In

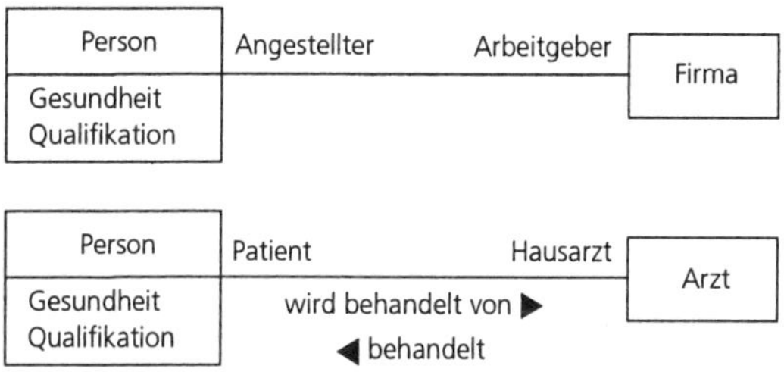

Abbildung 10.14: Klassendiagramme mit Rollenangaben

der Rolle als Patient ist die berufliche Qualifikation uninteressant. In der Rolle als Angestellter unterliegen Angaben über den Gesundheitszustand dem Datenschutz. *wird behandelt von* ▶ und ◀ *behandelt* geben die beiden Interpretationen der Assoziation von Patient und Arzt an. ♦

Die Rolle eines Objekts kann dazu führen, daß Attribute und auch Methoden des Objekts in einer Assoziation unsichtbar, also gekapselt, werden. Auch die Zugangsberechtigung kann eingeschränkt sein: Der Hausarzt kann im Gegensatz zum Arbeitgeber das Gehalt einer Person nicht ändern. Die Kapselung kann auch schrittweise erfolgen: Der unmittelbare Vorgesetzte kann einem Mitarbeiter eine andere Aufgabe in seinem Verantwortungsbereich zuweisen; ein höherer Vorgesetzter sollte dies nicht ohne Einverständnis des unmittelbaren Vorgesetzten tun.

Im Datenbankbereich sind die Rollen von Objekten als **Sichten** auf ein Objekt bekannt. Die Gesamtrolle spezifiziert alle unter irgendeiner Sicht öffentlich zugänglichen Attribute; man nennt sie auch das **konzeptuelle Schema**. Eine spezielle Rolle heißt dann ein **externes Schema**. In Abb. 10.10 sahen wir, daß auch Assoziationen als Klassen aufgefaßt werden können. Die Begriffe sind daher in Übereinstimmung mit dem Schemabegriff aus 2.6 auch auf Relationen anwendbar.

In objektorientierten Programmiersprachen gibt es zumeist nur sehr wenige Möglichkeiten, um die eingeschränkte Schnittstelle eines Objekts in einer bestimmten Rolle explizit zu dokumentieren, da die Vielzahl möglicher Rollen zu unübersichtlichen Formulierungen führen würde. Um so wichtiger ist es, die Rollen in der Programmdokumentation festzuhalten und die Einhaltung der Kapselung von Hand zu überprüfen.

Speziell heißt eine Assoziation R eine **Aggregation**, wenn sie als *p besteht aus* $\{q_1, \ldots, q_n\}$ oder umgekehrt als *q gehört zu p* gelesen werden kann. Wir geben Aggregationen wie in Abb. 10.15 wieder. Die Raute bezeichnet das Enthaltensein. Eine gefüllte Raute besagt, daß die Teile der Aggregation nicht ohne das Ganze existieren können; in UML heißt diese Form der Aggregation **Komposition**; sie kann auch wie in Abb. 10.16 durch geschachtelte Rechtecke dargestellt werden.

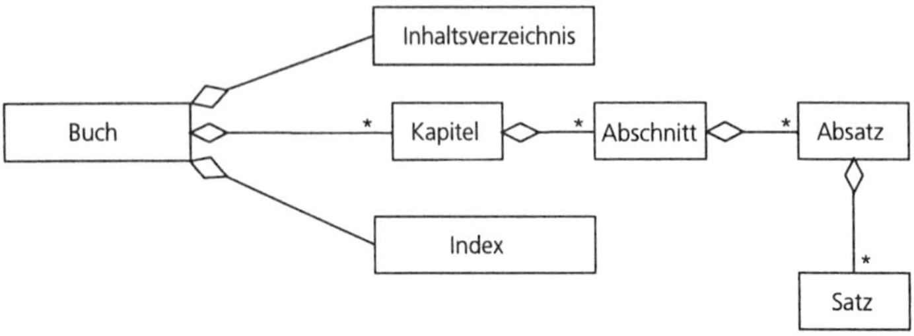

Abbildung 10.15: Klassendiagramm eines Buches

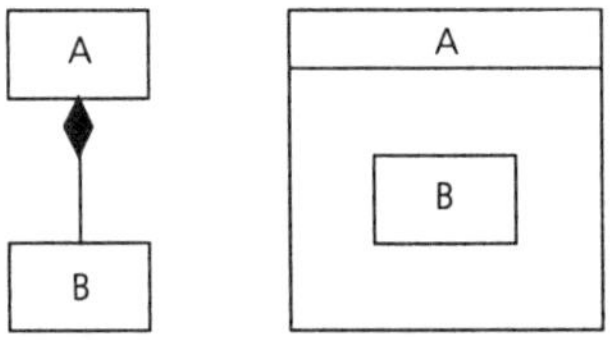

Abbildung 10.16: Darstellungsmöglichkeiten für Komposition in UML

Wenn wir uns auf den Standpunkt stellen, daß alle Attributtypen Klassen sind, ist jeder Attributwert ein Bezugsobjekt einer Assoziation. *Attribute* realisieren also *Assoziationen*. Jede Klasse ist Komposition aller ihrer Attribute und entspricht einem Aggregat in SATHER wie auf S. 123.

Auch Vererbungsbeziehungen sind Teil des Objektmodells. Abbildung 10.17 zeigt die Vererbung am Beispiel der digitalen Abspielgeräte aus 10.1.2. Die Unterklassen erben alle Merkmale der Oberklasse. Diese übernommenen Merkmale werden in der Unterklasse nicht mehr aufgeführt. Wird eine Methode wie *Wiedergabe starten* doch angegeben, so **überschreibt** die Unterklasse die Methode aus der Oberklasse.

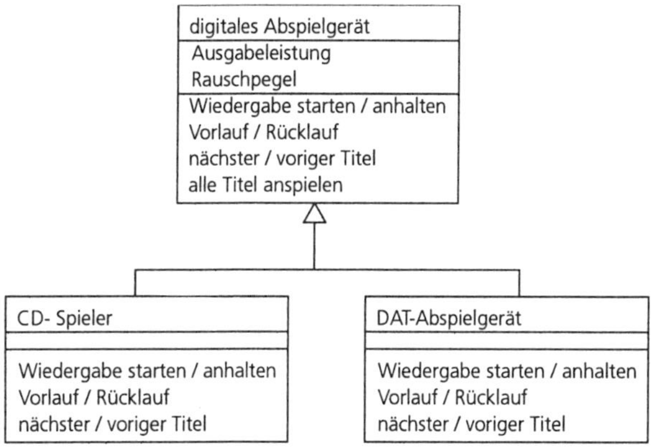

Abbildung 10.17: Klassendiagramm mit Vererbung

Beispiel 10.5 (Tabellenkalkulation[17]**)**: Ein Tabellenkalkulationsprogramm verwaltet eine Tabelle von $M \times N$ Zellen. Die Zeilen und Spalten der Tabelle werden mit ganzen Zahlen $1, 2, \ldots$ und Buchstaben $A, B, \ldots, Z, AA, AB, \ldots$ indiziert. Zellen wie $B16$ sind entweder leer oder besitzen einen Inhalt. Der Inhalt einer Zelle kann ein Text (Typ STRING), eine Zahl (Typ INT oder FLTD) oder eine Formel sein. Zahlen können auch als Texte, nämlich ihre Druckdarstellung, aufgefaßt werden. Wird eine arithmetische Operation auf einen Text angewandt, so repräsentiert dieser den Zahlwert 0. Eine Formel wie $B16 + 1$ oder sum($C5$, $C7$) − $B5$ berechnet ihr Ergebnis und schreibt es in die gleiche Zelle; Formelzellen enthalten neben der Formel einen Zahlwert oder einen Text, nämlich das Ergebnis der Formel. Das Ergebnis der Formel IF($A1 > 0, A1 + A2$, "unbekannt") kann eine Zahl oder ein Text sein.

Eine Tabellenkalkulation ist also eine Menge von Objekten, nämlich den Zellen und ihren Inhalten. Die Tabelle selbst ist eine Aggregation von Zellen. Eine Zelle ist optional mit einem Inhalt assoziiert. Desweiteren besteht eine $m : n$-Beziehung zwischen Zellen und Formeln: Formeln beziehen sich auf eine oder mehrere Zellen; eine Zelle kann in verschiedenen Formeln vorkommen. Zellen kann ein neuer Inhalt zugewiesen werden. Bei einer Inhaltsänderung benachrichtigen die Zellen selbständig von ihnen abhängige Formeln. Diese Überlegungen führen zu dem Klassendiagramm in Abb. 10.18. ♦

Aufgabe 10.2: Geben Sie Datenmodelle für den Inhalt des Bestellbriefes und des Pakets in Beispiel 10.1 an. Die Datenmodelle sollten als Prüfliste zur Kontrolle der Vollständigkeit der Bestellung und der Lieferung dienen. Beachten Sie, daß Einzelheiten wie etwa ein Netzkabel im Modell des Pakets getrennt auftauchen

17. engl. *spreadsheet*. Wir beschreiben hier die prinzipielle Grundform.

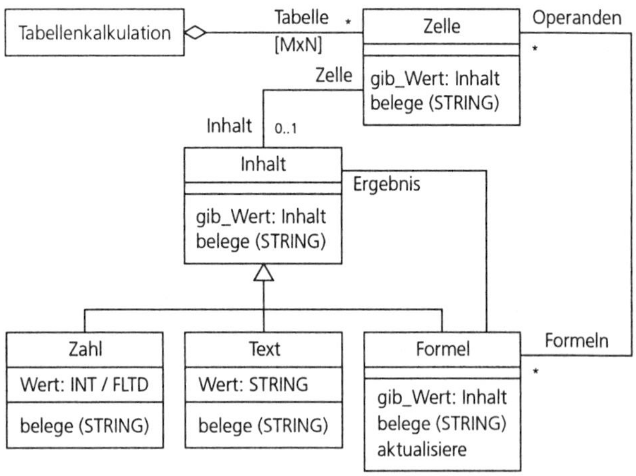

Abbildung 10.18: Klassendiagramm der Tabellenkalkulation

müssen, während sie im Modell des Bestellbriefes als Teile von Aggregationen erscheinen, für die die Angabe des Gesamtaggregats genügt.

Dem Leser wird aufgefallen sein, daß wir zu Beginn von 10.2 das Objektmodell als Ergebnis einer System- oder Anforderungsanalyse betrachteten; auch die Beispiele unterstrichen diese Interpretation. Dann aber benutzten wir Begriffe wie abstrakte Klasse, die wir auch in Programmiersprachen, also auf der Implementierungsebene, finden. In der Tat wird das Modell, das sich aus der Systemanalyse ergibt, mit den gleichen Hilfsmitteln beschrieben wie das Modell, das sich aus dem Entwurf oder während der Implementierung ergibt; es muß auch die gleichen Bedingungen erfüllen. Das Entwurfs- und Implementierungsmodell ist eine Verfeinerung und Umformulierung des Modells aus der Systemanalyse unter Berücksichtigung der zusätzlichen Forderung, daß jetzt nicht nur die Frage *Was tut das System?*, sondern auch die Frage *Wie tut es das?* beantwortet werden muß. Die Gleichartigkeit der Beschreibungshilfsmittel auf verschiedenen Ebenen wird uns auch in den nachfolgenden Abschnitten wieder begegnen.

10.2.3 Verhaltensmodell

Das Objektmodell erfaßt die Klassen und Teilsysteme eines Systems. Sie sind durch Assoziationen zu einem Geflecht verknüpft. Wir müssen nun festlegen, welche Objekte dieser Klassen existieren und bei welcher Gelegenheit sie gebildet werden. Wenn wir zu irgendeiner Zeit das System beobachten, finden wir die Objekte damit beschäftigt, Vorgänge entsprechend ihren Zuständigkeiten zu bearbeiten und Daten (Botschaften) untereinander auszutauschen. Diese Tätigkeiten näher zu beschreiben, ist Aufgabe des Verhaltensmodells.

Den Klassenkarten entnehmen wir, für welche Aufgaben, repräsentiert durch eine Methode in der Objektklasse, ein Objekt *b* zuständig ist. Diese kann von einem anderen Objekt *a* aufgerufen werden, vorausgesetzt, dem Objekt *a* ist die Identität des aufzurufenden Objekts *b* bekannt. Insgesamt können wir daher die Tätigkeiten Bildung von Objekten, Herstellung von Verknüpfungen zwischen Objekten und Methodenaufrufe zur Bearbeitung von Vorgängen unterscheiden.

Das **Kollaborationsdiagramm** in UML, vgl. Abb. 10.19, beschreibt die Objekte und ihre Zusammenarbeit vor allem bei der Vorgangsbearbeitung. Dazu

Abbildung 10.19: Kollaborationsdiagramm zu Beispiel 10.1

gibt das Diagramm die einzelnen Objekte an, verknüpft sie mit Kanten, die den Objektverknüpfungen entsprechen, und beschriftet die Kanten mit den übersandten Botschaften (Methodenaufrufen). Ist die Identität der Objekte noch nicht bekannt, so geben wir nur die Klasse in der Form *:Klassenname* an. Gibt es viele gleichartige Objekte, die mit gleichartigen Botschaften versorgt werden, so geben wir nur eines an und versehen die Kante mit einer Kardinalitätsangabe wie bei Assoziationen im vorigen Abschnitt. Eine Kante kann mehrere Botschaften repräsentieren, die numeriert werden, um die Reihenfolge des Absendens anzugeben. Auf weitere Möglichkeiten wie etwa die Kennzeichnung von Zeit- und anderen Bedingungen gehen wir hier nicht ein.

Zur Aufstellung eines Kollaborationsdiagramms analysieren wir die Anwendungsfälle und den Zusammenhang der Zuständigkeiten der einzelnen Objekte, die wir auf den Klassenkarten in 10.2.1 identifizierten, genauer. So gibt es in Abb. 10.6 offensichtlich eine Verbindung zwischen den Zuständigkeiten *bestellen* und *Bestellung annehmen*, die in Abb. 10.19 durch *aufgeben(Bestellung)* wiedergegeben wird. Andererseits stehen die Objekte *Bestellung* und *Paket* bisher in keinem Zusammenhang.

Für das Teilsystem *Rechnerhändler* ist eine Bestellung ein Vorgang, der an den internen Dienst *Bestellung bearbeiten* weitergegeben wird. Wie die Bestellung weitergegeben wird, ist im Kollaborationsdiagramm nicht dargestellt; es wird nur festgehalten, daß sie weitergegeben wird. Desgleichen ist nicht dargestellt, wie der bestellte Rechner aus dem Lager geholt und zu einem Paket geschnürt wird. Wir geben mit den durch die transportierten Daten und Gegenstände beschrifteten Kanten nur den Datenfluß zwischen den einzelnen Objekten an.

Aufgabe 10.3: Beschreiben Sie in gleicher Weise die Arbeit des Zustellers. Denkbar wäre z. B. der Nahtransport von Paketen in ein Zwischenlager, von dem sie ggf. per Ferntransport in ein weiteres Zwischenlager transportiert und dann dem Kunden zugestellt werden.

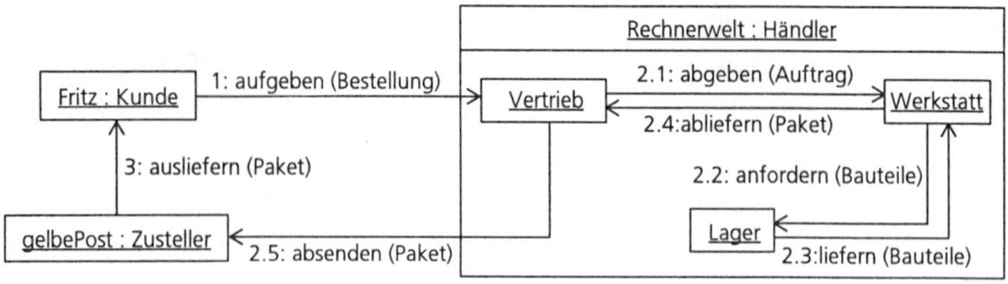

Abbildung 10.20: Kooperation zwischen Kunde, Rechnerhändler und Zusteller

Kollaborationsdiagramme bilden eine Hierarchie. Wie in Abbildung 10.20 beschreiben wir das Zusammenwirken der Tätigkeiten verschiedener Teilsysteme, die ihren Diensten und Dienstaufrufen an den Schnittstelle entsprechen. Die Einzelheiten der internen Kooperation in einem Teilsystem unterliegen dem Geheimnisprinzip. Dann modellieren wir schrittweise die Arbeit der einzelnen Teilsysteme bis herunter auf die Ebene einzelner Objekte.

Zur Vollständigkeit und Konsistenz einer Kooperation gehört, daß *alle* anfallenden Vorgänge erledigt werden, und, daß sich diese Vorgänge nicht gegenseitig behindern. Insbesondere darf die Bearbeitung eines Vorgangs nicht die Daten eines anderen Vorgangs verändern. Die Bearbeitung eines Vorgangs durch ein Teilsystem heißt in diesem Zusammenhang eine **Transaktion**. Auf die Fragen des Transaktionsmanagements, das die konsistente Durchführung mehrerer Transaktionen regelt, gehen wir hier nicht ein.

Aufgabe 10.4: Entwerfen Sie ein Kollaborationsdiagramm der Tabellenkalkulation aus Beispiel 10.5.

Klassen- und Kollaborationsdiagramme entsprechen den Blockdiagrammen, die man auch aus der Anforderungsanalyse und den ersten Entwurfsschritten anderer Ingenieurwissenschaften kennt. Für ein dynamisches System kommt es jedoch auf die mögliche zeitliche Abfolge der Zustände der Objekte und auf die Ereignisse, die Zustandsübergänge auslösen, an.

Im **Aktivitätsdiagramm** betrachten wir jedes Objekt als eine Menge möglicher Zustände, in denen eine Aktivität abläuft. Wie diese Aktivität durchgeführt wird, spielt keine Rolle. Jede Aktivität endet mit einer **Transition**, nämlich dem Auslösen eines Ereignisses, das (zusammen mit weiteren Daten) einem Empfängerobjekt übermittelt wird. Dieses reagiert in seinem jeweiligen Zustand mit einer anderen Aktivität. Eine Aktivität kann mehrere Ereignisse auslösen, die an unterschiedliche Empfänger gesandt werden. Sie kann auch Ereignisse auslösen, die alternativ, abhängig von Bedingungen, übersandt werden. Das Empfängerobjekt reagiert nicht in jedem Fall sofort auf ein Ereignis. Eventuell müssen mehrere Ereignisse eintreffen, die zusammengenommen die nächste Aktivität auslösen. Oft hat das Empfängerobjekt jedoch noch gar nicht den Zustand erreicht, in dem es auf ein gegebenes Ereignis reagieren kann; es legt dieses in einer Warteschlange ab und wartet auf andere Ereignisse, um den gewünschten Zustand zu erreichen.

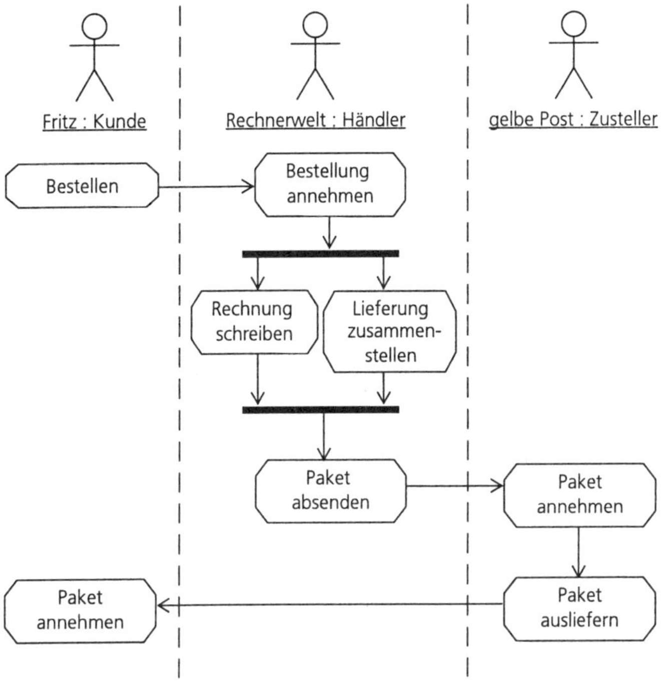

Abbildung 10.21: Aktivitätsdiagramm zu Beispiel 10.1

Beim Vergleich mit den Petrinetzen aus Abschnitt 2.5 sieht man, daß die Zustände und Aktivitäten in einem Aktivitätsdiagramm den Plätzen in einem Petrinetz entsprechen. Die Transitionen eines Petrinetzes entsprechen Synchronisationsbedingungen, die festlegen, welche Ereignisse zusammengenommen einen Übergang in den Folgezustand auslösen. Wie Abb. 10.21 zeigt, werden Aktivitätsdiagramme in UML genauso wie Petrinetze notiert: Rechtecke mit abgerundeten Seiten entsprechen den Plätzen, waagrechte oder senkrechte dicke Striche entsprechen den Transitionen des Petrinetzes. Die Zustände sind durch ihre Aktivität, die verbindenden Kanten optional durch den Namen des Ereignisses und eventuell zusätzlich durch Bedingungen und Kardinalitäten markiert. Im

Unterschied zum Petrinetz sind die Zustände einzelnen Objekten zugeordnet.

Die dem Aktivitätsdiagramm zugrundeliegende Abstraktion ist gerechtfertigt, wenn wir die Arbeitsweise eines Systems, Teilsystems oder eines einzelnen Objekts nur als in der Zeit halbgeordnete Menge von Ereignissen studieren, ohne die Zeitspanne zwischen einzelnen Ereignissen zu berücksichtigen. Wir sprechen dann von einem Systemablauf in **virtueller Zeit**.

Das Aktivitätsdiagramm betrachtet Paare (Zustand, Aktivität) als Einheit. Transitionen sind Übergänge zwischen verschiedenen Aktivitäten. Wie auch bei Petrinetzen kann man stattdessen die Aktivitäten den Transitionen zuordnen. Ein Zustandsübergang ist dann ein Paar (Transition, Aktivität).

Diese alternative Auffassung heißt in UML ein **Zustandsdiagramm**. Im Gegensatz zum Aktivitätsdiagramm beschränken sich Zustandsdiagramme in UML auf ein einzelnes Objekt. Es ist gegeben durch einen Graph $G = (E, K)$ mit den Zuständen als Ecken $e \in E$ und den Aktivitäten als Kanten $k \in K$. Gibt es verschiedene Aktivitäten, die zum gleichen Zustandsübergang führen, so beschriften wir eine Kante mit allen zugeordneten Aktivitäten. Dem Objekt entspricht ein endlicher Automat; dessen Eingabealphabet Σ besteht aus den vom Objekt ausführbaren Aktivitäten m. Σ ist also die Menge der Methoden des Objekts. Die möglichen Folgen von Aktivitäten entsprechen den vom Automaten akzeptierten Methodenfolgen. Wir können sie auch in geschlossener Form durch einen **Pfadausdruck**[18] beschreiben. Dieser ist ein regulärer Ausdruck im Sinne von 2.4 über dem Eingabealphabet Σ.

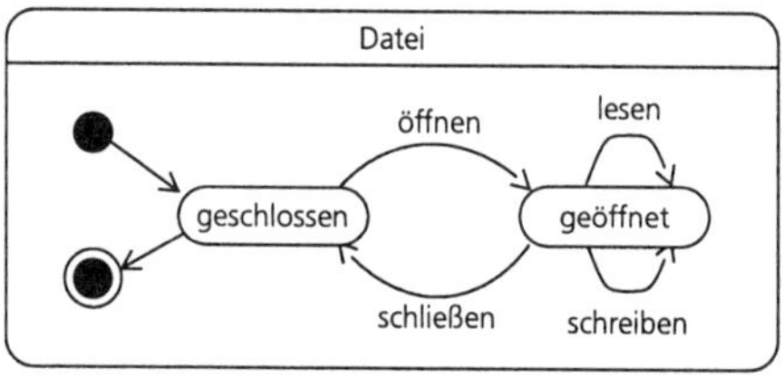

Abbildung 10.22: Endlicher Automat zu (öffnen (schreiben + lesen)* schließen)*

Beispiel 10.6: Eine Datei, vgl. 6.2.5, kann man öffnen, lesen, beschreiben und schließen. Schreiben und Lesen sind nur erlaubt, solange die Datei geöffnet ist. Der Pfadausdruck (öffnen (schreiben + lesen)* schließen)* bringt dies zum Ausdruck. Dabei ist nicht berücksichtigt, daß man nicht über das Dateiende hinauslesen darf. Abbildung 10.22 zeigt den zugehörigen endlichen Automaten. Die in der Programmierung notwendige Initialisierung und den Abschluß haben wir zusätzlich eingezeichnet. ♦

18. engl. *path expression.*

Beispiel 10.7: Abb. 10.23 zeigt die Zustandsübergänge der drei Klassen *Kunde*, *Rechnerhändler* und *Zusteller* aus Beispiel 10.1. ♦

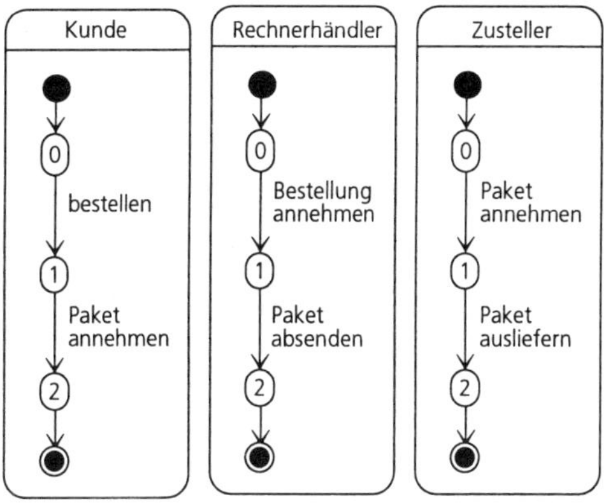

Abbildung 10.23: Zustandsdiagramme zu Beispiel 10.1

Der endliche Automat bzw. der Pfadausdruck läßt gewisse Folgen von Methodenereignissen zu und andere nicht. Er repräsentiert **kausale Abhängigkeiten** oder (oft willkürliche) Reihenfolgebedingungen. Die Reihenfolge *bestellen – Paket annehmen* in Beispiel 10.1 ist eine kausale Abhängigkeit. Reihenfolgebedingungen sind ernsthaft, wenn sie auf Ressourcenbeschränkungen oder Synchronisationsbedingungen zurückzuführen sind; sie stellen jedoch eine überflüssige Überspezifikation dar, wenn der Entwerfer bereits Reihenfolgen festlegt, über die eigentlich erst die Implementierung entscheiden sollte.

Wenn ein Ergebnis in vorgeschriebener Zeit benötigt wird, sprechen wir von einem **Echtzeitsystem**[19]. In einem solchen System erbringt eine verspätete Reaktion den angestrebten Nutzen nicht vollständig oder richtet sogar Schaden an (weiche bzw. harte **Echtzeitbedingung**). Wenn in Beispiel 10.1 der Rechner nicht *in angemessener Zeit* geliefert wird, ist eine weiche Echtzeitbedingung verletzt. Wenn durch Programmier- oder Bedienfehler ein Bestrahlungsgerät nicht rechtzeitig abschaltet und eine Überdosis von Röntgen-Strahlung freisetzt, verletzt dies eine harte Echtzeitbedingung.

Ein System in virtueller Zeit liefert sein Ergebnis *irgendwann*, z. B. auch erst nach 100 Jahren. So gesehen, gibt es kein vernünftiges System ohne Echtzeitbedingungen. Die Abstraktion ist nur gerechtfertigt, wenn wir *aus Erfahrung* wissen, daß das System in angemessener Zeit reagieren wird und der genaue Zeitpunkt keine Rolle spielt. Der Begriff der Echtzeitbedingung ist nicht davon abhängig, ob die Reaktion im Millisekunden- oder im Stundenbereich benötigt wird.

Einen endlichen Automaten können wir nicht nur als Zustandsmodell eines einzelnen Objekts konstruieren, sondern auch für ein Teilsystem, das aus meh-

19. engl. *real-time system*.

reren Objekten besteht. Die Objekte im Zustandsmodell kooperieren, indem sie gegenseitig Methoden aufrufen. In einem korrekten System gilt die **Protokollbedingung**:

Die Kooperation erfüllt für jedes beteiligte Objekt den Pfadausdruck.

Die Protokollbedingung zusammen mit etwaigen Echtzeitbedingungen garantieren die Korrektheit des zeitlichen Ablaufs einer Kooperation zwischen Objekten entsprechend dem Vertrag, den sie eingegangen sind.

Zur praktischen Konstruktion von Zustandsdiagrammen ist es sinnvoll, zunächst den Anwendungsfällen zunächst typische Ereignisfolgen zu entnehmen. Jede solche Folge definiert eine **Spur**[20] von Zuständen, Zustandsübergängen und zugehörigen Ereignissen in dem zu beschreibenden System. Bei Benutzung eines Telefons erhalten wir z. B. die Spur *Hörer abnehmen – Freizeichen abwarten – Wählen – Gegenseite nimmt Hörer ab – Sprechen – Hörer auflegen.* Die Menge *aller* Spuren definiert die Pfadausdrücke der einzelnen Objekte und Teilsysteme und damit das Zustandsdiagramm des Gesamtsystems extensional. Die Pfadausdrücke definieren es intensional. Aus Umfangsgründen können wir die Menge aller Spuren meist nicht vollständig angeben. Die Konstruktion von Spuren ist nur ein Hilfsmittel. Zusätzlich müssen wir die Vollständigkeit des Zustandsdiagramms prüfen.

Die Automaten bzw. Pfadausdrücke werden wegen der großen Zahl möglicher Zustände schnell unübersichtlich. Wir kommen auf dieses Problem in Bd. III zurück.

Aufgabe 10.5 (**Telefon**): Geben Sie das Klassen- und Zustandsdiagramm eines Telefons an. Hinweis: Das Telefon besteht aus dem Objekt *Telefonapparat* und dem Teilsystem *Vermittlung.* Der Apparat kennt u. a. die Zustände *Hörer aufgelegt/abgenommen, Freizeichen, Besetztzeichen, Sprechen* und die Ereignisse *Taste i gedrückt.* Die Vermittlung kennt u. a. die Zustände *Verbindung geschaltet/belegt, Nummer unvollständig* und die Ereignisse *Hörer abgenommen/aufgelegt.*

Im Zustandsdiagramm gehen wir im Unterschied zum Aktivitätsdiagramm von der Annahme aus, daß der Aufrufer immer auf das Ergebnis seines Methodenaufrufs wartet. Dies ist aber nur der erste Fall der nachfolgenden Liste möglicher Rückmeldungen eines Methodenaufrufs:

1. **Aufruf mit Warten auf Erledigung**: Der Aufrufer führt keine weiteren Handlungen aus, bis ein Ergebnis vorliegt.
2. **Aufruf ohne Warten auf Erledigung**: Der Aufrufer erhält nur die Rückmeldung *Auftrag angekommen.* Wenn ein Programm z.B. eine Zeichnung auf den Bildschirm ausgibt, ist mit der Rückmeldung nicht gesagt, daß tatsächlich die gewünschte Information an der richtigen Stelle und in der gewünschten Form ausgegeben wurde. Insbesondere kann es einige Zeit in Anspruch

20. engl. *trace.*

nehmen, bis ein Bild gezeichnet ist; während dessen beschäftigt sich das auftraggebende Programm mit anderem und erhält danach auch keine Vollzugsmeldung. Insbesondere erhält es keine Fehlermeldung bei Mißerfolg des Auftrags.

3. **Aufruf mit späterer Anfrage, ob das Ergebnis vorliegt**: Dies ist eine Erweiterung von Fall 2. Im Beispiel 10.1 könnte sich *Fritz* auf dem Postamt erkundigen, ob ein Paket angekommen ist.
4. **Aufruf mit aktiver Rückmeldung**: Auch dies ist eine Erweiterung von Fall 2. Es handelt sich um die Interaktionsform im Beispiel 10.1: Der Dienst *Paket annehmen* von *Fritz* ist kein Dienst im üblichen Sinne, sondern die Annahme der Rückmeldung auf eine frühere Bestellung. *Fritz* könnte sogar über mehrere Dienste *Paket annehmen* verfügen, mit denen er Pakete auf unterschiedliche Bestellungen annimmt. Er müßte dann bereits bei Bestellung mitteilen, welcher Dienst bei Empfang des Pakets benutzt werden soll.

Der erste Fall entspricht dem gewöhnlichen Prozeduraufruf. Die Implementierung führt die meisten Fälle hierauf zurück.

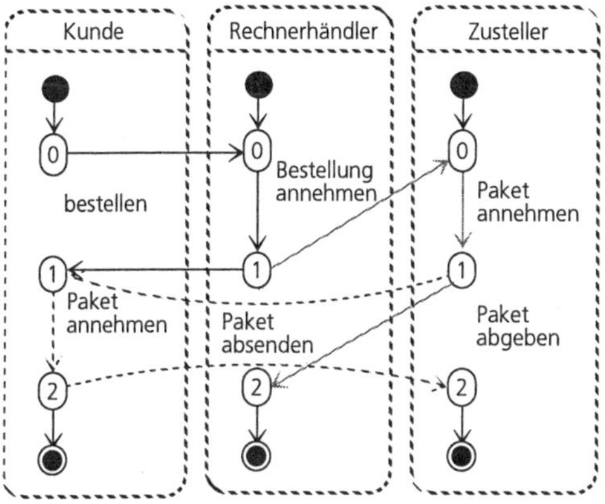

Abbildung 10.24: Aufgelöste Methodenaufrufe für Beispiel 10.1

In Abb. 10.24 haben wir die Übermittlung der Anfangs- und Endeereignisse der Aufrufe eingetragen. Dem Bild entnimmt man auch, daß der Kunde *Fritz* das einzige aktive Objekt in diesem System ist: Alle anderen warten im Anfangszustand 0, bis ihnen ein Auftrag erteilt wird.

Die Abb. 10.25 zeigt die vier Formen der Zusammenarbeit mit ausgezogenen senkrechten Linien für die übermittelten Botschaften und gestrichelten Linien für die Rückmeldungen. Beispiel 10.1 zeigt überdies, daß die Rückmeldung nicht unbedingt von dem Objekt kommen muß, an das die ursprüngliche Botschaft ging.

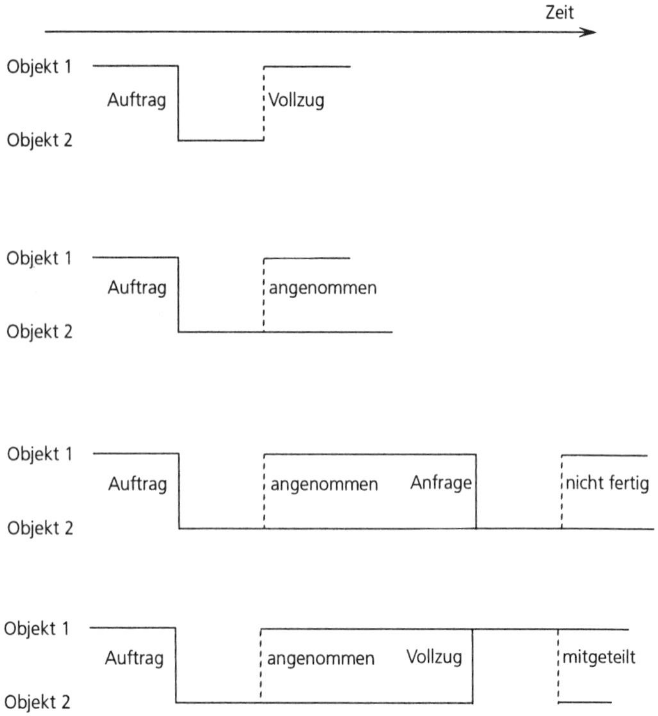

Abbildung 10.25: Rückmeldung nach Dienstaufrufen

In den Fällen 2 - 4 kann der Aufrufer mehrere Dienste aktivieren, die gleichzeitig oder zeitlich verzahnt ausgeführt werden. Werden mit einem einzigen Aufruf gleichzeitig mehrere Objekte angesprochen, so heißt der Aufruf ein **Rundspruch**[21]. Wenn *Fritz* eine Anzeige in der Zeitung aufgibt, um einen gebrauchten Rechner zu kaufen, so ist dies ein Rundspruch an alle Zeitungsleser.

Beispiel 10.8 (Tabellenkalkulation): Im Klassendiagramm Abb. 10.18 verfügen Zellen und Inhalte über die Methoden gib_Wert und belegen; die Klasse Formel besitzt zusätzlich die Methode aktualisiere, die das Ergebnis der Formel neu berechnet. Die Methode belege der Klasse Zelle benachrichtigt alle Formelobjekte, in denen sie als Operand vorkommt. Genauso müssen Formeln bei Änderung ihres Ergebnisses ihre Zellen zu einer entsprechenden Benachrichtigung veranlassen, wenn sich der Wert geändert hat. Schematisch erhalten wir die Zustandsdiagramme Abb. 10.26. benachrichtige ist ein Rundspruch an alle assoziierten (Formel-)Objekte. Der Ablauf ist nur für Objekte konkreter Klassen angegeben. Abstrakte Klassen besitzen keinen Zustand. Sie definieren Schnittstellen, keine Abläufe. ♦

21. engl. *broadcast*.

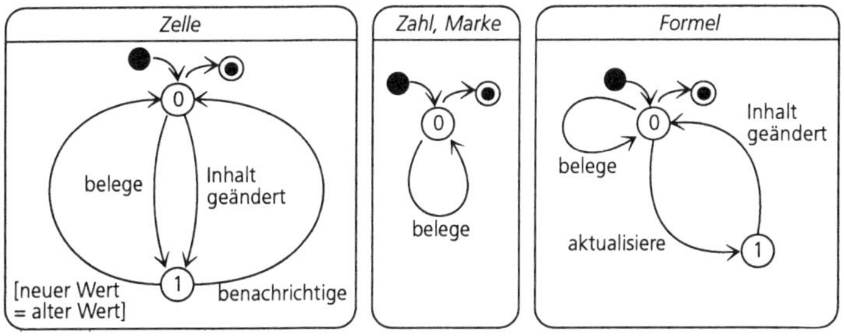

Abbildung 10.26: Zustandsdiagramme zur Tabellenkalkulation

Aufgabe 10.6: Gegeben sei eine Tabellenkalkulation mit A1=1, A2=10, A3=100 und B1=A1+A2, B2=B1+A3, B3=A1+A3. Geben Sie mögliche Reihenfolgen der Ereignisse an.

Die Umkehrung des Rundspruchs ist ein **Strom**: Ein Objekt erhält eine Vielzahl von Dienstaufrufen, die es sequentiell nacheinander bearbeitet: Der Anbieter *Rechnerwelt* erledigt mit einem Sachbearbeiter nacheinander die Aufträge vieler Kunden. Die Abb. 10.27 zeigt diese Zusammenarbeit unter der Annah-

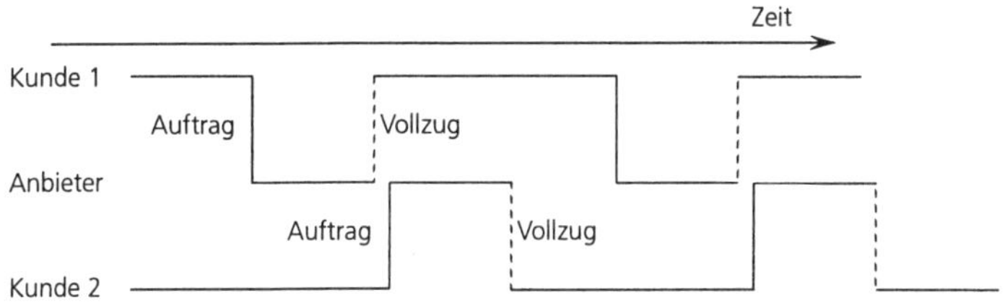

Abbildung 10.27: Strom mit mehreren Auftraggebern

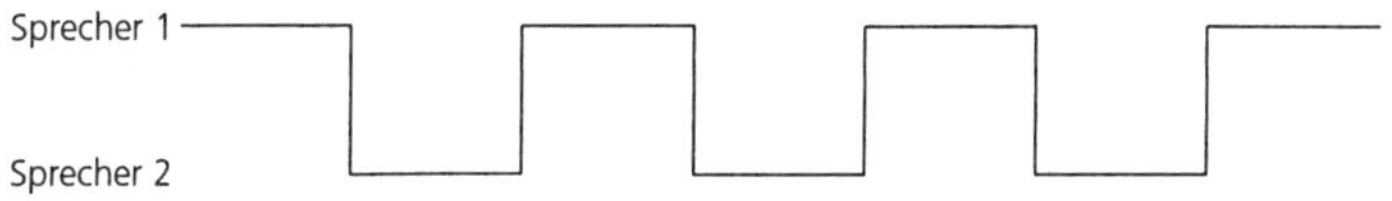

Abbildung 10.28: Strom mit einem Auftraggeber (strenges Wechselgespräch)

me, daß die Kunden jeweils auf Erledigung warten. Eine Unterhaltung zweier Leute wie in Abb. 10.28 ist ein symmetrischer Spezialfall in dem beide Sprecher einen Strom von Mitteilungen erhalten. Man nennt dies ein **strenges Wechselgespräch.** Abbildung 10.29 zeigt die (symmetrische) Unterhaltung dreier Leute. Abbildung 10.30 zeichnet asymmetrisch einen Sprecher als Dirigent aus; er bestimmt, wer als nächster spricht. Programmstücke, die wie in einem der letzten drei Fälle, zeitlich verzahnt ablaufen, heißen **Koroutinen**.

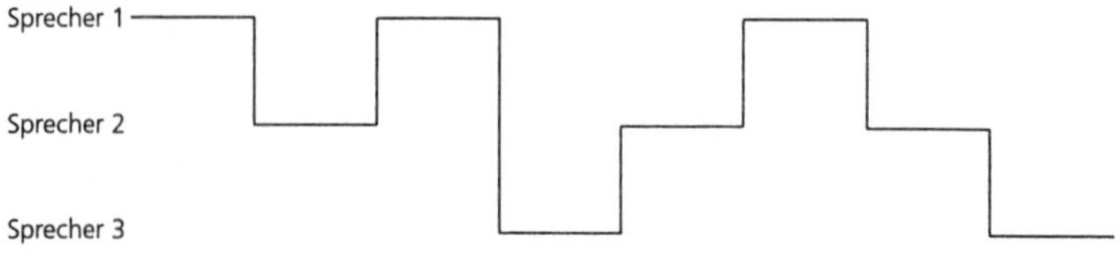

Abbildung 10.29: symmetrische Koroutinen (strenges Wechselgespräch)

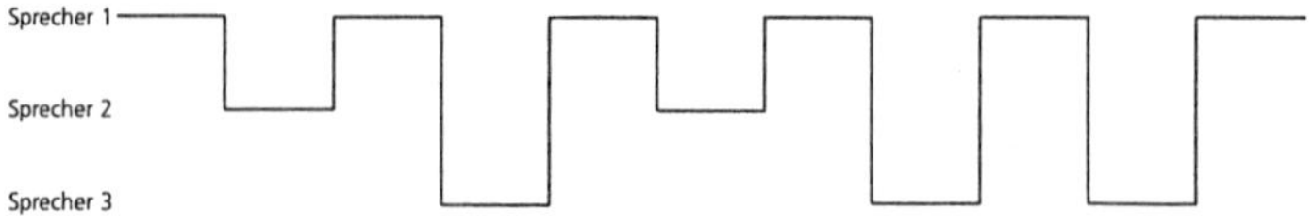

Abbildung 10.30: asymmetrische Koroutinen (strenges Wechselgespräch mit Dirigent)

Wir gingen bisher implizit davon aus, daß sich das Empfängerobjekt eines Methodenaufrufs in einem Zustand befindet, in dem es den Aufruf akzeptiert; insbesondere ist es nicht mit irgendeinem anderen Aufruf beschäftigt. In einem verteilten oder parallel arbeitenden System ist diese Bedingung nicht erfüllt. Der Methodenaufruf wird dann mit einem sogenannten **Rendezvous**, der Grundform **synchroner Kommunikation**, vom Aufrufer an den Empfänger übermittelt. Wie Abb. 10.31 zeigt, warten dabei Aufrufer und Empfänger gegenseitig aufeinander, bis der andere frei ist. Das in der Mitte angegebene Petrinetz schaltet, wenn auf beiden Eingangsplätzen je eine Marke vorhanden ist. Der gemeinsame Abschnitt von Aufrufer und Empfänger kann entweder den gesamten Methodenaufruf umfassen (Fall 1 von S. 172), oder das Rendezvous endet mit der Rückmeldung *Auftrag angekommen* (Fall 2 – 4). Der Fall 3 kann auch mit **asynchroner Kommunikation** gelöst werden, die Aufträge in einer Warteschlange ablegt, aus der sie der Empfänger zu passender Zeit entnehmen kann.

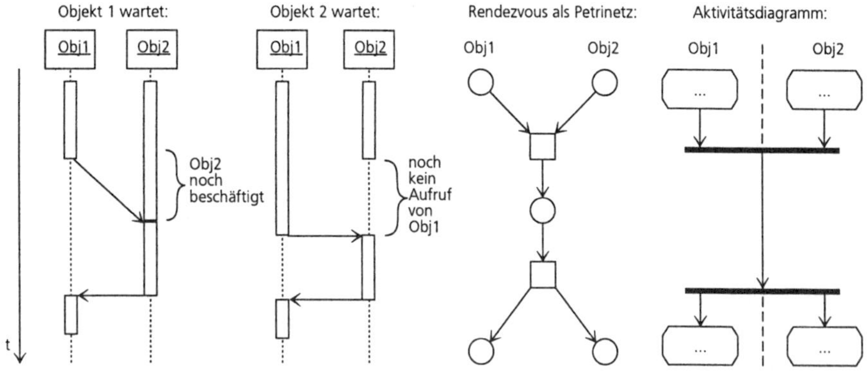

Abbildung 10.31: Rendezvous in verschiedenen Darstellungen

Beispiel 10.9 (Wortzählung): Gegeben sei ein Text mit $n \geqslant 0$ Zeilen zu 80 Zeichen; die letzte Zeile kann kürzer sein. Der Text bestehe aus Wörtern, die durch einen Zwischenraum getrennt sind. Die Zeilen sind vollgeschrieben; Wörter, die nicht vollständig auf eine Zeile passen, werden ohne Trennzeichen auf der nächsten Zeile fortgesetzt. Wir wollen die Anzahl der Wörter zählen.

Die Aufgabe beschreibt den Text zweimal als Objekt, einmal als Menge von Zeilen, einmal als Menge von Wörtern. Zeilen und Wörter bestehen aus Zeichen. Dies führt zu dem Klassendiagramm in Abb. 10.32. Anfangs gibt es ein Objekt

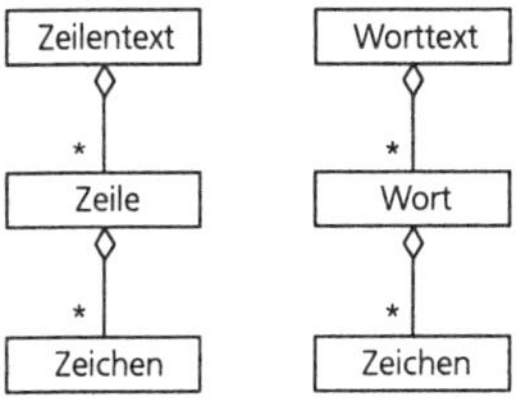

Abbildung 10.32: Klassendiagramm zur Wortzählung

der Klasse *Zeilentext*; das Objekt der Klasse *Worttext*, in dem man die Wörter zählen kann, muß erst gefüllt werden. Da in *Zeilentext* Wörter keine Einheiten sind, müssen die beiden Objekte kommunizieren, indem *Zeilentext* an *Worttext* Einzelzeichen abgibt. In diesem einfachen Fall führt das Klassendiagramm zu Pfadausdrücken

$$\begin{aligned} \mathit{verarbeite\_Zeilentext} &= \mathit{verarbeite\_Zeile}^*, \\ \mathit{verarbeite\_Zeile} &= \mathit{gib\_Zeichen}^*, \\ \mathit{verarbeite\_Worttext} &= \mathit{verarbeite\_Wort}^*, \\ \mathit{verarbeite\_Wort} &= \mathit{lies\_Zeichen}^*, \end{aligned}$$

die wir in die endlichen Automaten der Abb. 10.33 umsetzen. Dabei unterstellen wir, daß das Textende durch einen zusätzlichen Anschlag, ein Zeichen EOT, repräsentiert wird. Die Ausgänge aus Zustand 2 sind durch Bedingungen **bewachte Ereignisse**; die Bedingungen haben wir nur für *Worttext* angegeben. Für die Kooperation können wir hier wahlweise (das Objekt der Klasse) *Zeilentext* oder *Worttext* zum aktiven Objekt machen. Im ersten Fall schickt *Zeilentext* Zeichen an *Worttext*. Im zweiten Fall fordert *Worttext* die Zeichen an. ♦

Das Verfahren, aus dem Aufbau von Aggregationen auf ihre Verarbeitung zu schließen, ist verallgemeinerbar. Das Beispiel zeigt ferner die Grundform einer **Strukturkollision**[22], bei der Datenstrukturen mit inkompatiblem internen Aufbau gemeinsam bearbeitet werden. Dazu bestimmen wir die größten Datenelemente, die in beiden Datenstrukturen erkannt werden, im

22. (Jackson, 1975) spricht von einem *structure clash*. Das Verfahren, ein Objekt als aktiv und die anderen als passiv auszuzeichnen, nennt er **Programmumkehr**, engl. *program inversion*.

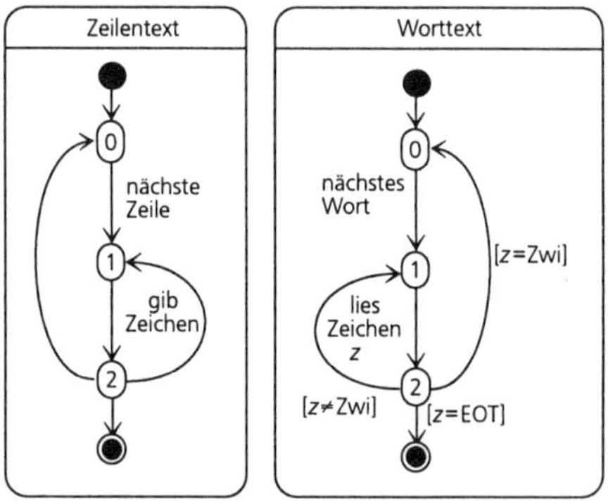

Abbildung 10.33: Zustandsdiagramm der Wortzählung

Beispiel sind das Einzelzeichen, und lassen die Objekte über einen Strom solcher Datenelemente kommunizieren.

Aufgabe 10.7: Die Telekom übermittelt Telegramme in der im Beispiel beschriebenen Form. Jedes Wort kostet eine Gebühreneinheit; Wörter mit 10 bzw. 20 oder mehr Zeichen kosten 2 bzw. 3 Gebühreneinheiten. Ermitteln Sie die Kosten eines Telegramms.

10.2.4 Vererbung und Verallgemeinerung, Polymorphie

Wir knüpfen an die Diskussion der Grundbegriffe zur Vererbung in 10.1.2 an. Die Überlegungen dieses Abschnitts gelten gleichermaßen für den objektorientierten Entwurf wie für seine Implementierung in einer objektorientierten Programmiersprache, wenn wir die Klassen, Objekte und Methodenaufrufe in die Programmiersprache übertragen. Der wesentliche Unterschied besteht darin, daß auf der Ebene der Programmierung die heutigen objektorientierten Sprachen den nachfolgend definierten Begriff der Verhaltensgleichheit nur in stark abgeschwächter Form benutzen.

Ein Buch besteht aus Inhaltsverzeichnis *und* Kapiteln *und* Index. Hingegen ist entsprechend unseren Überlegungen zu Beispiel 10.1 *Fritz* ein Kunde, der Student *oder* ein Angestellter *oder* sogar eine Firma sein könnte. *Kunde* ist eine Oberklasse, die verschiedene Unterklassen haben kann. Mit der Oberklasse *Kunde* kennzeichnen wir gemeinsames Verhalten von Studenten, Angestellten und Firmen. Sie stellt eine **Verallgemeinerung** der Unterklassen *Student* usw. dar. Unterklassen können zwar die Methode *Paket annehmen* auf ihre Bedürfnisse zuschneiden; so wird eine Firma eine Posteingangsliste führen, in der eingehende Briefe und Pakete vermerkt werden, während ein Student dies gewöhnlich nicht tut. Ansonsten erwarten wir aber, daß die Methoden, von außen betrachtet, **verhaltensgleich** sind: Pakete, die man an einen Studenten schicken könnte, kann man auch an eine Firma schicken und umgekehrt; falls *gelbe Post* eine Empfangsquittung benötigt, wird diese in beiden Fällen erteilt, usw.

Bei Verhaltensgleichheit braucht sich *gelbe Post* nicht darum kümmern, zu welcher Klasse E der Empfänger eines Pakets tatsächlich gehört; es genügt zu wissen, daß E Unterklasse der Oberklasse *Kunde* ist und über eine Methode *Paket annehmen* verfügt. Wie in 10.1.2 beschrieben, kann *gelbe Post* daher das Paket ausliefern, indem sie *Paket annehmen* beim Kunden aufruft, ohne zu fragen, was diese Methode im einzelnen tut. Methoden in Oberklassen kann man bei Verhaltensgleichheit **polymorph** aufrufen; das Objekt interpretiert den Aufruf entsprechend der Unterklasse, zu der es gehört.

Dies ändert sich, wenn der Inhalt des Pakets fehlerhafterweise einen Rechner enthält, der die finanziellen Möglichkeiten des Studenten Fritz übersteigt. In diesem Fall sollte er die Annahme des Pakets ablehnen. Leider wird er das aber erst beim Auspacken feststellen. Ein *Student* ist dann nicht ein beliebiger Kunde, sondern eine **Spezialisierung** eines Kunden. Wie bereits in 10.1.2 festgestellt, ist Spezialisierung eine Form der Vererbung, bei der die Verhaltensgleichheit eingeschränkt und daher Polymorphie nur bedingt zulässig ist.

Im funktionalen Programmieren erzwingt man Verhaltensgleichheit einer Funktion $f: a \to b$ für die verschiedenen Typen t, die die Typvariable a darstellen kann, indem es für f nur eine einzige Definition gibt. Daher sind polymorphe Aufrufe von f erlaubt. Bei überladenen Operatoren wie + oder <= haben wir jedoch ein Problem, das uns im objektorientierten Programmieren in verschärfter Form entgegentritt: Wenn wir in Gofer etwa die Vergleichsoperation <= für irgendeinen Typ t falsch definieren, z. B. durch

```
(<=) a b = a == b
```

so liefern Sortierfunktionen, die darauf aufbauen, völlig unerwartete Resultate: Die Definition von <= ist nicht verhaltensgleich mit linearer Ordnung.

Bei objektorientiertem Entwurf und Programmieren erreichen wir Verhaltensgleichheit mit folgender Überlegung: Ist $\mathcal{A}$ eine Oberklasse mit Unterklasse $\mathcal{B}$ und gibt es in $\mathcal{A}$ eine Methode m mit Vor- und Nachbedingungen $m_{\text{prä},\mathcal{A}}$, $m_{\text{post},\mathcal{A}}$, die in $\mathcal{B}$ durch eine Methode mit Vor- und Nachbedingungen $m_{\text{prä},\mathcal{B}}$, $m_{\text{post},\mathcal{B}}$ überschrieben wird, so muß

$$\begin{aligned} m_{\text{prä},\mathcal{A}} &\to m_{\text{prä},\mathcal{B}}, \\ m_{\text{post},\mathcal{B}} &\to m_{\text{post},\mathcal{A}} \end{aligned} \tag{10.1}$$

gelten. Das Diagramm in Abb. 10.34 kommutiert, wenn die waagrechten Pfeile die durch die Methode vorgeschriebene Berechnung und die senkrechten Pfeile logische Implikation bedeuten. Gleichheit ist dabei ein Spezialfall der Implikation.

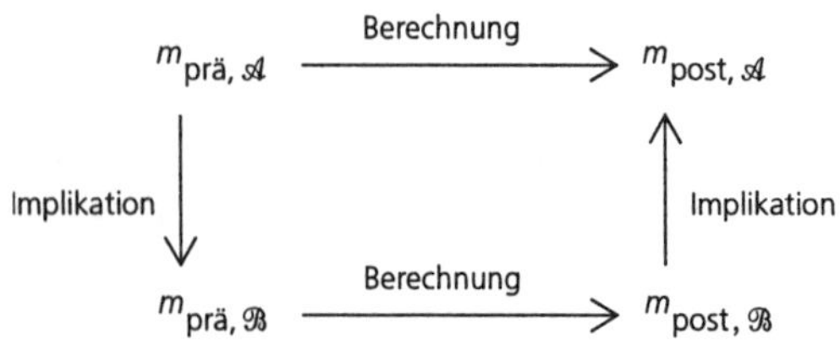

Abbildung 10.34: konforme Vererbung

Führt die Konjunktion von Klasseninvariante aus 10.1.1 und der Vorbedingung einer Methode zu einem Widerspruch, dann darf die entsprechende Methode nicht ausgeführt werden. Das aufgerufene Objekt befindet sich nicht in einem für diesen Aufruf geeigneten Grundzustand. Analog dazu darf die Konjunktion von Invariante und Nachbedingung nicht zum Widerspruch führen. Sonst befindet sich das Objekt nach der Ausführung der Methode in einem inkonsistenten und damit unzulässigen Zustand.

Wie in 10.1.2 stellen wir uns auf den Standpunkt, daß Datentypen durch Klassen und alle an der Klassenschnittstelle sichtbaren Attribute wie in 9.4 durch Methoden gegeben sind. Dann heißt $\mathcal{B}$ ein **Untertyp** von $\mathcal{A}$, wenn für alle Methoden m, die in $\mathcal{A}$ definiert sind, (10.1) gilt, bzw. Abb. 10.34 kommutiert. Auch, wenn $\mathcal{A} = \mathcal{B}$ gilt, ist $\mathcal{B}$ Untertyp von $\mathcal{A}$. In Abb. 10.34 bedeuten die senkrechten Pfeile dann *ist Untertyp von*.

Dazu muß eine Methode m in $\mathcal{A}$ und $\mathcal{B}$ unter anderem die folgenden **Konformitätsbedingungen** oder **Kontra-Kovarianz**-Eigenschaften erfüllen:

1. Anzahl und Art (Eingabe, Ausgabe, transient) der Parameter müssen übereinstimmen. Falls $m_{\mathcal{A}}$ ein Ergebnis liefert, dann auch $m_{\mathcal{B}}$.
2. **Kontravarianz**[23] der Eingabeparameter: Jeder Eingabewert für $m_{\mathcal{A}}$ muß auch für $m_{\mathcal{B}}$ zulässig sein. Der Typ des Parameters in $\mathcal{A}$ muß ein Untertyp des Parameters in $\mathcal{B}$ sein.
3. **Kovarianz** der Ergebnisparameter und Ergebnisse: Jedes Ergebnis von $m_{\mathcal{B}}$ muß auch für $m_{\mathcal{A}}$ zulässig sein. Der Ergebnistyp und der Parametertyp von Ergebnisparametern von $m_{\mathcal{B}}$ muß ein Untertyp des entsprechenden Typs bei $m_{\mathcal{A}}$ sein.
4. Typgleichheit bei transienten Parametern: Transiente Parameter müssen zugleich 2 und 3 erfüllen; daher müssen ihre Typen bei $m_{\mathcal{A}}$ und $m_{\mathcal{B}}$ gleich sein.

23. Die Bezeichnungen *kovariant* und *kontravariant* stammen aus der Kategorientheorie in der Mathematik: Sei $\mathcal{F}$ ein Funktor, der den Elementen A, B zweier Bereiche $\mathcal{A}, \mathcal{B}$ Elemente $\mathcal{F}(A), \mathcal{F}(B)$ in Bildbereichen $\mathcal{F}(\mathcal{A}), \mathcal{F}(\mathcal{B})$ zuordnet. Dann heißt der Funktor $\mathcal{F}$ kovariant, wenn er jeder Abbildung $g\colon A \to B$ eine Abbildung $\mathcal{F}(g)\colon \mathcal{F}(A) \to \mathcal{F}(B)$ zuordnet. Er heißt kontravariant, wenn das Bild eine Abbildung $\mathcal{F}(g)\colon \mathcal{F}(B) \to \mathcal{F}(A)$ ist. In unserem Fall sind $\mathcal{A}, \mathcal{B}$ die Typen der Argumente und Ergebnisse; die Zuordnung $\mathcal{F}$ lautet *ist zulässig für*.

(10.1) verlangt die Nachprüfung der Gültigkeit einer beliebigen prädikatenlogischen Formel. In Programmiersprachen beschränkt man sich auf die Nachprüfung der Forderungen 1 – 4 und nennt $\mathcal{B}$ einen **konformen Untertyp** von $\mathcal{A}$, wenn diese Forderungen erfüllt sind, wobei wir in 1 – 4 jedesmal *Untertyp* als *konformer Untertyp* lesen. In SATHER schreiben wir bei konformen Untertypen

```
class STUDENT is like KUNDE; ... end; -- STUDENT
```

In allen anderen Fällen benutzen wir

```
class STUDENT is include KUNDE; ... end; -- STUDENT
```

C++ und JAVA verlangen, daß alle Parameter- und Ergebnistypen gleich sind.

Je nach Richtung der Pfeile können wir aus dem Diagramm in Abb. 10.34 folgende fünf möglichen Vererbungsbeziehungen ablesen:

1. **Konforme Vererbung**: Für alle Methoden m in $\mathcal{A}$ gelten die Forderungen 1 – 4. Für Verhaltensgleichheit ist zusätzlich Abb. 10.34 kommutativ.
2. **Spezialisierung** (Abb. 10.35, Eingaben kovariant, Ergebnisse kontravariant): Die Argumente der Methoden in der Unterklasse sind auch in der Oberklasse zulässig. Umgekehrt ist ein Ergebnis von m in der Oberklasse auch ein zulässiges Ergebnis in der Unterklasse. Zum Beispiel ist ein Quadrat die Spezialisierung eines Rechtecks mit vier gleichen Seiten.

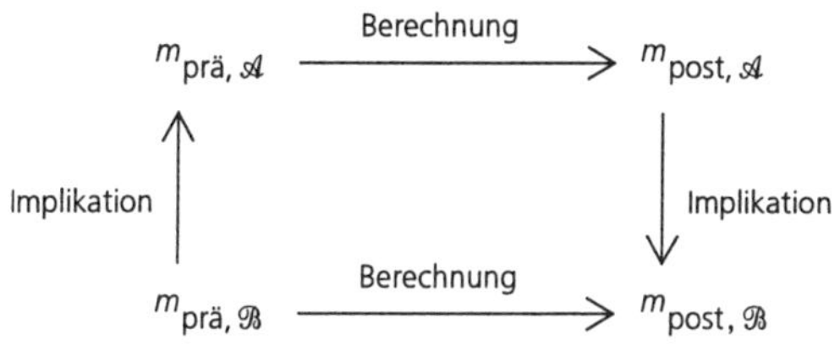

Abbildung 10.35: Spezialisierung

3. **Kovariante Vererbung** (Abb. 10.36, Eingaben und Ergebnisse kovariant): Sowohl die Argumente als auch die Ergebnisse der Methode in der Unterklasse sind auch für die Methode der Oberklasse zulässig. Zum Beispiel ist eine Wasserpumpe eine Pumpe, durch die man nur Wasser hindurchschicken darf; andernfalls könnte sie versagen.
4. **Kontravariante Vererbung** (Eingaben und Ergebnisse kontravariant): Dieser Fall spielt praktisch keine Rolle.
5. **Beliebig** (Abb. 10.37): Sobald eine Methode so überschrieben wird, daß die Signaturen in Ober- und Unterklasse in keiner der vorangehenden Beziehungen stehen, können Objekte der Unterklasse nicht mehr als Objekte der Oberklasse angesehen werden. Diese Situation tritt im Entwurf nicht auf.

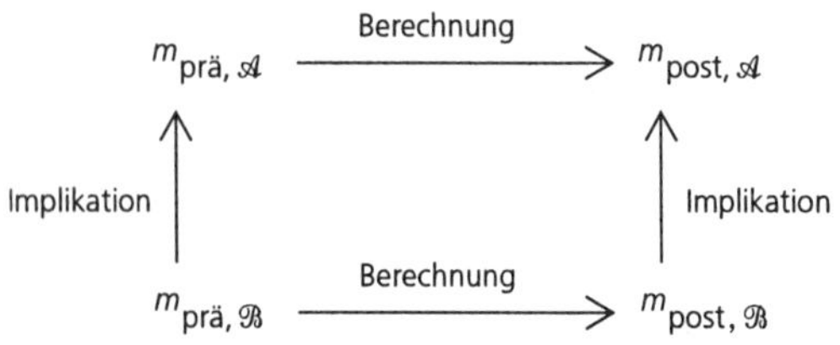

Abbildung 10.36: kovariante Vererbung

In der Implementierung realisieren wir so die Wiederverwendung von Ausschnitten des Codes der Oberklasse, den wir nicht neu (oder durch explizites Kopieren) schreiben wollen.

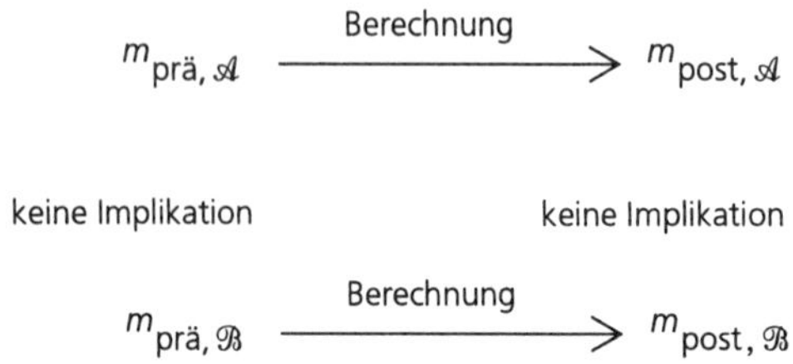

Abbildung 10.37: Code-Wiederverwendung ohne Implikation

Nur bei Verhaltensgleichheit können wir gefahrlos ein Objekt der Oberklasse durch ein Objekt der Unterklasse ersetzen und sicher sein, daß wir, von außen betrachtet, gleichartige Reaktionen erhalten. Wir sollten daher für polymorphe Methodenaufrufe $a.m(\cdots)$ voraussetzen, daß das mit a bezeichnete Objekt entweder zur Oberklasse $\mathcal{A}$ oder zu einem konformen Untertyp $\mathcal{B}$ gehört. Diese Forderung wird in SATHER durchgesetzt: Polymorphe Aufrufe sind nur erlaubt, wenn $\mathcal{B}$ mit Hilfe der like-Klausel als konformer Untertyp erklärt wurde. Spezialisierungen sind hierfür nicht ausreichend.

Der Vergleich der Klassifikation mit der Liste auf S. 148 zeigt, daß wir dieselben Fälle erfaßt haben. Konformität entspricht der **ist_ein** Beziehung. Der dort genannte Vererbungsgraph wird im allgemeinen auf konforme Vererbung beschränkt. Die **implementiert**-Beziehung kann oft nur mit Mühe durch konforme Untertypen realisiert werden.

Allerdings ist die Konformitätsforderung oft nicht intuitiv. Ist m eine Methode auf ganzen Zahlen, die ein Ergebnis aus dem Bereich $[a, b]$ liefert, wenn sie mit Argumenten aus diesem Bereich aufgerufen wird, so kann sie nicht als Methode im Untertyp $\mathcal{B}$ herangezogen werden, wenn $\mathcal{A}$ fordert, daß die Methode für beliebige ganze Zahlen definiert ist: der rechnerspezifische Typ INT mit ganzen Zahlen beschränkter Länge ist kein konformer Untertyp des Rings der ganzen Zahlen.

Hingegen ist INT zulässig unter kovarianter Vererbung. Die Programmiersprache EIFFEL meint kovariante Vererbung, wenn sie von Konformität spricht! Die Programmiersprache SMALLTALK ist statisch nicht typgebunden. Sie behandelt die vorstehenden Fälle 1 – 5 alle gleichartig; erst während der Ausführung eines Programms wird entschieden, ob ein Aufruf mit den vorgegebenen Argumenten zulässig ist.

10.2.5 Restrukturierung des Entwurfs

Schrittweises Vorgehen beim objektorientierten Modellieren eines komplexeren Systems führt ebenso wie das spätere Modifizieren des Modells oft zu Situationen, in denen das Objekt- oder das Verhaltensmodell so unübersichtlich werden, daß der Überblick verlorengeht und insbesondere das einwandfreie Funktionieren des geplanten Systems nicht mehr gewährleistet werden kann. Eine typische Ursache ist, daß eine wichtige Beziehung zwischen Objekten, die zu mehreren Klassen gehören, in einem späten Stadium der Analyse aufgefunden wird. Es ist dann zweckmäßig, die Struktur namentlich des Objektmodells neu zu überdenken und zu überarbeiten. Maßnahmen, die diesem Zweck dienen, bezeichnet man als **Restrukturierung des Entwurfs**.

Die Überlegungen sind unabhängig davon, ob das Modell Ergebnis der Systemanalyse und damit Vorgabe für den objektorientierten Entwurf ist, oder, ob es sich um ein verfeinertes Modell als Ergebnis des Entwurfs handelt, oder, ob wir die letztendlich resultierenden Klassen in einer objektorientierten Programmiersprache betrachten. Wenn wir etwa Klassen oder Teilsysteme zur späteren Wiederverwendung in anderen Projekten in eine Bibliothek aufnehmen möchten, gibt es ähnliche Probleme. In allen Fällen möchte man eine klarere Gliederung des Systems oder Teilsystems in überschaubare Einheiten erreichen, um die Übersicht, die Wiederverwendbarkeit, die Wartbarkeit und die Zuverlässigkeit zu steigern.

Wichtige Fragen und Maßnahmen zur Restrukturierung sind:

1. **Herausfaktorisieren gleichartiger Merkmale:** *Können gemeinsame Merkmale verschiedener Klassen miteinander in Zusammenhang gebracht werden?* Kunden und Rechnerhändler in Beispiel 10.1 besitzen die gemeinsamen Attribute *Name* und *Adresse*. Es wäre also denkbar, diese Attribute in eine gemeinsame Oberklasse zu bringen. Da die beiden Klassen allerdings sonst kaum Gemeinsamkeiten aufweisen, ist dies hier nicht besonders sinnvoll.

   Andererseits könnte man die gemeinsamen Attribute in einer Klasse *Anschrift* zusammenfassen. Die vorhandenen Klassen benutzen dann nur noch ein Attribut der neuen Klasse; wir haben die bisherigen Attribute in der neuen Klasse **aggregiert**. Die Klasse *Anschrift* kann dann auch noch für die Anschriften in der Bestellung und auf dem Paket benutzt werden. Abbildung 10.38 zeigt das modifizierte Klassendiagramm.

Analog können Methoden mit einheitlicher Schnittstelle oft als abgeleitete Methoden in einer gemeinsamen Oberklasse formuliert werden. Sie rufen dann Kernmethoden auf, deren interne Funktionsweise nicht näher bekannt sein muß. Gemeinsame Methoden können eventuell in eine dritte Klasse verlagert werden. Dabei ist zu beachten, daß die vorhandenen Klassen diese Methoden weiterhin anbieten müssen.

2. **Ersetzen einer umfangreichen Klasse durch ein Teilsystem aus mehreren Klassen:** *Können Klassen mit vielen Merkmalen weiter unterteilt werden?* Eine Klasse mit vielen nach außen sichtbaren Merkmalen soll eigentlich nur als Schnittstellenklasse eines Teilsystems auftreten, das aus mehreren Objekten (und zugehörigen Klassen) bestehen sollte. Sie hat sich jedoch Schritt für Schritt aus kleinen Anfängen entwickelt und ist dabei selbständige konkrete Klasse geblieben.
3. **Einführung neuer Schnittstellen:** *Kann die Anzahl der Objekte ob', mit denen eine Gruppe von Objekten ob zusammenarbeitet, reduziert werden?* Wir sehen im nächsten Abschnitt Beispiele, in denen durch Umgruppieren von Aufgaben, Verschieben von Zuständigkeiten und Einführen neuer Schnittstellen Gruppen von Objekten zu neuen Teilsystemen zusammengefaßt werden. Ziel der Maßnahmen ist es, Kooperationsbeziehungen von Gruppen von Objekten zu systematisieren. Dazu werden solche Gruppen durch Einführung zusätzlicher Schnittstellen zu neuen Teilsystemen zusammengefaßt. Anschließend unterhält nur noch das Teilsystem Außenbeziehungen.
4. **Integration und Anpassung vorhandener Klassen und Teilsysteme:** *Wie kann der Implementierungsaufwand durch Wiederverwendung vorhandener Komponenten reduziert werden?* Bei der Implementierung eines Systems sollte man möglichst viele Programmbausteine aus vorhandenen Bausteinbibliotheken wiederverwenden und vorhandene Grundsysteme wie z. B. Datenverwaltungssysteme oder Graphikbibliotheken auf möglichst hoher Ebene eingesetzen können. Das Objektmodell muß diese Komponenten und ihre Schnittstellen bereits in einem frühen Stadium berücksichtigen. Unterbleibt dies oder sind diese Grundsysteme aus anderen Gründen, z. B. weil sie in anderen Programmiersprachen geschrieben sind und andere Schnittstellenkonventionen haben, schwer integrierbar, so müssen wir **Anpassungsklassen** konzipieren, deren einzige Aufgabe darin besteht, Aufrufe von Methoden so umzuformen, daß sie den Schnittstellenkonventionen der zu integrierenden Teilsysteme entsprechen. Diese Umformung wird häufig an der zentralen Schnittstelle zwischen Kunde und Anbieter in einem Kunde-Anbietermodell benötigt.

Unter einem **Entwurfsmuster**, vgl. (GAMMA et al., 1996), versteht man ein systematisches Lösungsschema für häufig wiederkehrende Aufgaben im objektorientierten Entwurf. So können die vorstehenden und vergleichbare Anpassungen mit den Mustern *Adaper* und *Umwickler* erledigt werden. Aus Platzgründen gehen wir hierauf nicht genauer ein.

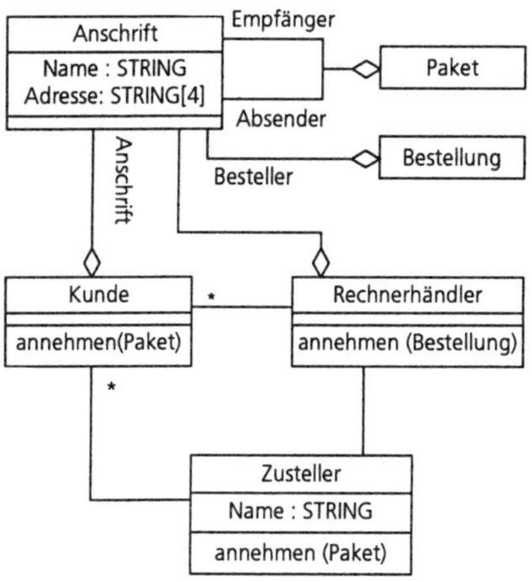

Abbildung 10.38: Klassendiagramm zu Beispiel 10.1 mit abgetrennter Klasse Anschrift

Die Liste zeigt, daß wir es sowohl mit Änderungen im Kleinen (Fragen 1 - 2) als auch mit der Restrukturierung im Großen (Fragen 2 – 4) zu tun haben. Auch der objektorientierte Entwurf ist keine nur vorwärts gerichtete Tätigkeit, sondern muß oft innehalten, um das Erreichte zu bewerten und gegebenenfalls umzuorganisieren.

10.2.6 Beispiel: Der Scheckkartenautomat

In diesem Abschnitt studieren wir die Verfahren zur Analyse und Modellierung am Beispiel eines Scheckkartenautomaten, Abb. 10.39. Die folgende Ablaufbeschreibung liefert eine erste informelle Spezifikation:

Ein Scheckkartenautomat (SKA) ist eine Maschine, mit der Bankkunden Geld von ihren Girokonten abheben und sich über ihren Kontostand informieren können. Er besteht aus einem Anzeigefeld, einem Scheckkartenleser, einem Geldausgabefach, einem Ziffern- und einem Funktionstastenfeld. Im Grundzustand wird eine Begrüßungsnachricht „Bitte Scheckkarte einführen" angezeigt.

Der Kartenleser versucht, eine eingeführte Karte zu lesen. Eine unleserliche Karte wird ausgeworfen; hierüber wird der Kunde informiert. Ist die Karte leserlich, wird der Kunde aufgefordert, seine 4-stellige Geheimzahl (PIN) einzugeben. Für jede eingegebene Ziffer wird das Symbol # angezeigt.

Wurde die Geheimzahl korrekt eingegeben, wird der Kunde aufgefordert, die gewünschten Bearbeitungsvorgang (Auszahlung oder Kontostand) auszuwählen. Andernfalls hat der Kunde noch zwei weitere Versuche frei, um die Geheimzahl korrekt

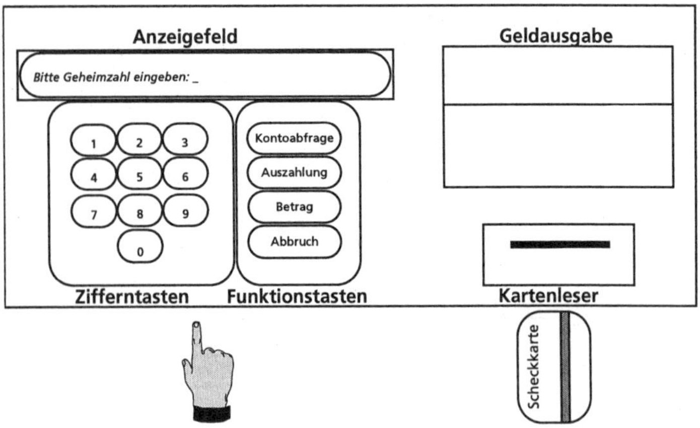

Abbildung 10.39: Ein Scheckkartenautomat

einzugeben. Schlägt auch der dritte Versuch fehl, so wird die Karte einbehalten und nur am Bankschalter zurückgegeben.

Mit der entsprechenden Funktionstaste kann der Kunde den Bearbeitungsvorgang auswählen. Bei Betätigung der „Abbruch"-Taste wird die Karte ausgeworfen und das System geht in den Grundzustand. Soll der Kontostand angezeigt werden, erscheint zunächst die Nachricht „Vorgang wird bearbeitet . . . " während auf die Antwort des zentralen Banksystems gewartet wird. Danach erscheint für 20 Sekunden der aktuelle Kontostand. Anschließend kann erneut ein Bearbeitungsvorgang ausgewählt werden.

Für eine Auszahlung wird der Kunde aufgefordert, den Betrag einzugeben. Der Betrag wird mit Zifferntasten eingegeben, jede Ziffer wird angezeigt. Die Eingabe kann mit der Taste „Abbruch" storniert werden, woraufhin die Karte ausgeworfen wird. Der eingegebene Betrag kann mit der Taste „Betrag" bestätigt werden. Dann erscheint eine Nachricht „Der Vorgang wird bearbeitet . . . ".

Pro Tag dürfen mit der Karte maximal 2000,- DM, ungefähr 1000 Euro, abgehoben werden. Außerdem darf der Kontostand nicht negativ werden. Dies muß mit dem zentralen Banksystem abgeglichen werden. Bei Verletzung dieser Bedingungen werden entsprechende Nachrichten ausgegeben und die Aufforderung zur Eingabe eines Betrags erneut angezeigt.

Ist der Geldbetrag akzeptabel, so wird dann zunächst die Meldung „Bitte Karte entnehmen" ausgegeben, nach Entnahme der Karte erscheint die Nachricht „Bitte Geld entnehmen". Danach wird im Ausgabefach das Geld bereitgestellt und der Betrag vom Konto abgebucht. Daran anschließend geht der Automat in seinen Grundzustand über.

Die Beschreibung des Problems als umfassende Benutzungsgeschichte enthält bereits die Anwendungsfälle. Diese sind in Abbildung 10.40 dargestellt. Auf eine präzise Beschreibung der einzelnen Anwendungsfälle verzichten wir hier;

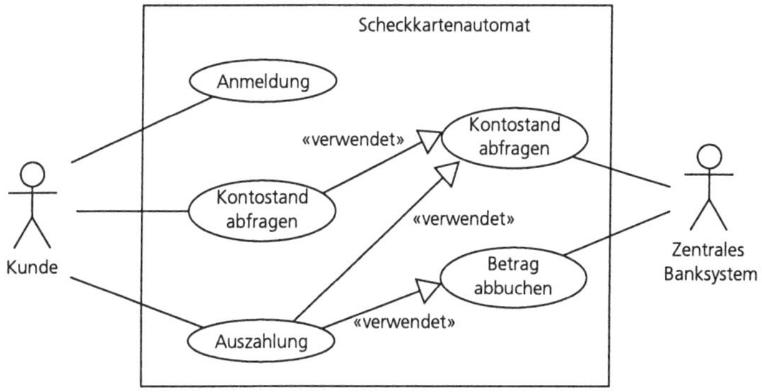

Abbildung 10.40: Anwendungsfälle für den Scheckkartenautomaten

stattdessen illustrieren wir den Gesamtablauf kompakt in Form des Aktivitätsdiagramms Abb. 10.41. Auf dieses Diagramm werden wir beim Entwurf noch zurückgreifen.

Zunächst ist unser Ziel, das zu modellierende System zu zerlegen. Dazu müssen wir geeignete Objekte bzw. Klassen finden. Für diese müssen nach 10.2.1 die Zuständigkeiten festgelegt werden. Sodann müssen wir die Verträge zwischen den Objekten dieser Klassen so bestimmen, daß die Objekte korrekt zusammenarbeiten.

Wie in 10.2.1 skizziert, beginnen wir, indem wir die Liste der Substantive *Scheckkartenautomat, Maschine, Geld, Girokonto, Kontostand,...* aus der Aufgabenbeschreibung herausziehen.

Aufgabe 10.8: Bestimmen Sie die Liste der Substantive der vorstehenden Aufgabenbeschreibung.

Diese Liste enthält viele Duplikate, d. h. Wörter mit gleicher oder nur unwesentlich verschiedener Bedeutung, z. B. *Karte* und *Scheckkarte*. Wir beseitigen solche Duplikate aus der Wortliste. Außerdem eliminieren wir alle Begriffe wie *Geld, Kunde* oder *Bankschalter*, die nicht zu dem zu entwerfenden System gehören. Ferner eliminieren wir Begriffe, die sich auf die Zeit beziehen, hier also *Tag* und 20 *sek.*; sie werden im Zustandsdiagramm als Zeitbedingungen wieder auftauchen, führen aber nicht zu Klassen. Schließlich streichen wir substantivierte Verben wie *Aufforderung, Versuch* oder *Verletzung*, die als Methoden, aber nicht als Klassen in Frage kommen.

Substantive identifizieren Objekte oder Klassen. Im Beispiel gibt es außer bei Tasten immer nur ein Objekt jeder Klasse, so daß wir die Substantive zugleich als Klassen ansehen können. Im allgemeinen Fall suchen wir nach Nominalsätzen wie *X ist ein Y*, um *X* als Objekt der Klasse *Y* zu erkennen. Können wir damit keine Klassen bestimmen, so ordnen wir den verbleibenden Objekten vorläufig

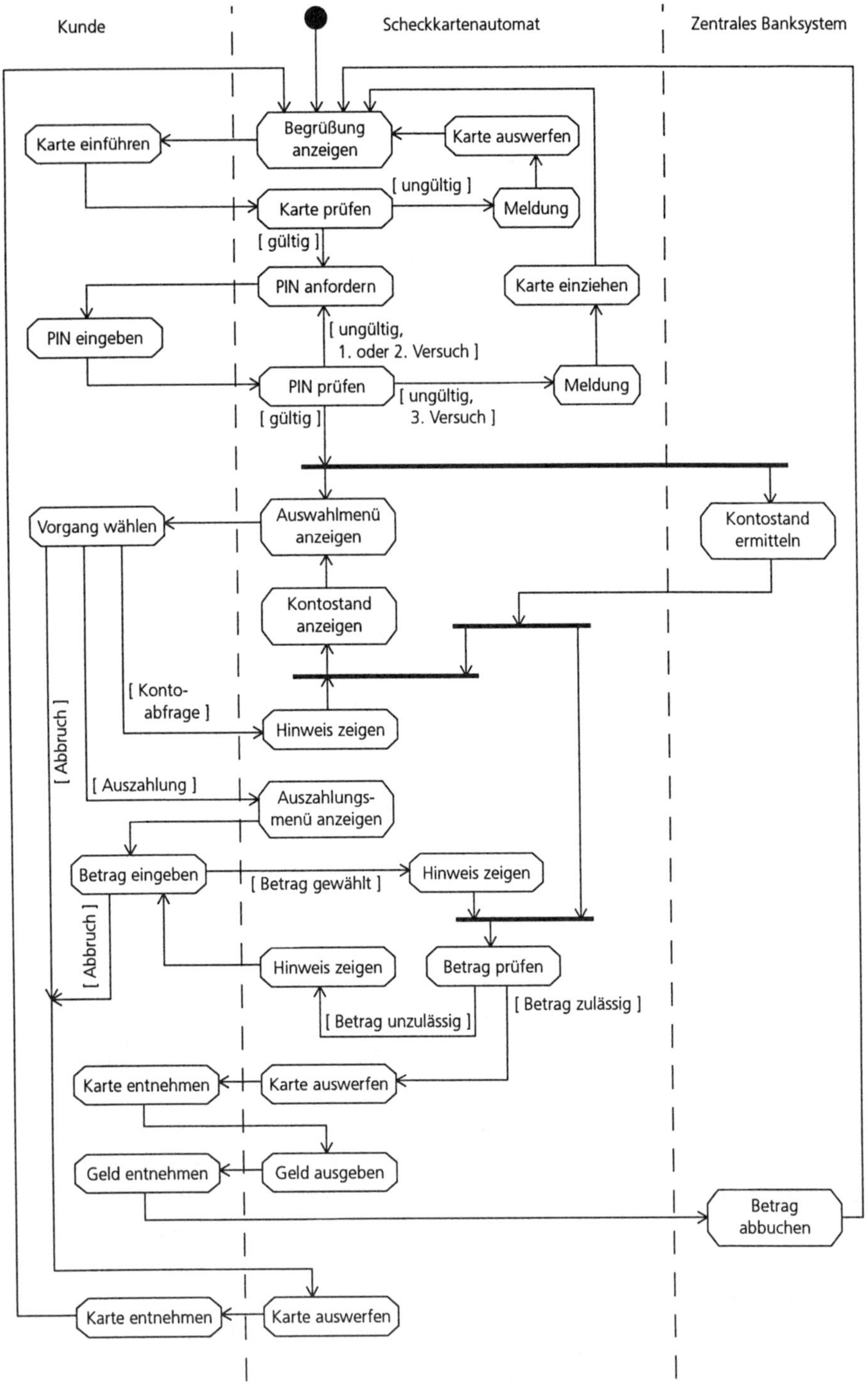

Abbildung 10.41: Aktivitätsdiagramm der Abläufe

je eine eigene Klasse zu. Die nachfolgende Untersuchung der Zuständigkeiten entscheidet dann darüber, ob es zwischen diesen Klassen so viele Ähnlichkeiten gibt, daß die Anzahl der Klassen reduziert werden kann. Die verbleibende Liste, die in diesem Beispiel sowohl als Objekt- als auch als Klassenliste angesehen werden kann, enthält u. a. physische Komponenten des Scheckkartenautomaten:

Scheckkartenautomat (SKA)		
Anzeigefeld	Ausgabefach	Kartenleser
Funktionstastenfeld	Zifferntastenfeld	Taste
Funktionstaste	Abbruchtaste	Betrag
Zifferntaste	Scheckkarte	
Zentrales Banksystem (ZBS)		

Die Liste ist unvollständig und unsystematisch: Während die Abbruchtaste explizit auftaucht, fehlen die gleichartigen Funktionstasten *Kontoabfrage* und *Auszahlung* und verbergen sich in der Beschreibung hinter dem Begriff *entsprechende Funktionstaste*; auch die Einzeltasten des Ziffernblocks fehlen. Wir können die fehlenden Tasten ergänzen, und so die Liste vervollständigen. Wir können aber auch das Fehlen einzelner Tasten in der Liste als Indiz dafür nehmen, daß die Einzeltasten insgesamt nicht benötigt werden. Wir stellen uns hier auf den zweiten Standpunkt: Alle Funktions- bzw. Zifferntasten gehören jeweils zur gleichen Klasse, unterscheiden sich aber in dem Wert, den sie bei Aufruf der Methode *Taste drücken* liefern. Die Aussage *Tasten am Anfang inaktiv* ist keine Eigenschaft jeder Taste für sich, sondern gehört zu allen gemeinsam, also zu einem (neu einzuführenden Begriff) *Tastenfeld*. In ähnlicher Weise müssen wir auch den Rest unserer Wortliste auf Vollständigkeit und systematischen Aufbau prüfen.

Physische Komponenten sind gewöhnlich wichtige Kandidaten für Klassen. Die Klassen modellieren die Software-Schnittstelle zu den entsprechenden Hardware-Komponenten. Wir fassen sie hier als Unterklassen einer (abstrakten) Klasse *Gerät* auf, die wir in Ein- und Ausgabegeräte unterteilen.

Dies führt schließlich zu den Klassen und der Klassenhierarchie in Abbildung 10.42. Hier repräsentiert SKA die Klasse, die das Gesamtsystem steuert; in der Implementierung wäre dies das Hauptprogramm.

Als nächstes wenden wir uns den Zuständigkeiten zu. Dazu untersuchen wir die Aufgabenbeschreibung und notieren zugleich die Objekte, die dabei als Werte, Argumente oder Attribute benötigt werden. Dazu stellen wir die Fragen:

- Kann (ein Objekt der) Klasse X eine Aufgabe in eigener Zuständigkeit lösen?
- Welche anderen Objekte Y stellen die zusätzlich benötigten Kenntnisse und Fähigkeiten bereit?
- Welche Verpflichtungen ergeben sich daraus für Y?
- Wer benötigt die Kenntnisse und Fähigkeiten von X?

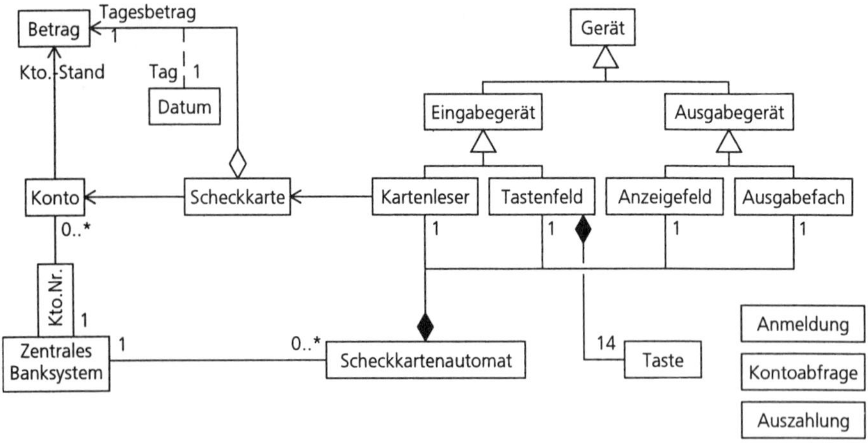

Abbildung 10.42: Objektmodell des Scheckkartenautomaten, erster Versuch

Wir beantworten diese Fragen für die Klassen Kartenleser, Scheckkarte, Kontoabfrage und ZBS:

Der Kartenleser ist dafür zuständig, eingeführte Karten auf ihre Gültigkeit zu prüfen und bei Einführung einer gültigen Karte den SKA zu benachrichtigen.

Die Klasse Scheckkarte ist ein Modell für die physikalische Scheckkarte. Sie repräsentiert die auf der Karte gespeicherten Informationen wie Inhaber, Kontonummer, aber auch das Datum der letzten Abhebung und den abgehobenen Gesamtbetrag an diesem Tag.

Die Klasse ZBS ist für die Kommunikation mit dem eigentlichen Banksystem zuständig. Sie bietet an ihrer Schnittstelle Methoden an, um den aktuellen Stand eines Kontos zu ermitteln bzw. Beträge von diesem abzubuchen.

Beim ZBS treffen wir auf zwei weitere **Entwurfsmuster**, vgl. 4. Die Klasse ZBS stellt eine sogenannte *Fassade* für das dahinter verborgene Banksystem dar, das weitaus komplexer ist als sich an der von uns benötigten Schnittstelle erkennen läßt. Die Klasse delegiert ferner die ankommenden Anfragen (über das Netzwerk) an ein *entferntes Objekt* und ist damit ein sogenannter *Stellvertreter*[24].

Im Gegensatz zu den drei vorigen Klassen stellt die Klasse Kontoabfrage keinen Gegenstand der Modellwelt dar, sondern einen Bearbeitungsvorgang. In ihrer Zuständigkeit liegt die Durchführung aller Aktionen, die für eine Kontoabfrage notwendig sind. Dazu verwendet sie die Geräte zur Interaktion mit dem Kunden, sowie das ZBS, von dem es den Kontostand erhält, der zu dem Konto der aktuellen Scheckkarte gehört.

Beim Bearbeitungsvorgang Auszahlung stellen wir einige Gemeinsamkeiten mit der Kontoabfrage fest. So muß z. B. auch bei der Auszahlung der Kontostand

24. engl. *proxy*.

ermittelt werden, was durch eine Kooperation mit dem ZBS geschieht. Außerdem muß eine Interaktion mit dem Kunden stattfinden. Es ist also sinnvoll, die Gemeinsamkeiten der Vorgänge in einer Klasse auszufaktorisieren, von der dann beide Bearbeitungsvorgänge erben. Eine geeignete Steuerung der Interaktion mit dem Kunden ist auch für die Anmeldung erforderlich. Wir können die Anmeldung ebenfalls als einen Bearbeitungsvorgang auffassen, der jedoch keine Kooperation mit dem ZBS erfordert. Diese Überlegungen führen zu der Hierarchie der Bearbeitungsvorgänge in Abb. 10.43. Abbildung 10.44 zeigt die Klassenkarten für die vier Klassen Scheckkarte, Kartenleser, Bearbeitungsvorgang und zentrales Banksystem.

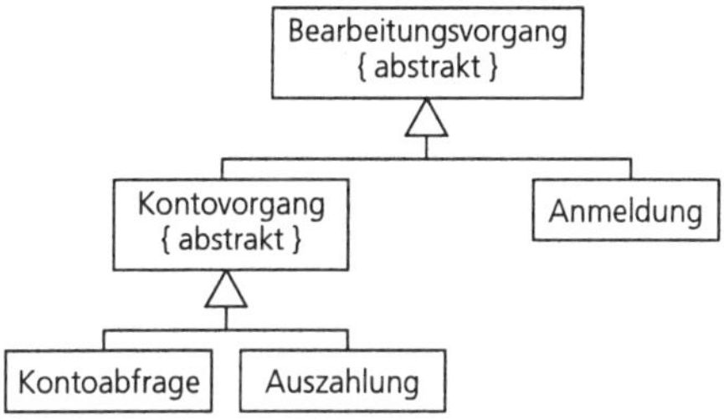

Abbildung 10.43: Hierarchie der Bearbeitungsvorgänge

Klasse Kartenleser	*konkret*
Oberklasse Eingabegerät	
Unterklasse - keine -	
zuständig für	*Zusammenarbeit mit*
prüft eingeführte Karte	SKA
liest Kartendaten	Scheckkarte
erzeugt Scheckkartenobjekt	
benachrichtigt SKA	
wirft Karte aus	
zieht Karte ein	

Klasse Scheckkarte	*konkret*
Oberklasse - keine -	
Unterklasse - keine -	
zuständig für	*Zusammenarbeit mit*
kennt Kontonummer	Kartenleser
kennt Prüfzahl für PIN	SKA
kennt Tag der letzten Abhebung	
kennt Gesamtbetrag am Tag der letzten Abhebeung	

Klasse Kontoabfrage	*konkret*
Oberklasse Bearbeitungsvorgang	
Unterklasse - keine -	
zuständig für	*Zusammenarbeit mit*
erfrägt Kontostand	ZBS
zeigt Meldung über Bearbeitung an	Scheckkarte
zeigt Kontostand an	SKA

Klasse ZBS	*konkret*
Oberklasse - keine -	
Unterklasse - keine -	
zuständig für	*Zusammenarbeit mit*
greift auf Bankdaten zu	SKA
liefert Kontostand	Kontoabfrage
nimmt Abbuchung vor	Auszahlung

Abbildung 10.44: Exemplarische Klassenkarten des Scheckkartenautomaten

Als nächstes wenden wir uns der Interaktion mit dem Kunden zu. In der Aufgabenstellung gibt es verschiedene Formen der Interaktion:

- Es wird eine Begrüßungsnachricht angezeigt.

- Der Kunde muß sich durch die Eingabe seiner PIN anmelden.
- Der Kunde muß eine Auswahl aus einem angezeigten Menü treffen.
- Es werden Meldungen für einen bestimmten Zeitraum angezeigt.
- Es werden Meldungen angezeigt, die erst nach einer Kundenaktion wie dem Entnehmen der Karte oder des Geldes verschwinden.

Damit liegt die in Abb. 10.45 dargestellte Klassifikation der Interaktionen nahe. Abbildung 10.46 zeigt das Objektmodell des Scheckkartenautomaten.

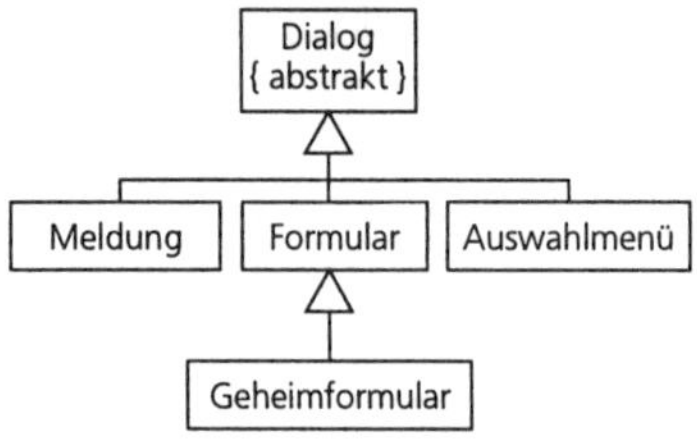

Abbildung 10.45: Interaktionselemente

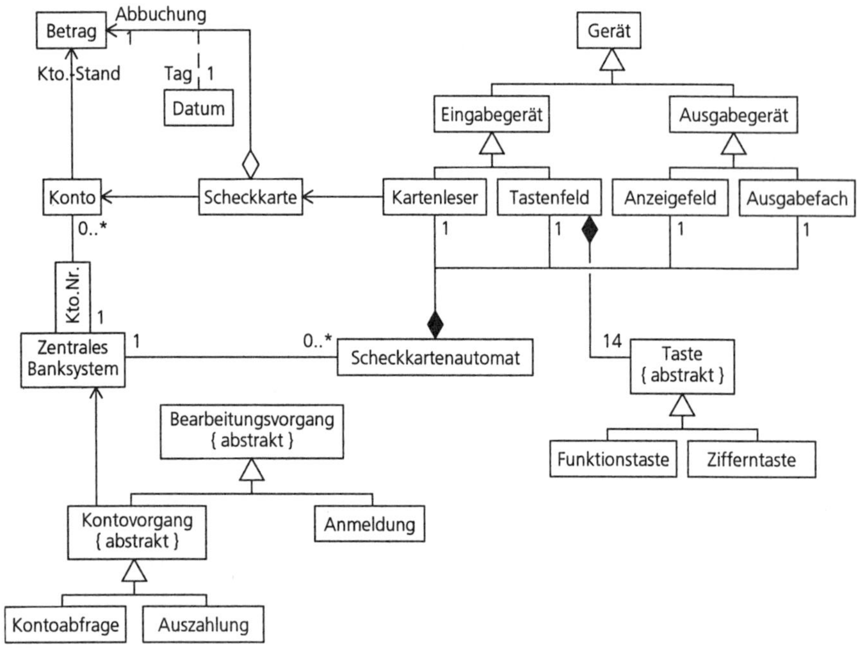

Abbildung 10.46: Objektmodell des Scheckkartenautomaten

Aufgabe 10.9: Beschreiben Sie mit Hilfe von Klassenkarten die Zuständigkeiten der einzelnen Dialogelemente. Gibt es Kooperationen zwischen diesen?

Das Objektmodell aus Abb. 10.46 ist noch sehr grob; es berücksichtigt die Verträge zwischen den Klassen bzw. deren Ausprägungen nicht. Wir können das Modell dadurch verfeinern, daß wir die Verträge zwischen den Klassen als Schnittstellen notieren. Dies zeigt Abb. 10.47 für die Kontobearbeitungsvorgänge und das Banksystem. Das ZBS bietet zwei getrennte Teilschnittstellen an; eine zur Abfrage des Kontostands und eine zur Abbuchung.[25] Der Bearbeitungsvorgang Kontoabfrage verwendet nur eine dieser beiden Schnittstellen und die damit verbundenen Verträge, während für die Auszahlung beide benötigt werden.

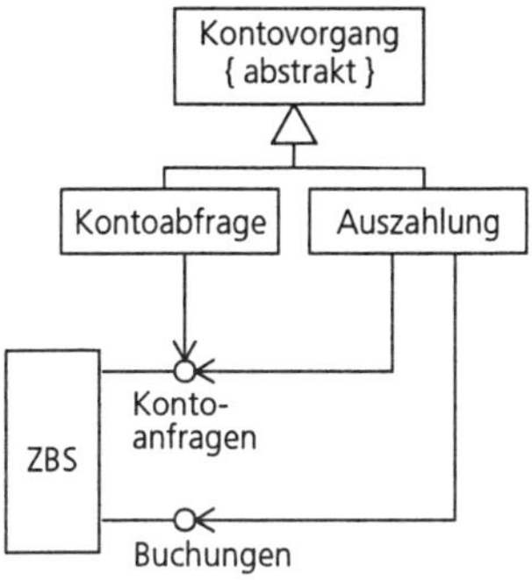

Abbildung 10.47: Teilverträge des ZBS und deren Verwendung

Die hier demonstrierte Aufteilung der Schnittstellen einer Klasse in getrennte Teilschnittstellen wird häufig angewandt, wenn eine einzelne Klasse ein Teilsystem kapselt, das verschiedenartige Dienste anbietet.

Das Objektmodell repräsentiert nun die wesentlichen statischen Aspekte unseres Problems. Hinsichtlich des dynamischen Verhaltens betrachten wir als erstes die Lebenszeiten der beteiligten Objekte und die Gültigkeit ihrer Beziehungen. Wir führen dies am Beispiel der Scheckkarte vor.

Im Grundzustand kennt der SKA kein Objekt der Klasse Scheckkarte. Durch das Einführen einer (gültigen) Karte in den Kartenleser wird ein entsprechendes Objekt erzeugt. Die Erzeugung des entsprechenden Objekts kann entweder dem SKA oder dem Kartenleser auferlegt werden. Wir entscheiden uns für letzteres – der Kartenleser erzeugt zu einer gültigen, eingeführten Karte ein Objekt des Typs Scheckkarte. Dann benachrichtigt er den SKA und übergibt diesem (eine Referenz auf) das neu erzeugte Objekt. Am Ende der Bearbeitung veranlaßt der SKA den Kartenleser, die Karte auszuwerfen. Danach darf das Kartenobjekt nicht mehr benutzt werden; es muß sichergestellt werden, daß die anderen Teilsysteme nicht mehr darauf zugreifen. Dieser Sachverhalt ist im Sequenzdiagramm Abb. 10.48 dargestellt.

25. In UML werden die Teilschnittstellen als „Lollis" wiedergegeben.

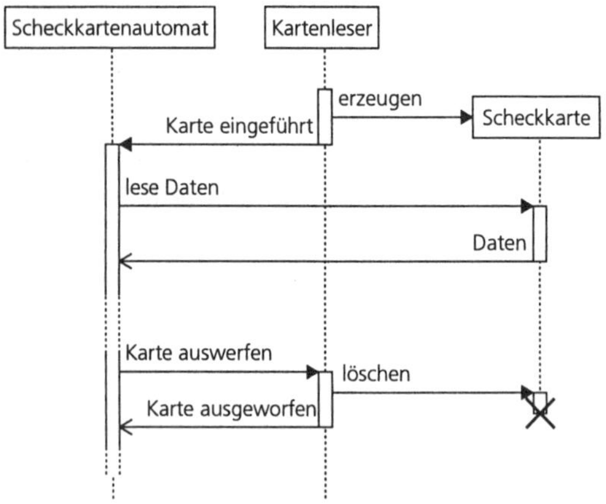

Abbildung 10.48: Gültigkeit eines Scheckkartenobjekts

Weitere Teile des dynamischen Verhaltens des Automaten finden sich bereits im Aktivitätsdiagramm Abb. 10.41. Es fehlt aber noch die Zuordnung der Aktivitäten zu den einzelnen Klassen, etwa den Bearbeitungsvorgängen.

Abb. 10.49 zeigt exemplarisch den Zustandsautomaten für die Bearbeitungsvorgänge und deren Interaktion mit dem Benutzer. In der bisherigen Modellierung traten die Grobzustände bereits als Unterklassen von Bearbeitungsvorgang auf.

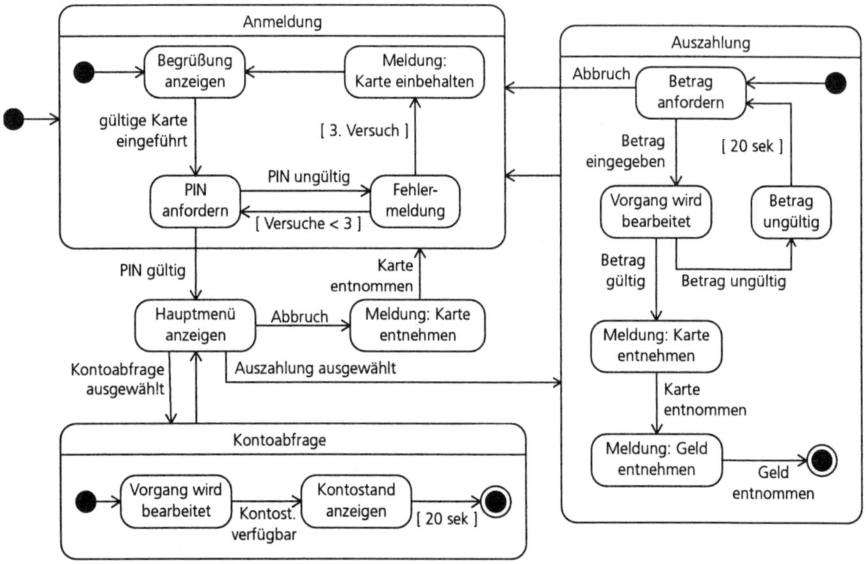

Abbildung 10.49: Zustandsmodell der Bearbeitungsvorgänge

Die Klasse SKA kennt den aktuellen Bearbeitungsvorgang und ist für die verbliebenen Zustandsübergänge verantwortlich.

Zustände werden häufig als Aufzählungstypen realisiert. Die hier gezeigte explizite Form der Modellierung ist Inhalt des Entwurfsmusters *Zustand*.

Das Modell ist damit bis auf weitere Verfeinerungen komplett und kann als Grundlage für eine Implementierung dienen.

Aufgabe 10.10: Für den Fall, daß das Banksystem nicht verfügbar ist, soll der Geldautomat die Auszahlung des zugesicherten Tagesbetrags dennoch ermöglichen. Der Geldautomat merkt sich in diesem Fall die notwendige Abbuchung und versucht, die Abbuchung später vorzunehmen. Erweitern Sie das Modell entsprechend.

Aufgabe 10.11: Gegeben sei ein Automat zur Zugangsüberwachung, der nach Einschieben einer gültigen Berechtigungskarte ein grünes Licht zeigt und für 30 sek. eine Tür öffnet. Der Automat bestehe aus einem Kartenleser, der Berechtigungskarten einzieht, auf Gültigkeit prüft und wieder auswirft, sowie einer Anzeige aus drei Lichtern: gelb (Ruhezustand, Anzeige *Anlage in Betrieb*), rot (Berechtigungskarte ungültig oder unleserlich) und grün (Berechtigungskarte gültig, Tür offen). Das rote Licht wird für 5 sek. gezeigt. Nach Anzeige des roten bzw. grünen Lichts kehrt der Automat in den Ruhezustand zurück. Entwerfen Sie ein Modell der Steuerung der Zugangsüberwachung. Welche Teile des Scheckautomaten könnten Sie wiederverwenden? Wie müßten sie umgestaltet werden, um diese Wiederverwendung zu ermöglichen?

Aufgabe 10.12: Abb. 10.50 zeigt eine ampelgesteuerte Verkehrskreuzung. Die

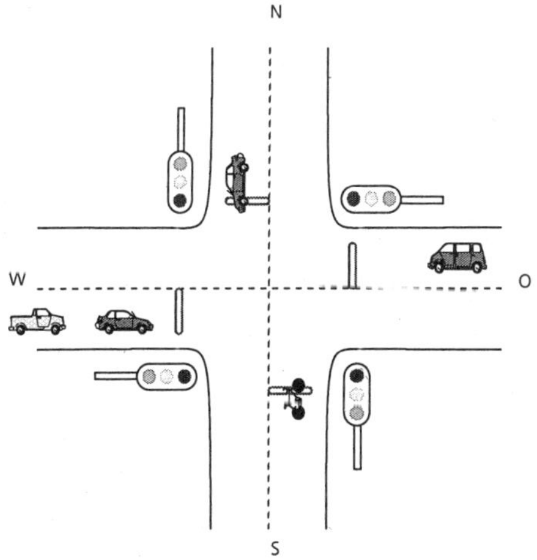

Abbildung 10.50: Ampelkreuzung

Querstriche vor jeder Kreuzungseinfahrt sind Induktionsschleifen. Entwerfen Sie ein Modell der bedarfsgesteuerten Ampelsteuerung: Im Ruhezustand (kein Fahrzeug in Sicht) schaltet die Ampel alle 60 sek. von grün für die N-S- auf grün für O-W-Richtung und umgekehrt. Die Gelbphasen dauern jeweils 5 sek. Bei Annäherung von Fahrzeugen in nur einer Richtung mit Rotphase springt die Ampel für wenigstens 20 sek. auf diese Richtung. Bei Annäherung von Fahrzeugen aus beiden Richtungen ist die Dauer der derzeitigen Grünphase auf 60 sek. begrenzt.

10.3 Vom Modell zum Programm

Das objektorientierte Modell eines Systems wie des Scheckkartenautomaten nimmt keine Rücksicht auf die Realisierung. Wir können die Modellierungstechnik auch auf Systeme anwenden, die Menschen umfassen. Diese stellen im Modell aktive Objekte dar. Im Unterschied dazu besteht das System des Scheckkartenautomaten nur aus passiven Objekten; das einzige aktive Objekt, der Kunde, ist ein Akteur und gehört nicht zum System. Gibt es in einem Modell mehrere aktive Objekte oder Akteure, so könnten diese und die von ihnen aufgerufenen passiven Objekte auch parallel arbeiten. Objektorientierte Programme arbeiten hingegen häufig sequentiell und implementieren Modelle mit nur einem aktiven Objekt, repräsentiert durch das Hauptprogramm.

Wir erläutern zunächst das allgemeine Verfahren zur Umsetzung von Modellen in Programme und gehen dann auf Ströme und gebundene Methoden und ihren Gebrauch ein.

10.3.1 Umsetzung des Modells in die Programmiersprache

Gegeben sei ein objektorientierter Entwurf als Objekt- und Verhaltensmodell, beschrieben durch Klassen- und unterschiedliche Verhaltensdiagramme. Zur Konstruktion eines Programms müssen wir folgende Aufgaben lösen:

1. Festlegung der Klassen und ihrer Vererbungsbeziehungen.
2. Festlegung der Attribute und Methoden einer Klasse und Bestimmung der Zugriffsrechte: Welche Merkmale sind privat? Welche Attribute können von Dritten nur gelesen werden?
3. Formulierung von Klasseninvarianten und Vor- und Nachbedingungen der Methoden. Aus diesen Zusicherungen muß die korrekte Umsetzung des Verhaltensmodells ersichtlich werden.
4. Festlegung der Methodenrümpfe (Programmieren-im-Kleinen) für die Dienste, ausgehend von den vorstehenden Vor- und Nachbedingungen.

5. Überprüfung des Verhaltensmodells: Erlaubt das Programm genau die im Verhaltensmodell zulässigen Folgen von Methodenaufrufen?
6. Entscheidung über die Umsetzung der dem Modell innewohnenden Parallelität.
7. Validierung des Programms gegenüber der *ursprünglichen* Aufgabenbeschreibung. Damit wird gleichzeitig nochmals das Modell validiert.

Wir befassen uns hier mit den Aufgaben 1 – 6 mit dem Ziel einer Implementierung auf einem sequentiell arbeitenden Rechner.

Die Lösung der ersten Aufgabe entnehmen wir unmittelbar den Klassendiagrammen. Diese liefern uns nicht nur konkrete und abstrakte Klassen, sondern auch einen Vererbungsgraph der Beziehungen zwischen diesen Klassen. Besondere Sorgfalt müssen wir auf die Wiedergabe der Vererbung verwenden, damit nach den Regeln der jeweiligen Programmiersprache polymorphe Methodenaufrufe möglich werden.

Die einschlägigen Regeln für SATHER haben wir in 10.2.4 angegeben: Polymorphe Aufrufe sind nur erlaubt, wenn die Unterklasse ein konformer Untertyp nach den Regeln auf S. 180 ist. In diesem Fall können wir mit

```
a: $ Oberklasse
```

Attribute und lokale Größen von Methoden a vereinbaren und dann mit $a.m$ oder $a.m(\cdots)$ Methoden m aufrufen, für die mindestens die Signatur in der Oberklasse angegeben ist. Alle anderen Vererbungsbeziehungen, darunter auch die Spezialisierung gemäß Abb. 10.35, erlauben aus Gründen der Typsicherheit keine polymorphen Aufrufe. Sie können nur mit einfacher Code-Wiederverwendung (include-Beziehung) wiedergegeben werden.

Auch die benötigten Attribute und Methoden (Aufgabe 2) entnehmen wir den Klassendiagrammen. Aggregationen schlagen wir der Klasse des aggregierenden Objektes als Attribute zu. Damit erhalten wir eine einseitige Beziehung *Aggregat* $\rightarrow$ *Element*. Wird auch die umgekehrte Beziehung benötigt, so müssen wir den Elementen ein Attribut geben, das auf das aggregierende Objekt verweist. Die Attribute bezeichnen wir mit ihren Rollen. Auf die gleiche Art formen wir Assoziationen zwischen zwei Objekten zu ein- oder zweiseitigen Beziehungen zwischen ihren Klassen um, die wir durch Attribute repräsentieren. Besitzen Assoziationen Attribute oder verbinden sie mehr als zwei Klassen, dann machen wir aus der Assoziation eine eigene Klasse, vgl. Beispiel 10.2, Abb. 10.10.

$1:n$- bzw. $n:m$-Beziehungen implementieren wir mit Reihungen, wenn die Anzahlen m, n fest oder zumindest beschränkt sind. Bei unbekannter Anzahl benutzen wir Listen bzw. Mengen von Objekten, wie wir sie in 10.4 studieren. Abb. 10.51 zeigt die Alternativen.

Die Aufgaben 3 und 4 lösen wir mit den Verfahren der Kap. 8 und 9, insbesondere mit Hilfe des Zusicherungskalküls. Zur Realisierung der Pfadausdrücke

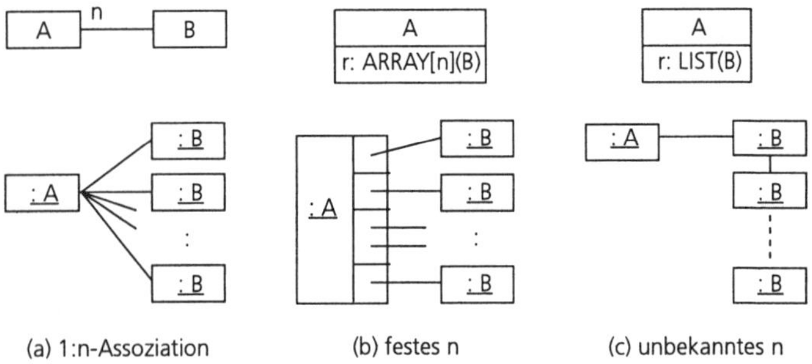

Abbildung 10.51: Realisierung einer mehrwertigen Assoziation

(Frage 5) gehen wir von den Zuständen im Zustandsdiagramm aus. Diese geben wir durch (zusätzliche) Attribute der jeweiligen Objekte wieder. Dann können wir schematisch Methoden wie in Programm 10.1 schreiben: Bei Aufruf wird zuerst geprüft, ob der Aufruf zulässig ist.

Programm 10.1: Methodenrumpf mit Kontrolle des Verhaltensmodells

```
methode(parameter): Ergebnistyp is
  if Aufruf im gegenwärtigen Zustand zulässig
  then ...
  else fehler
  end
end; -- methode
```

Die Attribute für die Zustände im Zustandsdiagramm sind eigentlich eine Repräsentation des endlichen Automaten für die Pfadausdrücke. Gibt es etwa nur 2 Zustände, so benötigen wir eine boolesche Variable, um zu unterscheiden, in welchem Zustand wir uns befinden. Die Anwendung dieser Überlegung auf das Datei-Beispiel 10.6 zeigt Programm 10.2.

Programm 10.2: schreiben in eine Datei

```
schreiben(parameter) is
  if geöffnet
  then ...        -- schreiben ist gestattet
  else
    fehler -- schreiben in geschlossene Dateien verboten
  end
end; -- schreiben
```

Bei einem sequentiellen System (nur ein aktives Objekt) ist die Überwachung der Pfadausdrücke eine Sicherheitsmaßnahme, um Programmierfehler zu erkennen. Bei korrekter Umsetzung der Folgen von Methodenaufrufen, d. h. bei korrekter Implementierung der Methodenrümpfe, die diese Aufrufe enthalten, dürften Fehler wie wir sie durch die vorstehenden Programmfragmente abfangen, gar nicht vorkommen. Bei Einschluß von Klassen aus einer Bibliothek, die solche Aufrufe enthalten könnten, und bei großen Systemen ist diese Forderung jedoch nur schwer erfüllbar und die Sicherheitsmaßnahme notwendig.

Abschließend widmen wir uns Aufgabe 6. Gibt es nur ein aktives Objekt im System, so machen wir dieses zum Hauptprogramm. Warten dann zusätzlich alle Aufrufe auf Erledigung des Auftrags, vgl. S. 172, so ist das Programm bereits sequentiell.

Bei $n \geqslant 2$ aktiven Objekten erreichen wir die Sequentialisierung durch Programmumkehr wie in Beispiel 10.9; oder wir müssen die n aktiven Objekte mit nur einem aktiven Objekt simulieren. Dafür gibt es verschiedene Verfahren, vgl. (Page, 1991):

- **Prozeßorientierte Ausführung**[26],
- **Ereignisgesteuerte Ausführung**[27].

Für die prozeßorientierte Ausführung entwerfen wir einen zentralen Planungsalgorithmus wähle_aus als Teil einer Klasse Planung wie in Programm 10.3. Alle aktiven Objekte werden Objekte eines konformen Untertyps einer abstrakten Klasse AKTOR, die Methoden zur Kommunikation mit dem Planungsalgorithmus bereitstellt. Der Planungsalgorithmus registriert alle Aktoren. Er ist eine Koroutine, der sich wie der Dirigent in einem strengen Wechselgespräch verhält, vgl. Abb. 10.30: Die auszuführenden aktiven Objekte sind ebenfalls Koroutinen, die zeitweise den Prozessor zugeteilt bekommen, um ihre Arbeit fortzusetzen. Sie müssen dazu die Methode agiere der Klasse AKTOR als Kernmethode realisieren, mit deren Hilfe sie bei Zuteilung des Prozessors ihre Arbeit fortsetzen. Diese **virtuelle Parallelität** ist die Grundlage der Realisierung von Mehrprozeß-Betriebssystemen auf einem Rechner mit nur einem Prozessor. Wechsel zwischen aktiven Objekten finden statt, wenn ein Objekt von sich aus in einen Wartezustand gerät, z. B. , weil es auf die Erledigung eines Auftrags, etwa das Ende einer Ein-/Ausgabe wartet, oder wenn ein zuvor festgelegter Zeitraum abgelaufen ist, man spricht dann von **Zeitscheiben-Steuerung**.

Für die ereignisgesteuerte Ausführung fassen wir ein System als eine Menge von (aktiven oder passiven) Objekten auf, die auf Ereignisse e reagieren. Die Ereignisfolge könnte teils von außen und teils durch die Kooperation der einzelnen Objekte erzeugt werden. Wir versehen jedes Ereignis e mit einem Zeitstempel t, der den Ankunfts- oder den vorgesehenen Bearbeitungszeitpunkt des Ereignisses kennzeichnet. Wie zuvor haben wir einen zentralen Planungsalgorithmus, der die Ereignisse nach ihrem Zeitstempel in eine Prioritätsschlange einsortiert und

26. engl. *process interaction.*
27. engl. *event scheduling.*

Programm 10.3: Aktore und Mehrprozeßsimulation

```
class PLANUNG is
  shared aktorliste: ARRAY[*]($ AKTOR); -- Liste aller registrierten Aktoren.
  registriere(p: $ AKTOR) is ... end;
  wähle_aus is ... end; -- wähle einen Aktor aus und setze seine
                        -- Ausführung durch Aufruf von agiere fort
  ...
end; -- PLANUNG
class AKTOR is
  agiere is abstract end;
  ...
end; -- AKTOR
class AKTIVES_OBJEKT is
  like AKTOR
  agiere is ... end;
end; -- AKTIVES_OBJEKT
class PROGRAMM is
  planer: #PLANUNG:
  ...
  main is
    ...
    -- erzeuge und registriere alle aktiven Objekte
    ...
    planer.wähle_aus; -- Start der Kooperation der aktiven Objekte
  end; -- main
  ...
end; -- PROGRAMM
```

jeweils das Ereignis höchster Priorität zur Bearbeitung an das zuständige Objekt abgibt. Auch hier findet ein strenges Wechselgespräch mit dem Planungsalgorithmus als Dirigenten statt. Programm 10.3 ist ebenfalls einsetzbar.

Programm 10.3 gibt die grundsätzliche Vorgehensweise wieder; es fehlen aber zahlreiche wichtige Einzelheiten, deren Erklärung hier zu weit führen würde. Aktive Objekte sind eigentlich nebenläufige Prozesse im Sinne von 2.5. Bei Verwendung der Programmiersprachen ADA oder JAVA vereinbart man sie als *tasks* bzw. **Fäden**[28]. Dann übernimmt die Implementierung der Sprache ohne weiteres Zutun des Programmierers die prozeßorientierte Ausführung.

Das Verfahren, bei dem sich Aktoren zunächst bei einem Planer registrieren und zu einem späteren Zeitpunkt von diesem zum Agieren aufgefordert werden, heißt **Rückruf**[29]. Rückrufe spielen eine wichtige Rolle bei der Interaktion zwischen Benutzerschnittstelle und Anwendungsprogramm:

Beispiel 10.10 (Rückruf): Die Klassendiagramme Abb. 10.52 und 10.53 beschreiben schematisch die Zusammenarbeit zwischen einem oder mehreren An-

28. engl. *thread*.
29. engl. *call back*.

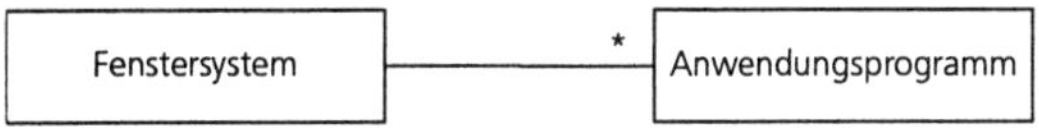

Abbildung 10.52: Kooperation Fensterverwaltung – Anwendung

wenderprogrammen und der Verwaltung eines Fenstersystems samt Tastatur und Maus. In einer interaktiven Anwendung, z. B. beim Edieren von Text, wird die gesamte Anwendung durch die Ereignisse gesteuert, die der Benutzer durch Maus und Tastatur auslöst. Die entsprechenden Ereignisse werden von der Fensterverwaltung entgegengenommen und z. B. abhängig von der Position des Mauszeigers an das jeweilige Anwendungsprogramm weitergegeben. Dazu verwaltet die Fensterverwaltung eine Menge von **Dialogobjekten**[30], die ihm von den Anwendungen übergeben werden. Ein Dialogobjekt muß Methoden $m_1, m_2, \ldots$ zur Reaktion auf verschiedene Ereignisse $e_1, e_2, \ldots$ anbieten. Beim Start eines Anwendungsprogramms bzw. bei der Anzeige eines Dialogs werden die jeweiligen Dialogobjekte beim Fenstersystem registriert. Tritt ein Ereignis e_i auf, dann wird auf dem Bildschirm das geometrisch kleinste Dialogobjekt *dob* ermittelt, zu dem das Ereignis gehört. *dob* heißt der **Fokus** des Ereignisses. Dann wird zu e_i die für den Fokus vorgegebene Methode m_i aufgerufen; m_i erhält die Einzelheiten des Ereignisses (Mausposition, welche Taste wurde wie lange gedrückt usw.) als Argumente.

Die Dialogobjekte und ihre Klassen gehören zu der Vererbungshierarchie der Abb. 10.53. Daher können wir objektorientiert unsere Schleife verfeinern zu

```
dob: $ DIALOGOBJEKT;
loop -- Ereignisschleife
  warte auf Ereignis;
  dob := bestimme Fokus;
  case ereignis
  when e1 then dob.m1(...)
  when e2 then dob.m2(...)
  ...
  end; -- case
end;
```

dob kann beliebige Objekte aufnehmen, die zu einer Unterklasse von DIALOGOBJEKT gehören. Der Rückruf ist ein polymorpher Methodenaufruf. Sollte der aktuelle Fokus keine Methode für ein Ereignis e_i vorsehen, so wird die Methode aus der nächst übergeordneten Klasse genommen. Die Oberklasse DIALOGOBJEKT reagiert auf die meisten Ereignisse mit einer leeren Prozedur. ♦

Wir finden Rückrufe auch im früheren Beispiel Tabellenkalkulation: Die Klassen in den Programmen 10.4 und 10.5 zeigen die Umsetzung in SATHER.

30. engl. *widget*. Dieses Wort wurde für die Dialogobjekte des X-Fenstersystems unter UNIX geprägt.

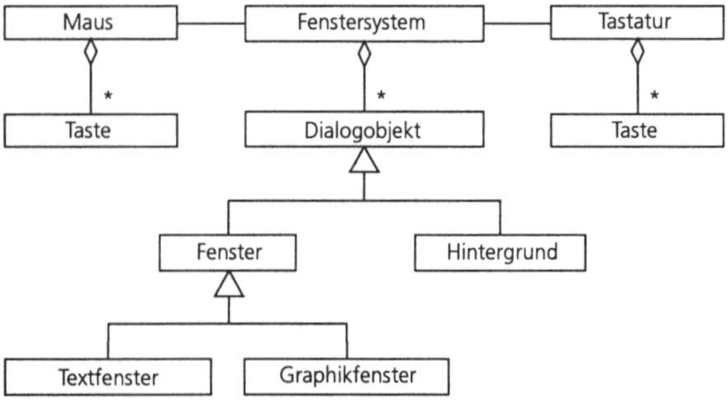

Abbildung 10.53: Ausschnitt aus dem Objektmodell eines Fenstersystems

Es gibt keine aktiven Objekte; alle Aktionen werden durch Ereignisse an der Benutzerschnittstelle ausgelöst.

Bei der Implementierung der Tabellenkalkulation beschränken wir uns auf die Verarbeitung ganzer Zahlen. Die Aggregation der Zellen in eine Tabelle erledigen wir mit einer zweistufigen Reihung. Die $n:m$-Assoziationen zwischen Zellen und Formeln finden wir explizit in der Zelle in Form einer Liste. Die umgekehrte Richtung ist implizit durch die Operanden im Kantorowitsch-Baum gegeben. Um das Ergebnis einer Formel nicht immer neu berechnen zu müssen, speichern wir es in einem polymorphen Attribut vom Typ INHALT.

Aufgabe 10.13: Implementieren Sie den im Programm 10.5 verwendeten Kantorowitsch-Baum. Die Klasse soll eine Methode auswerten besitzen, die das Ergebnis der Auswertung des (Teil-)Baums liefert. Rückgabetyp soll $ INHALT sein. Betrachten Sie nur die Operatoren + und – (im üblichen arithmetischen Sinn) sowie die Verkettung |. Beachten Sie, daß Formeloperanden unzulässigen Typ haben, und Zellen leer (void) sein könnten.

Aufgabe 10.14: Implementieren sie den Aufbau eines solchen Baums ausgehend von einer Zeichenkette, die einen gültigen (vollständig geklammerten) Ausdruck darstellt als Methode erzeuge_baum der Klasse FORMEL.

Aufgabe 10.15: Formulieren Sie die Klasseninvariante der Klasse FORMEL. Anleitung: Bestimmen Sie zunächst die Vor- und Nachbedingungen der Methoden.

10.3.2 Ströme

Gegeben sei ein Objekt ob einer Klasse B(T), z. B. eine Reihung, ein Binärbaum oder eine Liste, die Elemente eines Typs T enthält. In vielen Fällen wollen wir die Elemente der Datenstruktur sequentiell lesen oder schreiben. Die Einzelheiten, wie man das nächste Element findet, ist Sache der Klasse B(T) und unterliegt dem Geheimnisprinzip. An der Schnittstelle sehen wir die Datenstruktur als eine

Programm 10.4: Implementierung der Tabellenkalkulation I

```
class TABELLENKALKULATION is
  ...
  -- Realisierung der Assoziation mit fester Anzahl
  tabelle: ARRAY[m,n](ZELLE);
  ...
end; -- TABELLENKALKULATION
class ZELLE is
  inhalt : $ INHALT;              -- Inhalt der Zelle
  formeln: LISTE_EL_D(FORMEL) -- von dieser Zelle abhängende Formeln
  gib_Wert: $ INHALT is
    if inhalt = void
    then res := void
    else res := inhalt.gib_Wert
    end; -- if
  end; -- gib_Wert
  entferne_formel(f: FORMEL) is formeln.delete(f) end;
  registriere_formel(f: FORMEL) is formeln.insert(f) end;
  belege (s : STRING) is
    -- belegt den Inhalt der Zelle je nach Art des Parameters
    inhalt: $ INHALT;
    if s[0] = '\''
    then inhalt := #TEXT        -- s repräsentiert einen Text
    elsif s[0] = '='
    then inhalt := #FORMEL      -- s repräsentiert eine Formel
    else inhalt := #ZAHL        -- s repräsentiert eine Zahl
    end; -- if
    inhalt.zelle := self;
    inhalt.belege(s);
    benachrichtige
  end; -- belege
  benachrichtige is
    (formeln.elts!).aktualisiere -- benachrichtigt alle Formeln, in denen die Zelle verwendet wird.
  end; -- benachrichtige
end; -- ZELLE
```

Sequenz von Elementen an. Diese Abstraktion einer Datenstruktur heißt ein **Strom**. Je nachdem, ob die Elemente von der Datenstruktur abgegeben oder von ihr aufgenommen werden, sprechen wir von einem **Eingabe-** oder einem **Ausgabestrom**[31].

Beispiel 10.11: Wir wollen die verschiedenen Wörter eines Textes *t* alphabetisch sortiert drucken. Dazu betrachten wir an der Schnittstelle das Textobjekt *t* als einen Strom von Wörtern, die an ein zweites Objekt *wörter* abgegeben werden. *wörter* kann so konstruiert werden, daß es einen Strom der unterschiedlichen

31. Die Begriffe *Eingabe* bzw. *Ausgabe* sind aus der Sicht des Anwenders der Abstraktion definiert. Aus der Sicht der Datenstruktur besteht ein Eingabestrom aus einer Folge von Ausgaben.

Programm 10.5: Tabellenkalkulation II: die Inhaltsklassen

```
class INHALT is
  zelle: ZELLE; -- die Zelle, zu der der Inhalt gehört
  gib_Wert: SAME is res := self end;
  belege(s: STRING) is abstract end;   -- Kernmethode zum Belegen des Feldes
end;-- INHALT
class ZAHL is
  like INHALT;
  wert: INT;
  belege(s: STRING) is wert := s.int end;
end; -- ZAHL
class TEXT is
  like INHALT;
  text: STRING;
  belege (s: STRING) is text := s end;
end; -- TEXT
class FORMEL is
  like INHALT;
  formel  : KANTOROWITSCHBAUM;   -- Darstellung der Formel als Baum.
  ergebnis: $ INHALT;            -- Aktuelles Ergebnis der Formelauswertung
  gib_Wert: SAME is res := ergebnis end;
  belege(s: STRING) is
    (formel.operanden!).entferne_formel(self);
    formel := erzeuge_baum(s);
    (formel.operanden!).registriere_formel(self);
    ergebnis := formel.auswerten
  end; -- belege
  aktualisiere is
    ergebnis := formel.auswerten;
    zelle.benachrichtige          -- benachrichtige alle abhängigen Formeln
  end; -- aktualisiere
end;
```

Wörter in alphabetischer Sortierung liefert. Diesen Strom geben wir an das Ausgabeobjekt *drucker* ab. ♦

Eine andere Anwendung von Strömen zeigt das Beispiel 10.9, S. 177. Auch die Aufrufe elts! bzw. operanden! in den Programmen 10.4 und 10.5 sind Ströme, die die Elemente einer Liste bzw. die Operanden eines Kantorowitschbaumes liefern.

Aufgabe 10.16: Geben Sie die Zuständigkeiten und Verträge der Objekte bzw. ihrer Klassen in Beispiel 10.11 an. Formulieren Sie unter Einsatz Ihrer Kenntnisse aus 9.3.3 und 9.2 ein SATHER-Programm für das Beispiel.

Ein Strom kann als eigenständige Datenstruktur, eine Sequenz, oder wie in 10.2.1 als ein Kooperationsmuster zwischen Objekten angesehen werden, das die Übergabe von Elementen regelt. Im funktionalen Programmieren zeigten die unbeschränkten Listen in 5.5.3 die Eigenschaften von Strömen: „Im Prinzip" handelte es sich um abzählbar unendliche Sequenzen, also um Datenstrukturen; tatsächlich werden aber immer nur die Elemente bestimmt, die von der aufrufenden Funktion benötigt wurden. Das Kooperationsmuster entspricht dem strengen Wechselgespräch in Abb. 10.28, S. 175; die beteiligten Objekte wechseln sich beim Liefern und Verarbeiten von Elementen ab.

Ströme sind in der Informatik und darüberhinaus allgegenwärtig. Die Signale, die wir beim Telefonieren an unseren Gesprächspartner senden, bilden einen Strom. Die Folge der Zustände oder Zustandsübergänge eines sequentiell ausgeführten Programms ist ein Strom, den wir im Verhaltensmodell durch einen Pfadausdruck beschrieben haben. Eine Tastatur ist **Quelle** eines Eingabestroms von Zeichen. Ein Drucker ist **Senke**, d. h. Empfänger, eines Ausgabestroms, den wir als Strom von Zeichen, Zeilen oder Seiten auffassen können. Wenn wir eine Datenstruktur *ds* kopieren, erhalten wir die Elemente von *ds* meist als Strom, den wir in die Kopie *ds'* ausgeben. Wenn wir aus einer Menge oder einer anderen Datenstruktur Elemente mit bestimmten Eigenschaften herausfiltern wollen, z. B. im obigen Beispiel die *verschiedenen* Wörter, so benutzt der Filter einen Eingabestrom und liefert als Ergebnis einen anderen Strom.

Beispiel 10.12: Die Standardeingabe und -ausgabe, vgl. 6.2.5, stellen Ströme in Reinform dar: Wir lesen bzw. schreiben nacheinander Zeichen, ohne uns darum zu kümmern, ob die geschriebenen Zeichen an eine Datei auf der Platte, ein Fenster auf dem Bildschirm oder an einen Drucker abgegeben werden. Die **Fließbandverarbeitung**[32] des Betriebssystems UNIX verknüpft durch | getrennte Programmaufrufe, indem sie die Standardausgabe des ersten Programms als Standardeingabe des zweiten Programms verwendet. Zum Beispiel löst der Aufruf

cat *text* | tr -s ' ' '\012' | sort -u | lpr

die Aufgabe des Beispiels 10.11: Das Programm cat gibt den Inhalt der Datei *text* als Ausgabestrom auf der Standardausgabe aus. Dieser wird vom Kommando tr, das hier alle Zwischenräume durch Zeilenwechsel ersetzt, als Eingabestrom benutzt. Das Ergebnis ist ein Strom von Zeilen, die jeweils ein Wort enthalten.[33] Dieser wird durch sort –u unter Beseitigung von Duplikaten sortiert. Der Ausgabestrom geht an das Druckprogramm lpr. Die Zeichen werden nicht einzeln, sondern in Puffern an das jeweils nächste Programm abgegeben; die Puffergröße ist maschinenabhängig. Die Fließbandverarbeitung benutzt also Ströme von Puffern. ♦

Mit unseren bisherigen Hilfsmitteln könnten wir Ströme in SATHER mit einer Gruppe von drei Prozeduren strombeginn, nachstes_element und fertig wiedergeben. strombeginn stellt den Anfangszustand des Stroms her, liefert aber noch kein Element. Dazu dient nächstes_element. fertig liefert das Ergebnis true, wenn kein

32. engl. *pipe*, also eigentlich Röhre.
33. Auf Interpunktionszeichen und sonstige Spezialitäten nimmt diese Lösung keine Rücksicht.

Element mehr übrig ist. Stellt ein Objekt ob diese Methoden zur Verfügung, so können wir mit der Prozedur

```
seq_suche(x: T; ob: B(T)): BOOL is
-- Nach: res = true, wenn x in ob vorkommt.
  ob.strombeginn;
  while not ob.fertig  and x /= ob.nächstes_element loop end;
  res := not ob.fertig
end; -- seq_suche
```

in ob sequentiell nach dem Wert x suchen. Der Schleifenrumpf ist hier leer; wir haben die gesamte Tätigkeit in die while-Bedingung gesteckt. ob muß nicht die gesamte Datenstruktur selbst enthalten, sondern könnte z. B. auch das Kopfobjekt einer symmetrischen Liste wie in 9.3.3 sein.

Aufgabe 10.17: Formulieren Sie in gleicher Weise eine Prozedur, die jedes zweite Element einer Datenstruktur liefert. Wie könnte man feststellen, ob ein Behälter zwei gleiche Elemente enthält?

Für eine symmetrische Liste lauten die Prozedurrümpfe[34]

```
private stromzeiger: LISTE_EL_D(T);
strombeginn is stromzeiger := self end;
fertig: BOOL is res := stromzeiger.nach = self end;
nächstes_element: T is
  if fertig then fehler
  else stromzeiger := stromzeiger.nach; res := stromzeiger.w end
end; -- nächstes_element
```

Die drei Prozeduren benötigen die gemeinsame Zustandsvariable stromzeiger. Sie ist bei Strömen für beliebige Datenstrukturen notwendig und notiert, wieweit der Strom beim Durchwandern der Datenstruktur fortgeschritten ist. Bei symmetrischen Listen ist das Ende erreicht, wenn stromzeiger wieder bei self, also beim Listenkopf angekommen ist. Die Zustandsvariable ist privat in der Klasse, die die Stromprozeduren definiert.

In den Rümpfen der Stromprozeduren muß der interne Aufbau der Datenstruktur bekannt sein. Dem Geheimnisprinzip folgend sollte man die Prozeduren, ebenso wie ihre Zustandsvariablen, daher eigentlich in der gleichen Klasse vereinbaren, die auch die Datenstruktur (oder deren Kopfelement) definiert. Dann aber ist der zweite Teil der Aufgabe 10.17 nicht mehr lösbar; für ihn müssen wir nämlich zwei Ströme gleichzeitig über die Datenstruktur laufen lassen. Da aber die Zustandsvariable nur einmal vorhanden ist, gibt es Schwierigkeiten.

---

34. Entsprechend 10.1.2 nehmen wir hier und im folgenden stillschweigend an, daß alle Klassen *K* und Methoden, die wir in Kap. 9 für Objekte mit ganzzahligen Elementen erörterten, für einen allgemeinen Elementtyp T definiert seien. T ist generischer Typparameter von *K*.

In C++ kann man diesem Problem ausweichen, indem man die Stromprozeduren und ihre Zustandsvariablen in einer sogenannten *Freundklasse* der Datenstruktur vereinbart. Solche befreundete Klassen können auf die privaten Attribute der Datenstruktur zugreifen; für sie ist also deren interner Aufbau sichtbar. Wenn wir die Methode strombeginn mit der Bildung eines neuen Objekts der Freundklasse verbinden, können wir auch mehrere gleichzeitig aktive Ströme auf der gleichen Datenstruktur arbeiten lassen. GAMMA et al. (1996) nennen Ströme **Iteratoren** und führen sie als allgemeine Entwurfsmuster ein. In JAVA werden Ströme über Datenstrukturen durch Iterator-Objekte implementiert. Diese müssen damit unter Umständen Zugriff auf die privaten Eigenschaften der Datenstruktur erhalten. Ein anderer gebräuchlicher Name ist **Läufer**[35]; damit verbindet sich die Vorstellung, daß der Läufer nicht nur vorwärts, sondern auch rückwärts wandern kann. In OBERON, (WIRTH und GUTKNECHT, 1992), gibt es mit den *riders* eine ähnliche Konstruktion.

Aufgabe 10.18: Geben Sie die Prozeduren strombeginn, nächstes_element und fertig für einen Text (Klasse STRING[*]) an. Geben Sie ferner an, wie man den Strom der ganzen Zahlen $1, \ldots, n$ erhält.

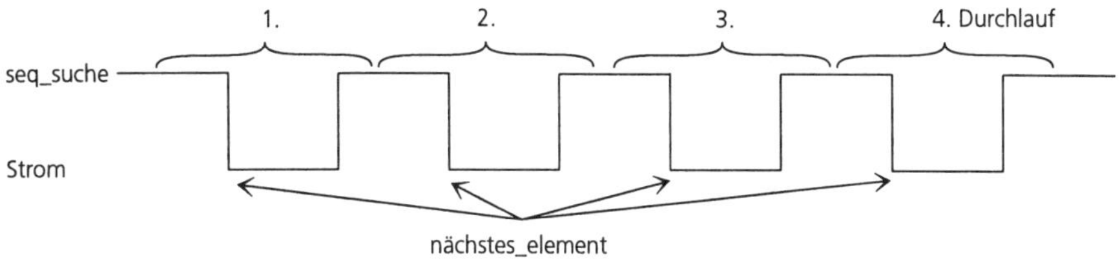

Abbildung 10.54: Kooperationsmuster von Strömen am Beispiel seq_suche

Das Kooperationsmuster in Abb. 10.54 ist symmetrisch. seq_suche verarbeitet den Strom in einer Schleife; die Elemente werden in einer Schleife der Datenstruktur entnommen. Die Prozedur nächstes_element notiert in stromzeiger den Fortschritt der Schleife und setzt sie beim nächsten Aufruf fort. Die beiden Schleifen arbeiten als Koroutinen zeitlich verzahnt zusammen.

In SATHER treiben wir die Abstraktion einen Schritt weiter und legen diese Schleifenstruktur offen. Hierzu definieren wir **Strommethoden**, neben Prozeduren die zweite Form von Methoden, mit folgenden Eigenschaften:

1. Eine Strommethode hat die gleiche Form wie eine Prozedur und wird wie diese aufgerufen, jedoch (vorläufig) nur in einer Schleife. Zur Unterscheidung von Prozeduraufrufen hängen wir dem Bezeichner bei einem Stromaufruf ein Ausrufezeichen an.
2. Jeder solche Aufruf definiert beim ersten Mal ein für den Aufrufer nicht sichtbares **Stromobjekt**, das den lokalen Zustand des Stroms kapselt und aus den Argumenten und lokalen Variablen der Strommethode besteht.

35. engl. *cursor*.

3. Die Strommethode kann die Anweisung resume enthalten. Ihre Ausführung besteht in der Wiederaufnahme des Aufrufers. Diesem werden die Werte aller Transienten und Ergebnisparameter, sowie, bei Eingabeströmen, der Wert der Ergebnisvariablen res übergeben.
4. Derselbe Stromaufruf in einem weiteren Schleifendurchlauf setzt die Strommethode unter Verwendung des vorhandenen Stromobjekts nach dem zuletzt ausgeführten resume fort.
5. Ein Stromaufruf, der nicht mit resume, sondern mit dem gewöhnlichen Ende der Strommethode endet, beseitigt das Stromobjekt und beendet zugleich die Schleife beim Aufrufer. Der Aufrufer erhält dabei keine Ergebnisse.
6. Die Argumente eines Stromaufrufs werden auch bei wiederholtem Aufruf berechnet und der Strommethode übergeben (wiederholte Argumente). Ausnahme sind sogenannte **Einmalargumente**, das sind Argumente, deren Parameterspezifikation durch ein vorangestelltes Ausrufezeichen ! gekennzeichnet sind. Diese werden nur beim erstmaligen Aufruf berechnet und in das Stromobjekt übernommen.
7. Mehrere, syntaktisch verschiedene Aufrufe der gleichen Strommethode in einer Schleife bilden mehrere Ströme.

Abbildung 10.55 macht das Kooperationsmuster deutlich. Das Programm 10.6

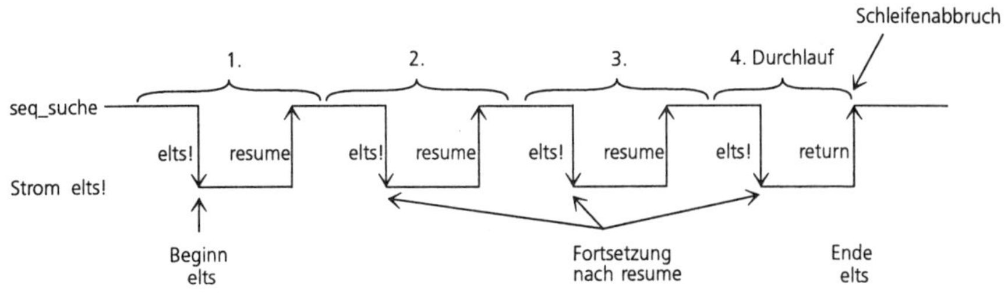

Abbildung 10.55: Kooperation mit einer Strommethode am Beispiel seq_suche

zeigt die Notation bei der sequentiellen Suche. Die Schleife von seq_suche endet entweder, wenn das Element x gefunden wurde, oder, wenn der Strom abbricht; nur im zweiten Fall ergibt sich false.

Die Strommethode elts initialisiert beim ersten Aufruf ihre lokale Zustandsvariable und liefert dann bei jedem resume den Wert der Ergebnisvariablen res. Alle weiteren Aufrufe setzen die Strommethode mitten in der Schleife nach resume fort. Sobald die Schleife mit break abbricht, geht der Strom zu Ende; dies bricht automatisch auch die Schleife beim Aufrufer ab.

Beispiel 10.13: Eine Schleife

loop while!(*bedingung*); ... end

mit der Strommethode

Programm 10.6: Sequentielle Suche mit einer Strommethode

```
seq_suche(x: T; ob: B(T)): BOOL is
-- Nach: res = true, wenn x in ob vorkommt.
  loop if x = ob.elts! then res := true; return end end;
  res := false
end; -- seq_suche

-- Strommethode in der Klasse LISTE_EL_D(T):
stream elts: T is
  stromzeiger: LISTE_EL_D(T) := self;
  loop stromzeiger := stromzeiger.nach;
    if stromzeiger = self then return end;
    res := stromzeiger.w;
    resume
  end
end; -- elts
```

```
stream while(b: BOOL) is
  loop if b then resume else return end end
end; -- while
```

realisiert eine while-Schleife mit Hilfe einer Strommethode mit einem wiederholt berechneten Parameter. Analog beschreibt

```
stream until(b: BOOL) is
  loop if b then return else resume end end
end; -- until
```

die until-Schleife, die wir im funktionalen Programmieren kennenlernten. ♦

Beispiel 10.14: In der Klasse INT definieren die Strommethoden

```
stream upto(! n: INT): INT is
  zähler: INT := self;
  while zähler <= n loop res := zähler; resume; zähler := zähler+1 end
end; -- upto

stream downto(! n: INT): INT is
  zähler: INT := self;
  while zähler >= n loop res := zähler; resume; zähler := zähler-1 end
end; -- downto
```

mit einem Einmalparameter die Schleifenzählungen, die wir schon seit Kap. 8 benutzen. Sollte der Aufrufer in seiner Schleife den Wert von *n* ändern, so beeinflußt er damit die Zählung nicht, da der Wert nur zu Anfang übernommen wird. ♦

Beispiel 10.15: Mit den Strommethoden in Programm 10.7 können wir eine einfach verkettete Liste li2 an eine andere Liste li1 mit der Kopierschleife

```
loop li1 := li1.elts!(li2.elts!)) end;
```

Programm 10.7: Ströme für Listen

```
-- Strommethoden in der Klasse LISTE_EL(T) :
stream elts(x: T): LISTE_EL(T) is
  stromzeiger1: LISTE_EL(T) := self;
  stromzeiger2: LISTE_EL(T) := self;
  liste: LISTE_EL(T) := self;
  while stromzeiger2 /= void
  loop -- beide Stromzeiger an das Ende der Liste
    stromzeiger1 := stromzeiger2;
    stromzeiger2 := stromzeiger2.nach
  end;
  loop -- die Stromschleife
    stromzeiger2 := #LISTE_EL(T);
    stromzeiger2.w := x; stromzeiger2.nach := void;
    if liste = void then -- nur bei Aufnahme eines Elements in die leere Liste
      liste := stromzeiger2
    else
      stromzeiger1.nach := stromzeiger2
    end;
    stromzeiger1 := stromzeiger2;
    res := liste;
    resume
  end
end; -- elts

stream elts: T is
  stromzeiger: LISTE_EL(T) := self;
  while stromzeiger /= void
  loop
    res := stromzeiger.w;
    resume;
    stromzeiger := stromzeiger.nach
  end
end; -- elts
```

anhängen. Ist li1 anfangs leer, li1 = void, so ist danach li1 eine Kopie von li2. Die erste dieser Strommethoden ist ein Ausgabestrom (aus der Sicht des Aufrufers). Er hängt fortlaufend neue Listenelemente hinten an die gegebene Liste an. Die Kopierschleife endet, wenn li2 keine Elemente mehr abgibt. Der Ausgabestrom trägt nicht zur Schleifensteuerung bei, da Ausgabeströme von sich aus nur enden, wenn der für die aufnehmende Datenstruktur vorgesehene Speicherplatz erschöpft ist. Die Rückgabe von liste als Ergebnis und die Zuweisung an li1 stellen sicher, daß auch eine ursprünglich leere Liste gefüllt werden kann.

Es ist auf den ersten Blick verwirrend, daß wir die beiden Strommethoden gleich benennen. Wir folgen damit jedoch dem gleichen Schema, das wir in 9.4 für Attribute einführten: Zur Wahrung der referentiellen Transparenz werden dort die Leseprozedur (ohne Parameter) und die Schreibprozedur (mit Parameter) für ein Attribut ebenfalls gleich benannt. ♦

Programm 10.8: Sieb des ERATOSTHENES mit Strömen

```
1  stream primzahlen(constant n: INT): INT is
2  -- Vor:  n > 1
3  -- Nach: Strom aller Primzahlen ≤ n
4    loop
5      constant r: INT := 2.upto!(n);
6      if sieb!(r) then res := r; resume end
7    end
8  end; -- primzahlen
9
10 stream sieb(k: INT): BOOL is
11 -- Vor:  k ist kein Vielfaches einer Primzahl < k
12 -- Nach: Ergebnis wahr, wenn k prim
13   z: INT := k;
14   res := true; resume;
15   loop
16     if k mod z = 0 then res := false else res := sieb!(k) end;
17     resume
18   end
19 end; -- sieb
```

Beispiel 10.16 (Sieb des ERATOSTHENES): Ströme können auch geschachtelt und rekursiv verwandt werden. Wir zeigen dies am Sieb des ERATOSTHENES zur Bestimmung von Primzahlen aus Beispiel 5.48. Wir konstruieren eine Strommethode primzahlen(n), die die Zahlen $2 \leqslant i \leqslant n$ durch das Sieb schüttelt und die übrig Bleibenden als Primzahlen abliefert. Das Sieb ist selbst ein Strom sieb(k) mit booleschem Ergebnis. Es liefert true für n, false für alle Vielfachen von k und ruft für alle anderen Werte sich selbst rekursiv auf. Dies ergibt das Programm 10.8.Zum Verständnis beachte man, daß k ein wiederholtes Argument des Siebs ist; nach jedem resume ist der Wert um 1 höher als zuvor. Die Vorbedingung *k ist prim* von sieb trifft zu, wenn ein Sieb neu gestartet wird, danach jedoch nicht unbedingt. Der Leser sei gewarnt, daß dies sicher nicht die effizienteste Implementierung des Siebs des ERATOSTHENES ist. ♦

Aufgabe 10.19: Zeigen Sie: Gibt es m Primzahlen $< k$, so sind während eines Aufrufs sieb!(k) gleichzeitig $m + 1$ Ströme aktiv, die miteinander kooperieren. Ist p die Größte dieser Primzahlen und k ebenfalls prim, so wird in Z. 16 des Programms 10.8 die Methode sieb aus dem p zugeordneten Strom heraus ein weiteres Mal gestartet.

Aufgabe 10.20: Zeigen Sie, daß man Z. 16 unseres Programms durch

```
while k > z loop z := z+z0 end;
if k = z then res := false else res := sieb!(k) end;
```

ersetzen darf, wenn z_0 der Anfangswert von z beim Start des betreffenden Siebs (also eine Primzahl) ist.

Ausgabeströme setzen im allgemeinen voraus, daß während ihrer Aktivität nicht noch auf andere Weise auf die aufnehmende Datenstruktur zugegriffen wird. Wird gleichzeitig aus der Datenstruktur gelesen, so kann man gewöhnlich nicht gewährleisten, daß die Leseprozedur (oder der Eingabestrom) wirklich alle Elemente sieht; wird die Struktur gleichzeitig auf andere Weise, etwa durch Streichen von Elementen, verändert, so kann man weder für einen Eingabe- noch für einen Ausgabestrom korrektes Funktionieren sicherstellen. Auf die Konstruktion **robuster Strommethoden**, die solchen Forderungen nachkommen, gehen wir hier nicht ein.

10.3.3 Gebundene Methoden

Beispiel 10.17: Wir wollen in einer Algorithmenklasse C eine Prozedur simpson(f, a, b) zur Verfügung haben, die mit der Simpsonschen Regel

$$\int_a^b f(x)\,dx \approx \frac{b-a}{6}\left(f(a) + 4 \cdot f\left(\frac{a+b}{2}\right) + f(b)\right)$$

das Integral mit 3 Stützstellen approximiert. Von der Funktion f kennen wir nur die Signatur FLT → FLT, die wir in SATHER in der Form

routine (FLT): FLT

schreiben. In funktionalen Sprachen ist die Aufgabe elementar, da Funktionen Parameter einer solchen Signatur haben dürfen; in Bd. I nannten wir solche Werte Funktionale. Die meisten imperativen Sprachen erlauben ebenfalls Funktionale, die man einer Prozedurvariablen oder einem Parameter entsprechenden Typs zuweisen kann. In objektorientierten Sprachen wie SATHER heißen solche Werte **gebundene Methoden**. Ihr Typ ist wie oben angegeben definiert; bei Strommethoden beginnt die Typangabe mit stream. Die Vereinbarung von simpson in SATHER zeigt Programm 10.9. Beim Aufruf muß als erstes Argument

Programm 10.9: Simpson-Integration

```
simpson(f: routine(FLT): FLT; a,b: FLT): FLT
is
  res := (b-a) * (f(a) + 4.0 * f((a+b)/2.0) + f(b)) / 6.0
end; -- simpson
```

eine Funktionsprozedur angegeben werden; wir können also *nicht* schreiben simpson($x * x$, 1.0, 2.0). Vielmehr benötigen wir eine Funktionsvereinbarung

x2(x: FLT): FLT is res := x*x end; -- *x2*

die wir im Aufruf verwenden. Um klarzumachen, daß x2 hier nicht aufgerufen, sondern gebunden wird, schreiben wir den Aufruf in der Form simpson(bind x2( ), 1.0, 2.0)

Die leere Klammer sagt, daß *x*2 ein Argument benötigt. ♦

Die Funktion *x*2 ist unabhängig vom Kontext; sie benutzt weder self noch irgendwelche Attribute aus der Klasse oder einem Objekt, zu dem sie gehört. Wir müssen aber zwei weitere Fälle unterscheiden, in denen die Methode kontextgebunden ist:

- Die gebundene Methode *f* soll auf ein oder mehrere Objekte einer bestimmten Klasse *K* angewandt werden. Wir schreiben dann

  bind K :: f
- Die Methode gehört fest zu einem Objekt ob; self wird mit gebunden. Dies schreiben wir in der Form

  bind ob.f

In SIMULA-67, PASCAL und MODULA-2 sind alle Prozedurwerte im Kontext gebunden; man spricht im Englischen von einer *closure*. In C und C++ gibt es nur kontextunabhängige Prozedurwerte; man nennt sie Funktionszeiger.

Im funktionalen Programmieren hatten wir Ströme weitgehend vermieden, indem wir eine Funktion *f* als gebundene Methode an eine Datenstruktur abgaben, wo sie sukzessive auf alle Elemente angewandt wurde. Die sequentielle Suche aus dem vorigen Abschnitt würde dann nicht das Herausleiten der Elemente aus der Datenstruktur erfordern, sondern die Übergabe einer entsprechenden Funktion an die Datenstruktur.

Diese Verfahrensweise können wir zur Implementierung von **Rückrufen** einsetzen, wie wir sie in Abschnitt 10.3.1 kennengelernt haben. Dadurch kann man im Gegensatz zu der bereits aufgezeigten Implementierung auch Methoden aufrufen, die keinen einheitlichen Namen oder keine einheitliche Signatur aufweisen.

Die Programmiersprache JAVA kennt keine gebundenen Methoden. Vergleichbare Leistungen erreicht man dort mit den sogenannten **inneren** bzw. **anonymen Klassen**.

In gleicher Weise wie Prozeduren kann man auch Strommethoden binden. Auch kann man in SATHER beim Binden bereits die Argumente für einige Eingabeparameter der gebundenen Methode vorgeben. Man nennt dies einen **gebundenen partiellen Methodenaufruf**. Die Argumente werden zum Zeitpunkt des Bindens berechnet. Die Signatur der gebundenen Methode enthält nur die Typen der freien, nicht vorgegebenen Parameter. Davon machen wir im nachfolgenden Abschnitt Gebrauch.

10.3.3.1 Stromobjekte

In 10.3.2 hatten wir erklärt, daß bei einem Stromaufruf implizit ein **Stromobjekt** gebildet wird, das die Zustandsvariablen des Stroms aufnimmt. Wir nennen solche Aufrufe im weiteren **direkte Stromaufrufe**.

Werden in einer Schleife mehrere Ströme s1, s2 verarbeitet, und bricht die Schleife ab, weil einer der beiden Ströme, etwa s1, zu Ende ist, so ist anschließend unbekannt, ob und welche Elemente des Stroms s2 noch verarbeitet wurden. Diese Kenntnisse waren zwar in dem Stromobjekt zu s2 vorhanden, gingen aber mit Beendigung der Schleife verloren.

Beispiel 10.18: Gegeben seien zwei Strommethoden

```
stream s1: T is ... end;
stream s2: T is ... end;
```

für Eingabeströme und ein Ausgabestrom

```
stream s(x: T): K(T) is ... end;
```

Wir wollen die Elemente aus s1 und s2 nach dem Reißverschlußprinzip in den Strom s aufnehmen. Dies leistet das Programmstück

```
obj: K(T);
x: T;
p: BOOL := true;
loop
  if p then x := s1! else x := s2! end;
  p := not p;
  obj := s!(x);
end; -- Schleife
```

Die Schleife darf nur einen einzigen Aufruf von s enthalten; sonst hätten wir zwei Ausgabeströme auf das gleiche Objekt, die nicht miteinander koordiniert wären. Mit der booleschen Variablen p vermeiden wir dies.

Das Programmstück löst die Aufgabe, wenn beide Eingabeströme gleich viele Elemente liefern. Ist aber s2 länger, so ist es mit unseren bisherigen Kenntnissen unmöglich, die restlichen Elemente aus s2 noch an s anzuhängen. ♦

Um dem abzuhelfen, erlaubt SATHER explizite Stromobjekte: Wir binden die Strommethode und weisen sie dann an eine Variable v oder einen Parameter des Stromobjekttyps stream ! σ zu, wobei σ die Signatur der gebundenen Strommethode ist. Das Ausrufezeichen unterscheidet den Typ eines Stromobjekts vom Typ einer gebundenen Strommethode. Ein explizites Stromobjekt besitzt keine freien konstanten Parameter. Beim Binden muß also eventuell ein partieller Stromaufruf, wie im vorigen Abschnitt besprochen, angegeben sein, der alle konstanten Parameter der Strommethode mit Argumenten versorgt. Stromobjekte können nur lokalen Variablen oder Eingabeparametern von Methoden zugewiesen werden, Attributen jedoch nicht.[36]

Stromobjekte können wie Strommethoden aufgerufen werden. Ebenso wie bei einem direkten Stromaufruf endet eine Schleife, die den Aufruf eines Stromobjekts enthält, wenn der Strom endet. Endigt eine Schleife jedoch vorzeitig, so kann das Stromobjekt außerhalb der Schleife oder in einer anderen Schleife erneut aufgerufen werden, um die restlichen Elemente zu verarbeiten.

Um festzustellen, ob ein Stromobjekt noch weitere Aufrufe erlaubt, besitzt es ein Attribut terminated, das wahr wird, sobald das letzte Element des Stroms verarbeitet ist.

Beispiel 10.19: Das Programmstück

```
obj: K(T);
x: T;
sa: stream ! : T := bind s1;
sb: stream ! : T := bind s2;
ss: stream ! (T): K(T) := bind s;
loop
  obj := ss!(sa!); obj := ss!(sb!)
end; -- Schleife
if sb.terminated
then loop obj := ss!(sa!) end
else loop obj := ss!(sb!) end
end
```

löst das erweiterte Problem im vorigen Beispiel. Die beiden Aufrufe von ss in der ersten Schleife benutzen das gleiche Stromobjekt; daher gibt es keine Koordinationsprobleme. ♦

Beispiel 10.20: Programm 10.10 ist der Mischschritt von Programm 9.13 (oder 9.14) des Sortierens durch Mischen mit Stromobjekten statt mit Reihungen unter der Voraussetzung, daß keiner der beiden Eingabeströme $s1, s2$ leer ist.Hier wird deutlich, daß es beim Mischsortieren nicht auf die Repräsentation der Daten in Reihungen, sondern nur auf die Verfügbarkeit der Ein- und Ausgabeströme ankommt. Der Algorithmus *Mischen* wird vollständig von Fragen der Datenrepräsentation getrennt. Die Verwendung eines Typs T statt INT setzt voraus, daß für Objekte des Typs T die Vergleichsoperation $\leqslant$ definiert ist. ♦

Aufgabe 10.21: Formulieren Sie Programm 9.14 so um, daß sie Programm 10.10 einsetzen können.

---

36. Diese Einschränkung gewährleistet, daß Stromobjekte mit Beendigung der Methode, in der sie gebildet wurden, beseitigt werden können.

Programm 10.10: Mischen zweier Ströme

```
merge (s1,s2: stream :T; s: stream (T)) is
  sa: stream ! : T := bind s1;
  sb: stream ! : T := bind s2;
  ss: stream ! (T) := bind s;
  x1: T := sa!;
  x2: T := sb!;
  loop
    if x1 <= x2
    then ss!(x1); x1 := sa!
    else  ss!(x2); x2 := sb!
    end
  end;
  if sb.terminated
  then ss!(x1); loop ss!(sa!) end
  else ss!(x2); loop ss!(sb!) end
  end
end; -- merge
```

10.4 Datenstrukturen

Unabhängig vom Entwurfsstil bauen die meisten Systeme auf Datenstrukturen auf, die Mengen von Daten verwalten. Die Datenstrukturen realisieren abstrakte Datentypen, auch wenn dies auf den ersten Blick oft nicht ersichtlich ist. Solche Datenstrukturen, z. B. Reihungen, können zumeist Elemente eines beliebigen Typs T enthalten. Wir nennen sie **Behälter**, die zu einer **Behälterklasse** B(T) gehören, vgl. 10.1.2. Auch die Listen in 9.3.3 sind Behälterklassen. Es wurde dort allerdings nur ein einziger Elementtyp INT zulassen. Wir erörtern hier die Konstruktion und Benutzung von Behälterklassen am Beispiel von Mengen und Graphen. Dabei demonstrieren wir auf elementarer Ebene eine Vorgehensweise, die uns zu wiederverwendbaren Klassen und Teilsystemen verhilft.

Der Elementtyp T einer Behälterklasse ist ein generischer Parameter dieser Klasse. Wenn spezielle Operationen mit Objekten eines solchen Elementtyps benötigt werden, benutzen wir, wie in 10.1.2 erklärt, beschränkt generische Klassen. So können für T in B(T < ORDERED(T)) nur Typen K eingesetzt werden, die die in ORDERED(K) definierten Operationen mitbringen. Programm 10.11 zeigt die abstrakte Klasse ORDERED. Wir nennen sie eine **Eigenschaftsklasse**; Klassen dieser Art verwendet man vor allem als Typschranken.

Generische Klassen heißen in C++ **Schablonen**[37] und erlauben eine ähnliche Konstruktion von Behälterklassen. SMALLTALK ist statisch nicht typgebunden. Ein Attribut kann daher Werte beliebigen Typs annehmen; Generizität ist hier als eigenständiges Konzept nicht notwendig. In JAVA gibt es bedauerlicherweise keine generischen Klassen; dies erweist sich als eine gravierende

37. engl. *template*.

Programm 10.11: Eigenschaftsklasse ORDERED

```
abstract class ORDERED(T) is
-- Eigenschaftsklasse, definiert die bei geordneten Typen T vorhandenen Operationen
-- nur sinnvoll, wenn T < ORDERED(T)
-- * invariant: ∀ a,b,c: SAME :
-- *            ¬ (a<a) ∧ ((a<b) → ¬ (b<a)) ∧
-- *            ((a<b) ∧ (b<c) → (a<c)) ∧ ((a<b) ∨ (b<a) ∨ (a=b))
  is_lt(b: T): BOOL is abstract end; -- definiert die Operation <
  -- Nach: a<b in T
  is_leq(b: T) : BOOL is           -- definiert die Operation <=
  -- Nach: a<=b in T
    res:= not b.is_lt(self);
  end;
  is_gt(b: T): BOOL is             -- definiert die Operation >
  -- Nach: a>b in T
    res:= b.is_lt(self);
  end;
  is_geq(b: T): BOOL is            -- definiert die Operation >=
  -- Nach: a>=b in T
    res:= not is_lt(b);
  end;
end; -- class ORDERED
```

Schwäche. Man behilft sich, indem man die Behälterklassen für Objekte der Klasse Object oder einer anderen weit oben in der Hierarchie der Objekttypen angesiedelten Klasse schreibt und dann durch Vererbung die Methoden für den konkreten Objekttyp in eine Unterklasse einbringt. Auf die Nachteile dieses Verfahrens gehen wir hier nicht ein; wegen der Beschränkung auf einfache Vererbung in JAVA versagt die Methodik unter anderem bei Klassen, die mit mehreren Elementtypen parametrisiert werden sollen. ODERSKY und WADLER (1997) beschreiben eine Erweiterung PIZZA von JAVA, die ebenfalls über generische Klassen verfügt.

10.4.1 Abstrakte Klassen und Polymorphie

Eine Behälterklasse besitzt wie alle abstrakten Datentypen eine Signatur, vgl. Kap. 6. Die dortigen Axiome werden auf der Ebene imperativer und objektorientierter Sprachen in Invarianten, vgl. 10.1.1, und Vor- und Nachbedingungen, vgl. 10.2.4, der Methoden umgesetzt. Die Signaturen der Methoden samt diesen Bedingungen können wir in einer abstrakten Klasse zusammenfassen, die die Schnittstelle des Behälters nach außen repräsentiert und alle Aussagen der Spezifikation des abstrakten Datentyps enthält.

Beispiel 10.21: Programm 10.12 zeigt die abstrakte Klasse für den Datentyp Keller[38]. Wie man sieht, sind Invarianten und Bedingungen bereits in einfachen

38. Wir beschränken uns jeweils auf die notwendigsten Methoden. In der Praxis enthalten solche Schnittstellen oft weit mehr Operationen.

Programm 10.12: Abstrakte Klasse KELLER(T)

```
abstract class KELLER(T) is
-- * invariant: ∀ a: T:
-- *          push(a).pop = self ∧ push(a).top = a ∧ push(a).empty = false ∧
-- *          #SAME.empty = true ∧ (empty → pop = fehler) ∧ (empty → top = fehler)
  push(a: T): SAME is abstract end;
  -- Vor: ¬ self = void
  -- Nach: res.top = a
  empty: BOOL is abstract end;
  -- Vor: ¬ self = void
  -- Nach: res = (self = #SAME)
  pop: SAME is abstract end;
  -- Vor: ¬ self = void ∧ ¬ empty
  -- Nach: self = res.push(self.top)
  top: T is abstract end;
  -- Vor: ¬ self = void ∧ ¬ empty
  -- Nach: ∃ k : SAME, a : T : self = k.push(a) ∧ res=a
end; -- KELLER
```

Fällen recht aufwendig zu formulieren. Wir lassen sie hier häufig weg und verweisen den Leser dafür auf die ADT-Definitionen in Kap. 6. Bei der Dokumentation von Programmen ist diese Kürzung jedoch unzulässig! ♦

Aufgabe 10.22: Schreiben Sie eine Klasse REIHUNG_KELLER, die die abstrakte Klasse KELLER mit Hilfe einer Reihung implementiert. Verwenden Sie ein privates Attribut r: ARRAY[*](T) für den aktuellen Inhalt des Kellers. Wenn die initiale Reihung überläuft, erweitern Sie r.

Aufgabe 10.23: Geben Sie unter Verwendung des ADT Schlange aus Kap. 6 eine abstrakte Klasse SCHLANGE(T) mit den Operationen enqueue, dequeue, front und empty an.

Aufgabe 10.24: Führen Sie Aufgabe 10.22 entsprechend für die abstrakte Klasse SCHLANGE durch.

Abgeleitete Methoden, im Programm 10.11 die Methoden is_leq, is_gt und is_geq, deren Rumpf in allen Implementierungen gleich ist, sind Teil der abstrakten Klasse. Die Kernmethoden der Unterklassen erscheinen in der abstrakten Schnittstellenklasse nur mit ihrer Signatur und dem Hinweis abstract.

Abstrakte Klassen in JAVA haben die gleichen Eigenschaften wie vorstehend beschrieben, vor allem wegen der fehlenden Mehrfachvererbung haben sie aber nur beschränkten Wert. Schnittstellenklassen in JAVA vererben nur die Signaturen ihrer Methoden, aber keine abgeleiteten Methoden.

Die abstrakte Behälterklasse bestimmt mit der Signatur nur die Funktionalität der Schnittstelle des Behälters. Die Datenrepräsentation und damit die

Komplexität bzw. Effizienz der Implementierung der Methoden wird in konkreten Unterklassen K(T) festgelegt. Für den Gebrauch ist die Kenntnis der Signatur ausreichend. Der Anwender sollte daher Variable und Parameter mit a: $ B(T) spezifizieren. Er kann dann an a beliebige Objekte eines zu B(T) konformen Untertyps zuweisen. Bei Verhaltensgleichheit, vgl. 10.2.4, kann man alle Methoden m mit der in der abstrakten Klasse spezifizierten Bedeutung auf diese Objekte anwenden. Ein Aufruf $a.m(\cdots)$ ist ein polymorpher Aufruf; es wird die Methode verwandt, die im aktuellen, an a zugewiesenen Objekt definiert ist. Gibt es keine solche Kernmethode, dafür aber eine abgeleitete Methode gleicher Signatur in der Klasse B(T), so wird diese eingesetzt. Diese Regelung folgt aus der Vorschrift in 9.4, daß jeweils die *letzte* Vereinbarung einer Klasse gilt. Man kann auch abgeleitete Methoden durch Kernmethoden überschreiben.

SMALLTALK, JAVA und EIFFEL verzichten auf eine spezielle Kennzeichnung der Variablen, an die Objekte von Untertypen zugewiesen werden können, allerdings auf Kosten einer ineffizienteren Implementierung. Auch C++ verzichtet auf diese Kennzeichnung, verlangt allerdings, daß in der Oberklasse alle (Kern-)methoden, die in Unterklassen ersetzt werden können, als virtuell vereinbart sind; bei einem Aufruf $a.m(\cdots)$ entscheidet dann nicht das Objekt a, sondern die Kennzeichnung von m als virtuelle Methode, ob ein polymorpher Aufruf vorliegt.

Natürlich könnte man eine Variable a auch mit dem Typ der konkreten Implementierungsklasse K(T) vereinbaren, sobald die Implementierung festliegt. Die Vorteile der Verwendung der Schnittstellenklasse sind:

- Der Anwender kann die Implementierungsentscheidung verschieben, bis er beurteilen kann, welche Implementierung der Methoden und welche Datenrepräsentation für seinen Zweck optimal ist.
- Bei Änderungen in den Anforderungen halten sich die Änderungen im Code in Grenzen. Wenn jemand beispielsweise von der Implementierung einer Menge, die nur für eine kleine Anzahl von Elementen geeignet sein soll, etwa $|M| \leqslant 256$, zu einer anderen Repräsentation übergehen will, die auch für größere Mengen geeignet ist, so muß er nur die gekapselte Implementierung von Mengen durch eine andere ersetzen.
- Beim Zusammenfügen von Programmstücken verschiedener Autoren kann nachträglich leichter dafür gesorgt werden, daß diese für gleiche und miteinander kooperierende Datenstrukturen auch die gleiche Implementierung benutzen. Aber auch das Zusammenwirken von Programmteilen mit unterschiedlicher Implementierung der gleichen Schnittstelle bereitet funktional keine Probleme.
- Die Mehrfachverwendung von Implementierungen, die einheitlich festgelegte Schnittstellen realisieren, ist wesentlich einfacher.

Das Verfahren verlangt jedoch, daß die Unterklassen K(T) konforme Untertypen, vgl. 10.2.1, der abstrakten Schnittstellenklasse sind. Nur dann gibt es zu allen Methoden der Schnittstellenklasse B(T) Kernmethoden passender Signatur in der Unterklasse.

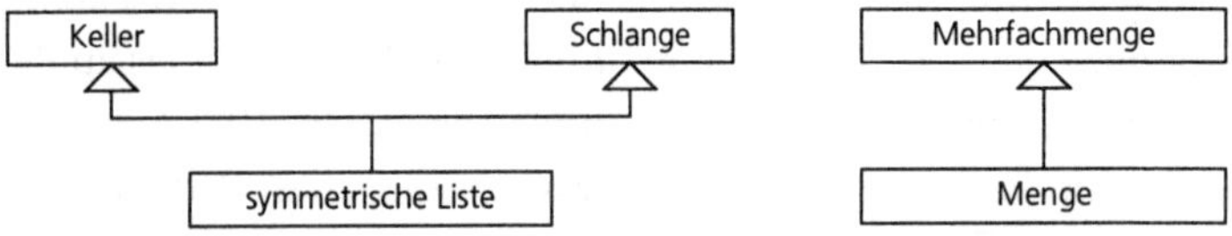

Abbildung 10.56: Vererbungshierarchie bei Mengen und Listen

Beispiel 10.22: In den Hierarchien Abb. 10.56 wird z. B. das Ergebnis der Methode delete (unter verschiedenen Namen) unterschiedlich festgelegt:

Datentyp	delete(Element) löscht
Keller	zuletzt eingefügtes Element
Schlange	zuerst eingefügtes Element
symmetrische Liste	erstes/letztes Element
Mehrfachmenge	eines von $k > 0$ Exemplaren
Menge	einziges Exemplar

Eine symmetrische Liste stellt sowohl die Operationen für Schlangen als auch für Keller zur Verfügung. Die abstrakte Klasse für symmetrische Listen ist daher abgesehen von der Namensgebung eine konforme Unterklasse der abstrakten Klassen Keller und Schlange.

Mengen sind Spezialisierungen von Mehrfachmengen: Ein Element kommt in einer Menge genau einmal vor. Das Löschen eines Elements x in einer Menge beseitigt x endgültig. In einer Mehrfachmenge müssen wir unterscheiden, ob wir nur die Vielfachheit von x um 1 herabsetzen, oder ob wir alle Exemplare von x streichen. Daher ist Menge keine konforme Unterklasse von Mehrfachmenge. ♦

10.4.2 Mengen und Mehrfachmengen

In 6.4 führten wir den abstrakten Datentyp Menge ein. Implizit hatten wir uns mit Mengen und Mehrfachmengen beim Sortieren in 9.2 befaßt. Programm 10.13 gibt die abstrakte Klasse MEHRFACHMENGE(T) wieder. Nur die Prozeduren init, is_n_elem, add, delete und der Strom elts sind Kernmethoden, alle anderen Methoden sind abgeleitet, insbesondere die Methoden zur Verknüpfung zweier Mehrfachmengen: Beim Aufruf a.union(b) ist zwar die Implementierung von a, aber nicht die von b bekannt. Daher kann man im allgemeinen nur elementweise auf b zugreifen, am einfachsten mit dem Strom elts aller Elemente.

Aufgabe 10.25: add, insert und delete ändern die durch self gegebene Mehrfachmenge. Warum geben sie sie zusätzlich als Ergebnis zurück?

Programm 10.13: Abstrakte Klasse MEHRFACHMENGE(T)

```
abstract class MEHRFACHMENGE(T) is
 readonly size: INT := 0; -- Anzahl der Elemente
 create(x:T): SAME
 -- Nach: res ist Vielfachmenge mit genau einem Element x
   res := #SAME.add(x)
 end; -- create
 init: SAME is abstract end;
 -- Resultat ist leere Menge.
 is_n_elem(x: T): INT is abstract end;
 -- Nach: res = Anzahl der Vorkommnisse von x
 member(x: T): BOOL is res := is_n_elem(x)≥ 1 end; -- member
 add(x: T) : SAME is abstract end;   -- füge immer ein
 -- Nach: res.is_n_elem(x) = is_n_elem(x) + 1  ∧ res.size= size_alt +1
 insert(x: T): SAME is -- füge ein, wenn noch nicht vorhanden
   if member(x) then res = self else res = add(x) end;
 end; -- insert
 delete(x: T): SAME is abstract end; -- lösche, wenn vorhanden
 -- Nach: res.is_n_elem(x) = max(0,is_n_elem(x)-1)  ∧
 --          (member(x)  → res.size= size_alt-1)  ∧ ( ¬ member(x)  → res=self)
 union(s: $MEHRFACHMENGE(T)): SAME is
 -- Nach: res = self.copy_set ∪ s
   res := copy_set;
   loop x: T := s.elts!;
   if res.is_n_elem(x) < s.is_n_elem(x) then res := res.add(x) end
   end -- loop
 end; -- union
 intersect(s: $MEHRFACHMENGE(T)): SAME is
 -- Nach: res = self.copy_set ∩ s
   res := copy_set;
   loop x: T := elts!;
     if res.is_n_elem(x) > s.is_n_elem(x) then res := res.delete(x) end
   end -- loop
 end; -- intersect
 diff(s: $MEHRFACHMENGE(T)): SAME is
 -- Nach: res = self.copy_set \ s
   res := copy_set; loop res := res.delete(s.elts!) end -- loop
 end; -- diff
 empty: BOOL is res := size=0 end; -- empty
 stream elts: T is abstract end;
 -- Strom aller Elemente von self, jedes x is_n_elem(x)-mal
 copy_set: SAME is
 -- Nach: res = Kopie von self
   res := #SAME;
   loop res := res.add(elts!) end -- loop
 end; -- copy_set
end; -- MEHRFACHMENGE
```

Aufgabe 10.26: intersect, union und diff verändern die durch self gegebene Mehrfachmenge nicht, sondern erzeugen eine neue Menge als Ergebnis. Welche Probleme können sich aus dem Zusammenspiel von Strömen und zustandsverändernden Methoden ergeben, falls die Methoden direkt auf dem Objekt anstatt auf einer Kopie arbeiten?

Aufgabe 10.27: Geben Sie Definitionen für intersect, union und diff an, die direkt auf der durch self gegebene Mehrfachmenge arbeiten und dabei robust gegenüber den Problemen aus Aufgabe 10.26 sind.

Aufgabe 10.28: Erweitern Sie MEHRFACHMENGE(T) um eine abgeleitete Methode mit der Signatur

subset(s: $MEHRFACHMENGE(T)): BOOL

die prüft, ob self Untermenge von s ist.

Aufgabe 10.29: Geben Sie eine abstrakte Klasse MENGE(T) an. Was sind die Unterschiede zu MEHRFACHMENGE(T)? Kürzen Sie ihre Klasse durch Verwendung von include MEHRFACHMENGE(T). Warum gibt es keine Konformitätsbeziehung zwischen beiden Klassen?

Aufgabe 10.30: Warum lautet bei add usw. der Ergebnistyp SAME? Und nicht $ MEHRFACHMENGE(T) oder MEHRFACHMENGE(T)?

10.4.2.1 Implementierungen

Die wichtigsten Kriterien bei der Entscheidung über eine zweckmäßige Implementierung einer Menge oder Mehrfachmenge $M \subseteq G$, die Teilmenge einer Grundmenge G ist, sind die voraussichtliche Mächtigkeit $n = |M|$ von M und der Umfang der Grundmenge G, z.B. des Wertevorrats für einen Typ T. Ferner ist es vorteilhaft, wenn T geordnet ist.

Beispiel 10.23: Wir sehen die Bedeutung dieser Kriterien an der Aufgabe:

Gegeben seien zwei Mengen $A = \{a_1, \ldots, a_m\}$ und $B = \{b_1, \ldots, b_n\}$ ganzer Zahlen mit $p \leqslant a_i, b_j \leqslant q$. Man prüfe, ob $A \subseteq B$ gilt unter der Voraussetzung, daß beide Mengen gleich implementiert sind. (Man beachte den Unterschied zu Aufgabe 10.28!) Die Grundmenge sei $G = \{p, p+1, \ldots, q\}$.

Als Lösungen kommen in Betracht:

1. Darstellung von A und B durch boolesche Reihungen a, b mit a_i = true gdw. $i \in A$, anschließend elementweiser Vergleich für alle $i \in G$. Wir bezeichnen diese Reihungen nachfolgend als **Bitvektoren**, vgl. 10.4.2.3.

   In PASCAL erhalten wir die Darstellung a, b: set of p..q und testen anschließend $a \leqslant b$.

2. Vergleich aller a_i mit allen b_j, bis eine Entscheidung erzielt ist.
3. Aufbau einer Tabelle der b_j, in der die a_i gesucht werden (oder umgekehrt).

4. Sortieren der a_i und b_j, danach Entscheidung während eines sequentiellen Durchlaufs durch beide sortierte Folgen.

Der Aufwand für Lösung 1 ist $c_1 \cdot |G| = c_1(q - p + 1)$ mit einer kleinen Konstanten c_1; er stammt vor allem aus dem Aufbau der beiden Reihungen. Der Aufwand im Fall 2 ist $c_2 mn$. Mit einer Haschtabelle, vgl. Abschnitt 10.4.2.4, kann für Lösung 3 der Aufwand $c_3 m + c_3' n$ erreicht werden mit größeren Konstanten c_3, c_3'. Die Lösung 4 erfordert mindestens den Aufwand für das Sortieren von A, B, nach 9.2.7 also $c_4(m \cdot \log m + n \cdot \log n)$ mit einer Konstanten c_4 kleiner als c_3, c_3'.

Aufgabe 10.31: Welcher Aufwand ergäbe sich mit stellenweisem Sortieren?

Die beste Lösung ist zweifellos die erste, aber nur dann, wenn $|G| = q - p + 1$ (und damit auch m und n) hinreichend klein ist; für sehr großes $|G|$ könnte die Lösung an der Größe des verfügbaren Speichers scheitern. Ist über $q - p$ nichts bekannt, sind aber m und n sehr klein, z.B. $m, n < 10$, so ist Lösung 2 günstig. Bei größeren Werten von m und n wird Lösung 4 optimal. Ab einer bestimmten Größe ist dann Lösung 3 vorzuziehen, bis die Grenze des verfügbaren Hauptspeichers erreicht ist. Darüber ist nur noch Lösung 4 zu gebrauchen. (Der Aufwand anderer denkbarer Lösungen hält sich in den gleichen Grenzen.) ♦

Das Beispiel zeigt, daß das Suchen eines Elements, in der abstrakten Klasse die Funktion member(t), neben dem Aufzählen aller Elemente mit dem Strom elts die wichtigste Operation auf einer Menge oder Mehrfachmenge ist. Ihr Aufwand entscheidet auch über den Aufwand beim Einfügen und Löschen von Elementen sowie zahlreicher anderer Operationen.

Wichtige Kriterien bei der Implementierung von Mengen und Mehrfachmengen eines Elementtyps T sind insgesamt:

1. Ordnung: Eine Ordnungsrelation auf T können wir zur Beschleunigung der Suche nach Elementen einsetzen.
2. Größe: Mengen über einer kleinen Grundmenge G können wir mit Bitvektoren realisieren.
3. Beschränkte Mengen: Für eine Menge, deren Umfang ein vorgegebenes n nicht übersteigt, können wir anders vorgehen als für unbeschränkte Mengen.
4. Mengen mit Schlüssel (partielle Mengen): Die Elemente von T besitzen ein Attribut schlüssel. Das Suchen nach Elementen, bei einer geordneten Menge auch der Größenvergleich, benutzt nur den Schlüssel. Objekte des Typs T werden zwar im Speicher abgelegt und können mit Hilfe des Schlüssels wieder gefunden werden, spielen aber im Unterschied zum Schlüssel bei der Realisierung der Menge keine Rolle. Partielle Mehrfachmengen können etwa mehrfach den gleichen Namen als Schlüssel enthalten, die aber verschiedene Personen (mit unterschiedlicher Adresse usw.) bedeuten. Es genügt nicht, wenn man nur zählt, wie oft der Schlüssel vorkommt; die Implementierung muß tatsächlich für alle Schlüssel einen eigenen Eintrag haben.

5. Aufbau von Schlüsseln bei partiellen Mengen: Vielfach kann man Suchen in mehrere Schritte zerlegen, indem man nacheinander verschiedene Merkmale des Schlüssels oder seiner Darstellung heranzieht. Wenn wir in einer Tabelle von Bezeichnern nach dem Wort *Buch* suchen, so suchen wir zuerst nach Wörtern mit dem Anfangsbuchstaben *B*, unter diesen wiederum nach Wörtern mit zweitem Buchstaben *u*, usw.
6. Voraussichtliche Häufigkeit der einzelnen Operationen: Wenn alle oder fast alle Einfügeschritte erledigt sind, bevor in der Menge gesucht wird, ergeben sich andere Anforderungen, als wenn Suchen und Einfügen gemischt auftreten. Wenn sehr viele Suchoperationen anfallen, lohnt sich eine Vorbereitungsmaßnahme wie Sortieren. Wenn aus der Menge keine Elemente gestrichen, sondern höchstens neue Elemente eingefügt werden, vereinfacht sich die Implementierung.

Aufgabe 10.32: Warum genügt es in SATHER statt eines Attributs schlüssel eine parameterlose Methode mit einem Ergebnis des Schlüsseltyps anzugeben?

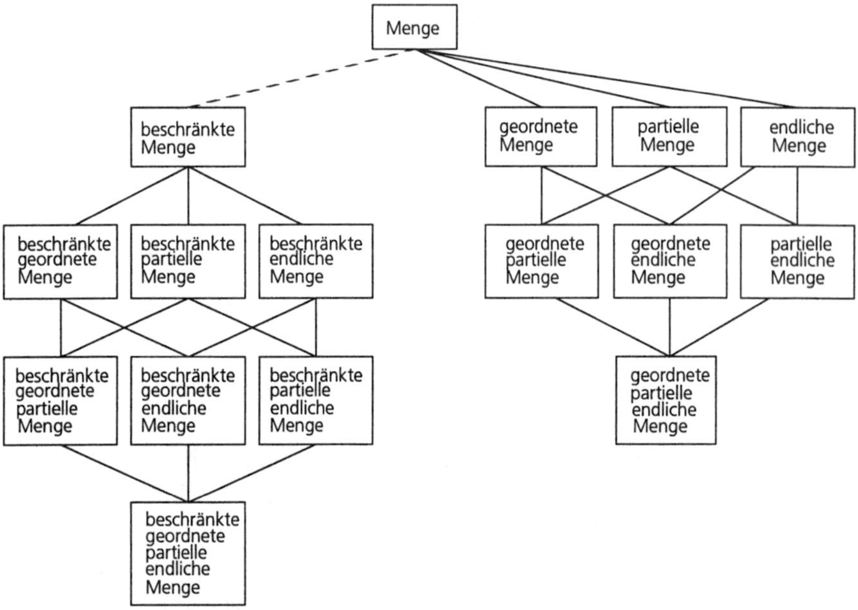

Abbildung 10.57: Auffächerungen der Vererbungshierarchie von Mengen

Die ersten vier Eigenschaften der Kriterienliste führen zu einer Auffächerung der abstrakten Klassen und der zugehörigen Implementierungen wie in Abb. 10.57. Wenn man eine Bibliothek von Implementierungen einer abstrakten Behälterklasse aufbaut, erleichtert man dem Implementierer und dem Benutzer die Arbeit, wenn es gelingt, die zusätzlichen Implementierungseigenschaften systematisch nach Kriterien zu klassifizieren.

10.4.2.2 Reihungen und Listen

Wir stellen zunächst den Anschluß an 9.2 und 9.3.3 her und implementieren Mehrfachmengen mit Reihungen und einfach verketteten Listen. Aus Effizienzgründen implementieren wir auch die abgeleiteten Funktionen member(x) und insert(x) als Kernmethoden neu.

Wir setzen zunächst einen geordneten Elementtyp T voraus und realisieren Mehrfachmengen MEHRFACHMENGE(T < ORDERED(T)) mit beschränkter Generizität in einer Reihung. Jedes Objekt soll eine Mehrfachmenge M von Elementen des Typs T mit $n = |M|$ realisieren, die auch für partielle Mengen geeignet ist. Wir könnten die Elemente einfach hintereinander in die Reihung schreiben und hätten dann mit sequentieller Suche einen Suchaufwand $O(n)$ für die Funktion member(x) (bzw. is_n_elem(x)). Logarithmischen Aufwand $O(\log n)$ erhalten wir, indem wir die Reihung bereits während des Einfügens sortieren. Für Suchen und Einfügen benutzen wir Sortieren durch Einfügen. Dies führt insgesamt zu Programm 10.14.

Die Reihung r des Programms bildet die eigentliche Datenrepräsentation der Mehrfachmengen. Sie unterliegt dem Geheimnisprinzip und ist daher privat. Dies gilt auch für die Hilfsprozedur index, deren Rumpf im wesentlichen aus Programm 9.7 übernommen wurde. Die dortigen Zeilen 20,21 finden sich in der privaten Prozedur add wieder. Die eigentliche Arbeit ist in diesen beiden privaten Prozeduren konzentriert.

Die Zeile 36 von Programm 10.14 benutzt die **Reihungserweiterung**, Programm 10.15. Sie ist eine Standardmethode auf Reihungen in SATHER, vgl. C.2. Wir kennen zu Beginn den voraussichtlichen Umfang n der Menge M nicht. Vorsichtshalber haben wir initsize Plätze vorgesehen. Sollte dies nicht ausreichen, so verdoppeln wir durch die Anweisung r.extend(2 $*$ r.asize) den Umfang der Reihung und kopieren gleichzeitig den Inhalt der alten Reihung in die neue. Der Aufwand von extend ist Θ(r.asize). Wir sparen damit Speicher, weil wir initsize nicht mit einem sehr hohen Wert vorbesetzen müssen, um auch ungünstige Fälle abzudecken. Da wir in Mehrfachmengen häufiger suchen als Elemente eintragen, ist dieser Aufwand asymptotisch vernachlässigbar, vgl. dazu Aufgabe 12.6. extend kann auch eingesetzt werden, um Reihungen zu verkürzen.

extend setzt voraus, daß es keine zusätzlichen Aliasnamen für die Reihung gibt. Sonst arbeiten die verschiedenen Aliase anschließend mit unterschiedlichen Reihungsobjekten!

Aufgabe 10.33: Wieso dürfen wir in Programm 10.14 size ohne Vereinbarung benutzen? Warum haben wir r mit ARRAY und nicht mit ARR vereinbart?

Programm 10.14: Sortierte Mehrfachmenge in Reihung

```
class SORTIERTE_MEHRFACHMENGE(T < ORDERED(T)) is
  like MEHRFACHMENGE(T);
  private r: ARRAY[*](T);
  constant initsize: INT := 20;
  init: SAME is res := self; r := #ARRAY[initsize](T) end;
  add(x: T): SAME is res := add(x,index(x)) end; -- add
  insert(x: T): SAME is
    i: INT := index(x); res := self;
    if r[i] /= x then add(x,i) end
  end; -- insert
  delete(x: T): SAME is
    i: INT := index(x); res := self;
    if r[i] = x
    then size := size-1; while i < size loop r[i] := r[i+1]; i := i+1 end;
    end
  end; -- delete
  member(x: T): BOOL is res := r[index(x)]=x; end; -- member
  is_n_elem(x: T): INT is
    i: INT := index(x); res := 0;
    while r[i+res] = x loop res := res+1 end
  end; -- is_n_elem
  stream elts: T is
    loop constant i: INT := 0.upto!(size-1); res:=r[i]; resume end
  end; -- elts
  private index(x: T): INT is
    l,r: INT; l := 0; r := size-1; res := r div 2;
    while l < r
    loop
      if r[res] < x then l := res+1 else r := res; end;
      res := (l+r) div 2;
    end
  end; -- index
  private add(x: T; i: INT) : SAME is
    res := self;
    if size /= 0 and r[i] < x then i := i+1 end;
    if size = r.asize then r := r.extend(2*r.asize) end;
    loop constant j: INT := size.downto!(i+1); r[j] := r[j-1] end;
    size := size+1; r[i] := x
  end; -- add
end; -- SORTIERTE_MEHRFACHMENGE
```

Aufgabe 10.34: Formulieren Sie die Vor- und Nachbedingungen in Programm 10.14 unter Benutzung der Reihung *r*. Zeigen Sie, daß die Klasse SORTIERTE_MEHRFACHMENGE zur Klasse MEHRFACHMENGE, Programm 10.13, konform ist. Warum genügen diese Schritte, um zu zeigen, daß die Methoden in Programm 10.14 mit den Vor- und Nachbedingungen aus Programm 10.13 korrekt sind? Hinweis: Fehlende Vorbedingungen in Programm 10.13 sind stets true.

Programm 10.15: Reihungserweiterung

```
extend(new_size: INT): SAME is
  -- self ist eine Reihung eines Typs ARRAY[*](T)
  m: INT;
  res := #ARRAY[new_size](T);
  if asize < new_size then m := asize else m := new_size end;
  loop constant i: INT := 0.upto!(m-1); res[i] := self[i] end;
end; -- extend
```

Mehrfachmengen ohne Beschränkung des Elementtyps T können wir mit den einfach verketteten Listen aus 9.3.3 implementieren. Dies leistet Programm 10.16, wobei wir ebenfalls Reihungen benutzen. Jedes Objekt des Typs LISTE_EL aus 9.3.3 wird durch ein Paar (r[i], n[i]) dargestellt; die Indizes i übernehmen die Rolle der Verweise auf Objekte. Im Unterschied zur vorigen Lösung haben wir nicht sortiert. Die Implementierung ist uneingeschränkt auf beliebige Elementtypen anwendbar. Der Aufwand für die Prozedur add ist $O(1)$, weil wir am Anfang der Liste einfügen. Die Prozeduren insert, delete und member haben den Aufwand $O(n)$.

Um den Aufwand des Zusammenschiebens beim Löschen von Elementen zu sparen, haben wir eine sogenannte **Freiliste** eingeführt. Darunter verstehen wir eine interne Liste, die zu Beginn sämtliche Plätze unserer Reihung umfaßt. Beim Einfügen neuer Elemente nehmen wir jeweils den nächsten auf der Freiliste verfügbaren Platz. Bei delete nehmen wir den freigewordenen Platz in die Freiliste auf. Nach einer Reihungserweiterung besteht die Freiliste aus den neu dazu gekommenen Plätzen.

In Beispiel 12.11 zeigen wir, daß wir bei geordneten Elementtypen T den erwarteten Aufwand für alle Operationen auf $O(\sqrt{n})$ senken können, indem wir die Implementierung in Programm 10.16 mit der Sortierung aus Programm 10.14 kombinieren.

Aufgabe 10.35: Beweisen Sie die Korrektheit von Programm 10.16. Zeigen Sie, daß die Anweisungen in den Zeilen 12 und 46 eigentlich überflüssig sind.

Aufgabe 10.36: Verallgemeinern Sie Programm 10.16 so, daß gleichzeitig eine feste Zahl m von Listen verwaltet wird. Nehmen Sie dazu eine weitere Reihung hinzu, die die Listenköpfe dieser Listen aufnimmt.

10.4.2.3 Bitvektoren

Wenn die Grundmenge G hinreichend klein und als Indexmenge geeignet ist, kann man eine Menge $M \subseteq G$ tabellarisch durch ihre charakteristische Funktion

Programm 10.16: Mehrfachmenge mit einfach verketteten Listen

```
class VERKETTETE_MEHRFACHMENGE(T) is
  like MEHRFACHMENGE(T);
  private r: ARRAY[*](T);       -- Element
  private n: ARRAY[*](INT);     -- Nachfolgerindex
  constant initsize: INT : =3;     -- Vorbesetzung max. Listenlänge
  private freelist: INT := 0;    -- Beginn der Freiliste
  private head: INT := -1;       -- Beginn der Liste
  init: SAME is
    res := self; freelist := 0; head := -1;
    r := #ARRAY[initsize](T); n := #ARRAY[initsize](INT);
    loop constant i: INT := 0.upto!(n.asize-2); n[i]:=i+1 end;
    n[n.asize-1] := -1 -- Abschluß der Freiliste
  end; -- init
  add(x: T): SAME is
    i: INT; res := self;
    if size = r.asize then double end; size:=size+1;
    i := freelist; r[i] := x; freelist := n[i]; n[i] := head; head := i
  end; -- add
  insert(x: T): SAME is
    res := self; if not member(x) then add(x) end;
  end; -- insert
  delete(x: T): SAME is
    i,j: INT; res := self; j := -1; i := head;
    while i /= -1
    loop
      if r[i]=x then
        if j = -1 then head := n[i] else n[j]:=n[i]; end;
        n[i] := freelist; freelist := i; size := size-1; return
      end;
      j := i; i := n[i]
    end
  end; -- delete
  member(x: T): BOOL is
    res := true; loop if elts! = x then return end end; res := false
  end; -- member
  is_n_elem(x: T): INT is
    res := 0; loop if elts! = x then res := res + 1 end end
  end; -- is_n_elem
  stream elts: T is
    i: INT:=head; while i /= -1 loop res := r[i]; resume; i:=n[i] end
  end; -- elts
  private double is
    freelist := n.asize;
    r := r.extend(2*r.asize); n := n.extend(2*n.asize);
    loop constant i: INT := freelist.upto!(n.asize-2);  n[i]:=i+1 end;
    n[n.asize-1] := -1
  end -- double
end; -- VERKETTETE_MEHRFACHMENGE
```

$c\colon G \to \{0, 1\}$

$$\forall x \in G : c(x) = \begin{cases} \mathit{wahr}, & \text{falls } x \in M \\ \mathit{falsch}, & \text{falls } x \notin M \end{cases}$$

darstellen. Die Tabelle ist eine Reihung c: ARRAY[∗](BOOL) der Länge $|G|$. c heißt ein **Bitvektor** der Länge $|G|$, vgl. Beispiel 10.23. Die Kernmethoden für Mengen entsprechen dann folgenden Bedingungen:

$$\begin{aligned} \text{init} &\Leftrightarrow \forall i \in G\colon c[i] := \text{false}, \\ \text{insert}(i) &\Leftrightarrow c[i] := \text{true}, \\ \text{delete}(i) &\Leftrightarrow c[i] := \text{false}, \\ \text{member}(i) &\Leftrightarrow c[i], \\ \text{empty} &\Leftrightarrow \neg \bigvee_{i \in G} c[i]. \end{aligned}$$

Der Aufwand für das Suchen, Einsetzen und Entfernen eines Elementes ist konstant und entspricht dem Aufwand für eine Indizieroperation. Für die Operationen init und empty müssen alle Elemente gelöscht bzw. geprüft werden; der Aufwand hierfür ist also $O(|G|)$. Zum Aufbau einer Menge M mit n Elementen und anschließenden $k \leqslant |G|$ Suchschritten in M erhalten wir also den Aufwand $O(|G| + k) = O(|G|)$. Der Speicheraufwand ist $\Theta(|G|)$. Der zugehörige Suchbaum hat die Höhe 1, er besteht aus einer Wurzel mit höchstens $|G|$ Söhnen, die sämtlich Blätter sind und den Elementen der Grundmenge G entsprechen.

Eine Grundmenge G ist als Indexmenge für Bitvektoren geeignet, wenn sie ein Ausschnitt $I = [p, p+1, \ldots, q]$ ganzer Zahlen mit $p \leqslant q$ ist, oder sich durch eine eineindeutige Abbildung $h\colon G \to [p, q]$ auf ein solches I abbilden läßt. Dies ist z. B. für den Typ CHAR möglich.

Für eine Implementierung in C, C++, JAVA oder SATHER müssen wir mit einer Abbildung $i \mapsto (i - p)$ die Untergrenze 0 für unsere Reihung erzwingen.

Aufgabe 10.37: Geben Sie eine konforme Unterklasse BITVEKTOR(T < CHAR) zur Implementierung der abstrakten Klasse MENGE($CHAR$) durch Bitvektoren an. Wie realisieren Sie den Strom elts?

Aufgabe 10.38: Die Grundmenge G sei geordnet und als Indexmenge für Bitvektoren geeignet. Für die Indizes, auf die $x, x' \in G$ abgebildet werden, gelte $h(x) < h(x')$ gdw. $x < x'$ in G gilt. Geben Sie den Strom elts so an, daß er die Elemente einer Menge $M \subseteq G$ in aufsteigender Reihenfolge liefert.

Aufgabe 10.39: Bitvektoren implementieren offenbar nur Mengen. Geben Sie eine Verallgemeinerung für Mehrfachmengen an.

10.4.2.4 Haschtabellen

Auch wenn sich die Grundmenge G, z. B. eine Menge von Bezeichnern, nicht als Indexmenge eignet, kann man sich mit Hilfe einer Abbildung $h\colon G \to I$ in einen Ausschnitt $I = \{0, \ldots, m-1\}$ der ganzen Zahlen helfen. Ist h injektiv, aber nicht surjektiv, so entspricht in einem Bitvektor $c[0 : m-1]$ jedem $x \in G$ eindeutig ein Wert $c[h(x)]$ und wir können die Implementierung aus dem vorigen Abschnitt einsetzen. Allerdings gibt es jetzt in c Lücken, d. h. Werte $c[i]$, die keinem $x \in G$ entsprechen.

Wir geben nun auch die Forderung *h injektiv* auf und lassen **Kollisionen** zu, d. h. Elemente $x, y \in G$ mit $h(x) = h(y)$. Damit gibt es auch keine Anforderungen an den Umfang von G mehr: Er könnte auch unbeschränkt sein. Damit ein praktisch brauchbares Verfahren entsteht, setzen wir voraus, daß alle Mengen $M \subseteq G$, die wir realisieren wollen, *hinreichend* klein sind. Was wir unter *hinreichend* verstehen, wird sich noch zeigen.

Da wir die Elemente einer Menge $M \subseteq G$ mit $x \mapsto h(x)$ in der Indexmenge I verstreuen, spricht man von **Streuspeicherverfahren**. Die Funktion h heißt **Hasch-**[39] oder **Streufunktion**. Der frühere Bitvektor ist nun eine **Haschtabelle** tab[0 : $m - 1$]. Das Verhältnis $\alpha = |M|/m$ des Umfangs der Bildmenge von h zur gesamten Indexmenge I heißt **Lastfaktor** der Haschtabelle c. Ist h für ein spezielles M injektiv, so heißt h eine **perfekte Haschfunktion** für M.

Beispiel 10.24 (Haschfunktion): Damit das Verfahren praktikabel ist, muß sich die Haschfunktion h schnell, z. B. mit wenigen arithmetischen Operationen, berechnen lassen; andernfalls geht der Vorteil gegenüber anderen Verfahren verloren. Zudem sollen möglichst wenig Kollisionen auftreten und die Haschwerte $h(x)$ der Elemente $x \in G$ möglichst gleichmäßig über die Haschtabelle verteilt sein. Wenn der Grundbereich G die ganzen Zahlen sind, dann eignet sich etwa

$$h(x) = a \cdot x \bmod m, \quad a, m \text{ teilerfremd.} \tag{10.2}$$

Als Tabellenlänge m benutzen wir eine Zweierpotenz, z. B. $m = 256$ oder $m = 1024$, oder eine Primzahl. Mit einer Zweierpotenz ist die modulo-Operation effizienter als mit Primzahlen.

Für Bezeichnertexte $b = c_1 c_2 \ldots c_k$ berechnen wir zuerst eine ganze Zahl $x = f(b)$ und wenden dann (10.2) an. Bei Verwendung einer Primzahl als Tabellenlänge m sollte $m \bmod 256 \approx 128$ sein, um eine gleichmäßige Streuung

39. engl. *hash-function*.

zu erreichen; $m = 257$ erfüllt diese Forderung nicht, wohl aber $m = 411$. Als Funktionen f eignen sich zum Beispiel:

$$
\begin{aligned}
f(b) &= \sum_{i=1}^{k} c_i.\mathsf{int}, \\
f(b) &= \bigwedge_{i=1}^{k} c_i.\mathsf{int}, \qquad\qquad (10.3)\\
f(b) &= c_1.\mathsf{int} + c_q.\mathsf{int} + c_k.\mathsf{int}, \quad q = \lfloor \tfrac{k+1}{2} \rfloor .
\end{aligned}
$$

$i \wedge j$ bezeichnet hier die ganze Zahl, deren Binärdarstellung sich durch bitweise Konjunktion der Binärdarstellungen von i und j ergeben. Statt mit $\wedge$ könnte man die Zeichenwerte c_i.int auch mit einer anderen booleschen Funktion, z. B. mit xor, überlagern.

Technisch ist es oft effizienter, wenn man die Operationen in (10.3) nicht auf Einzelzeichen c_i, sondern auf Zeichengruppen der Länge 4 oder 8 anwendet. Bei der Berechnung von Haschfunktionen für Texte kommt es auf die Nutzung effizienter Operationen auf der Binärcodierung von Texten an, mit dem Ziel eine gleichmäßige Verteilung der Indexwerte im Intervall $[0, m-1]$ zu erreichen. ♦

Beispiel 10.25 (Symboltabelle): Übersetzer höherer Programmiersprachen, z. B. ein SATHER-übersetzer, müssen die Menge aller in dem zu übersetzenden Programm vorkommenden Bezeichner zur Verfügung haben. Diese Menge heißt **Symboltabelle** symtab. Um die Anwendung eines Bezeichners der zugehörigen Vereinbarung zuzuordnen, muß als erstes geprüft werden, daß an beiden Stellen der gleiche Bezeichner (als Text) steht. Dazu rufen wir für jeden Bezeichner b symtab.insert(b) auf, modifizieren aber insert so, daß es einen eindeutigen Schlüssel sym_b, z. B. eine ganze Zahl oder die Referenz auf ein Objekt, zurückliefert; der Vergleich mit dem Schlüssel ersetzt anschließend den wesentlich aufwendigeren Vergleich mit dem Bezeichnertext.

Bei unbeschränkter Bezeichnerlänge ist die Grundmenge G aller Bezeichner unendlich. Selbst wenn wir uns auf Bezeichner mit maximal 12 Zeichen beschränken, und annehmen, daß der Bezeichner mit einem Buchstaben beginnt und dann Buchstaben oder Ziffern folgen, ergibt das

$$N = 26 \cdot \sum_{i=0}^{11} 36^i \approx 3,7 \cdot 10^{18}$$

mögliche Bezeichner. In jedem Programm kommen aber nur sehr wenige davon vor (Faustregel: ein Bezeichner pro 10 Zeilen Programmtext). Der Umfang m einer Haschtabelle für diesen Zweck orientiert sich an der erwarteten Zahl unterschiedlicher Bezeichner in einem zu übersetzenden Programm, nicht am Umfang der Grundmenge G. ♦

Haschtabellen implementieren Mengen, für Mehrfachmengen sind sie weniger geeignet. In vielen Fällen sind die Elemente $x \in G$ Objekte und die Haschtabelle bezieht sich nur auf ein Schlüsselattribut $x.s$. Die Tabelle implementiert dann partielle Mengen im Sinne von 10.4.2.1.

Eine Haschtabelle c: ARRAY[m](BOOL) erlaubt nur die Prüfung, ob $c[h(x)]$, $x \in G$, belegt ist oder nicht. Wenn wir weitere Information mit einem Eintrag in c assoziieren wollen, etwa wie in Beispiel 10.25 einen eindeutigen Schlüssel sym_b, benötigen wir einen anderen Elementtyp T, z. B. kann tab[i] einen Verweis auf ein Objekt enthalten, das den eindeutigen Schlüssel sym_b als Attribut enthält. Der Verweis kann sogar selbst der eindeutige Schlüssel sein.

Damit kommen wir zur Behandlung von Kollisionen $h(x) = h(y)$, $x \neq y$. Wir unterscheiden zwei wesentliche Verfahren der **Kollisionsauflösung**:

- Verkettung
- offene Adressierung

O.B.d.A. nehmen wir im folgenden an, daß die Grundmenge G ein Typ sei, für den wir eine Haschfunktion $h(x : G)$: INT besitzen, die wie (10.2) Ergebnisse r mit $0 \leqslant r < m$ liefert. n bezeichne die Mächtigkeit $n = |M|$ der zu implementierenden Menge.

10.4.2.5 Verkettetes Haschen

Bei diesem Verfahren konstruieren wir für $i = 0, \ldots, m - 1$ je eine einfach verkettete Liste, die **Kollisionsliste**. Sie nimmt alle Elemente x mit $h(x) = i$ auf. Die Kollisionslisten implementieren wir mit den verketteten Mehrfachmengen aus Programm 10.16. Das Element tab[i] in der Haschtabelle dient als Listenkopf. Abbildung 10.58 zeigt die Gesamtstruktur. Die Anzahl n der aufzunehmenden Elemente ist unbeschränkt, da auch die Listen unbeschränkt lang werden können.

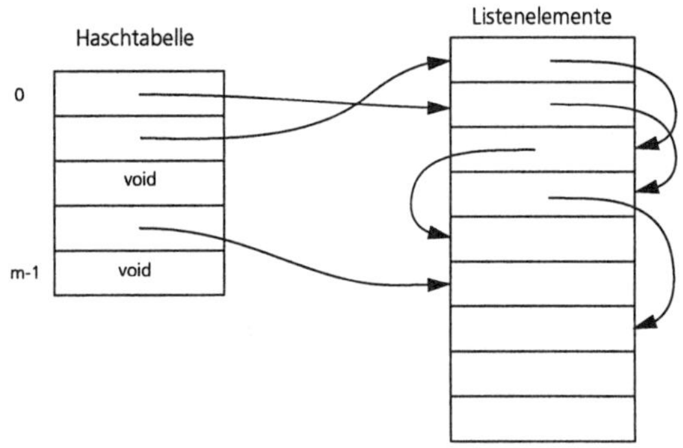

Abbildung 10.58: Haschtabelle mit Verkettung

Es gilt tab[i] = void, solange die Kollisionsliste leer ist. Zur Realisierung der Funktion member(x) berechnen wir zuerst $h(x)$ und prüfen dann durch sequentielle Suche in der Kollisionsliste, ob x eingetragen ist. Zum Eintragen gehen wir genau so vor und verlängern die Liste, wenn x nicht gefunden wurde. Auch das Löschen von Elementen folgt dem gleichen Schema. Programm 10.17 zeigt die Implementierungsklasse.

Programm 10.17: Verkettetes Haschen

```
class VERKETTETES_HASCHEN(G) is
  like MENGE(G);
  constant m: INT := ...; -- Tabellengröße
  private tab: ARR[m](VERKETTETE_MEHRFACHMENGE(G));
  h(x:G): INT is ... end; -- Haschfunktion
  init: SAME is
    -- Initialisierung der Haschtabelle
    loop constant i: INT := 0.upto!(m-1); tab[i] := #VERKETTETE_MEHRFACHMENGE(G) end;
    size := 0
  end; -- init
  member(x: G): BOOL is
    haschwert: INT := h(x);
    res := tab[haschwert].member(x)
  end; -- member
  insert(x: G): SAME is
    haschwert: INT := h(x);
    if not tab[haschwert].member(x)
    then tab[haschwert].add(x); size := size + 1 end;
    res := self
  end; -- insert
  delete(x: G): SAME is
    haschwert: INT := h(x);
    tab[haschwert] := tab[haschwert].delete(x);
    res := self
  end; -- delete
  stream elts is
    a: VERKETTETE_MEHRFACHMENGE(G);
    loop constant i: INT := 0.upto!(m-1); a := tab[i];
      loop res := a.elts!; resume end
    end
  end; -- elts
end; -- VERKETTETES_HASCHEN
```

Aufgabe 10.40: Programm 10.17 paßt nicht zu Abb. 10.58. Benutzen Sie Aufgabe 10.36, um das Programm so zu modifizieren, daß wie in der Abbildung alle Kollisionslisten in der gleichen Reihung verwaltet werden. Hinweis: die in Aufgabe 10.36 erwähnte weitere Reihung ist die Haschtabelle.

Der ungünstigste Aufwand der Operationen member, insert und delete ist $t_{\text{haschen}} = O(n)$. Er wird erreicht, wenn alle Elemente $x \in M$ den gleichen

Haschwert haben, und die Kollisionsliste der Länge n vollständig durchsucht wird. Der Erwartungswert des Zeitaufwands ist allerdings

$$O(1 + n/m) = O(1 + \alpha)$$

mit dem Lastfaktor α der Haschtabelle.

Um dies einzusehen, nehmen wir eine Folge $M = [x_1, x_2, \ldots, x_n]$ beliebig gewählter Elemente in die anfangs leere Mehrfachmenge auf. *beliebig gewählt* bedeutet, daß die x_i gleichverteilt auf die Haschtabelle abgebildet werden. Dann gilt für die Wahrscheinlichkeit, daß ein $x \in M$ den Index k hat, $\Pr[h(x) = k] = 1/m$. Für den Erwartungswert der Längen l_i der Kollisionslisten gilt $E[l_i] = n/m = \alpha$ für $i = 0, \ldots, m-1$. Für ein Intervall $M \subseteq \mathbb{N}$ natürlicher Zahlen erfüllt $h(x) = a \cdot x \bmod m$ die Forderung $\Pr[h(x) = k] = 1/m$, wenn a, m teilerfremd sind. Bei einer Haschfunktion mit dieser Eigenschaft spricht man von **einfachem gleichverteilten Haschen**.

Sei x ein Element, das wir in der Menge M suchen, streichen oder einfügen wollen. Bei $x \notin M$ überprüfen wir die gesamte Kollisionsliste tab[$h(x)$]. Die Inspektion von Programm 10.16 zeigt, daß wir bei allen drei Operationen insert, delete und member $V + 1$ Schleifendurchläufe durchführen, wenn V die Anzahl der Elemente ist, die wir mit x vergleichen. Bei $x \notin M$ ist der Erwartungswert $E[S]$ der Anzahl der Schleifendurchläufe daher $E[S] = 1 + E[l_i] = 1 + \alpha$. Der erwartete Zeitaufwand ist also $\Theta(1 + \alpha)$. Dies ist auch eine obere Schranke für den Erwartungswert des Zeitaufwands bei $x \in M$.

Sei nun $x \in M$. Wurde x als j-tes Element in die Menge aufgenommen, so ist der Aufwand für das damalige Einfügen und der jetzige Aufwand für das Streichen oder Suchen gleich. Sein Erwartungswert errechnet sich aus der erwarteten Länge $E[l_j]$ der Kollisionslisten zum Zeitpunkt des Eintrags zu $O(1 + E[l_j])$. Vor dem Eintrag des j-ten Elements gilt für die durchschnittliche Listenlänge $E[l_j] = (j-1)/m$.Mitteln wir das über alle $j = 1, \ldots, n$, so erhalten wir für den Erwartungswert $E[V]$ der Anzahl von Vergleichen bei $x \in M$ für alle drei Operationen:

$$E[V] = \frac{1}{n} \sum_{j=1}^{n} \left(1 + \frac{j-1}{m}\right) = 1 + \frac{n \cdot (n-1)}{2nm} = 1 + \frac{\alpha}{2} - \frac{1}{2m} = O(1 + \alpha).$$

Der erwartete Zeitaufwand ist also in allen Fällen $\Theta(1 + \alpha)$.

Wenn n/m eine kleine Konstante k, z. B. $k = 2$ oder $k = 5$ nicht übersteigt, ist der Erwartungswert der Anzahl der Schleifendurchläufe beim Einfügen, Suchen und Löschen von Elementen $E[S] = 1 + \alpha$ konstant. Der Aufwand für die Verwaltung einer Menge mit verkettetem Haschen ist linear in der Anzahl n der Elemente.

10.4.2.6 Offenes Haschen

Bei diesem Verfahren werden alle $x \in M$ direkt in die Haschtabelle eingetragen. Deren Länge m ist eine Obergrenze für die Anzahl n der Elemente. **Offenes Haschen** ist ein Beispiel für eine Implementierung beschränkter, möglicherweise partieller Mengen des Umfangs $n \leqslant m$. Der Lastfaktor ist $\alpha = n/m \leqslant 1$. Das Löschen von Elementen bereitet Schwierigkeiten, vgl. Aufgabe 10.41. Wir beschränken uns auf die Operationen Einfügen und Suchen.

Wir nehmen an, daß die Haschtabelle mit einem Wert *frei* vorbesetzt ist, der nicht zur Grundmenge G gehört. Mit einer Funktion $c : I \times G \to I$ zur Kollisionsauflösung fügen wir ein Element a folgendermaßen ein:

1. Berechne den Index $k = h(x)$. Ist tab[k] frei, so wird x an der Stelle k eingetragen.
2. Andernfalls berechnen wir für $i = 1, \ldots, m - 1$ neue Indizes $k_i = (k + c(i, x)) \bmod m$ und tragen x auf dem ersten freien Platz tab[k_i] ein, den wir finden.
3. Führt Schritt 2 nicht zu einem freien Platz, so kann x nicht eingetragen werden. Die Haschtabelle ist *übergelaufen*. Abhängig von der Wahl von $c(i, x)$ kann Überlauf auch schon für $n < m$ eintreten.

Programm 10.18 zeigt die Implementierung ohne die Operation delete. Sie fehlt, weil nach dem Freimachen eines Eintrags tab[k] Fehler beim Suchen auftreten könnten: Ist tab[k] schon belegt, wenn dort ein Element x eingetragen werden soll, so wird x der Platz tab[$k + c(1, x)$] zugeteilt. x kann aber nicht mehr gefunden werden, sobald wir tab[k] := *frei* setzen. Da nicht alle Operationen der abstrakten Klasse Menge zur Verfügung gestellt werden, ist offenes Haschen auch keine konforme Unterklasse von Menge.

Aufgabe 10.41: Programmierer Superklug findet, daß er delete doch implementieren kann, indem er zur Grundmenge G noch einen Wert gelöscht hinzunimmt, mit dem er gestrichene Einträge markiert. Was ist an dieser Idee auszusetzen?

Kollisionen zwischen Elementen x, y können zwei Ursachen haben:

1. **Primärkollisionen**, $h(x) = h(y)$: x, y gehören zur gleichen Kollisionsliste.
2. **Sekundärkollisionen**, $h(x) \neq h(y)$: x, y gehören zu verschiedenen Kollisionslisten. Nur eines der beiden Elemente kann erstes Element seiner Kollisionsliste sein.

Übliche Kollisionsauflösungsverfahren sind:

- **Lineares Sondieren**: $c(i, x) = i$. Die Elemente werden am nächsten freien Platz eingetragen.
- **Quadratisches Sondieren**: $c(i, x) = i^2$. Die Abstände zwischen den Eintragungen werden immer größer.

Programm 10.18: Offenes Haschen

```
class OFFENES_HASCHEN(G) is
  constant m: INT := ...;                   -- Tabellengrösse
  private tab: ARR[m](G);
  h(a: G): INT is ... end;                  -- Haschfunktion
  size: INT;                                -- aktuelle Größe der Menge
  c(i: INT; x: G): INT is ... end;          -- Kollisionsauflösung
  init: SAME is size := 0; loop constant i: INT := 0.upto!(m-1); tab[i] := frei end; -- init
  insert(x: G): SAME is
    haschwert: INT := h(x);
    i: INT := 0;
    while tab[(haschwert+c(i,x)) mod m] /= frei and
        tab[(haschwert+c(i,x)) mod m] /= x and i < m
    loop i := i + 1 end;
    if i=m then Überlauf
    elsif tab[(haschwert+c(i,x)) mod m] /= x
    then tab[(haschwert+c(i,x)) mod m] := x; size := size + 1
    end
  end; -- insert
  member(x: G): BOOL is
    haschwert: INT := h(x);
    i: INT := 0;
    while tab[(haschwert+c(i,x)) mod m] /= frei and
        tab[(haschwert+c(i,x)) mod m] /= x and i < m
    loop i := i + 1 end;
    res := tab[(haschwert+c(i,x)) mod m] = x
  end; -- member
  empty: BOOL is res := (size=0) end;
end; -- OFFENES_HASCHEN
```

- **Doppeltes Haschen:** $c(i,x) = i \cdot g(x)$, wobei $g(x)$ eine weitere Haschfunktion mit $0 < g(x) < m$ ist.
- **Permutierendes Sondieren:** $c(i,x) = g(i)$. $g(i)$ ist das i-te Element einer Permutation g der Indexmenge $I = \{0, \ldots, m-1\}$

Lineares Sondieren tendiert zu Ballungen in der Haschtabelle, da Sekundärkollisionen mit zunehmender Größe der Menge immer wahrscheinlicher werden. Überlauf, d. h. die Situation

$$\mathsf{tab}[(h(x) + c(i,x)) \bmod m] \neq \mathit{frei}, \quad \text{für alle } 0 \leqslant i < m, \tag{10.4}$$

tritt erst für $n = m$ auf.

Quadratisches Sondieren streut besser über die Tabelle. Allerdings tritt Überlauf bereits beim ersten Wert i mit $i^2 = j^2 \bmod m$ und $0 \leqslant j < i$ auf. Wegen $j, i < m$ muß dann für eine Primzahl m gelten $k \cdot m = i^2 - j^2 = (i-j)(i+j)$ und $i + j < 2m$. Weil m keine echten Teiler hat, folgt hieraus $i - j = k$ und

$m = i + j$, also $k = 1$ und $i = \frac{m+1}{2} > \frac{m}{2}$. Bei Überlauf sind also mindestens die Hälfte aller Plätze belegt. Ist m keine Primzahl, so kann Überlauf schon früher eintreten. Quadratisches Sondieren ist nur für *primes* m sinnvoll.

Doppeltes Haschen und permutierendes Sondieren vereinigen die Vorteile von linearem und quadratischem Sondieren. Beim doppelten Haschen muß $\mathrm{ggT}(g(x), m) = 1$ gelten, um frühzeitige Überläufe zu vermeiden. Dies erreichen wir wieder mit einer Primzahl m. Bei $g(x) = 0$ oder $g(x) = m$ tritt sofort Überlauf auf.

Aufgabe 10.42: Sei $\mathrm{ggT}(g(x), m) > 1$. Wann tritt beim doppelten Haschen Überlauf auf?

Bei der Analyse von offenem Haschen müssen wir beide Arten von Kollisionen sowie Überlaufsituationen berücksichtigen. Wir setzen wie im vorigen Abschnitt einfaches gleichverteiltes Haschen voraus. Des weiteren nehmen wir an, daß die Kollisionen gleichmäßig gestreut sind, d. h. daß für jedes $x \in M$ und jede Permutation π von I gilt

$$\Pr[\forall 0 \leqslant i < m\colon h(x) + c(i, x) = \pi(i)] = 1/m!\,. \tag{10.5}$$

Unter den genannten Kollisionsauflösungsverfahren besitzt nur doppeltes Haschen diese Eigenschaft. Die anderen Verfahren sind schwieriger zu analysieren.

Aufgabe 10.43: Zeigen Sie, daß doppeltes Haschen für alle Permutationen π von I (10.5) erfüllt, falls m Primzahl ist. Zeigen Sie auch, daß dies für die anderen Kollisionsauflösungsverfahren nicht gilt.

Bei erfolgloser Suche, $x \notin M$, werden alle Elemente verglichen, bis man einen freien Platz (bzw. n Einträge) gesehen hat. Sei p_i die Wahrscheinlichkeit, daß genau i besetzte Einträge geprüft wurden. Dann ist der Erwartungswert der Anzahl V der Vergleiche

$$\mathrm{E}[V] = 1 + \sum_{i=0}^{n} i \cdot p_i.$$

Die Wahrscheinlichkeit, daß mindestens i besetzte Einträge geprüft wurden, ist $q_i = \sum_{j=i}^{j=n} p_j$, und es gilt

$$\sum_{i=0}^{n} i \cdot p_i = \sum_{i=1}^{n} q_i.$$

q_1 ist die Wahrscheinlichkeit, daß bereits bei der ersten Prüfung ein besetzter Eintrag gefunden wird. Aus den Gleichverteilungsannahmen folgt $q_1 = n/m$.

Die Wahrscheinlichkeit, daß auch beim zweiten Versuch ein besetzter Eintrag gefunden wird, ist $(n-1)/(m-1)$, weil schon ein Element betrachtet wurde und somit nur noch $n-1$ Elemente und $m-1$ Einträge übrigbleiben. Also ist $q_2 = q_1 \cdot (n-1)/(m-1) = n/m \cdot (n-1)/(m-1)$. Durch Induktion sieht man

$$q_i = \frac{n \cdot (n-1) \cdots (n-i+1)}{m \cdot (m-1) \cdots (m-i+1)}.$$

Der Erwartungswert der Anzahl der Vergleiche bei $x \notin M$ ist also

$$\mathrm{E}[V] = 1 + \sum_{i=1}^{n} q_i = 1 + \frac{n}{m-n+1} = \frac{m+1}{m-n+1} = \frac{1}{1-\frac{n}{m+1}} \approx \frac{1}{1-\alpha}.$$

Aufgabe 10.44: Zeigen Sie:

$$\sum_{i=1}^{n} \frac{n \cdot (n-1) \cdots (n-i+1)}{m \cdot (m-1) \cdots (m-i+1)} = \frac{n}{m-n+1}.$$

Wie im vorigen Abschnitt ist der Aufwand bei erfolgreicher Suche, $x \in M$, der gleiche wie der Aufwand beim Einfügen in die Tabelle. Wir nehmen an, daß x als i-tes Element eingefügt wurde, und mitteln über alle Werte von i. Damit ergibt sich für den Erwartungswert der Anzahl der Vergleiche bei erfolgreicher Suche:

$$\begin{aligned}
\mathrm{E}[V] = \frac{1}{n}\sum_{i=1}^{n} \frac{i}{m-i+2} &= \frac{1}{n}\sum_{i=0}^{n-1} \frac{m+1}{m-i+1} - 1 \\
&= \frac{m+1}{n} \cdot \sum_{i=m-n+1}^{m+1} \frac{1}{i} - 1 \\
&= \frac{m+1}{n} \cdot (H_{m+1} - H_{m-n+1}) - 1
\end{aligned}$$

mit der n-ten harmonischen Zahl $H_n = 1 + 1/2 + \cdots + 1/n$. Wir wissen bereits, daß $H_n \approx \log n$ gilt. Daher ist der Erwartungswert der Anzahl der Vergleiche bei erfolgreicher Suche

$$\mathrm{E}[V] \approx \frac{m+1}{n} \log\left(\frac{m+1}{m-n+1}\right) \approx \frac{1}{\alpha} \log\left(\frac{1}{1-\alpha}\right).$$

Bei einer vollständig gefüllten Haschtabelle, $n \approx m$, benötigen wir für die Suche (und für das Eintragen der letzten Elemente) ungefähr $\log(m+1)$ Vergleiche. Füllen wir aber die Tabelle nur zu 90%, $\alpha = n/m = 0,9$, so ergeben sich nur $10/9 \cdot \log 10 \approx 2,6$ Vergleiche. Für $\alpha = n/m = 1/2$ sinkt die Anzahl auf $\approx 2 \cdot \log 2 \approx 1,4$ Vergleiche. Bei offenem Haschen darf der Lastfaktor also nicht zu nahe bei 1 liegen. Ist diese Bedingung erfüllt, dann ist der Aufwand linear. Das Eintragen von n Elementen kostet nur den Aufwand $\Theta(n)$, da man im Mittel mit 1 – 3 Vergleichen pro Element auskommt.

Wird n zu groß, so ersetzt man die existierende Haschtabelle durch eine neue mit größerem m. Der Aufwand für das Neueintragen in die neue Tabelle ist ebenfalls linear. Der Gesamtaufwand verdoppelt sich; das ist aber immer noch besser als der Aufwand aller anderen Verfahren zur Verwaltung von Mengen.

10.4.2.7 Mengenimplementierung mit Bäumen

In diesem und den folgenden Abschnitten untersuchen wir die Implementierung geordneter Mengen M durch Suchbäume. Wir setzen dazu eine Grundmenge G < ORDERED(G) voraus. Wir zeigen, daß man auf geeigneten Binärbäumen die Operationen insert, member und delete jeweils mit einem Aufwand $O(\log n)$ ausführen kann. Damit sind Bäume im Vergleich zu Haschverfahren interessant, wenn man die Anzahl $n = |M|$ der Mengenelemente vorher nicht vernünftig abschätzen kann und der Aufwand $\Theta(n/m)$ von verkettetem Haschen sehr groß werden könnte. Sie sind aber auch interessant, weil das Löschen von Elementen mit Aufwand $O(\log n)$ möglich ist. Bei offenem Haschen bereitet dies grundsätzliche Probleme; bei Mengen in sortierten Reihungen oder Listen ist der Aufwand für das Löschen $O(n)$.

Bäume B wie in Abb. 10.59, man vergleiche auch die Bäume in B.3 in Bd. I, kann man nach verschiedenen Kriterien klassifizieren:

- **Suchbaum/Entscheidungsbaum**: Bei einem **Suchbaum** gehen wir von der Wurzel aus und suchen nach einer Ecke e_m mit bestimmten Eigenschaften. Die Menge der Ecken eines Suchbaums heißt auch **Suchraum**. Zum Ergebnis der Suche gehört u. a. der Weg $e_0 \xrightarrow{k_1} e_1, \ldots, e_{m-1} \xrightarrow{k_m} e_m$, den wir von der Wurzel e_0 gegangen sind. Die Kanten k_{i+1}, oder äquivalent die Ecken e_{i+1}, repräsentieren die Entscheidungen, mit denen wir e_m auswählen. Bei einem **Entscheidungsbaum** ist die Menge der Entscheidungsmöglichkeiten k_{i+1} durch die Verzweigungen in der Ecke e_i vorgegeben. Eine Folge von Entscheidungen $k_1, k_2, \ldots$ führt zu einem Ergebnis e_m. Die Begriffe *Such-* und *Entscheidungsbaum* betonen verschiedene Interpretationen eines Baumes.
- **Gerichteter/ungerichteter Baum**: Gerichtete Bäume enthalten entweder Verweise, die von der Wurzel ausgehend auf die Söhne der Ecken verweisen; oder die Verweise zeigen auf die Väter, beginnend bei den Blättern. Ungerichtete Bäume haben keine Vorzugsrichtung. Bei Suchbäumen beginnen die Wege an der Wurzel. Die umgekehrte Richtung studieren wir in 12.2.1. Ungerichtete Bäume sind Spezialfälle der allgemeinen Graphen in 10.4.3.

- **Geordneter/ungeordneter Baum**: Die Ordnung der Verweise auf die Söhne in einem Suchbaum ist bedeutungstragend. Hingegen ist bei Entscheidungsbäumen die Reihenfolge oft willkürlich; der Baum ist ungeordnet. Eine Implementierung legt durch die Speicherrepräsentation gewöhnlich auch für ungeordnete Bäume eine Reihenfolge fest.
- **Vielweg-/Binärbaum**: Bei $m > 2$ Wahlmöglichkeiten sind Entscheidungsbäume **Vielwegbäume**. Bei festem m können wir die Verweise auf die Söhne in einer Reihung `sohn: ARR[m](BAUM)` festhalten. Ist m variabel, so speichern wir die Söhne oft als verzeigerte Liste wie in Abb. 10.59. Wenn wir nur Elemente auf Gleichheit prüfen, gibt es nur zwei Möglichkeiten; wir erhalten einen **Binärbaum**.

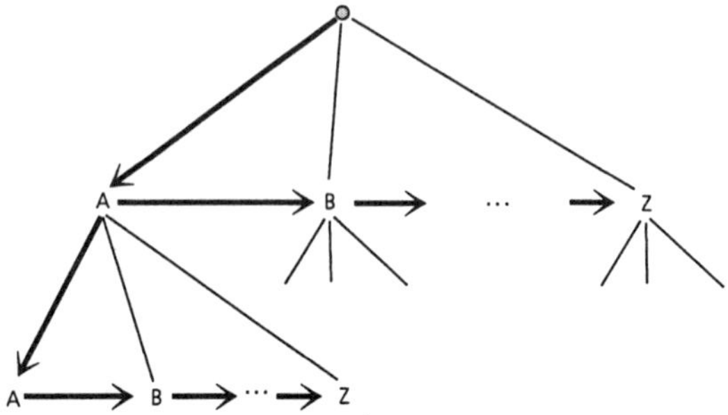

Abbildung 10.59: Verzeigerter Vielwegbaum

- **Blattbaum/natürlicher Baum**: Bei einem **Blattbaum** wie Abb. 9.15, S. 114, befinden sich die Daten an den Blättern. Kanten $e_{i-1} \overset{k_i}{\rightarrow} e_i$, die zu einem Blatt e_m führen, repräsentieren Suchschritte im Sinne von Fall 5, S. 224. Die einzelnen Schritte könnten auch nach unterschiedlichen Kriterien ausgewählt werden. Bei einem **natürlichen Baum** wie in Abb. 10.60 tragen alle Ecken Daten.
- **Optimaler Suchbaum**: In optimalen Suchbäumen wie den Huffmanncodes in B.3.1 sind den Daten d_i in einem Binärbaum Wahrscheinlichkeiten p_i zugeordnet, so daß der Erwartungswert der Weglänge $\mathrm{E}[w] = \sum_{i=0}^{n-1} p_i w_i$ minimal wird. w_i ist hierbei die Weglänge von der Wurzel zum Datum d_i. Es gilt $\sum_{i=0}^{n-1} p_i = 1$. Damit wird auch der Erwartungswert des Aufwands für das Suchen im Baum minimal.

  Sind alle d_i gleich wahrscheinlich, $p_i = 1/n$, so haben für $2^m \leqslant n < 2^{m+1}$ alle Wege zu Blättern die Länge $w_i = m$ oder $w_i = m + 1$, also $w_i \approx \mathrm{ld}\, n$. Dann ist sogar der ungünstigste Suchaufwand gleich dem mittleren Aufwand $\mathrm{O}(\log n)$. Die Bäume beim Baumsortieren, Abb. 9.12, S. 100, besitzen diese Eigenschaft.

- **Ausgewogener/nicht ausgewogener Baum**: Wie wir in 10.4.2.9 sehen werden, kann man die Eigenschaft $w_i \approx \operatorname{ld} n$ näherungsweise erreichen, wenn sich die Höhe des linken und rechten Teilbaums bei der Wurzel und allen inneren Ecken des Baumes höchstens um eine Konstante k, z. B. $k = 1$, unterscheidet. Der Baum heißt dann **ausgewogen**[40] Abb. 10.60 zeigt einen ausgewogenen, Abb. 10.61 einen unausgewogenen Baum.

Wir konzentrieren uns im folgenden auf natürliche binäre Suchbäume.

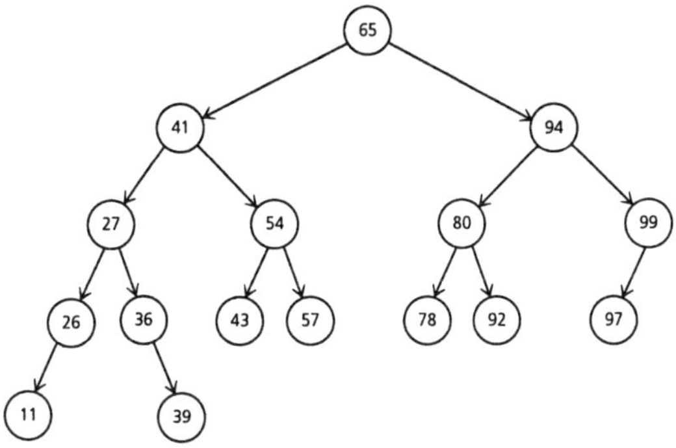

Abbildung 10.60: Ausgewogener Binärbaum

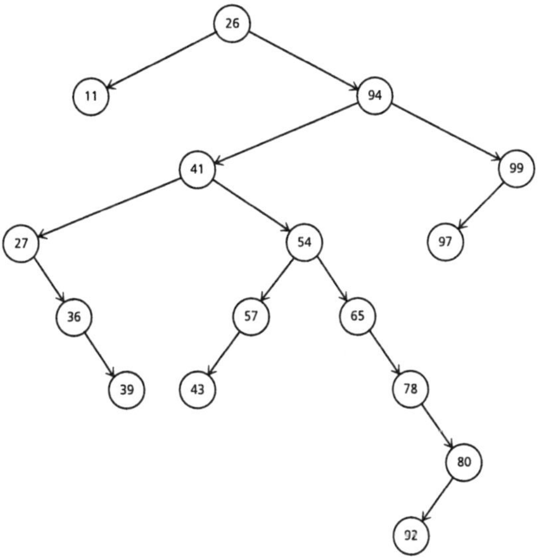

Abbildung 10.61: Allgemeiner natürlicher binärer Suchbaum

40. engl. *balanced*

10.4.2.8 Binäre Suchbäume

Binäre Suchbäume sind Objekte der Klasse BINBAUM(G; B) in Programm 10.19. Im Unterschied zu unseren bisherigen Beispielen handelt es sich nicht um eine

Programm 10.19: Klasse BINBAUM(G; B)

```
class BINBAUM(G < ORDERED(G); B < MENGE(G)) is
  b: B;                    -- die Baumrepräsentation
  init: SAME is b := void; res := self end; -- init
  -- Nach: empty = true
  insert(x: G): SAME is
  -- Nach: b.member(x) ∧∀ y: y ≠ x →  b_alt.member(y)=b.member(y)
    if b = void then b := B::create(x)
    else b := b.insert(x)
    end;
    res := self
  end; -- insert
  member(x: G): BOOL is
  -- Nach: res = (b ≠ void) ∧ b.member(x)
   if b /= void then res := b.member(x) else res := false end
  end; -- member
  delete(x: G): SAME is
  -- Nach: ¬ b.member(x) ∧∀ y: y ≠ x →  b_alt.member(y)=b.member(y)
   res := self; if b /= void then b := b.delete(x) end
  end; -- delete
  empty: BOOL is
  -- Nach: res = (b = void) ∨ b.empty
  res := b = void or b.empty end; -- empty
  stream elts: G is
   if b /= void then loop res := b.elts!; resume end
  end; -- elts
end; -- BINBAUM
```

abstrakte Klasse, obwohl sie keine Implementierung beschreibt. Diese steckt in dem Typparameter B. Statt Vererbung setzen wir Generizität ein, um unterschiedliche Implementierungen einzubringen. Die Bäume werden durch das Attribut b repräsentiert. Alle Operationen werden im wesentlichen an b zur Ausführung weitergereicht[41]. Wenn wir noch die Vererbung

```
like MENGE(G)
```

einfügen, wird BINBAUM eine konforme Unterklasse der Klasse MENGE.

Als Repräsentation B eignet sich etwa die Klasse BIN_ECKE(G) in Programm 10.20. Die noch fehlenden Operationen tragen wir nach.

Objekte des Typs BIN_ECKE repräsentieren jeweils eine Ecke des Binärbaums und zugleich deren Unterbaum. Der Vergleich mit 9.3.3 zeigt, daß wir mit der

41. Man sagt auch, die Operationen werden an b delegiert.

Programm 10.20: Klasse BIN_ECKE(G)

```
class BIN_ECKE(G < ORDERED(G)) is
-- * invariant: ∀ x: (l.member(x) → x<v) ∧ (r.member(x) → x>v)
  l,r: SAME;                    -- der linke und rechte Sohn
  v: G;                         -- der Wert der Ecke
  create(x: G): SAME is
    res := #SAME; res.l := void; res.r := void; res.v := x
  end; -- create
  insert(x: G): SAME is
  -- Nach: (self=void → res=create(x)) ∧
  --        (self ≠ void ∧ x < v → l = l_alt.insert(x) ∧ r = r_alt) ∧
  --        (self ≠ void ∧ x > v → l = l_alt ∧ r = r_alt.insert(x)) ∧
  --        (self ≠ void ∧ x = v → l = l_alt ∧ r = r_alt))
    ...
  end; -- insert
  member(x: G): BOOL is
  -- Nach: res = (self ≠ void) ∧ (x=v ∨ l.member(x) ∨ r.member(x))
    ...
  end; -- member
  delete(x: G): SAME is ... end; -- delete
  empty: BOOL is res := self = void end; -- empty
  stream elts: G is
    if not l.empty then loop res := l.elts!; resume end end;
    res := v; resume;
    if not r.empty then loop res := r.elts!; resume end end
  end; -- elts
end; BIN_ECKE
```

Aufspaltung eines Binärbaums in ein Objekt der Klasse BINBAUM und mehrerer Objekte der Klasse BIN_ECKE das dort aufgetretene Aliasproblem umgangen haben: Objekte des Typs BINBAUM sind Kopfobjekte, sozusagen die „Baumköpfe".

Ein Baum ohne Ecken ist leer. In BINBAUM gilt dann $b =$ void. Wir können aber andere Implementierungen für die Repräsentationsklasse B angeben, vgl. Aufgabe 10.48, in denen der Baum leer ist, obwohl $b \neq$ void gilt. Aus diesem Grunde wird in der Prozedur empty von Programm 10.19 zusätzlich geprüft, ob auch das Objekt b bestätigt, daß der Baum leer ist.

Ist eine Klasse K zugleich konforme Unterklasse von BINBAUM und MENGE, so handelt es sich um eine Implementierung von Mengen durch Bäume.

Die Abb. 10.62 zeigt das Grundprinzip des Arbeitens mit binären Suchbäumen: Ist ein Wert v in der Wurzel gegeben, so stecken wir alle Elemente mit Wert $< v$ in den linken und alle Elemente mit Wert $> v$ in den rechten Unterbaum. Das Einfügen und Suchen in einem Baum mit Ecken des Typs BIN_ECKE(G) lautet folglich

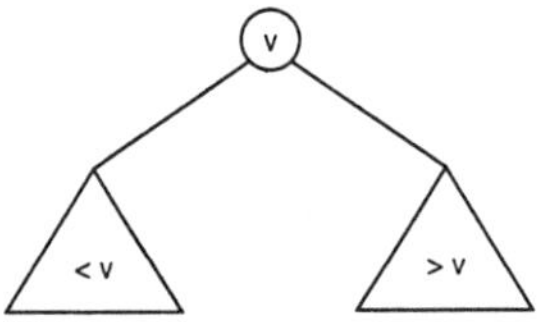

Abbildung 10.62: Binärer Suchbaum

```
-- Operationen in der Klasse BIN_ECKE(G)
insert(x: G): SAME is
   res := self;
   if self = void then res := create(x)
   elsif x<v then l := l.insert(x)
   elsif x>v then r := r.insert(x)
   end
end; -- insert
member(x: G): BOOL is
   if self = void then res := false
   elsif x<v then res := l.member(x)
   elsif x>v then res := r.member(x)
   else res := x=v
   end
end; -- member;
```

Der Baum Abb. 10.61 ist durch Anwendung von insert auf die Argumente 26, 94, 41, 54, 99, 65, 57, 78, 27, 97, 80, 36, 11, 43, 39, 92 entstanden.

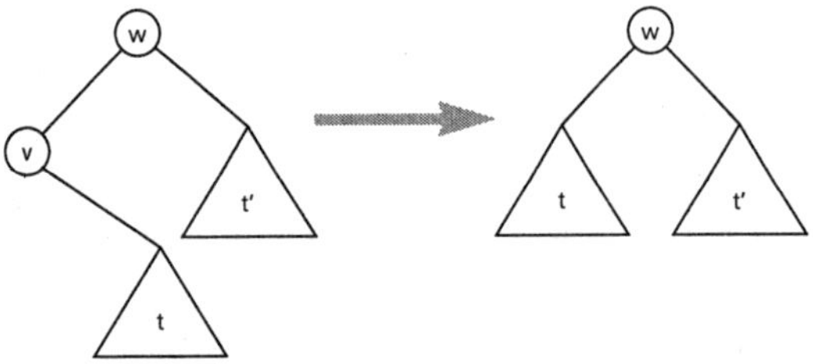

Abbildung 10.63: Löschen einer inneren Ecke im binären Suchbaum

Das Löschen eines Elements im Baum ist schwieriger. Wir bestimmen zunächst die zu streichende Ecke. Handelt es sich um ein Blatt, so lassen wir dieses einfach weg. Zum Löschen einer inneren Ecke e mit Wert v bestimmen wir zuerst den maximalen Wert z des linken Unterbaums von e, sofern er existiert, überschreiben v mit z und löschen die Ecke mit Wert z aus dem linken Unterbaum. Falls e keinen linken Sohn hat, und e selbst linker (rechter) Nachfolger ist, wird der rechte Sohn von e linker (rechter) Nachfolger des Vaters von e, vgl. Abb. 10.63. Entsprechend verfahren wir, wenn v keinen rechten Sohn hat.

Aufgabe 10.45: Erweitern Sie die Klasse BIN_ECKE um eine Methode max, die das maximale Element eines binären Suchbaums bestimmt.

Damit lautet die Prozedur delete

```
delete(x: G): SAME is
  if self = void then res := void
  elsif x < v then l := l.delete(x); res := self
  elsif x > v then r := r.delete(x); res := self
  elsif  l = void then res := r
  elsif  r = void then res := l
  elsif l.r = void then res := l; res.r := r
  else -- x = v and l.r /= void
-- alternativ statt der letzten Zeile:
-- elsif r.l = void then res := r; res.l := l else
    q: SAME := l;
    while q.r.r /= void loop q := q.r end;
    res := q.r; q.r := q.r.l; res.l := l; res.r := r
-- alternativ statt der letzten Zeile:
--    v := q.r.v; q.r := q.r.l; res := self
  end
end; -- delete
```

Aufgabe 10.46: Zeigen Sie, daß der Strom elts aus BIN_ECKE die Werte in aufsteigender Ordnung liefert.

Aufgabe 10.46 schlägt die Brücke zum Sortieren. Wenn wir eine Folge von Elementen in einen anfangs leeren binären Suchbaum eintragen, so erhalten wir sie mit dem Strom elts in sortierter Reihenfolge zurück. Auch der Zusammenhang mit Binärsuche in sortierten Reihungen wird deutlich: Ein Wert w in der Wurzel eines Baumes zerlegt die Gesamtmenge in die Teilmengen $M_<, M_>$ der Elemente mit $v < w$ und $v > w$. Im Unterschied zur Binärsuche können wir aber bisher nicht garantieren, daß beide Mengen ungefähr gleich groß sind. Daher kann der Suchaufwand auch den Aufwand $O(\log n)$ der Binärsuche übersteigen, wie man auch an Abb. 10.60 sieht.

Aufgabe 10.47: Zeigen Sie, daß das Sortieren mit Hilfe von Aufgabe 10.46 im ungünstigsten Fall den Aufwand $O(n^2)$ verursacht. Wie sehen dabei die Suchbäume aus?

Wir haben beim Baumsortieren in 9.2.5 Bäume in einer Reihung repräsentiert. Das dort vorgestellte Verfahren eignet sich nicht zur Darstellung von Mengen, in denen wir nach beliebigen Elementen suchen wollen. Wir können aber die Ideen aus Programm 10.16 verwenden, um Bäume in Reihungen darzustellen:

Aufgabe 10.48: Geben Sie eine Klasse BAUMREIHUNG(G) an, die sich anstelle des Typparameters B in die Klasse BINBAUM einsetzen läßt, und alle Ecken des Baumes in Reihungen unterbringt. Anleitung: Definieren Sie wie in Programm 10.16 Reihungen v: ARRAY[$*$](G) und l, r: ARRAY[$*$](INT) für die Werte $v[i]$ und die Sohnverweise $l[i], r[i]$ der i-ten Ecke. Auch die Freiliste können Sie aus Programm 10.16 übernehmen.

10.4.2.9 AVL-Bäume

Ein binärer Suchbaum kann im ungünstigsten Fall zu einer linearen Kette entarten.Der mittlere Suchaufwand ist dann $O(n)$. Um dem zu begegnen hatten G. M. ADEL'SON-VEL'SKIĬ und E. M. LANDIS 1962 die Idee **ausgewogene Bäume**[42] zu konstruieren. Das dabei benutzte Prinzip der einfachen und doppelten Rotation in Bäumen wird heute auch in anderem Zusammenhang angewandt. Für die Ausgewogenheit benutzten sie die

AVL-Bedingung: $h(e)$ sei die Höhe des (Teil-)Baumes mit Wurzel e. Dann gilt für die beiden Söhne $e.l$, $e.r$ einer beliebigen Ecke e des Suchbaums

$$|h(e.l) - h(e.r)| \leqslant 1. \tag{10.6}$$

Ein binärer Suchbaum, der dieser Bedingung genügt, heißt nach den Erfindern ein **AVL-Baum**. Abbildung 10.60 zeigt einen AVL-Baum. Abbildung 10.64 zeigt weitere Beispiele.

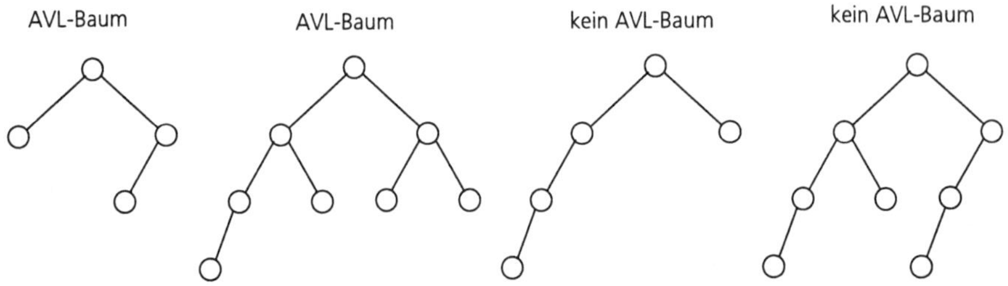

Abbildung 10.64: Die AVL-Bedingung

Es gilt nun:

Ein AVL-Baum der Höhe h hat mindestens $F_{h+1} - 1$ Ecken, wobei F_h die h-te Fibonacci-Zahl ist. Für die Eigenschaften der Fibonacci-Zahlen vergleiche man Beispiel 5.39 in Bd. I.

Zum Beweis dieser Behauptung führen wir vollständige Induktion nach der Baumhöhe h durch: Für $h = 0$ gibt es nur einen Binärbaum; er hat genau eine

42. engl. *balanced tree*.

Ecke. Für $h = 1$ gibt es die drei AVL-Bäume in Abb. 10.65. Mit $F_1 = 1, F_2 = 1$ gilt $1 \geqslant F_1 - 1 = 0$ und $3 \geqslant 2 \geqslant F_2 - 1 = 0$.

Seien nun $e.l, e.r$ die Teilbäume der Söhne einer Ecke e. Wir nehmen an, daß für $e.l, e.r$ die Behauptung richtig ist. $A(e), A(e.l), A(e.r)$ seien die Eckenanzahlen der Bäume mit Wurzeln $e, e.l, e.r$. Es gilt $h(e) = 1 + \max(h(e.l), h(e.r))$. Für $h(e.l) = h(e.r)$ gilt daher

$$\begin{aligned} A(e) &= 1 + A(e.l) + A(e.r) \\ &\geqslant 1 + F_{h(e.l)} + F_{h(e.r)} - 2 \\ &> F_{h(e.l)} + F_{h(e.r)-1} - 1 \\ &= F_{h(e.l)+1} - 1 = F_{h(e)} - 1. \end{aligned}$$

Für $h(e.l) = h(e.r) \pm 1$ ändert sich an dieser Abschätzung nichts Wesentliches. Die AVL-Bedingung erlaubt keine weiteren Möglichkeiten. Damit ist unsere Behauptung richtig.

Abbildung 10.65: Die drei AVL-Bäume der Höhe $h = 1$

In Beispiel 5.39 stellten wir mit $\phi = \frac{1}{2}(1 + \sqrt{5}), \hat{\phi} = \frac{1}{2}(1 - \sqrt{5})$ fest:

$$F_h = \frac{1}{\sqrt{5}}(\phi^h - \hat{\phi}^h), \quad h \geqslant 0. \tag{10.7}$$

Da $\hat{\phi} < 1$ ist, gilt $F_h \approx \phi^h/\sqrt{5} \approx 1.61803^h/2.236$. Besitzt ein AVL-Baum n Ecken und die Höhe h, so gilt folglich

$$2^{h+1} - 1 \geqslant n \geqslant F_{h+1} - 1 \approx const * 1.61803^{h+1} - 1.$$

Logarithmieren wir diese Ungleichung, so erhalten wir $h \leqslant c \cdot \mathrm{ld}(n + 1) - 1 \leqslant c \cdot \mathrm{ld}\, n + 1$ mit einer Konstanten $c < 2$. Also ist in einem AVL-Baum die Länge eines Wegs von der Wurzel zu einer beliebigen Ecke höchstens $2\,\mathrm{ld}\, n + 1$. Die Suchoperation member(x) aus dem vorigen Abschnitt hat einen ungünstigsten Aufwand von $O(\log n)$.

Um jederzeit über die Höhendifferenzen in einem AVL-Baum Bescheid zu wissen, erweitern wir die Klasse BIN_ECKE(G) in Programm 10.20 um ein Attribut

```
hdiff: INT;                -- Höhendifferenz -1, 0 oder +1
```

Beim Einfügen eines neuen Elements in einen AVL-Baum benutzen wir zunächst die Prozedur insert aus dem vorigen Abschnitt und setzen eine neue

Ecke x ein. Es gilt x.hdiff $= 0$, da x keine Söhne hat. Auf dem Rückweg aus den rekursiven Aufrufen von insert zählen wir die Differenz der neuen und der alten Höhe mit und unterscheiden in jeder Ecke von x bis zur Wurzel w des Baumes drei Fälle:

	Vor dem Einfügen	Nach dem Einfügen in den linken Teilbaum
1.	$h(e.l) < h(e.r)$, e.hdiff $= -1$	$h(e.l) = h(e.r)$, e.hdiff $= 0$
2.	$h(e.l) = h(e.r)$, e.hdiff $= 0$	$h(e.l) \neq h(e.r)$, e.hdiff $= +1$
3.	$h(e.l) > h(e.r)$, e.hdiff $= +1$	$h(e.l) = h(e.r) + 2$, e.hdiff $= 2$

Im ersten Fall wurden die Höhen des linken und rechten Teilbaums ausgeglichen; auch auf dem weiteren Rückweg ist keine Aktion mehr erforderlich. Im zweiten Fall wurde der Teilbaum unter e linkslastig und erhöhte seine Höhe um 1; in e wird nur die Höhe korrigiert, aber auf dem weiteren Rückweg könnte noch Arbeit anfallen. Im dritten Fall wurde die AVL-Bedingung zerstört und muß mit einer der Maßnahmen in Abb. 10.66 korrigiert werden. Die Dreiecke stellen Teilbäume dar, die Schraffur zeigt die neu hinzugekommene Höhe. Wie man sieht, ist die Korrektur endgültig; auf dem weiteren Rückweg ist keine weitere Aktion erforderlich. Das Einfügen in den rechten Teilbaum wird entsprechend behandelt.

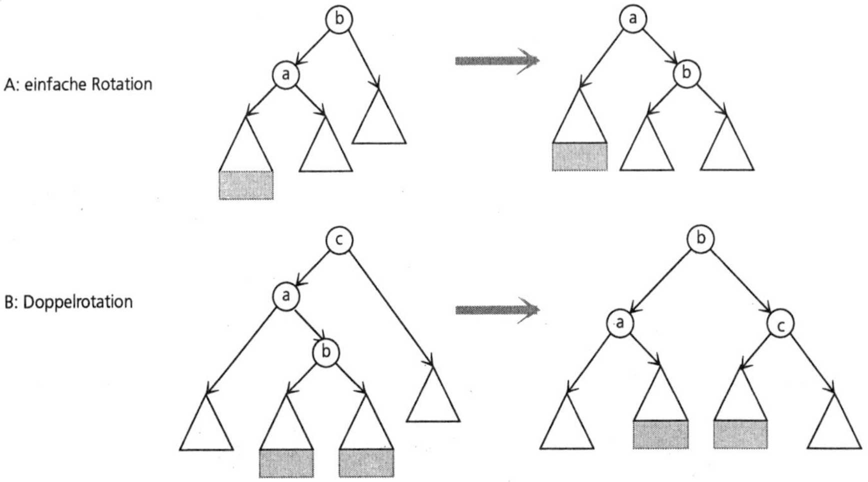

Abbildung 10.66: Rotation und Doppelrotation

Da die Rotationen mit Aufwand O(1) ausgeführt werden können, erhalten wir für das Einfügen den Aufwand $T_{\text{insert}}(n) = O(\log n) + O(1) = O(\log n)$.

Beim Löschen von Elementen aus einem AVL-Baum gehen wir wie im vorigen Abschnitt vor und zählen dann auf dem Rückweg die Höhen mit.

Allerdings können hier nicht nur eine, sondern mehrere Einfach- oder Doppelrotationen erforderlich werden, für jede Ecke jedoch maximal eine. Da wir auf dem Rückweg $O(\log n)$ Ecken haben, gilt auch hier, daß der Aufwand $T_{\text{delete}}(n) = O(\log n) \cdot (1 + O(1)) = O(\log n)$ ist.

Die praktische Programmierung muß alle symmetrischen Fälle einzeln behandeln:

Aufgabe 10.49: Programmieren Sie insert und delete für AVL-Bäume.

Insgesamt stellen AVL-Bäume eine Mengenimplementierung dar, die die Grundoperationen insert, member und delete alle mit logarithmischem Aufwand realisiert.

10.4.3 Graphen

In Kap 2 in Bd. I lernten wir Graphen als Repräsentationen von Relationen kennen. In 9.3.3 und in 10.4.2 bildeten wir Relationen auf Geflechte, d. h. gerichtete Graphen mit Objekten als Ecken, ab. Wenn alle diese Objekte gleichen Typ T haben, möchten wir oft strukturelle Eigenschaften des Graphen kennenlernen, indem wir alle Ecken und Kanten nach einer fest vorgegebenen Strategie besuchen. Die Hauptstrategien für dieses **Ausspähen eines Graphen** sind die Tiefen- und Breitensuche, die wir in 6.3 in Anwendung auf Bäume, also einen Spezialfall allgemeiner Graphen, kennenlernten. Charakteristisch ist, daß wir dabei implizit Bäume aufbauen, die alle Ecken des Graphen erfassen.

Gegeben sei ein Graph $G = (E, K)$ mit $n = |E|$ Ecken und $m = |K|$ Kanten. Zur Vereinfachung nehmen wir an, daß die Eckenmenge $E = \{0, \ldots, n-1\}$ sei und sprechen von diesen Zahlen i als Ecken; in anderem Zusammenhang betrachten wir E als einen Typ, der durch eine Klassenvereinbarung gegeben ist. Für die Implementierung von G stehen uns im wesentlichen drei Verfahren zur Verfügung, von denen wir die ersten beiden bereits in 2.2.2 kennenlernten:

- **Adjazenzmatrix** a: ARRAY[n, n](BOOL), a_{ij} = true genau dann, wenn es eine Kante (i, j) gibt. Der FLOYD-WARSHALL-Algorithmus Programm 8.1 benutzt diese Darstellung.
- **Adjazenzlisten**: ein Verzeichnis der Ecken, in dem für jede Ecke die Menge der Nachfolgerecken angegeben ist, insgesamt also eine Menge M von Eckenmengen wie in Abb. 10.67. Es gilt $|M| = n = |E|$. Der Typ von M ist MENGE(MENGE(E)). Hierfür können wir alle Mengenimplementierungen aus 10.4.2 benutzen.
- **Geflecht**: Die Ecken sind Objekte mit Attributen a, deren Werte andere Ecken sind. Jeder solche Attributwert stellt eine Kante des Graphen dar. Die Darstellung eignet sich vornehmlich für gerichtete Graphen.

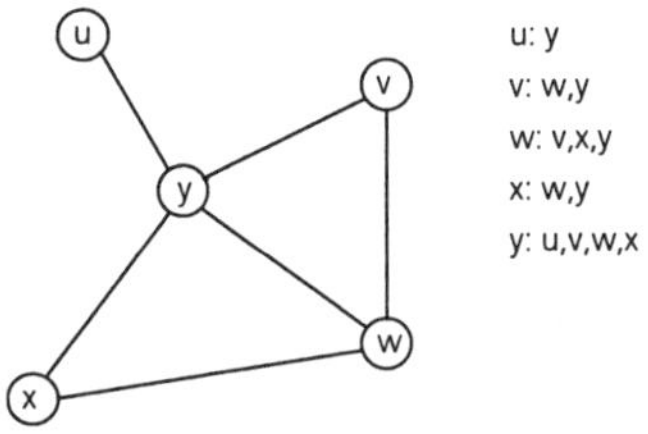

Abbildung 10.67: Graph mit Adjazenzlisten

Aufgabe 10.50: Benutzen Sie die Lösung von Aufgabe 10.40, um eine Klasse ADJAZENZLISTEN zu schreiben, die Graphen mit Adjazenzlisten implementiert. Die Klasse soll die Operationen der abstrakten Klasse GRAPH in Programm 10.21 zur Verfügung stellen.

Die Eigenschaften und Beschränkungen dieser Darstellungen sind:

- Die Adjazenzmatrix benötigt n^2 boolesche Werte. Wir können sie oft bitweise codieren und damit den Aufwand um einen konstanten Faktor reduzieren. Wie Programm 8.1 zeigt, ist die Verarbeitung, insbesondere das Zufügen oder Wegnehmen von Kanten sehr einfach. Die Anzahl der Ecken n ist fest und kann nicht verändert werden.

  Bei einem ungerichteten Graphen ist a gleich seiner Transponierten, also $a = a^T$. Zur Repräsentation genügt eine Dreiecksmatrix mit insgesamt $n(n+1)/2$ Plätzen.
- Adjazenzlisten kombinieren Eigenschaften eines Geflechts und der Adjazenzmatrix: Der Speicherbedarf ist $kn + 2km$ oder $k(n+m)$ boolesche Werte, je nachdem, ob wir die Listen verketten oder in einer Reihung speichern. Nicht existierende Kanten verursachen keinen Speicherbedarf. Bei Verwendung verketteter Listen bereitet das Hinzufügen oder Löschen von Kanten und Ecken keine Schwierigkeiten.
- Bei Geflechten kann man in einfacher Weise Ecken und Kanten hinzufügen oder löschen. Der Ausgangsgrad $e^\bullet$ der Ecken ist durch die feste Anzahl der Attribute im Objekt beschränkt; alle diese Attribute benötigen Platz zur Aufnahme einer Referenz, auch dann, wenn die Kante nicht existiert. Die Objekte enthalten neben den Kantenattributen im allgemeinen noch andere Attribute. Die Strukturinformation des Graphen ist nicht abtrennbar, was den Speicherbedarf beim Ausspähen des Graphen erheblich erhöht.

Aufgabe 10.51: Geben Sie in SATHER eine Klasse DREIECK[n](T) an, mit der sie Dreiecksmatrizen mit Speicheraufwand $n(n+1)/2$ implementieren können.

Programm 10.21: Abstrakte Klasse GRAPH

```
abstract class GRAPH is
  readonly size: INT;          -- Eckenanzahl
  readonly ksize: INT;         -- Kantenanzahl
  init: SAME is abstract end; -- init
  -- liefert den leeren Graph
  create(n: INT): SAME is abstract end; -- create;
  -- Vor:  n ⩾ 0
  -- Nach: res ist Graph mit n Ecken, aber ohne Kanten
  insert(i,j: INT): SAME is abstract end; -- insert
  -- Vor:  0 ⩽ i,j < size
  -- Nach: res enthält zusätzlich die Kante (i,j), falls noch nicht vorhanden
  --          sonst bleibt der Graph unverändert
  delete(i,j: INT): SAME is abstract end; -- delete
  -- Vor:  0 ⩽ i,j < size
  -- Nach: res enthält die Kante (i,j) nicht
  member(i,j: INT): BOOL is abstract end; -- member
  -- Vor:  0 ⩽ i,j < size
  -- Nach: res ist wahr gdw. eine Kante (i,j) existiert
  mark(i: INT): SAME is abstract end; -- mark
  -- Vor:  0 ⩽ i < size
  -- Nach: Ecke i markiert
  unmark(i: INT): SAME is abstract end; -- unmark
  -- Vor:  0 ⩽ i < size
  -- Nach: Ecke i nicht markiert
  marked(i: INT): BOOL is abstract end; -- marked
  -- Vor:  0 ⩽ i < size
  -- Nach: res ist wahr gdw. Ecke i markiert
  stream elts: INT is abstract end; -- elts
  -- Strom aller Ecken, Reihenfolge beliebig
  stream neighbours(i: INT): INT is abstract end; -- neighbours
  -- Vor:  0 ⩽ i < size
  -- Strom aller Ecken j, für die es eine Kante (i,j) gibt, Reihenfolge beliebig
end; -- GRAPH
```

10.4.3.1 Ausspähen eines Graphen

Um einen (gerichteten oder ungerichteten) Graphen $G = (E, K)$, $n = |E|$, $m = |K|$, systematisch auszuspähen, müssen wir sämtliche Ecken und Kanten des Graphen wenigstens einmal ansehen. Der Aufwand ist daher mindestens $O(n + m)$. Wir benutzen Suchverfahren, die an einer Ecke x beginnen und sämtliche von x aus erreichbaren Ecken e samt der von e ausgehenden Kanten untersuchen. Bleiben danach noch Ecken x' übrig, so wiederholt man das Verfahren ausgehend von einem der x'.

Die Reihenfolge, in der die Ecken und Kanten besucht werden, hängt ab von der Eckennumerierung und der Reihenfolge, in der die Kanten in Adjazenzlisten erscheinen. Man muß getrennt untersuchen, ob die beim Ausspähen festgestellten Eigenschaften invariant gegen solche implementierungsbedingten Reihenfolgen sind.

Die Suchverfahren auf Graphen sind Spezialisierungen des allgemeinen Suchverfahrens in Programm 10.22. $f: E \to \mathbb{R}$ ist eine Bewertungsfunktion auf der Eckenmenge, mit der wir die nächste zu untersuchende Ecke festlegen; $\mathcal{A}, \mathcal{B}, \mathcal{C}, \mathcal{D}$ sind beliebige Anweisungen. Die Wahl von $f, \mathcal{A}, \mathcal{B}, \mathcal{C}, \mathcal{D}$ charakterisiert die einzelnen Verfahren. Die Funktion f kann auch fehlen; dann ist die

Programm 10.22: Ausspähen von Graphen (Allgemeine Suche)

```
1  spion(E: Eckenmenge; K: Kantenmenge) is
2  -- f: E → ℝ Bewertungsfunktion, 𝒜, ℬ, 𝒞, 𝒟 beliebige Anweisungen
3    S: Eckenmenge;          -- Menge der bereits bearbeiteten Ecken
4    Kandidaten: Eckenmenge;  -- Menge der noch zu untersuchenden Ecken
5    x,e,e': Ecke;
6    S := ∅;
7    Kandidaten := ∅;
8    𝒜₀;                    -- Initialisierungen für f, 𝒜, ℬ, 𝒞, 𝒟
9    while E \ S ≠ ∅
10   loop
11     𝒜;
12     wähle x ∈ E \ S beliebig;
13     Kandidaten := {x};
14     while Kandidaten ≠ ∅
15     loop
16       wähle e ∈ Kandidaten mit f(e) minimal;
17       S := S ∪ {e};
18       ℬ;
19       ∀ (e,e') ∈ K:
20       loop
21         if e' ∉ S then Kandidaten := Kandidaten ∪ {e'} end;
22         𝒞
23       end; -- Kantenbearbeitung
24       𝒟;
25       Kandidaten := Kandidaten \ {e}
26     end -- Bearbeitung von e
27   end -- Bearbeitung von x
28 end; -- spion
```

Auswahl in Z. 16 willkürlich. Die Schleife in Z. 19 – 23 bearbeitet den Strom der Ecken e' aus der Adjazenzliste zur Ecke e.

Setzt man beispielsweise für $\mathcal{B}$ die Anweisungen

```
nr := nr+1;
snr(e) := nr;
```

ein, nachdem man nr durch $\mathcal{A}_0$ mit 0 vorbesetzt hat, so numeriert die **Suchnummer** $snr(e)$ die Ecken in der Reihenfolge ihrer Bearbeitung.

Sei T die Menge der Kanten (e, e'), deren Endecke e' in Z. 21 in die Kandidatenmenge aufgenommen wird. Der Graph $S = (E, T)$ heißt der **Suchwald** von G. Die Wurzel eines Baumes im Suchwald S hat jeweils die kleinste Suchnummer aller Ecken des Baumes. Die Kanten $(e, e') \in T$ heißen **Baumkanten** von G.

Aufgabe 10.52: Zeigen Sie, daß w genau dann Wurzel eines Baumes im Suchwald ist, wenn es in Z. 13 des Programms in die Kandidatenmenge aufgenommen wurde.

Aufgabe 10.53: Zeigen Sie, daß in einem ungerichteten Graphen die Eckenmenge E_i jedes Baums im Suchwald eine Zusammenhangskomponente ist.

In gerichteten Graphen heißt eine Kante $(e', e) \in K$ eine **Rückkante**, wenn es einen Weg von e nach e' gibt, der nur Kanten aus T benutzt. e, e' gehören zum gleichen Baum im Suchwald. e kann in Z. 21 kein Kandidat werden, da es bereits zu S gehört.

In gerichteten Graphen kann es Kanten $(e, e') \in K$ geben, die keine Baumkanten sind, obwohl e' Nachfolger von e ist. Solche Kanten heißen **Vorwärtskanten**. In ungerichteten Graphen sind solche Vorwärtskanten zugleich Rückkanten. Ist e eine Ecke, die zu einem Suchbaum mit Wurzel x gehört, so bezeichne $h(x, e)$ die Höhe von e, d. h. die Länge des kürzesten Wegs zwischen x und e, der nur aus Baumkanten besteht. Der Abstand $d(x, e)$ von e ist die Länge des kürzesten Wegs w, den es von x nach e überhaupt gibt. Abstand $d(x, e)$ und Höhe $h(x, e)$ können verschieden sein: Eine Ecke e' kann z.B. unmittelbarer Nachfolger von x sein, also $d(x, e') = 1$, wird aber mit $h((x, e')) = 2$ bewertet, weil sie zuerst auf einem Weg $x \to e \to e'$ gefunden wird; der Weg muß mindestens eine Vorwärtskante enthalten.

Kanten eines gerichteten Graphen K, die weder Rück-, Vorwärts- noch Baumkanten sind, heißen **Querkanten**.

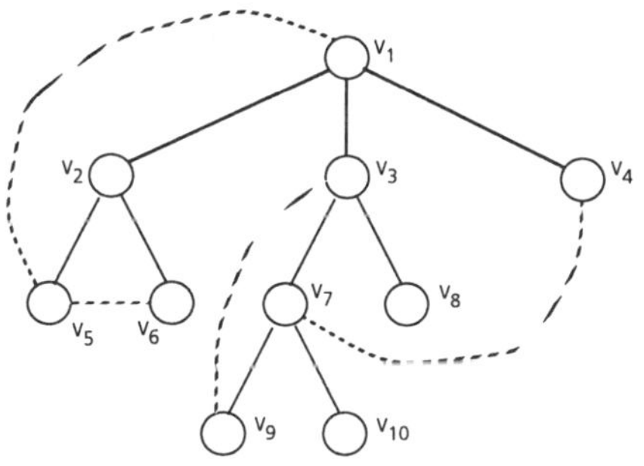

Abbildung 10.68: Graph mit Suchbaum

Abbildung 10.68 zeigt einen Graphen mit Suchbaum, in dem die Baumkanten durchgezogen, Rückkanten gestrichelt und Querkanten gepunktet sind.

In 6.3 hatten wir Breiten- und Tiefensuche auf Bäumen kennengelernt. Diese Verfahren wenden wir nun auf Graphen an. Setzt man für $f(e)$ die Höhe $h(x, e)$ ein, so betreibt die Prozedur spion **Breitensuche**: Die Ecken werden in der Reihenfolge geringsten Abstands zur Wurzel bearbeitet; es gilt stets $h(x, e) = d(x, e)$.

Setzt man für $f(e)$ die negative Höhe $-h(x, e)$ ein, wählt man also jeweils das $e \in$ Kandidaten mit dem größten Abstand zur Wurzel, so erhält man **Tiefensuche**: Die Nachfolger einer Ecke e werden alle bearbeitet, bevor zu etwaigen Nachbarecken übergegangen wird. Bei der Tiefensuche bezeichnen wir die Suchnummer $snr(e)$ als **Tiefennummer** $t(e)$.

Eine Verallgemeinerung der Breitensuche ist die **A-Suche**, bei der man nach Ecken y mit einer bestimmten Eigenschaft $P(y)$ sucht, und diese Ecken möglichst schnell und ohne vollständiges Ausspähen des Graphen erreichen will. Dazu setzt man $f(e) = h(x, e) + g(e)$ mit einer geeigneten reellwertigen Funktion $g(e)$, die Ecken e möglichst hoch bewertet, die vermutlich nicht auf dem Weg zu einem y liegen. Kann g so gewählt werden, daß

$$0 \leqslant g(e) \leqslant \text{ kleinster Abstand einer Ecke } y \text{ von } e,$$

gilt, so heißt das Verfahren **A*-Suche**. Die A*-Suche ermittelt ein y mit der Eigenschaft $P(y)$, das den kleinsten Abstand zur Wurzel x hat, wie man durch Induktion über die Wege von x nach y sieht.

A- und A*-Suche kann man auch auf Graphen mit abzählbar vielen Ecken anwenden, Die Verfahren spielen im Bereich der künstlichen Intelligenz und in der Unernehmensforschung eine große Rolle. In der Unternehmensforschung ist A*-Suche als *branch and bound* bekannt.

Selbst mit obigen Spezialisierungen von $f(e)$ ist das Suchverfahren indeterministisch. Sowohl die Auswahl der Baumwurzeln $x \in E \setminus S$ als auch die Reihenfolge, in der Ecken e' in die Kandidatenmenge aufgenommen werden, hängt davon ab, wie die Implementierung die Ecken numeriert, und wie sie Kanten in einer Adjazenzmatrix, Adjazenzliste oder einer anderen Repräsentation findet.

Nachfolgend sehen wir, daß bei Breiten- und Tiefensuche die Bewertungsfunktion $f(e)$ durch passende Implementierung der Kandidatenmenge eingespart werden kann. Zur Durchführung der Prozedur spion sind dann noch die Initialisierung von S und Kandidaten mit der leeren Menge, die Auswahl eines Elements aus $E \setminus S$ und Kandidaten, die Tests $(E \setminus S)$.empty und Kandidaten.empty sowie Aufrufe S.insert(e), S.member(e'), Kandidaten.member(e'), Kandidaten.insert(e') und Kandidaten.delete(e) notwendig. Dies sind alles Operationen, die wir in 10.4.2 für verschiedene Implementierungen von Mengen kennenlernten.

Programm 10.23: Breitensuche

```
breitensuche(g: $ GRAPH): ARRAY[*](INT) is
-- Vor: g initialisiert, alle Ecken unmarkiert
-- Ergebnis ist die Reihung snr,
-- weitere Ergebnisse bei Bedarf durch Aktionen 𝒜, ℬ, 𝒞, 𝒟
  Kandidaten: $ SCHLANGE;   -- Schlange der noch zu untersuchenden Ecken
  x,e: INT;                 -- Ecken
  nr: INT := -1;            -- Zähler für Suchnummer
  snr: #ARRAY[g.size](INT); -- Reihung der Suchnummern
  Kandidaten := konkretes Objekt zu SCHLANGE(INT);
  𝒜0;                       -- Initialisierungen für 𝒜, ℬ, 𝒞, 𝒟
  loop x := g.elts!;         -- alle Ecken sind Kandidaten für x
    if g.unmarked(x)
    then
      𝒜;
      Kandidaten := Kandidaten.enqueue(x);
      while not Kandidaten.empty
      loop
        e := Kandidaten.front;
        g := g.mark(e);
        nr := nr+1;
        snr[e] := nr;
        ℬ;
        loop e1: INT := g.elts!(e);     -- alle Kanten (e,e1)
          if not g.marked(e1) then Kandidaten := Kandidaten.enqueue(e1) end;
          𝒞
        end; -- Kantenbearbeitung
        𝒟;
        Kandidaten := Kandidaten.dequeue(e)
      end -- Bearbeitung von e
    end -- Bearbeitung von x
  end; -- Schleife über alle Ecken
  res := snr
end; -- breitensuche
```

10.4.3.2 Breitensuche

Abb. 10.69 zeigt den Breitensuchbaum des Graphen aus Abb. 10.68 samt seinen Breitensuchnummern. Aus 6.3 entnehmen wir, daß bei der Breitensuche die Bewertungsfunktion $f(e)$ überflüssig ist, wenn man die Menge Kandidaten durch eine Schlange implementiert. In der Schlange steigt die Höhe $h(x, e)$ monoton; wenn wir jeweils das erste Element wählen, dann hat dieses minimale Höhe.

Bei kleiner Eckenmenge E ist es aufgrund der notwendigen Operationen zweckmäßig, S durch Bitvektoren zu implementieren. Bei Verwendung der abstrakten Klasse GRAPH, Programm 10.21, können wir die Zugehörigkeit $e \in S$ auch durch die Markierung darstellen. Dann sind sämtliche Operationen auf S

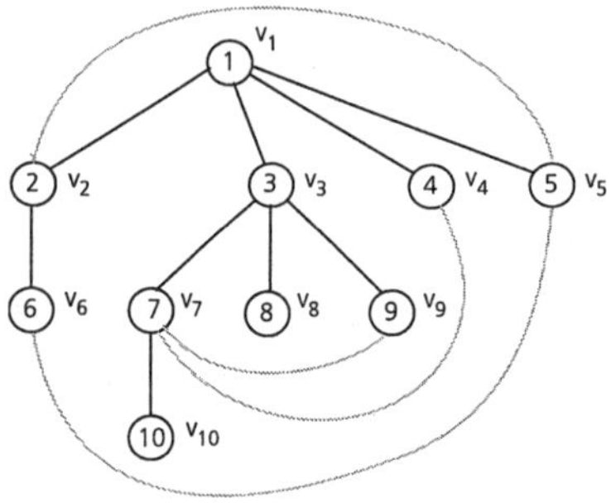

Abbildung 10.69: Graph mit Breitensuchbaum

und Kandidaten mit konstantem Aufwand O(1) durchführbar.

Unter Verwendung von Implementierungen der abstrakten Klassen GRAPH und SCHLANGE, vgl. Aufgaben 10.50 und 10.23, erhalten wir damit Programm 10.23. Es liefert die Reihung snr der Suchnummern als Ergebnis. Die Numerierung besteht aus Abschnitten von Ecken jeweils gleichen Abstands zur Wurzel.

Der Leser beachte, daß wir dieses sehr konkrete Programm formulieren können, ohne die Einzelheiten der Implementierung von Schlangen und Graphen zu kennen.

Aufgabe 10.54: Zeigen Sie, daß es in einem ungerichteten Graphen bei Breitensuche keine Rückkanten geben kann.

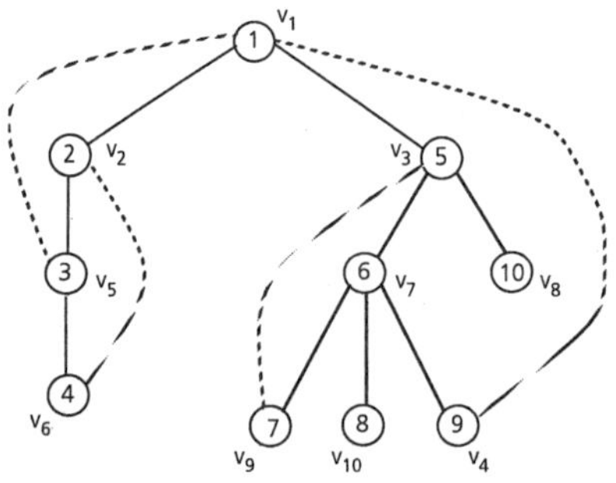

Abbildung 10.70: Graph mit Tiefensuchbaum

10.4.3.3 Tiefensuche

Abbildung 10.70 zeigt den Tiefensuchbaum des Graphen aus Abb. 10.68 samt seinen Tiefennummern. Bei der Tiefensuche implementieren wir Kandidaten durch einen Keller und sparen so die Bewertungsfunktion f aus Programm 10.22. Im Keller steigt die Höhe $h(x, e)$ monoton bis zum letzten aufgenommenen Element; wenn wir dieses wählen, so hat es maximale Höhe. Mit den entsprechenden Änderungen in den Zeilen 5, 9, 15, 18, 24 und 28 (front → top, usw.) von Programm 10.23 wird aus der Breitensuche eine Tiefensuche.

Programm 10.24: Tiefensuche

```
class TIEFENSUCHE is
  g: $ GRAPH;
  t: ARRAY[*](INT);               -- Reihung der Tiefennummern
  private nr: INT;                -- Zähler für Suchnummer
  tiefensuche is
  -- Vor: g initialisiert, alle Ecken unmarkiert
  -- Ergebnis ist die Reihung t,
  -- weitere Ergebnisse bei Bedarf durch Aktionen 𝒜, ℬ, 𝒞, 𝒟
    x,e: INT;                     -- Ecken
    t := #ARRAY[g.size](INT);     -- Reihung anlegen
    𝒜0;                           -- Initialisierungen für 𝒜, ℬ, 𝒞, 𝒟
    loop x := g.elts!;            -- alle Ecken sind Kandidaten für x
      if g.unmarked(x)
      then
        𝒜;
        tiefensuche_rek(x)
      end -- Bearbeitung von x
    end -- Schleife über alle Ecken
   end; -- tiefensuche

   tiefensuche_rek(e: INT) is
    g := g.mark(e);
    nr := nr+1;
    t[e] := nr;
    ℬ;
    loop e1: INT := g.elts!(e);    -- alle Kanten (e,e1)
      if not g.marked(e1) then tiefensuche_rek(e1) end;
      𝒞
    end; -- Kantenbearbeitung
    𝒟
   end -- tiefensuche_rek
 end; -- TIEFENSUCHE
```

Wir können auch noch den Keller einsparen, wenn wir die Schleife Z. 15 – 28 von Programm 10.23 durch eine Rekursion ersetzen. Dazu wenden wir das Transformationsschema (8.73) → (8.72) aus 8.2.7.1 an. Die äußere Schleife bringen wir in einer getrennten Prozedur unter. Wenn wir dann beide Prozeduren in einer Klasse zusammenfassen, die auch noch die wesentlichen Parameter wie den Graphen g usw. enthält, so ergibt sich Programm 10.24.

Aufgabe 10.55: Zeigen Sie, daß ein gerichteter Graph genau dann schwach zusammenhängend ist, wenn alle Bäume des Suchwaldes durch Querkanten untereinander verbunden sind.

Wendet man tiefensuche auf einen Binärbaum an und ersetzt $\mathcal{B}, \mathcal{C}$ bzw. $\mathcal{D}$ durch Druckanweisungen, so erhält man im Fall $\mathcal{B}$ die Ecken des Baumes in Präfix-, im Fall $\mathcal{C}$ in Infix- und im Fall $\mathcal{D}$ in Postfixordnung. Der Aufruf von $\mathcal{C}$ ist nur erwünscht, wenn noch ein Unterbaum nachfolgt. Dies erklärt die Bedeutung der Aktionen $\mathcal{B}, \mathcal{C}, \mathcal{D}$: Sie erlauben es, Tätigkeiten vor, zwischen und nach dem Besuch von Unterbäumen durchzuführen.

Aufgabe 10.56: Benutzen Sie die Aktion $\mathcal{D}$ in Programm 10.24, um jeder Ecke e zusätzlich eine Postfixnummer p_e zuzuordnen. Zusammen mit der Tiefennummer t_e gilt dann für beliebige gerichtete oder ungerichtete Graphen im Suchwald $W = (E, T)$ der Tiefensuche für zwei Ecken e, e':

$$e' \text{ Nachfolger von } e \text{ in } W \divideontimes t_{e'} \geqslant t_e \wedge p_{e'} \leqslant p_e.$$

Wie sind Rückkanten charakterisiert? Wie charakterisiert man Querkanten bei gerichteten Graphen?

10.5 Anmerkungen und Verweise

Die Begriffsbestimmung von Objektorientierung in der Einleitung folgt MADSEN und MØLLER-PEDERSEN (1988). Die Klassenkarten Abb. 10.4 findet man ausführlicher bei (BUDD, 1996). Einen guten Überblick über objektorientierte Analyse-, Modellierungs- und Entwurfsmethoden für den Praktiker bietet BALZERT (1999). Das Prinzip *Entwurf durch Vertrag* liegt der Programmiersprache EIFFEL, (MEYER, 1988, 1992) zugrunde.

Wir benutzen die Beschreibungssprache *UML*[43], (OMG UML REVISION TASK FORCE, 1999), um Objektmodelle usw. darzustellen.

UML ist aus der Verschmelzung der Ansätze in (BOOCH, 1993; JACOBSON et al., 1992; RUMBAUGH et al., 1993) entstanden. Ausführlichere deutsche Einführungen in UML bieten (BOOCH et al., 1999), (OESTEREICH, 1998) und (FOWLER und SCOTT, 2000). UML ist eine Beschreibungssprache für objektorientierte Entwürfe, keine Entwicklungsmethode. Wir behandeln hier nur Ausschnitte.

Die Datenmodellierung in der objektorientierten Analyse stammt aus der Datenbanktechnik. Man vergleiche hierzu etwa (DATE, 1999) oder (LANG und LOCKEMANN, 1995). Das Beispiel in Abschnitt 10.2.6 geht auf (WIRFS-BROCK et al., 1993) zurück. Die hier vorgestellte Fassung verdanke ich CLAUS LEWERENTZ.

Die Grundkonzepte objektorientierten Programmierens wurden 1965–67 von (DAHL et al., 1968) beim Entwurf der Programmiersprache SIMULA-67 entwickelt; (ROHLFING, 1973) gibt eine deutsche Einführung in diese Sprache. Sie

43. engl. *unified modeling language*.

wurde als Erweiterung von ALGOL 60 zur Bearbeitung technischer Simulationsaufgaben entwickelt. Ein großer Teil der in 10.1 eingeführten Terminologie objektorientierten Programmierens vom Klassenbegriff bis zu den virtuellen Funktionen in C++ und JAVA stammt aus SIMULA-67.

Den nächsten Schritt verdanken wir ALAN KAY, der auch führend an der Entwicklung des *desktop*-Paradigmas beteiligt war. Er entwickelte ab 1971 Ideen, die zur Programmiersprache SMALLTALK (GOLDBERG und ROBSON, 1983; GOLDBERG, 1984) führten, der ersten Programmiersprache, die explizit mit dem Begriff *Objektorientierung* identifiziert wurde. SMALLTALK ist nicht nur eine Programmiersprache, sondern eine interaktive Programmierumgebung, in der besonders die Programmentwicklung durch Prototypenbildung ausgehend von der graphischen Benutzeroberfläche der Anwendung betont wird.

Eine andere wichtige Entwicklungslinie, auf die wir hier nicht eingehen, geht auf das *gestaltorientierte Programmieren*[44] von (MINSKY, 1975) zur Beschreibung von Anwendungen im Bereich der Künstlichen Intelligenz zurück.

Ausgehend von SMALLTALK erkannte man seit Mitte der 80-er Jahre, daß *Objektorientierung* eine Modellierungs- und Entwurfsmethode ist, die einen anderen Ansatz zur Systembeschreibung darstellt als strukturiertes und modulares Programmieren. Strukturiertes Programmieren wird für das Programmieren-im-Kleinen subsumiert.

Die Modellierungsmethoden und die Verbesserung der Wiederverwendbarkeit von Entwürfen und Programmcode sind die eigentlichen Vorzüge objektorientierten Programmierens, nicht die speziellen Ausdrucksmittel bestimmter Programmiersprachen. Das wichtige Gebiet der Entwurfsmuster behandeln die Bücher (GAMMA et al., 1996), (PREE, 1994) und (BUSCHMANN et al., 1996); aus Umfangsgründen können wir hierauf nicht näher eingehen.

Ströme als Sprachkonzept gehen auf die Programmiersprache CLU, (LISKOV und GUTTAG, 1986), zurück. Sie heißen dort Iteratoren und haben schwächere Eigenschaften als in 10.3.2 beschrieben. Das Beispiel 10.16 stammt von (ABELSON et al., 1998), die SATHER-Version aus (MURER et al., 1996).

(OTTMANN und WIDMAYER, 1996) sowie (CORMEN et al., 1990) behandeln Mengen- und Graphimplementierungen in wesentlich größerer Ausführlichkeit als wir. Die Abb. 10.66 geht auf WIRTH (2000) zurück.

44. engl. *frame oriented programming*.

Kapitel 11

Vom Programm zur Maschine

Jede Programmiersprache PS entspricht einer abstrakten Maschine M_{PS} im Sinne von 9.1. Zu den Grundoperationen gehören z. B. die arithmetischen Operationen für ganze und Gleitpunktzahlen, aber auch Operationen wie *if* und *while* zur Steuerung des Programmablaufs, sowie Operationen zur Bildung und Beseitigung von Objekten (Veränderung des Umfangs des Zustandsraums). Die Datenobjekte und -typen sind teils explizit, teils durch Konstruktoren gegeben: Elementare Typen wie INT oder BOOL sind explizit; Reihungen, Verbunde und gebundene Methoden kann man konstruieren.

Auch der Prozessor eines Rechners R definiert eine abstrakte Maschine M_R: Zu den Grundoperationen gehören unter anderem die arithmetischen Operationen, sowie Operationen zur Ablaufsteuerung. Die Operationen von M_R heißen **Befehle.** Der Zustandsraum besteht aus dem gesamten Speicher des Rechners. Sein Umfang kann nicht durch Befehle verändert werden.[1]

Ein Programm für M_R heißt ein **Maschinenprogramm** und ist durch eine Befehlsfolge gegeben. Das Schreiben solcher Programme heißt **maschinennahes Programmieren.** Ursprünglich entwickelten sich die imperativen Programmiersprachen als Abstraktionen maschinennaher Sprachen, um Algorithmen in einer für den Menschen verständlicheren Form zu schreiben; die Bezeichnung **höhere Programmiersprache** weist auf diese historische Entwicklung hin.

Um ein Programm auf einem Rechner ausführbar zu machen, muß es durch einen **Übersetzer**, d. h. ebenfalls ein Programm, in ein Maschinenprogramm umgewandelt werden, vgl. Abb. 5.2 in Bd. I, 5.2. Alternativ kann man das Programm in einen Datensatz wandeln, den ein **Interpretierer**, ebenfalls ein Programm, schrittweise bearbeitet und dabei die Programmausführung simuliert. Drittens kann man ein Maschinenprogramm auch von Hand schreiben. Für Maschinenprogramme übernimmt der Rechner die Aufgabe des Interpretierers unmittelbar.

Gegenüber einer automatischen Übersetzung eines Programms aus einer höheren Sprache in ein Maschinenprogramm konnte man lange Zeit die Ge-

1. In erster Näherung! Betriebssysteme können den Adreßraum verändern.

schwindigkeit der Programmausführung um ca. den Faktor 2 steigern, wenn man das Maschinenprogramm von Hand schrieb.

Heute ist unmittelbare maschinennahe Programmierung gewöhnlich nicht mehr angemessen. Die trickreiche Ausnutzung der vielfältigen technischen Möglichkeiten eines Prozessors und des Speichersystems ist mühsam, fehleranfällig und daher zeitaufwendig. Außer für kurze Befehlsfolgen rechtfertigt der mögliche Gewinn den Aufwand an menschlicher Arbeitszeit meist nicht.

Natürlich sind auch Übersetzer für höhere Programmiersprachen nicht gegen Effizienzverluste gefeit. Schließlich verwerten sie nur die Kenntnisse, die ihre Verfasser besaßen. Vor allem gibt es für die verbreiteten Übersetzungsprogramm heute keinen Korrektheitsnachweis. Fehler in der Übersetzung eines Programms sind vor allem deshalb folgenreich, weil man sie nicht sieht, es sei denn, man liest und versteht das erzeugte Maschinenprogramm.

Wir beschäftigen uns hier mit maschinennahem Programmieren, um folgende Ziele zu erreichen:

1. Wir wollen wissen, was die Grundfähigkeiten eines Prozessors sind, und wie Programme ausgeführt werden.
2. Es gehört zu den Aufgaben der Informatik, Maschinensprachen als Schnittstellen zwischen Programm und Maschine zu entwerfen. Dazu vermitteln wir hier erste Erfahrungen.
3. Höhere Programmiersprachen sind auch im Hinblick auf möglichst unkomplizierte Abbildung auf Maschinensprachen entworfen. Wir verbessern also unser Verständnis, warum manche Eigenschaften höherer Programmiersprachen so und nicht anders gewählt werden.
4. Die Konstruktion von Übersetzern und Interpretierern gehört zu den Aufgaben der Informatik. Wir gewinnen hier einen ersten Eindruck von den anfallenden Aufgaben.
5. Die Grundoperationen der abstrakten Maschine M_R führen zu einem Rechnermodell *RAM* und einer präzisen Definition des Begriffs Berechenbarkeit.

Dazu gehen wir in drei Schritten vor: Wir erläutern zunächst, wie man Programme aus einer höheren Sprache in eine einfachere Sprache, wir nennen sie SIMPLICIUS, bringen kann. Dann gehen wir auf die Codierung der Daten und ihre Darstellung im Speicher ein. SIMPLICIUS entspricht bereits einer Maschinensprache. Wir skizzieren abschließend, welche Befehle Maschinensprachen üblicher Rechner zur Verfügung stellen.

Auf Ein/Ausgabe, die Ausnahmebehandlung durch die Hardware und die Organisationsbefehle von Betriebssystemen gehen wir nicht im einzelnen ein.

11.1 Die Sprache SIMPLICIUS

Das Maschinenmodell M_R von von-Neumann-Rechnern, vgl. 1.5, besteht aus dem Prozessor, der Befehle ausführen kann, dem Speicher, der eine sehr große Reihung darstellt, und einigen Spezialvariablen, die dem Prozessor zugeordnet sind. Der Speicher enthält das Programm und dessen Daten, also, zusammen mit den Spezialvariablen des Prozessors, den Zustandsraum des Programms. Jeder Befehl ändert den Zustand und ist daher in einer **Maschinensprache** wie SIMPLICIUS eine Zuweisung. Neben der Zuweisung von Rechenergebnissen gibt es noch eine spezielle Form, die wir nachfolgend **Sprung** nennen.

Wir beschränken uns zunächst auf Programme, in denen nur der Datentyp INT vorkommt. Für diesen seien die Operationen $+, -, *,$ div, mod und die Vergleichsoperationen $=, \neq, <, \leqslant, >, \geqslant$ zulässig.

In SIMPLICIUS gibt es eine einzige zusammengesetzte Datenstruktur, nämlich eine Reihung speicher mit Untergrenze 0 und Obergrenze maxadr. Sie repräsentiert den Hauptspeicher unseres Rechners. Die Elemente speicher[i] der Reihung heißen **Speicherzellen**. Den Wert einer Variablen v oder einer Speicherzelle nennen wir ihren **Inhalt** und bezeichnen ihn mit $\langle v\rangle$.

Den Zahlbereich

ADRESSRAUM = [0,maxadr]

behandeln wir wie einen eigenständigen Typ **Adreßraum**. Seine Elemente heißen **Adressen**, oft auch **absolute Adressen**. Adressen kommen in unserem ursprünglichen Programm nicht vor. Sie sind Artefakte der Maschinensprache, die durch die Transformationen in 11.3 eingeführt werden.

Der Adreßraum ist ein eigenständiger Typ, weil die **Adreßarithmetik** nur eingeschränkt definiert ist: Man kann eine ganze Zahl i zu einer Adresse a addieren oder von a subtrahieren; das Ergebnis ist wieder eine Adresse. Diese Operationen werden modulo (maxadr + 1) durchgeführt. Es gilt also $0 \leqslant a \pm i \leqslant$ maxadr. Man kann zwei Adressen a, b voneinander abziehen und erhält eine ganze Zahl $a - b$, die **Relativadresse** von a relativ zu b. Ferner kann man Adressen miteinander vergleichen, sowie ganze Zahlen in Adressen umwandeln und umgekehrt. Andere Operationen sind nicht erlaubt.

(Ganzzahlige) Variable v sind **Aliasnamen** für Speicherzellen der Reihung speicher. Jede Variable v besitzt eine Adresse adresse(v), die wir auch mit $\rangle v\langle$ bezeichnen. Die Adresse stellt die Identität oder Referenz der Variablen im Sinne von 8.1.1 dar. Für ihren Inhalt $\langle v\rangle$ gilt

$$\langle v\rangle = \text{speicher}[\text{adresse}(v)].$$

Dies kürzen wir oft mit $\langle$adresse(v)$\rangle$ ab und sprechen vom *Inhalt der Speicherzelle mit Adresse v*.

Wir schreiben hier speicher[adresse(v)] und nicht speicher[v], um zu verdeutlichen, daß wir nicht mit dem Inhalt der Variablen v indizieren.

Zuweisungen haben in SIMPLICIUS die Form

x := y
x := τ y
x := y τ z

Die Ausdrücke auf der rechten Seite können höchstens einen Operator τ enthalten. Da alle vorkommenden Variablen Adressen besitzen, nennt man eine solche Zuweisung einen Befehl in **Dreiadreßform** oder Dreiadreßbefehl.

Als Operanden in Ausdrücken sind Variable, indizierte Variable und indirekt adressierte Variable

speicher[*index*]
x[*index*]
⟨x⟩

sowie ganzzahlige Literale in üblicher Schreibweise erlaubt.

index ist ein Ausdruck, der keine weiteren indizierten Variablen als Operanden enthalten darf. Ein Operand x[*index*] ist eine andere Schreibweise für speicher[adresse(x) + *index*]. Es gilt

adresse(x) = adresse(x[0]),
adresse(x[*index*]) = adresse(x) + *index*.

Adressen können wir auch als Werte auffassen und in Variablen speichern. Bei **indirekter Adressierung** ⟨x⟩ wird die Operation auf den Wert angewandt, dessen Adresse Inhalt von x ist. Einer Variablen können wir allerdings nicht ansehen, ob ihr Wert eine gewöhnliche ganze Zahl oder tatsächlich eine Adresse ist; die Maschinensprache SIMPLICIUS ist nicht typsicher.

Literale behandeln wir wie Elemente der Reihung speicher mit unveränderlichem Wert.

Nur unter der Bedingung maxadr $\leqslant$ maxint kann man Adressen in ganze Zahlen konvertieren. Sie war zu Zeiten kleiner Speicher erfüllt. Auf heutigen Rechnern ist gewöhnlich maxadr $= 2^{32} - 1$ oder sogar maxadr $= 2^{64} - 1$, während für 32- bzw. 64-Bit Arithmetik maxint $= 2^{31} - 1$ bzw. maxint $= 2^{63} - 1$ gilt. Die Adressen sind dann keine Werte des Typs INT, sondern des (in C oder SATHER vorhandenen) Typs UNSIGNED oder in MODULA-2 CARDINAL, der vorzeichenlosen ganzen Zahlen. Die Unterschiede ändern nichts an unseren grundsätzlichen Überlegungen.

11.1.1 Sprünge

Auch Befehle sind Inhalte von Speicherzellen speicher[i] und können äußerlich nicht von ganzen Zahlen unterschieden werden. Ein SIMPLICIUS-Programm ist dann eine Folge ganzer Zahlen, die schematisch wie in Abb. 11.1 im Speicher steht. Zum Programm gehört ein Konstantenbereich, der sämtliche Literale des Programms enthält. Der Datenbereich enthält alle Variablen.

Abbildung 11.1: Einteilung des Speichers

Alle Befehle, Literale und Variablen besitzen also eine Adresse. Wir können Variable, Konstante oder Programmbefehle

M: x := y τ z

mit einer **Marke** M versehen. M ist ein Name für die Adresse der Variablen oder des Befehls im Speicher. Wir nennen Marken auch **symbolische Adressen**. Als Marken für Variable v verwenden wir ihren Namen.

Es gibt eine ausgezeichnete Variable BZ, den **Befehlszähler**, die nicht zum Speicher gehört. BZ enthält während der Programmausführung die Adresse des auszuführenden Befehls. Wenn Befehle sequentiell nacheinander ausgeführt werden, wird jedesmal BZ erhöht. Wird die Programmausführung an einer anderen Stelle fortgesetzt, etwa um eine Schleife zu wiederholen, so weisen wir an BZ die Adresse des nächsten auszuführenden Befehls zu. Ist dieser Befehl b mit M markiert, so erreichen wir das mit der Zuweisung

BZ := M

Wir schreiben diese Zuweisung in der Form

goto M

und nennen eine Zuweisung an BZ einen **Sprung**; M heißt in diesem Zusammenhang ein **Sprungziel**.

Sprünge sind die einzige explizite Form der Ablaufsteuerung in SIMPLICIUS. Sie kommen in drei Formen vor:

- als **unbedingte Sprünge** **goto** M.

- als **bedingte Sprünge** if $x\ \rho\ y$ then goto M. Dabei ist ρ einer der Vergleichsoperatoren $=, \neq, <, \leqslant, >, \geqslant$; ein unbedingter Sprung ist ein bedingter Sprung mit stets erfüllter Sprungbedingung.
- als **Unterprogrammsprung** gosub M. Der Unterprogrammsprung notiert vor dem Sprung die Adresse $\mathsf{BZ}_{alt} + 1$ des nachfolgenden Befehls in einer Variablen rückkehradresse. Er besteht also aus zwei Zuweisungen

  rückkehradresse := BZ+1; BZ := M

  Der Unterprogrammsprung ist notwendig, weil BZ nur eingeschränkt als Operand in Ausdrücken vorkommen darf. Wie wir die Variable rückkehradresse realisieren, stellen wir vorläufig zurück.

  Mit dem Unterprogrammsprung realisieren wir den Aufruf parameterloser Methoden. Sie heißen im maschinennahen Programmieren **Unterprogramme**. Wir befassen uns zunächst nur mit Unterprogrammen, die Prozeduren darstellen.

Bedingte Sprünge if $x\ \rho\ y$ then goto M sind wie die Zuweisungen Dreiadreßbefehle mit den drei Operanden x, y und M.

Als Sprungziele können auch Adressen dienen, die Inhalt von Variablen v sind: Die Schreibweise

goto $\langle v \rangle$

ist zulässig. v könnte z. B. die oben eingeführte Variable rückkehradresse sein. Ferner können Sprungziele indiziert werden: Der **indizierte Sprung** goto BZ $\pm\ i$ oder gosub BZ $\pm\ i$ hat die Bedeutung

BZ := BZ $\pm\, i$

Steht ein Sprungbefehl goto M auf Adresse M', so können wir ihn durch goto BZ + i ersetzen, wenn $i = M - M'$ die Relativadresse von M relativ zu M' ist. Wir müssen also die absolute Adresse M des Sprungziels nicht kennen.

11.2 Berechnung von Ausdrücken

Ausdrücke sind in Simplicius nur als rechte Seiten von Zuweisungen und als Indexausdrücke erlaubt. Es ist jeweils nur eine Operation zulässig. Kompliziertere Formeln aus höheren Programmiersprachen müssen wir zerlegen und auf Folgen $b_1; \cdots; b_n$ von Einzeloperationen zurückführen. b_n berechnet das Ergebnis des Ausdrucks; die vorangehenden Befehle führen zu Zuweisungen an Hilfsvariable, die wir zu diesem Zweck neu einführen.

Gemeinsam ist allen Zerlegungen, daß sie vom Kantorowitsch-Baum oder der entsprechenden Postfixform eines Ausdrucks ausgehen. Für die Formel $a * b + c * d$ hatten wir diesen Baum in Abb. 8.1, S. 15, gesehen. Wir berechnen solche Bäume von unten nach oben wie in Abb. 11.2. Nach jeder Operation

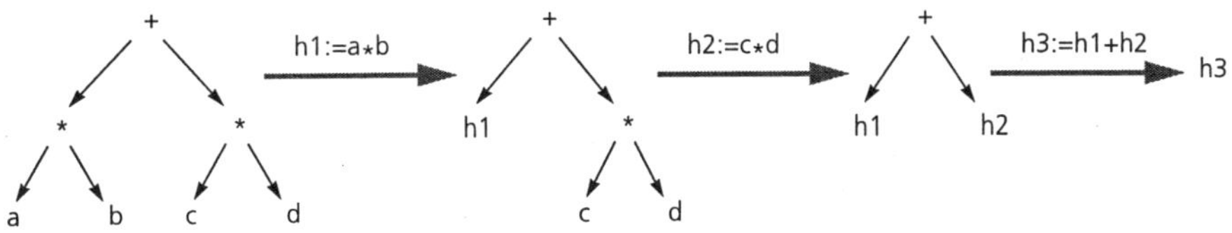

Abbildung 11.2: Berechnung von $a * b + c * d$

$h := x \tau y$ erhalten wir einen vereinfachten Baum, in dem das neue Blatt h den Unterbaum für $x \tau y$ ersetzt. Die Reihenfolge der beiden ersten Befehle in

h_1 := a*b;
h_2 := c*d;
h_3 := h_1+h_2;

ist beliebig. Wir benutzen hier im allgemeinen die Reihenfolge der Postfixform $a\ b\ *\ c\ d\ *\ +$.

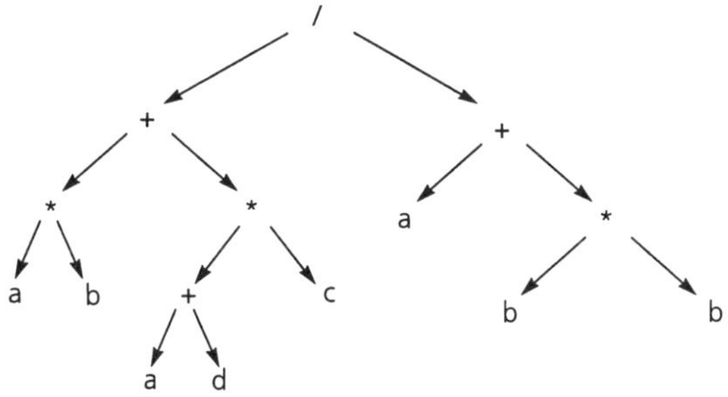

Abbildung 11.3: Kantorowitsch-Baum für $\frac{a*b+(a+d)*c}{a+b*b}$

Für den Ausdruck mit dem Kantorowitsch-Baum, Abb. 11.3, und der Postfixform $a\ b *\ a\ d + c * + a\ b\ b * + /$ erhalten wir somit

h_1 := a * b;
h_2 := a + d;
h_3 := h_2 * c;
h_4 := h_1 + h_3;
h_5 := b * b;
h_6 := a + h_5;
h_7 := h_4 / h_6;

Es gilt

- Jede Operation erzeugt ein (Zwischen-)Ergebnis. Dieses wird genau einmal als Operand (oder Endergebnis) wieder benutzt.
- Verwendet eine Operation keine Zwischenergebnisse als Operanden, so erhöht sich die Anzahl der noch unbenutzten Zwischenergebnisse um 1.
- Verwendet eine Operation genau eines der bisherigen Zwischenergebnisse, so bleibt die Anzahl der unbenutzten Zwischenergebnisse unverändert.

- Verwendet eine Operation zwei Zwischenergebnisse, so verringert sich die Anzahl der unbenutzten Zwischenergebnisse um eins.

Ist k die Anzahl der Zwischenergebnisse, die eine Operation als Operanden verwendet, und z die Anzahl der unbenutzten Zwischenergebnisse vor Ausführung einer Operation, so gilt nach der Operation $z := z + 1 - k$.

Verwenden wir die Reihenfolge der Postfixform, so handelt es sich bei den wieder benutzten Zwischenergebnissen stets um die zuletzt berechneten und noch nicht wieder benutzten Variablen. Die Zwischenergebnisse werden in der Reihenfolge *erster-zuletzt* benutzt; die h_i bilden einen Keller. Wir hatten dies bereits in Beispiel 6.1 in Bd. I gesehen.

Mit diesen Kenntnissen können wir die Anzahl der Hilfsvariablen verringern. Mit dem Zähler z als Kellerpegel ergibt sich für unser Beispiel:

```
z := 0;              -- Initialisierung
z := z + 1;
hz := a * b;         -- z = 1
z := z + 1;
hz := a + d;         -- z = 2
z := z;              -- z := z + 1 - 1
hz := hz * c;        -- z = 2
z := z - 1;
hz := hz + hz+1;     -- z = 1
z := z + 1;
hz := b * b;         -- z = 2
z := z;              -- z := z + 1 - 1
hz := a + hz;        -- z = 2
z := z - 1;
hz := hz/hz+1;       -- z = 1
```

Nach Weglassen von z erhalten wir:

```
h1 := a * b;
h2 := a + d;
h2 := h2 * c;
h1 := h1 + h2;
h2 := b * b;
h2 := a + h2;
h1 := h1 / h2;
```

Das Endergebnis findet sich immer in h_1.

Die bisher behandelte Zerlegung von Ausdrücken muß nun den Bedingungen konkreter Rechner angepaßt werden. Im Rest des Abschnitts behandeln wir verschiedene Alternativen dafür.

Oft arbeitet der Prozessor schneller als der Speicher. Z. B. könnte der Prozessor eine einfache arithmetische Operation wie die Addition oder Subtraktion in 1 – 2 Nanosekunden durchführen, während ein Speicherzugriff 10 oder mehr Nanosekunden benötigt. Für die Ausführung eines Befehls sind $n+1$ Speicherzugriffe erforderlich, wenn n die Anzahl der Operanden und Ergebnisse im Speicher ist. Der verbleibende Zugriff beschafft den Befehl aus dem Speicher. Dieses Mißverhältnis würde dazu führen, daß der Prozessor den größten Teil der Zeit steht und auf Speicherzugriffe wartet.

Man beugt dem mit verschiedenen Maßnahmen vor, von denen die wichtigste die Einführung von Prozessorregistern ist: Zwischenergebnisse h_i werden in einem lokalen Speicher des Prozessors gehalten, dessen Zugriffszeit zur Prozessorgeschwindigkeit paßt. Dieser Speicher ist klein und kann oft nur 16 oder 32 Operanden bzw. Adressen aufnehmen. Die Speicherzellen heißen (Prozessor-)-**Register.** Statt h_i schreiben wir Ri, $i = 0, \ldots, 15$ bzw. 31, wenn wir eines dieser Zwischenergebnisse meinen. Der Befehlszähler BZ ist ebenfalls ein solches Prozessorregister, das allerdings nicht zu den Ri zählt.

Eine weitere, für den Programmierer unsichtbare Beschleunigungsmaßnahme ist die heute übliche Benutzung von **Pufferspeichern**[2], die mit höherer Geschwindigkeit als der Hauptspeicher arbeiten. Sie können mehrere Gruppen, sogenannte **Pufferzeilen**[3], von je n Operanden oder Befehlen aufnehmen, die im Hauptspeicher aufeinanderfolgen, z. B. $n = 8, 16$ oder 32. Beim ersten Zugriff in eine Pufferzeile wird die ganze Zeile in den Pufferspeicher gebracht, was wesentlich schneller gelingt als n Einzelzugriffe in den Hauptspeicher. Beim ersten Zugriff gewinnt man nichts; aber die in der Praxis häufig vorkommenden weiteren Zugriffe in die gleiche Pufferzeile benötigen jetzt nur noch die kürzere Zugriffszeit des Pufferspeichers.

Die vorangehende Zerlegung unseres Ausdrucks mit Registern als Hilfsvariablen entspricht der Befehlsfolge, die wir auf **Rechnern mit komplexem Befehlssatz**, engl. *complex instruction set computer*, abgekürzt **CISC**, ausführen können. **Rechner mit reduziertem Befehlssatz**, engl. *reduced instruction set computer*, abgekürzt **RISC**, sind sogenannte **Lade-/Speichere-Architekturen**, bei denen nur Register Ri als Operanden und Ergebnisse von Operationen auftreten dürfen. Speichervariable $a, b, \ldots$ können nur in einfachen Zuweisungen Ri := a bzw. a := Ri vorkommen. Für unser Beispiel benötigen wir dann mehr als 2 Register:

```
R1 := a;
R2 := b;
R1 := R1 * R2;
R2 := a;
R3 := d;
R2 := R2 + R3;
R3 := c;
R2 := R2 * R3;
R1 := R1 + R2;
R2 := b;
R3 := b;
R2 := R2 * R3;
R3 := a;
R2 := R2 + R3;
R1 := R1 / R2;
```

2. engl. *cache*.
3. engl. *cache line*.

Manche Rechner erlauben sogar nur die Form Ri := Ri τ Rj oder kurz τ Ri, Rj in der das Register für den ersten Operanden zugleich das Ergebnis aufnimmt. Diese verkürzte Form heißt **Zweiadreßform**.

Zur besseren Lesbarkeit verwendet man abgekürzte Bezeichner statt des Operationssymbols τ. Auch die Zuweisungen h := a bzw. a := h können als zweistellige Operationen *laden* (LD) bzw. *speichern* (SP) angesehen werden. Das Beispiel lautet dann:

```
LD  R1, a
LD  R2, b
MUL R1, R2
LD  R2, a
LD  R3, d
ADD R2, R3
LD  R3, c
MUL R2, R3
ADD R1, R2
LD  R2, b
LD  R3, b
MUL R2, R3
LD  R3, a
ADD R2, R3
DIV R1, R2
```

Prozessoren mit Code in sogenannter **Einadreßform** erlauben nur ein einziges Register R. Es heißt gewöhnlich **Akkumulator**, (AC). Alle anderen Operanden stammen aus dem Speicher. Da ein Register nicht ausreicht, müssen Zwischenergebnisse in den Speicher ausgelagert werden. Die h_i in

```
AC := a;
AC := AC * b;
h1  := AC;
AC := a;
AC := AC + d;
AC := AC * c;
h2  := AC;
AC := h1;
AC := AC + h2;
h1  := AC;
AC := b;
AC := AC * b;
h2  := AC;
AC := a;
AC := AC + h2;
h2  := AC;
AC := h1;
AC := AC / h2;
```

sind keine Register, sondern als Keller verwaltete Plätze im Hauptspeicher.

Unter einer **Kellermaschine** versteht man einen Prozessor, dessen (binäre) Operationen, wie auf S. 267 beschrieben, die beiden obersten Elemente eines

Kellers als Operanden nehmen und sie durch das Ergebnis ersetzen. Die Operationen haben daher keine expliziten Argumente mehr; Programmvariable treten als Operanden von Lade- und Speicherbefehlen auf. Wir können die Ausdrucksberechnung in diesem Fall aus der vorstehenden Einadreßform herleiten:

```
LD  a
LD  b
MUL
LD  a
LD  d
ADD
LD  c
MUL
ADD
LD  a
LD  b
LD  b
MUL
ADD
DIV
```

Die Ausdrucksberechnung entspricht stets der Postfixform, hier also $a\ b * a\ d + c * + a\ b\ b * + /$.

11.3 Transformation der Ablaufsteuerung

Unsere nächste Aufgabe ist es, bedingte Anweisungen, Fallunterscheidungen und Schleifen durch semantisch äquivalente Befehlsfolgen in SIMPLICIUS wiederzugeben. Wir beschränken uns auf Vergleiche $x\ \rho\ y$ als Bedingungen; boolesche Ausdrücke, die mehrere solche Vergleiche enthalten, behandeln wir in 11.3.1.1.

11.3.1 Bedingte Anweisungen

Es sei B eine Bedingung $x\ \rho\ y$, wobei ρ eine der 6 Vergleichsoperationen bedeutet. A_i, $i = 1, 2, \ldots$ seien beliebige Anweisungsfolgen. Dann ist die bedingte Anweisung

if B then A_1 else A_2 end

semantisch äquivalent zu der Befehlsfolge

```
      if not B then goto M2;
M1:   A1;
      goto Ende;
M2:   A2;
Ende: ... -- anschließende Anweisungen
```

Ist B ein Vergleich mit einem der 6 Vergleichsoperatoren, so gilt das auch für $\neg B$. Aus if $a > 0$ then A_1 ... wird if $a \leqslant 0$ then goto $M2$ ... . Dabei nehmen wir ohne weitere Erwähnung an, daß die Anweisungen A_i bereits durch semantisch äquivalente Befehlsfolgen ersetzt wurden.

M1, M2 markieren den Beginn der beiden Alternativen. An der Sprungmarke Ende werden beide Zweige wieder zusammengeführt. Ein Sprung auf die Marke M1 entfällt, da A_1 die Folgeanweisung zur Bedingungsauswertung ist. Aus dem gleichen Grund wird die Nein-Alternative nicht durch einen Sprung abgeschlossen. Fehlt die Nein-Alternative, so entfällt die Anweisung A_2; die Marken M2 und Ende markieren beide die Zusammenführung.

Die A_i können selbst bedingte Anweisungen sein oder sie enthalten:

Aufgabe 11.1: Geben Sie das Schema für die bedingte Anweisung

if B then A_1 elsif B' then A_{21} else A_{22} end

an.

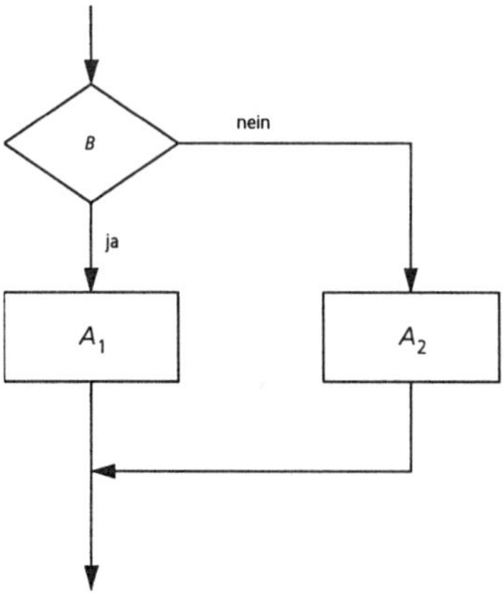

Abbildung 11.4: Flußdiagramm für bedingte Anweisung

Die Abb. 11.4 zeigt die bedingte Anweisung als **Flußdiagramm** (oder **Programmablaufplan**). Solche visuellen Darstellungen eignen sich, um sich in einem Programm mit vielen Sprüngen zurechtzufinden; für die Darstellung von Programmen in höheren Programmiersprachen sind sie weniger geeignet. Die wichtigsten Symbole für Flußdiagramme finden sich in Abb. 11.5.

11.3.1.1 Kurzauswertung boolescher Ausdrücke

Lautet die Bedingung B einer bedingten Anweisung

B' and B''

bzw.

B' or B''

und sollen diese booleschen Ausdrücke mit Kurzauswertung berechnet werden, so gehen wir wie in 8.2.7.1 vor und überprüfen für sämtliche Kombinationen

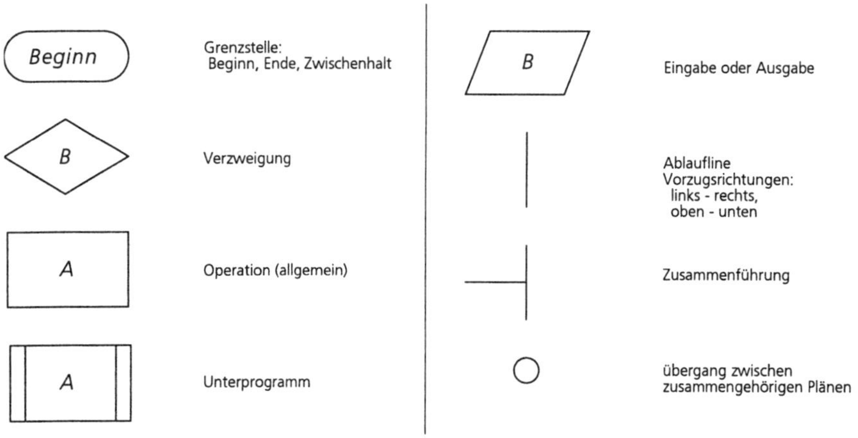

Abbildung 11.5: Symbole für Programmablaufpläne nach DIN 66 001

von Wahrheitswerten von B', B'', welche Sprünge sich unter Berücksichtigung von (8.2) ergeben müssen. Dabei bedenken wir, daß für einfache Variable x, y weder ein Vergleich $x \rho y$ noch seine Negation Nebenwirkungen haben können. Damit erhalten wir für die Konjunktion if B' and B'' then A_1 else A_2 end ...

```
    if not B'  then goto M2;
    if not B'' then goto M2;
M1: A1;
    goto Ende;
M2: A2;
Ende: ...
```

Für die Disjunktion if B' or B'' then ... ergibt sich analog

```
    if B'  then goto M1;
    if not B'' then goto M2;
M1: A1;
    goto Ende;
M2: A2;
Ende: ...
```

Die Umformungen sind auch bei mehreren Operatoren anwendbar:

Aufgabe 11.2: Geben Sie das Schema für

if B_1 and (B_2 or B_3) then A_1 else A_2 end

an. Hinweis: Leiten Sie die Befehlsfolge aus dem Flußdiagramm ab.

Kommt die Negation vor, z. B. not (B and B'), so formen wir den Ausdruck mit den deMorganschen Gesetzen so um, daß nur die elementaren Bedingungen B, B' negiert sind, also

not (B and B') = (not B) or (not B').

Da die elementaren Bedingungen Vergleiche sind, erhalten wir mit den negierten Vergleichsoperatoren einen äquivalenten booleschen Ausdruck ohne Negation.

11.3.2 Fallunterscheidungen

Anweisungen der Form

```
case Ausdruck
when 0 then A0
...
when n then An
else A'
end
```

können wir wie in 8.1.6.2 durch Sprungkaskaden if ··· then ··· elsif ··· wiedergeben. Diese Lösung erfordert im Mittel $n/2$ Vergleiche. Stammen die Fallmarken (in beliebiger Reihenfolge) aus dem ganzzahligen Intervall $[0, n]$, so können wir die Auswahl in SIMPLICIUS mit konstantem Aufwand erledigen. Die benötigte Befehlsfolge setzen wir aus drei Teilen zusammen:

- der Auswahl

```
h := Ausdruck;
if 0 <= h and h <= n then goto ⟨M[h]⟩;
M':   A';
Ende: ...
```

- der **Sprungleiste**

```
M: M0;
   M1;
   ...
   Mn
```

- den Einzelfällen

```
Mi: Ai; goto Ende;
```

für $i = 0, \ldots, n$.

In der Auswahl speichern wir das Ergebnis des Fallausdrucks in einer Variablen h; meist ist h ein Register. Anschließend führen wir einen Sprung **goto** ⟨M[h]⟩ auf den Inhalt des h-ten Elements der Sprungleiste M aus. M[h] enthält die Anfangsadresse Mh der Befehle für den h-ten Einzelfall. Damit gelangen wir zur Ausführung von A_h und setzen die Programmausführung danach an der Marke Ende fort. Während die Fallmarken i in der ursprünglichen Fallunterscheidung in beliebiger Reihenfolge auftreten können, sind die Marken Mi in der Sprungleiste nach aufsteigenden Werten von i geordnet.

Gehört der Inhalt von h nicht zum Intervall $[0, n]$, so wird die Nein-Alternative A' ausgeführt; daher steht der indizierte Sprung unter Bedingung.

Decken die Fallmarken das Intervall nicht lückenlos ab, so tragen wir in die Lücken der Sprungleiste die Marke M′ ein.

11.3.3 Schleifen

Eine while-Schleife geben wir in SIMPLICIUS durch das Flußdiagramm Abb. 11.6

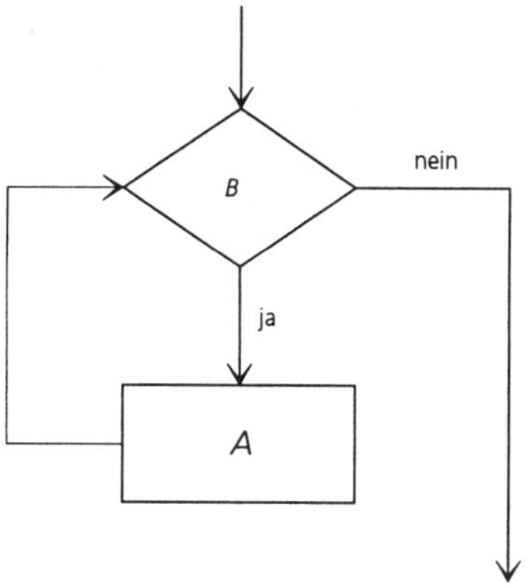

Abbildung 11.6: Flußdiagramm der while-Schleife

wieder. Die Schleife

while B loop A end

ist semantisch äquivalent zu

```
WD: if not B then goto Ende;
      A;
      goto WD;
Ende: ...
```

Bei n-facher Wiederholung einer Schleife mit $|A|$ Befehlen im Rumpf führen wir $(|A| + 2)n + 1$ Befehle aus. Der bedingte Sprung entfällt bei einer (Endlos-)Schleife loop · · · end ohne while-Bedingung.

Aufgabe 11.3: Geben Sie das Flußdiagramm und Programmschema für die until-Schleife aus PASCAL an, vgl. S. 24.

Aufgabe 11.4: Führen Sie die Zählschleifen

```
loop zähler := anfang.upto!(ende); A end;
loop zähler := anfang.downto!(ende); A end;
```

wie auf S. 24 auf while-Schleifen zurück und leiten Sie damit Befehlsfolgen in SIMPLICIUS her.

11.4 Datenrepräsentation, Register, Speicherzugriff

Wir haben bisher den Leser in dem Glauben gelassen, daß eine Speicherzelle stets eine ganze Zahl, eine Adresse oder einen Befehl aufnehmen kann. Dies entsprach der Realität in den Anfangsjahren der Informatik. Vor allem die Bedürfnisse beim Umgang mit Zeichen und Texten, also den Typen CHAR und STR, haben diese Auffassung geändert. Der Speicher heutiger Rechner ist eine Folge von Speicherzellen, die jeweils 8 Bit, also ein Byte, aufnehmen können. Größere Speicherzellen erhalten wir als Bytegruppen, z. B. 2, 4 oder 8 Byte. Sie stellen die Datentypen **Byte** (8 Bit), **Halbwort** (16 Bit), **Wort** (32 Bit) und **Doppelwort** (64 Bit) dar, mit denen die Befehle eines Rechners arbeiten.

Ein *Wort* ist meist die Bitgruppe, die eine (übliche) ganze Zahl oder eine Adresse aufnehmen kann; auf 16-Bit-Rechnern sind das 16, auf 64-Bit-Rechnern 64 Bit. Unsere Wortwahl entspricht 32-Bit-Rechnern.

Der Speicher ist also eine Reihung

```
speicher: ARR[maxadr+1](BYTE)
```

Als Adresse eines Worts usw. gilt die Adresse des nullten Bytes der Bytegruppe, vgl. Abb. 11.7.

Auf vielen Rechnern wird stattdessen die Adresse des Bytes benutzt, das die Stelle mit Wertigkeit 0 enthält. Diese Unterscheidung ist als engl. *big* und *little endian* bekannt.

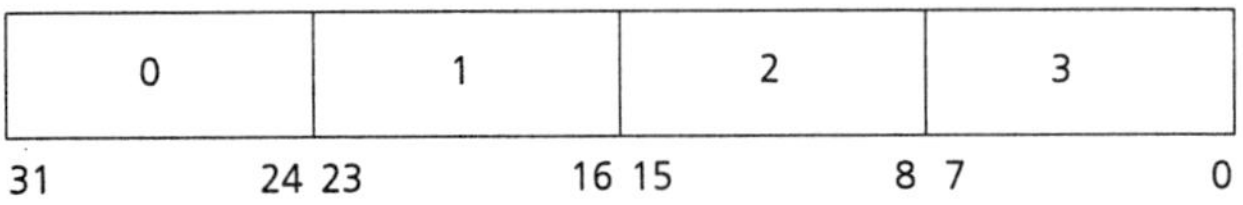

Abbildung 11.7: Speicherwort mit Bytezählung und binärer Stelligkeit

Zeichen, Texte, ganze Zahlen und Gleitpunktzahlen sind wie im Anhang B in Bd. I codiert. Insbesondere ist eine ganze Zahl oder eine Adresse eine Folge von 32 Bit. Gleitpunktzahlen umfassen 32 oder 64 Bit. Zeichen im ISO 8859-1-Code benötigen ein Byte; Texte sind Bytefolgen. Boolesche Werte können wir mit einem einzelnen Bit oder einer größeren Einheit codieren. Bei Darstellung boolescher Werte durch ein Byte oder ein Wort ist oft die Codierungen $0 \mathrel{\hat{=}}$ *falsch*, $\neq 0 \mathrel{\hat{=}}$ *wahr* üblich.

Der zentrale Unterschied zwischen den Datentypen Byte usw. auf Maschinenebene und den Datentypen höherer Programmiersprachen besteht darin, daß wir in letzteren bei Ausdrücken wie $a+b$ mit Hilfe der Typen von a und b entscheiden, ob eine ganzzahlige oder eine Gleitpunktaddition gemeint ist. In Maschinensprachen sind a, b Speicherzellen mit z. B. 32 Bit, auf die wir sowohl die ganzzahlige als auch die Gleitpunktaddition anwenden können. Die Befehle für beide Operationen sind unterschiedlich codiert; wir schreiben ADD für die ganzzahlige und FADD für die Gleitpunktaddition. Eine Sprache, in der die Operationen die Information über die Interpretation der Operanden mitbringen müssen, während die Operanden nur durch ihren Umfang charakterisiert sind, heißt **typfrei**. Die Sprache SIMPLICIUS und die abstrakte Maschine M_R der heutigen Rechner sind typfrei.

In Maschinensprachen müssen die Befehle sogar den Umfang der Operanden und Ergebnisse angeben. Wir müssen einen Ladebefehl LD.w für ein Wort vom Ladebefehl LD.b für ein Byte unterscheiden. Die Addition gibt es mindestens für Einzelbytes (ADD.b), Halbwörter (ADD.h) und Wörter (ADD.w), sowie für Gleitpunktzahlen einfacher und doppelter Genauigkeit (FADD.s, FADD.d).

Die **allgemeinen Register** Ri, die wir in 11.2 kennenlernten, haben Wortlänge, auf einem 32-Bit-Rechner also 32 Bit. Wenn sich eine Operation nur auf ein Byte (oder ein Halbwort) bezieht, unterscheidet man, ob der Befehl wirklich nur ein Byte im Register verarbeitet, z. B. Byte Nr. 3 mit der Stelligkeit 0 – 7, oder ob das ganze Register als Operand (oder Ergebnis) dient. Im zweiten Fall kann etwa der Bytewert 161 (= $C1_{16}$) als positive Zahl 161 oder als negative Zahl im Zweierkomplement $-95 = 161 - 256$ aufgefaßt werden. Im letzteren Fall sagen wir, wir hätten die Zahl 161 **vorzeichengleich** von 8 auf 32 Bit erweitert. Wir gehen auf diese Einzelheiten nicht näher ein.

Ganze Zahlen des Umfangs 64 Bit belegen auf 32-Bit-Rechnern zwei aufeinanderfolgende Register (R_i, R_{i+1}). Insbesondere ist das Ergebnis der Multiplikation zweier 32-Bit-Zahlen 64 Bit lang, was wir in 11.2 noch nicht berücksichtigten. Damit das Ergebnis wieder in ein Wort paßt, müssen die Bits 31 – 63 alle vorzeichengleich sein; unter dieser Bedingung enthält R_{i+1} das 32-stellige Ergebnis. Entsprechend belegt bei einer Division der Zähler z zwei Register (R_i, R_{i+1}) und der Nenner n ist 32 Bit lang. Das Ergebnis besteht aus 2 ganzen Zahlen: in R_i findet sich z mod n, in R_{i+1} z div n.

Sind die Stellen 31 – 63 des Multiplikationsergebnisses nicht gleich, so muß eine Ausnahme ausgelöst werden. Der Test umfaßt 33 Bits und ist recht aufwendig. Zahlreiche Implementierungen höherer Programmiersprachen lassen diesen Test weg. Der Programmierer ist dann selbst dafür verantwortlich, daß das Multiplikationsergebnis wieder mit 32 Bits darstellbar ist. Andernfalls rechnet sein Programm ohne Fehlermeldung mit falschen Zahlen weiter.

Für Gleitpunktzahlen gibt es spezielle Register, z. B. F0 – F15. Die Gleitpunktbefehle beziehen sich auf die Inhalte dieser **Gleitpunktregister**. Sie sind heute gewöhnlich wenigstens 64 Bit lang. Für eine Gleitpunktaddition einfacher Genauigkeit (32 Bit) verlängert man die Operanden zuerst auf 64 Bit, führt die Operation aus und rundet dann das Ergebnis wieder auf einfache Genauigkeit. Dies erklärt, warum man mit Gleitpunktoperationen einfacher Genauigkeit gegenüber doppelter Genauigkeit gewöhnlich keine Zeit spart.

Konstante in SATHER wie

constant pi: FLT := 3.1415269;

gelten in SIMPLICIUS und in realen Maschinensprachen als Variable: Daß pi konstant ist, muß auf der Ebene der höheren Programmiersprache berücksichtigt werden. Auch Zugangsbeschränkungen wie private oder readonly spielen in SIMPLICIUS keine Rolle. Unter einer **Programmvariablen** verstehen wir im weiteren alle Variablen, Konstanten oder Parameter, die im Programm einer höheren Programmiersprache mit Bezeichner explizit vereinbart sind, und auf die ohne Qualifikator zugegriffen werden kann. Alle anderen Variablen sind anonym. Attribute *a* eines Objekts gehören im allgemeinen nicht zu den Programmvariablen, da sie mit der Referenz *v* auf das Objekt qualifiziert werden müssen. Dies gilt auch dann, wenn die Qualifikation, wie in einer Methode des Objekts, nicht explizit geschrieben wird, sondern *a* implizit als self qualifiziert wird.

11.4.1 Speicherabbildung

Bisher haben wir Bytegruppen als Repräsentationen einfacher Datentypen kennengelernt. Wie Variable im Speicher untergebracht und dort adressiert werden, ist Gegenstand dieses Abschnitts. Zusammengesetzte Objekte verarbeiten wir nicht als eine Einheit. Stattdessen greifen wir auf Verbundfelder oder Reihungselemente einzeln zu.

Wir können die Variablen in zwei Klassen einteilen: Eine Variable heißt **statisch**, wenn ihre Adresse durch eine Marke festgelegt und im Programmtext explizit bekannt ist. Sie heißt **dynamisch**, wenn ihre Adresse erst zur Laufzeit bekannt wird. Alle (anonymen) Referenzobjekte und ihre Attribute sind dynamisch. Bei einer rekursiven Prozedur müssen auch die lokalen Variablen dynamisch sein: Wir wissen *a priori* nicht, wieviele Exemplare wir gleichzeitig benötigen. Andererseits werden gemeinsame Attribute shared *a*: T einer Klasse K immer nur einmal benötigt. Sie sind daher statisch.

In FORTRAN sind alle Programmvariable statisch, in C, C++ und JAVA die als statisch deklarierten Variablen.

Oft sollen mehrere Programme samt ihren Daten im gleichen Adreßraum stehen, um die Kooperation dieser Programme zu ermöglichen. Auch kann ein Programm oder ein Teil davon mit mehreren verschiedenen Datensätzen ausführbar sein, etwa, damit wir Prozeduren wie die Funktion sin(x) nicht wiederholt im Speicher halten müssen. Dazu sind die folgenden Forderungen vorteilhaft:

- Programme können sich nicht selbst modifizieren. Andernfalls ist Mehrfachnutzung nicht möglich.
- Programme enthalten keine absoluten Adressen für Daten; alle Daten werden relativ zu Basisadressen in Registern adressiert. Andernfalls könnten wir das

gleiche Programm nicht mit unterschiedlichen Datensätzen ausführen.

- Programme enthalten keine absoluten Programmadressen. Sonst können wir das Programm nicht an beliebiger Stelle in den Adreßraum laden; eine absolute Adresse a legt den Ort eines Programms im Speicher eindeutig fest. Mit der Adressierung von Sprungzielen relativ zum Befehlszähler BZ oder der Verwendung von Basisregistern auch für Sprünge vermeiden wir solche absoluten Adressen.

Bei der Abbildung in den Speicher ist die **Ausrichtung**[4] zu beachten: Der Speicherzugriff auf Wörter oder Doppelwörter ist im allgemeinen sehr ineffizient, wenn die Adresse nicht ein Vielfaches von 4 oder 8 ist. Auf manchen Rechnern ist nur der Zugriff auf ausgerichtete Wörter erlaubt.

11.4.1.1 Variable

In Befehlen LD R1, v oder ST v,R1 wird die Variable v durch ihre Adresse codiert, die daher bekannt sein muß. Dazu gibt es in einem Programm P folgende Möglichkeiten:

1. Der Befehl enthält die absolute Adresse von v;
2. P weiß, daß adresse(v) $= b + r_v$ mit einer konstanten Relativadresse r_v und einer **Basisadresse** b gilt;
3. P kennt die absolute Adresse einer Variablen v', die eine Basisadresse von v enthält, $\langle v' \rangle = b$;
4. P kennt ein Register R_b, das eine Basisadresse von v enthält, $\langle R_b \rangle = b$. Wir nennen R_b in diesem Zusammenhang ein **Basisregister**.

Als Basisregister R_b könnte auch der Befehlszähler BZ dienen.

Eine Variable v heißt **direkt erreichbar**, wenn ihre Adresse durch den Schritt 1 oder 2 bekannt ist. Sie heißt **erreichbar**, wenn ihre Adresse durch ein- oder mehrmaliges Ausführen der obigen Schritte, namentlich der Schritte 3, 4, bekannt wird. Die Folge der Basisadressen, über die wir die Variable erreichen, heißt eine **Verweiskette**.

Statische Programmvariable $a, b, c, \ldots$, wie sie in 11.2 auftraten, bringen wir im Datenbereich der Abb. 11.1 unter. In SIMPLICIUS benutzen wir den Variablenbezeichner a als Marke für die Bytegruppe, die wir für die Variable reservieren. a entspricht dann einer Adresse, die wir unmittelbar in Befehl verwenden können, um auf a zuzugreifen. a ist direkt erreichbar.

Nun beschränken die meisten Prozessoren die Größe der in einem Befehl auftretenden absoluten oder relativen Adressen. So dürfen Befehle eines 32-Bit-Prozessors oft nur 16-stellige Adressen enthalten. Daher erreichen wir in der

4. engl. *alignment*.

Regel auch Programmvariable nur ausgehend von einer Basisadresse in einem Basisregister (Schritt 4).

Wir setzen daher voraus, daß uns für Programmvariable *a* ein Adreßbereich [minvar, maxvar], mindat $\leqslant$ minvar $\leqslant$ maxvar $\leqslant$ maxadr gegeben sei und greifen auf *a* mit

speicher[minvar + rel_a]

zu. Technisch müssen wir die Basisadresse minvar in ein Basisregister *R* laden. Der Austausch des Inhalts dieses Basisregisters erlaubt es, verschiedene Adreßbereiche [minvar, maxvar] anzusprechen.

In der Praxis läßt man sich den Adreßbereich [minvar, maxvar] meist vom Betriebssystem zuteilen.

Die Relativadresse adresse(*a*) – minvar gibt den Abstand[5] der Speicherzelle *a* zum Anfang des Speicherbereichs an, zu dem *a* gehört. Eine absolute Adresse zählt ab Beginn des Adreßraums; eine Relativadresse zählt ab Beginn — manchmal auch ab dem Ende — eines zuvor verabredeten Speicherbereichs. Unter Verwendung eines Basisregisters lautet der lesende Zugriff auf speicher[minvar + rel_a] mit Basisregister R10 und Relativadresse 8

```
LD.w R2,8(R10)
```

Die **Adressierungsarten** *Relativadresse(Register)* oder *Relativadresse(Register1, Register2)* verlangen, daß zu der konstanten Relativadresse der Inhalt eines oder sogar zweier Register addiert wird, um die Adresse der gewünschten Speicherzelle zu finden. Spezifisch erlaubt LD R2, 0(R10) den Zugriff auf eine Variable, deren Adresse Inhalt des Registers *R*10 ist, also die indirekte Adressierung.

Dynamische Variable *v*, deren Adressen erst zur Laufzeit bekannt werden, müssen ebenfalls erreichbar sein. Für sie muß es also ebenfalls eine Basisadresse *b* geben, so daß mit einer Relativadresse r_v gilt: adresse(v) $=$ $b + r_v$. Im Unterschied zu statischen Programmvariablen müssen wir aber möglicherweise eine Verweiskette durchlaufen, bevor wir *b* finden, in ein Register R laden, und dann einen Befehl wie LD.w R2, r_v(R) ausführen können.

Dynamische *Programm*variable gehören als Parameter oder lokale Größen zu einem Unterprogramm (Prozedur). Bei Eintritt in dieses Unterprogramm werden alle diese Variablen gebildet, beim Verlassen des Unterprogramms endet ihre Lebensdauer. Die Basisadresse *b* dynamischer Programmvariabler ist daher zweckmäßig dem Speicherbereich zugeordnet, der alle diese Parameter und lokalen Größen des Unterprogramms enthält; wir nennen ihn eine **Schachtel**[6] (des Unterprogramms).

Dynamische anonyme Variable sind Attribute eines anonymen Objekts im Sinne der Programmiersprache SATHER. In SIMPLICIUS entspricht dem ein Ver-

5. engl. *offset*.
6. engl. *activation record*.

bund wie in Pascal, da die für Objekte objektorientierter Sprachen charakteristischen Methoden zum Programmtext gehören und in der Implementierung nicht als Bestandteil der Objekte auftreten. Die Basisadresse solcher anonymer Variabler ist zweckmäßig dem gesamten Verbund zugeordnet, der als Ganzes gebildet und auch als Ganzes beseitigt wird.

Schachteln und Verbunde verhalten sich bezüglich ihres internen Aufbaus gleich. Nur die Frage, woher wir den Speicherplatz für sie nehmen, wird unterschiedlich geregelt.

Unsere Überlegungen sind unabhängig vom Umfang der Bytegruppe, die eine Variable codiert; wir können sie nicht nur auf einfache Variable, sondern auch auf Verbunde und Reihungen anwenden, wenn uns deren Umfang statisch bekannt ist. Dynamische Reihungen, deren Länge erst während der Programmausführung bestimmt wird, bereiten allerdings zusätzliche Probleme, vgl. 11.4.1.3.

11.4.1.2 Verbunde

Schachteln oder Objekte in Sather wie z. B. ein Objekt der Klasse

```
class VERBUND is
  i: INT;
  c1, c2: CHAR;
  j: INT
end; -- VERBUND
```

oder einen entsprechenden Verbund in Pascal repräsentieren wir, indem wir die einzelnen Attribute in irgendeiner Reihenfolge hintereinander in den Speicher schreiben. Unter Berücksichtigung der Ausrichtung erhalten wir etwa die Abb. 11.8. Der Umfang ist also

$$\text{size(VERBUND)} = 12 \neq 2 * \text{size(INT)} + 2 * \text{size(CHAR)} = 10.$$

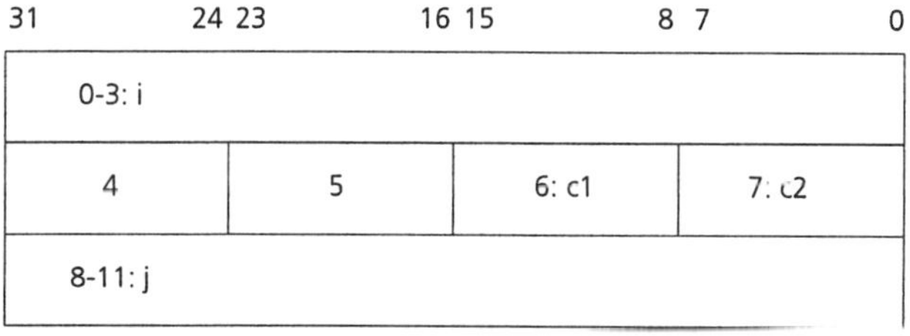

Abbildung 11.8: Speicherdarstellung für Objekte des Typs VERBUND

Die Speicherdarstellung für Sather-Objekte enthält tatsächlich noch ein zusätzliches ganzzahliges Feld, in dem wir den Typ des Verbunds codieren. Damit können wir auch bei polymorphem Zugriff jederzeit feststellen, welchen Typ (und damit auch welchen Umfang) ein Objekt besitzt.

Auf das Feld j eines Verbunds v: VERBUND kann dann mit einem Befehl

R2 := speicher[adressee(v)+8]

oder, wenn adresse(v) in einem Basisregister R_x steht,

LD R2,8(R_x)

zugegriffen werden.

11.4.1.3 Reihungen

Reihungen behandeln wir ähnlich wie Verbunde. Ihre Elemente besitzen zwar konstante Relativadressen, sind aber auch mit variablen Indizes, die wir in einem **Indexregister** halten, ansprechbar. Wir betrachten zuerst einstufige Reihungen.

Ist u der kleinste und o der größte zulässige Index, so muß ein Index i zum Intervall $[u : o]$ gehören. Die $n = o - u + 1$ Reihungselemente liegen im Speicher hintereinander. Den Speicherbedarf der Reihung erhalten wir, indem wir die Anzahl der Elemente mit ihrem Umfang, gemessen in Bytes, multiplizieren. Auch hier müssen wir der Ausrichtung der Elemente im Speicher Rechnung tragen. Daher kann ein Reihungselement größer sein, als das Datum, das wir darin speichern wollen. Den Abstand der Adressen aufeinanderfolgender Reihungselemente nennen wir die **Schrittweite**[7] s.

Die Adresse eines Reihungselements $a[i]$ ist demnach

$$\text{adresse}(a[i]) = \text{Anfang}_a + (i - u) * s$$

Hierbei ist Anfang_a die Anfangsadresse adresse($a[u]$) der Reihung.

Durch Umformung erhalten wir

$$\begin{aligned} \text{adresse}(a[i]) &= \text{Anfang}_a + (i - u) * s \\ &= (\text{Anfang}_a - u * s) + i * s \\ &= \text{Null}_a + i * s \end{aligned} \tag{11.1}$$

(11.1) heißt **Speicherabbildungsfunktion** der einstufigen Reihung a. Die **Nulladresse** oder **virtuelle Anfangsadresse** $\text{Null}_a = \text{Anfang}_a - u * s$ ist die Adresse von $a[0]$. Die Verwendung der Nulladresse bei der Berechnung von adresse($a[i]$) spart eine Operation gegenüber der Berechnung mit Anfangsadresse. $a[0]$ existiert nur für Reihungen mit $u \leqslant 0 \leqslant o$, also z. B. für Reihungen in SATHER, wo stets $u = 0$ gilt. Sie ist eine Rechengröße; für $u > 0$ oder $o < 0$ muß sie noch nicht einmal eine zulässige Adresse im Adreßraum sein.

Für eine SATHER-Reihung

a: ARR[5](INT)

7. engl. *stride*.

gilt bei 32-Bit-Zahlen $u = 0, o = a.\mathsf{asize} - 1 = 4, s = 4, \mathsf{Anfang}_a = \mathsf{Null}_a$. Auf das Element $a[3]$ können wir folglich mit

speicher[Null_a+12],

auf $a[i]$ mit

speicher[$\mathsf{Null}_a + 4 * i$]

zugreifen. Im ersten Fall erhalten wir den Ladebefehl LD R1,12(R_a), wenn Null_a als Basisadresse im Register R_a steht. Im zweiten Fall schreiben wir zusätzlich den Index $4 * i$ in ein Indexregister R_j und benutzen einen Ladebefehl LD R2,0(R_a,R_j). In der Notation *Relativadresse(Register1, Register2)* ist es technisch gleichgültig, welches der beiden Register die Rolle des Basis- und des Indexregisters spielt.

Bei statischen Reihungen wie in Pascal stehen alle Reihungsgrenzen vor Beginn eines Programmlaufs fest und können als Literale im Programmtext verwendet werden. Allerdings wird die Nulladresse erst zur Laufzeit bekannt.

Bei einer dynamischen oder flexiblen Reihung werden die Grenzen erst zur Laufzeit festgelegt; die Nulladresse kann sich bei einer flexiblen Reihung sogar nochmals ändern. Für eine solche Reihung benötigen wir daher neben dem Platz für die Reihungselemente noch einen **Reihungsdeskriptor**, d. h. einen Verbund,

Untergrenze u
Obergrenze o
Schrittweite s
Nulladresse Null

dessen Felder die zur Laufzeit benötigten Daten über die Reihung zusammenfaßt. Die Schrittweite oder die Untergrenze kann im Deskriptor fehlen, z. B. wenn die Schrittweite konstant oder die Untergrenze immer 0 ist. Die Obergrenze wird nur für die Indexprüfung $u \leqslant i \leqslant o$ benötigt.

Eine zwei- oder höherstufige Reihung können wir **zeilen-**[8] oder **spaltenweise**[9] auf eine einstufige Reihung abbilden: $a_{00} \cdots a_{0n}\, a_{10} \cdots a_{1n} \cdots a_{nn}$ oder $a_{00} \cdots a_{n0}\, a_{01} \cdots a_{n1} \cdots a_{nn}$. Die Speicherabbildungsfunktion lautet für $n = 2$ und zeilenweise Speicherung

$$\begin{aligned} \mathsf{adresse}(a[i,j]) &= (\mathsf{Anfang}_a + (i - u_1) * s_1) + (j - u_2) * s_2 \\ &= (\mathsf{Anfang}_a - (u_1 * s_1 + u_2 * s_2)) + s_1 * i + s_2 * j \\ &= \mathsf{Null}_a + s_1 * i + s_2 * j. \end{aligned}$$

Die Nulladresse adresse($a[0, 0]$) ist wie im einstufigen Fall eine Rechengröße. Die Schrittweite s_2 ist der Umfang eines einzelnen Reihungselements, s_1 der Umfang einer Zeile. Bei statischen Reihungen kann auch hier die Differenz der Nulladresse zur Anfangsadresse $u_1 * s_1 + u_2 * s_2$ vor Beginn der Programmausführung

8. engl. *row major order*.

9. engl. *column major order*.

bestimmt werden. Der Deskriptor für n-stufige Reihungen enthält die Unter- und Obergrenzen u_i, o_i, sowie die Schrittweiten s_i für jede Stufe.

Außer in FORTRAN wird heute überwiegend zeilenweise Speicherung verwendet.

Aufgabe 11.5: Geben Sie die Speicherabbildungsfunktion für zweistufige Reihungen bei spaltenweiser Speicherung an.

Aufgabe 11.6: Geben Sie bei zeilenweiser Speicherung die Speicherabbildungsfunktion adresse($a[i_1, \ldots, i_n]$) für n-stufige Reihungen an.

Beispiel 11.1: Bei Verwendung von Pufferspeichern, vgl. S. 269, ist die Kenntnis der Speicherungsart auch beim Programmieren in höheren Programmiersprachen aus Effizienzgründen wichtig. Wenn wir bei zeilenweiser Speicherung eine Matrix $a[0 : n-1, 0 : n-1]$ mit

```
loop constant j := 0.upto!(n-1);
  loop constant i := 0.upto!(n-1);
    a[i,j] := 0;
  end;
end
```

spaltenweise initialisieren, und $s_1 = s_2 * n$ größer ist als die Länge einer Pufferzeile, so greifen wir in der inneren Schleife jedesmal auf eine andere Zeile des Pufferspeichers zu. Zumindest für $j = 0$ wird jedesmal eine neue Zeile aus dem Hauptspeicher geholt. Das Programm ist entsprechend langsam. Mit a[j, i] := 0 würden die Elemente einer Pufferzeile hingegen hintereinander bearbeitet; das Programm wäre schneller. ♦

Beispiel 11.2: Deskriptoren erlauben unterschiedliche Sichten auf dieselbe Reihung. In manchen höheren Programmiersprachen können wir auf eine bereits existierende Reihung mit verschiedenen Deskriptoren zugreifen.

Wir betrachten 100 Speicherzellen zu 32 Bit im Speicherbereich von Adresse 100_{16} bis Adresse $28C_{16}$. Die folgende Tabelle zeigt unterschiedliche Deskriptoren und Sichten auf diesen Speicherbereich.

Reihung	Deskriptor
$A[0 : 99]$	$u = 0; o = 99; s = 4;$ NULL = 256
$B[12 : 111]$	$u = 12; o = 111; s = 4;$ NULL = 208
$C[0 : 49]$	$u = 0; o = 49; s = 8;$ NULL = 256
$D[0 : 9, 0 : 9]$	$u_1 = u_2 = 0; o_1 = o_2 = 9; s_1 = 40; s_2 = 4;$ NULL = 256
$E = D[i, *] \triangleq$ i-te Zeile v. D	$u = 0; o = 9; s = 4;$ NULL = 256 + 40 * i
$F = D[*, j] \triangleq$ j-te Spalte v. D	$u = 0; o = 9; s = 40;$ NULL = 256 + 4 * j

Die Elemente von C entsprechen $A[0], A[2], \ldots, A[98]$, wenn sie 4 Byte lang sind. Ist ihr Umfang aber 8 Byte, so handelt es sich um die Paare $(A[0], A[1])$, $(A[2], A[3])$,. . . ,$(A[98], A[99])$. In FORTRAN spricht man auf diese Weise einen Speicherbereich einmal als Reihung von $2n$ Gleitpunktzahlen und einmal als Reihung von n komplexen Zahlen an. ♦

Eine Reihung a mit Deskriptor besteht also aus zwei Teilen, dem Deskriptor D_a und der Folge F_a der Reihungselemente. Ist a ein einzelnes Objekt, z. B. ein Referenzobjekt in SATHER, so geben wir es im Speicher durch einen Verbund mit den Feldern D_a, F_a wieder.

Aufgabe 11.7: Wir könnten D_a und F_a auch zu getrennten Verbunden machen. Im Fall flexibler Reihungen müßten wir dann bei einer Längenänderung nur F_a ändern und könnten den Deskriptor D_a (mit geändertem Inhalt) behalten. Können Sie in SATHER feststellen, ob D_a und F_a getrennt sind oder einen gemeinsamen Verbund bilden? Hinweis: Geben Sie a noch einen Aliasnamen.

Gehört die Reihung a zu einem größeren Verbund, z. B. weil sie in SATHER durch a: ARR[n](INT) als Wertobjekt in einer Schachtel oder als Attribut eines größeren Objekts v vereinbart ist, so bringen wir D_a und F_a gemeinsam als Attribute in v unter. Ist die Länge von a statisch fest, so können wir D_a und F_a hintereinander in v aufnehmen. Ist a jedoch eine dynamische Reihung, so schreiben wir F_a an das Ende von v. Damit besitzen in v alle Elemente statisch bekannter Länge auch statisch bekannte Relativadressen.

Beispiel 11.3: Ein Objekt der Klasse

```
class K is
  i,j: INT;
  a,b: ARR[n](INT);
  x,y: FLT
end;
```

stehe ab Adresse 1000 im Speicher. Mit $n = 7$ erhalten wir die Abb. 11.9. Die Untergrenzen u_a, $u_b = 0$ haben wir nicht in die Deskriptoren aufgenommen. ♦

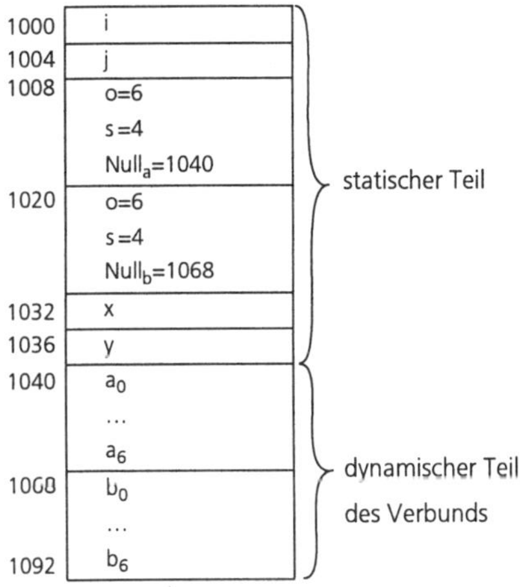

Abbildung 11.9: Speicherbild eines Verbunds mit 2 dynamischen Reihungen

11.4.1.4 Verweise und Referenzobjekte

Verweise auf Referenzobjekte in SATHER und allgemein Verweise in Sprachen wie PASCAL, MODULA-2, C, usw. realisieren wir durch die Anfangsadresse des Bezugsobjekts. Ist dieses eine Reihung, so nehmen wir die Anfangsadresse des Deskriptors. Der Leerverweis **void** wird gewöhnlich durch die Adresse 0 wiedergegeben; aus technischen Gründen hat diese Adresse eine Sonderbedeutung, ein Zugriff mit der Basisadresse 0 löst einen Hardwarealarm, vgl. S. 32, aus, den man als **raise**-Anweisung für eine entsprechende Ausnahme nutzen kann.

Da alle Adressen je ein Speicherwort belegen, sind alle Verweise ein Wort lang, unabhängig vom Typ des Bezugsobjekts. Daher hat ein Objekt des Typs

```
class K is
  a: TA;
  b: TB;
  c: TC
end; -- K
```

den Umfang size(K) = size(TA) + size(TB) + size(TC) = 12, wenn TA, TB, TC Referenztypen sind und Adressen 4 Bytes belegen. Sind TA, TB, TC hingegen Werttypen, so könnten size(TA), size(TB), size(TC) $\neq$ 4 sein.

Man sieht unmittelbar, warum eine Referenzklasse K ein Attribut des Typs K enthalten darf, eine Wertklasse aber nicht: Die Umfangsbestimmung size(K) = size(K) + · · · hat bei Wertklassen keine endliche Lösung.

Ein Verweis dient als Basisadresse für die Felder des Referenzobjekts. Die Adressierung folgt den Schemata der Abschnitte 11.4.1.2 und 11.4.1.3.

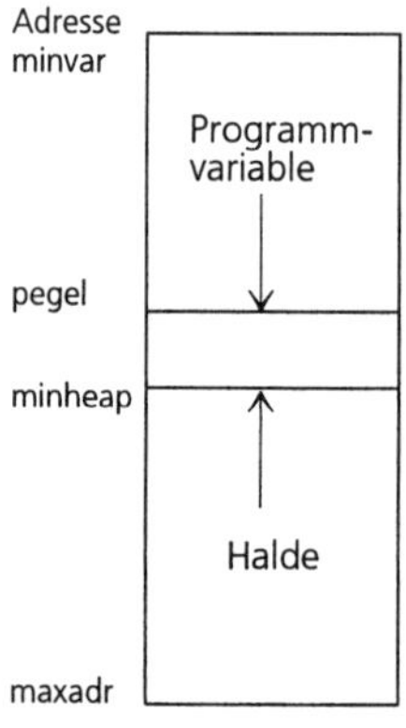

Abbildung 11.10: Einteilung des Datenbereichs

Allerdings muß ein Referenzobjekt des Typs K erst durch einen Konstruktor #K gebildet werden, bevor wir darauf zugreifen. Da die Anzahl der anonymen Referenzobjekte *a priori* nicht bekannt ist, teilen wir den Datenbereich aus

Abb. 11.1 wie in 11.10 in zwei Teile ein: den Programmvariablenbereich, auf den wir in 11.4.1.5 eingehen, sowie die **Halde**[10], auf der wir alle anonymen Objekte ablegen. Gilt initial minheap = maxadr + 1, so läßt sich ein Konstruktor #K durch folgende Zuweisungen realisieren:

```
minheap := minheap - size(K);
res     := minheap;
```

Der resultierende Verweis res ist die Basisadresse des neuen Referenzobjekts.

Die anonymen Objekte auf der Halde bilden ein Geflecht. Sie sind untereinander durch Verweise verbunden. Gibt es eine Verweiskette zu einem Objekt *ob*, die von einer statischen Programmvariablen im Sinne von 11.4.1.1 ausgeht, so ist *ob* erreichbar. Alle anderen Objekte sind **unerreichbar**. Die Objekte haben unbeschränkte Lebensdauer. Sie werden allerdings nicht mehr benötigt, wenn sie unerreichbar sind.

Die Halde könnte wegen dieser nicht mehr benötigten Objekte überlaufen, d. h. mit dem Programmvariablenbereich zusammenstoßen, obwohl der eigentlich verfügbare Speicher noch ausreicht. Dem beugt man vor, indem man den Platz freigibt, der von unerreichbaren Objekten belegt wird. Der Programmierer muß in Sprachen wie C++ die Freigabe selbst besorgen. Dies ist fehleranfällig, da man noch existierende Verweise ebenso übersehen könnte wie Objekte, die längst unerreichbar wurden. Zahlreiche objektorientierte Sprachen, darunter SATHER und JAVA, ebenso wie alle funktionalen Programmiersprachen und LISP benutzen daher eine automatische **Speicherbereinigung**, die in periodischen Abständen oder bei Bedarf die noch erreichbaren Objekte feststellt und den Platz der anderen freigibt.

Zur Erreichbarkeitsanalyse setzt man Tiefensuche in gerichteten Graphen ein, vgl. 10.4.3.1, um Verweisketten zu den erreichbaren Objekten zu konstruieren.

Die Speicherbereinigung kann zwischen *erreichbar* und *noch benötigt* nicht unterscheiden. Man muß daher darauf achten, daß an Verweisvariable *v* der Leerverweis void zugewiesen wird, sobald die von *v* aus erreichbaren Objekte nicht mehr benötigt werden.

Automatische Speicherbereinigung kann sehr zeitaufwendig sein. Reaktive Systeme, die Anfragen in beschränkter Zeit beantworten müssen, müssen daher die Anzahl der anonymen Objekte so beschränken, daß die Halde nicht überläuft.

11.4.1.5 Der Laufzeitkeller

Die Parameter und lokalen Größen, also die dynamischen Programmvariablen, eines Unterprogramms können wir nach 11.4.1.1 zu einer Schachtel zusammenfassen. Zwar können wir Schachteln wie anonyme Objekte auf der Halde unterbringen. Jedoch werden Unterprogramme geschachtelt aufgerufen. Ein Aufruf eines Unterprogramms *up*1 endet erst, wenn alle Unterprogramme *up*2, die

10. engl. *heap*.

*up*1 aufrief, beendigt sind. Die Unterprogrammaufrufe bilden eine *erster-zuletzt*-Schlange, also einen Keller: das zuerst aufgerufene Unterprogramm, nämlich das Hauptprogramm, endet als letztes. Dies gilt in den meisten Programmiersprachen auch für die Lebensdauer aller dynamischen Programmvariablen in der Schachtel dieser Unterprogramme.

Statt auf der Halde können wir daher die Schachteln auch auf einem Keller, dem **Laufzeitkeller**, unterbringen. Bei Aufruf eines Unterprogramms wird die zugehörige Schachtel neu angelegt; beim Verlassen des Unterprogramms wird sie wieder vom Keller gestrichen. Mit dieser Strategie vermeiden wir, daß sich die Halde mit Schachteln füllt, von denen wir wissen, daß sie längst überflüssig sind.

Den Laufzeitkeller können wir noch zu weiteren Zwecken gebrauchen. Bei rekursiven Aufrufen desselben Unterprogramms müssen wir die Rückkehradressen der Aufrufe in einem Keller ablegen. Dies erreichen wir, wenn wir sie in die Schachtel des entsprechenden Aufrufs aufnehmen.

Wenn wir während der Berechnung eines Ausdrucks gemäß 11.2 Zwischenergebnisse nicht in Registern halten können, z. B., weil wir unmittelbar eine Kellermaschine realisieren, so schreiben wir sie oben auf den Laufzeitkeller. Dazu benötigen wir die Adresse des obersten Elements im Laufzeitkeller, den **Kellerpegel**, als Basisadresse für Zwischenergebnisse. Bei Bedarf erhöhen wir den Pegel während der Ausdrucksberechnung, am Ende hat er den gleichen Wert wie am Anfang.

Für die Abbildung des Laufzeitkellers in den Speicher gehen wir von Abb. 11.10 aus: Der dort für Programmvariable vorgesehene Platz enthält zuerst die statischen Programmvariablen und anschließend die Schachteln des Laufzeitkellers. Sein Ende ist durch den Kellerpegel gegeben. Beim Aufruf eines Unterprogramms wird der Kellerpegel erhöht, um Platz für eine neue Schachtel zu schaffen. Dynamische Reihungen bringen wir wie in 11.4.1.3 unter, indem wir die Schachtel aus einem statischen und dynamischen Teil zusammensetzen.

Wir benötigen drei Basisadressen: die Anfangsadresse minvar des Bereichs für statische Programmvariable, einen **Umgebungszeiger** umg als Basisadresse für die dynamischen Variablen in der Schachtel des laufenden Unterprogramms und den Kellerpegel pegel. Damit können wir statische und dynamische Variable v mit Basis- und Relativadresse minvar + r_v bzw. umg + r_v adressieren. Der Kellerpegel dient als Basisadresse für Zwischenergebnisse der Ausdrucksberechnung. Er wird um die Länge der neuen Schachtel erhöht, wenn ein weiteres Unterprogramm aufgerufen wird. Gleichzeitig wird dabei der neue Umgebungszeiger umg berechnet. Beim Abschluß eines Unterprogramms wird der Kellerpegel um die Länge der nun überflüssigen Schachtel erniedrigt und der Umgebungszeiger umg auf den Wert vor dem Aufruf zurückgesetzt.

Dazu speichert man beim Unterprogrammaufruf den alten Wert des Umgebungszeigers als Verweis auf den **dynamischen Vorgänger** in der neuen Schachtel, wie dies schematisch die Abb. 11.11 zeigt.[11] Wir begründen im nächsten Abschnitt, warum es oft zweckmäßig ist, den Umgebungszeiger nicht auf den Anfang der Schachtel zeigen zu lassen, so daß gewisse dynamische Programmvariable negative Relativadressen erhalten.

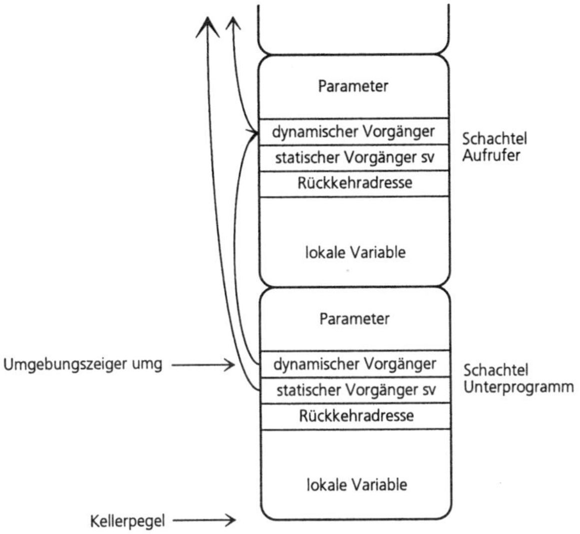

Abbildung 11.11: Schema der Schachteln auf dem Laufzeitkeller

In Sprachen wie Pascal oder Modula-2 können Prozeduren p geschachtelt innerhalb einer Prozedur p' vereinbart sein. p' heißt dann der unmittelbare **statische Vorgänger** von p. Die Gültigkeitsbereichsregeln erlauben es, lokale Größen und Parameter v von p' auch in p zu benutzen. Die Adresse von v finden wir im Speicher unter der Adresse

$$\begin{aligned} \text{adresse(v)} &= \text{speicher[speicher[umg]}+r_{sv}] + r_v \\ &= \langle\langle \text{umg}\rangle + r_{sv}\rangle + r_v, \end{aligned}$$

wenn r_{sv} und r_v die Relativadressen des statischen Vorgängers bzw. der Variablen v (in der Schachtel von p') sind. Für Sprachen wie C, C++, Java oder Sather ist der statische Vorgängerverweis überflüssig.

Der Laufzeitkeller ist überflüssig, wenn eine Programmiersprache wie Cobol keine rekursiven Unterprogramme zuläßt. Dann können wir alle dynamischen Programmvariablen wie statische Variable behandeln und ihnen ein für alle Mal Speicher zuweisen. Dies gilt auch für die Rückkehradressen. Wir benötigen nur einen Keller für die Berechnung von Ausdrücken.

11. *oben auf dem Keller* bedeutet in dieser wie in vielen ähnlichen Abbildungen *unten in der Abbildung*, weil wir die Adressen wie die Zeilen auf der Seite von oben nach unten zählen.

Umgekehrt scheidet der Gebrauch eines Laufzeitkellers aus, wenn die Lebensdauer lokaler Größen eines Unterprogramms das Schachtelungsprinzip verletzt. Z. B. kann in COMMON LISP eine Prozedur p ein Funktional f als Ergebnis liefern, das nach dem Ende von p aufgerufen wird und seinerseits noch auf lokale Größen von p zugreift. Daher dürfen wir die Schachtel für p am Ende des Aufrufs nicht beseitigen, sondern müssen sie noch behalten, indem wir sie auf die Halde setzen. Man spricht in diesem Fall von einer **Rückhaltestrategie**[12] für die Schachtel. Auch die Schachteln für Ströme in SATHER dürfen nur unter bestimmten Bedingungen, auf die wir hier nicht näher eingehen, auf dem Laufzeitkeller untergebracht werden.

11.4.2 Unterprogrammaufrufe

Der Unterprogrammsprung gosub M aus 11.1.1 realisiert einen Unterprogrammaufruf. Die Rückkehradresse merken wir uns im Laufzeitkeller oder, bei nicht-rekursiven Aufrufen, in einer statischen Programmvariablen.

Verschiedene Prozessoren schreiben Rückkehradressen automatisch auf einen Keller, der ein der Hardware bekanntes Register R als Pegel benutzt. Dieses Register bietet sich dann auch als Kellerpegel für die Aufgaben des vorigen Abschnitts an.

Der Unterprogrammsprung erlaubt die Wiedergabe des Prozeduraufrufs ohne Parameter und Ergebnisse. In einfachen Fällen, etwa bei Aufruf einer mathematischen Funktion wie $\sin(x)$, kann man das Argument x, einen Wert, in ein Register schreiben und dann das Unterprogramm aufrufen. Dasselbe oder ein anderes Register enthält nach der Rückkehr das Ergebnis.

Für den allgemeinen Fall der Parameterübergabe orientieren wir uns an den Ausführungen in 8.2.7. Dort hatten wir die Übergabe bei Wert- bzw. Ergebnisaufruf als Zuweisungen

parameter := *argument*

bzw.

argument := *parameter*

beschrieben, die vor oder nach dem eigentlichen Prozeduraufruf stattfinden. Dies gilt auch für Verweise, die mit Wertaufruf übergeben werden. Prozedurergebnisse können wir wie Ergebnisparameter behandeln. Da es jedoch kein zugeordnetes Argument gibt, müssen wir eine Hilfsvariable h auf den Keller setzen, die dieses Ergebnis bis zur weiteren Verarbeitung aufnimmt. h nimmt im Sinne von 11.2 ein Zwischenergebnis auf. Der Platz für h muß *vor* dem Unterprogrammaufruf reserviert werden.

Kennt eine Sprache Referenzaufruf, so wird lediglich die Adresse des Arguments, jedoch nicht dessen Wert übergeben. Im Unterprogramm selbst wird auf einen Referenzparameter q mit indirekter Adressierung zugegriffen: Eine Zuweisung $q := q + 1$ führt zu den SIMPLICIUS-Anweisungen

```
          h := adresse(q);
speicher[h] := speicher[h] + 1;
```

12. engl. *retention strategy*.

Die Zuweisungen für die Parameterübergabe und das Eintragen des Verweises auf den dynamischen Vorgänger sind im allgemeinen Aufgabe des Aufrufers. Er kennt aber meist den Gesamtumfang der Schachtel des aufzurufenden Unterprogramms nicht; lediglich der für die Parameter benötigte Platz ist bekannt. Daher wird die Schachtel oft in zwei Schritten angelegt. Die Schritte beim Aufruf eines Unterprogramms sind dann:

1. Erhöhung des Kellerpegels um den Umfang des für Parameter und die Verweise auf Vorgänger benötigten Platzes.
2. Zuweisungen an die Parameter; diese werden noch relativ zum alten Umgebungszeiger adressiert.
3. Eintragen der Vorgänger.
4. Unterprogrammsprung.
5. (Ab hier Anweisungen des Unterprogramms) Erhöhung des Kellerpegels um den Umfang des für lokale Variable und die Rückkehradresse benötigten Platzes (Jetzt ist die Schachtel komplett reserviert).
6. Eintrag der Rückkehradresse in die Schachtel.
7. Setzen des Umgebungszeigers in die neue Schachtel.

Die Schritte beim Verlassen des Unterprogramms sind:

1. Zuweisen eines etwaigen Ergebnisses.
2. Zuweisung der Rückkehradresse an ein Register R.
3. Rücksetzen des Umgebungszeigers.
4. Erniedrigung des Kellerpegels zum Abbau der Schachtel.
5. Unbedingter Sprung **goto** ⟨R⟩ auf die Rückkehradresse.

Meist muß der Aufrufer oder das aufgerufene Unterprogramm zu Beginn des Unterprogramms noch die Inhalte einiger Register im Speicher sicherstellen; zu Ende der Ausführung des Unterprogramms werden die alten Inhalte wieder hergestellt. Je nach Anzahl der zu sichernden Register kann der Zeitaufwand hierfür bei kleinen Unterprogrammen in der Größenordnung der Ausführung des Unterprogrammrumpfes liegen.

Polymorphe Methodenaufrufe einer objektorientierten Sprache lassen sich mit den bisher eingeführten Hilfsmitteln ebenfalls wiedergeben: Sind $K_1, \ldots, K_n$ die Unterklassen einer Klasse K, zu denen ein polymorpher Aufruf $a.m(\cdots)$ mit a: $\$K$ gehören könnte, so ordnen wir den Klassen $K_1, \ldots, K_n$ je eine ganze Zahl als **Typkennung** zu und sorgen dafür, daß wir der Identität des an a zugewiesenen Objekts die Kennung der Klasse entnehmen können. Diese benutzen wir in einer Fallunterscheidung, um die Methoden m der verschiedenen Klassen aufzurufen.

Die effiziente Implementierung dieses Schemas durch Übersetzer für objektorientierte Sprachen führt zu weiteren Problemen, auf die wir hier nicht eingehen.

Stromaufrufe in SATHER oder vergleichbare Aufrufe von Iteratoren in anderen objektorientierten Sprachen könnte man zunächst wie Unterprogrammaufrufe behandeln. Die Schachtel des Stromaufrufs repräsentiert das Stromobjekt aus 10.3.2. Bei einem resume wird jedoch das Stromobjekt noch nicht beseitigt, sondern bleibt für weitere Aufrufe erhalten. Die Operation resume muß ihre Fortsetzungsadresse hinterlassen, weil weitere Stromaufrufe die Strommethode nicht ab ihrem Anfang, sondern ab dieser Fortsetzungsadresse ausführen. Dies erreicht man, indem man sie durch

gosub *Rückkehradresse*

realisiert. Die Rückkehradresse führt zum Aufrufer zurück; gleichzeitig erhält man die Fortsetzungsadresse der Strommethode als Rückkehradresse. Nach demselben Schema kann man die Koroutineninteraktionen aus 10.2.1 organisieren.

11.5 Befehle

Wir haben bisher verschiedene arithmetische Befehle, den Ladebefehl sowie Sprünge benutzt. Auf realen Prozessoren gibt es eine Vielzahl weiterer Befehle, von denen wir hier die wichtigsten erwähnen. Auch werden bedingte Sprünge oft anders realisiert als in 11.1.1 beschrieben. Wir geben eine Übersicht über die wichtigsten Befehle, wobei wir einen 32-Bit-Prozessor und Zweierkomplement für die Darstellung negativer ganzer Zahlen voraussetzen.

Die Befehle teilen wir in Gruppen ein.

Transportbefehle

Laden des Inhalts einer Speicherzelle oder eines (anderen) Registers in ein Register, Speichern eines Registerinhalts in eine Speicherzelle, Laden einer Adresse in ein Register, Löschen eines Registers oder einer Speicherzelle.

Arithmetische Befehle

Binäre Addition, Subtraktion (auch unär), Multiplikation und Division für ganze und Gleitpunktzahlen, Addition und Subtraktion vorzeichenloser ganzer Zahlen.

Die Multiplikation 32-stelliger ganzer Zahlen muß oft durch 4 Multiplikationen 16-stelliger Zahlen realisiert werden; vgl. dazu 7.2.3, wo wir mit 3 Multiplikationen auskommen. Auf manchen neueren Prozessoren fehlen die ganzzahlige Multiplikation oder die Division. Sie werden durch Unterprogramme ersetzt.

Die Addition/Subtraktion vorzeichenloser ganzer Zahlen dient der Adreßarithmetik oder der Realisierung von Langzahlarithmetik, die ganze Zahlen i mit $-2^{n\cdot 32} \leqslant i \leqslant 2^{n\cdot 32} - 1$, $n = 1, 2, \ldots$, verarbeitet. Wenn wir nur die beiden ersten Stellen der Zahlen betrachten und die Kommutativität berücksichtigen, erhalten wir Tab. 11.1. Die normale Addition liefert bei 1 + 1, (– 2) + (– 2) und

Tabelle 11.1: Überlauf und Übertrag

Addition	mit Vorzeichen mit Überlauf	ohne Vorzeichen mit Übertrag
OO + OO	O|OO	O|OO
OL + OO	O|OL	O|OL
OL + OL	L|LO	O|LO
LO + OO	O|LO	O|LO
LO + OL	O|LL	O|LL
LO + LO	L|OO	L|OO
LL + OO	O|LL	O|LL
LL + OL	O|OO	L|OO
LL + LO	L|OL	L|OL
LL + LL	O|LO	L|LO

(– 1) + (– 2) **Überlauf**[13]. Die vorzeichenlose Addition kennt keine negativen Zahlen und zeigt bei 2 + 2, 3 + 1, 3 + 2 und 3 + 3 **Übertrag**[14] an, jeweils gekennzeichnet durch das Bit vor dem senkrechten Strich. Der Übertrag wird in einer nachfolgenden Addition/Subtraktion in der Einerstelle berücksichtigt.

Logische und Schiftbefehle

Bitweise logische Konjunktion, Disjunktion und exklusive Disjunktion (XOR), Schiften von Registerinhalten um *n* Bits nach rechts oder links mit Nachziehen von Nullen (logischer Schift), vorzeichengleichen Stellen (arithmetischer Schift) oder der am anderen Ende herausfallenden Stellen (zyklischer Schift), Bitbefehle. Tab. 11.2 zeigt die Wirkung einiger dieser Befehle. Die Konjunktion

Tabelle 11.2: Logische und Schiftbefehle

Operation			arithmetisch	logisch	Bedeutung
LOLLLO	and	OOOLLL		OOOLLO	Konjunktion
LOLLLO	or	OOOLLL		LOLLLL	Disjunktion
LOLLLO	xor	OOOLLL		LOLOOL	exkl. Disj.
LOLLLO	lshift	2		LLLOLO	Schift nach links
LOLLLO	rshift	2	LLLOLL	OOLLOL	Schift nach rechts
LOLLLO	lrotate	2		LLLOLO	zyklischer Linksschift
LOLLLO	rrotate	2		LOLOLL	zyklischer Rechtsschift

OOLLLO and OOOLLL = OOOLLO liefert für positive erste Operanden den Rest

13. engl. *overflow*.
14. engl. *carry*.

modulo 2^k, hier $k = 3$. Mit einem arithmetischen Rechtsschift erhalten wir den Quotienten: 14 div 2^3 = OOLLLO rechtsschift 3 = OOOOOL = 1. Ein Linksschift multipliziert mit 2^k und setzt das Überlaufbit, wenn die vorne herausfallenden Stellen nicht alle vorzeichengleich sind. Die arithmetischen Schiftoperationen gibt es auch unter Einbezug des Übertrag-Bits.

Mit Bitbefehlen kann man einzelne Bits oder ganze Bitgruppen eines Registers abfragen, setzen (L) oder löschen (O).

Sprünge

Bedingte und unbedingte Sprünge, Unterprogrammsprünge.

Die meisten Prozessoren erlauben nur den Vergleich mit Null. Dazu sind zwei Schemata in Gebrauch: Entweder gibt es bedingte Sprungbefehle für die Bedingungen $x = 0, x \neq 0, x > 0, x \geqslant 0, x < 0, x \leqslant 0$, wobei x ein Registerinhalt ist. Oder es gibt ein Spezialregister, die **Bedingungsanzeige**[15]. Sie wird von den meisten arithmetischen und einigen anderen Befehlen als Nebenwirkung verändert und in bedingten Sprungbefehlen abgefragt. Die Bedingungsanzeige B codiert in 3 Bits mit L die Bedingungen $x < 0, x = 0$ und $x > 0$. Der bedingte Sprung enthält eine Maske M; der Sprung wird für B and $M \neq 0$ ausgeführt. Mit m = OLL erhält man einen Sprung für $x \geqslant 0$, mit M = LLL erhält man einen unbedingten Sprung, da x auf jeden Fall ein Vorzeichen besitzt.

In beiden Schemata gibt es Vergleichsbefehle $a\ \rho\ b$, mit denen man das Ergebnis des Vergleichs in ein Register oder die Bedingungsanzeige eintragen kann. Speziell gibt es Prüfbefehle, mit denen man testen kann, ob ein bestimmtes Bit oder eine Bitgruppe in einem Register gesetzt ist, oder wenigstens ein gesetztes Bit enthält. Ist der Operand eine ganze Zahl, so kann man durch Prüfen des letzten Bits entscheiden, ob die Zahl gerade oder ungerade ist. Überlauf und Übertrag können ebenfalls durch bedingte Sprünge abgefragt werden; um diese zusätzlichen Bedingungen wiederzugeben, umfaßt die Bedingungsanzeige in Wahrheit 5 Bits.

Sonderbefehle

Keine Operation (NOP), setze-und-prüfe, Systemaufruf, privilegierte Befehle.

Der Befehl *keine Operation* (NOP) erhöht nur den Befehlszähler, hat aber sonst keine Wirkung.

Der setze-und-prüfe[16] Befehl prüft für eine Speicherzelle x die Bedingung $x = 0$ und führt im gleichen Speicherzyklus die Zuweisung $x := 1$ durch. Technisch kann zwischen Prüfung und Zuweisung niemand auf x zugreifen,

15. engl. *condition code.*
16. engl. *test and set.*

auch nicht ein anderer Prozessor; der Befehl ist eine **atomare Operation** und dient zur Realisierung aller weiteren atomaren Tätigkeiten eines Rechensystems.

Außer einfachen Prozessoren zur Signalverarbeitung verfügen heute alle realen Prozessoren über die Möglichkeit, mehrere virtuelle Adreßräume für verschiedene Programme oder Benutzer gleichzeitig zu realisieren und gegeneinander abzugrenzen. Der Wechsel zwischen Adreßräumen ist nur unter Kontrolle des Betriebssystems möglich. Letzteres besitzt eigene Adreßräume und eine spezielle Betriebsart, den **Kern**- oder **Systemmodus**, in dem bestimmte, dem Anwender unzugängliche Befehle zugelassen sind. Der **Systemaufruf**[17] erlaubt das Umschalten vom Anwender- in den Kernmodus.

Befehle, deren Ausführung nur im Kernmodus erlaubt ist, heißen **privilegierte Befehle.** Zu ihnen gehören z. B. die Befehle, mit denen die Hardware die Kommunikation zu anderen Prozessoren oder zu peripheren Geräten anstößt, das Umschalten zwischen Adreßräumen und das Setzen und Abfragen der von der Hardware zur Verfügung gestellten Uhr(en).

Bei der Übersetzung höherer Programmiersprachen können privilegierte Befehle gewöhnlich nicht erzeugt werden.

Codierung von Befehlen

Befehle werden ebenfalls durch Wörter im Speicher codiert. Dazu wird das Wort in Bitgruppen unterteilt, die den Operationscode, d. h. die eigentliche Verschlüsselung des Befehls, und die Codierung der verschiedenen Operanden, also Registernummern, Relativadressen und explizite Zahlwerte enthalten. Der Prozessor entnimmt dem Operationscode, wie der Rest des Befehls eingeteilt ist. Abb. 11.12 zeigt, daß es dabei verschiedene Codierungen gibt, die den Adressierungsarten zum Operandenzugriff entsprechen.

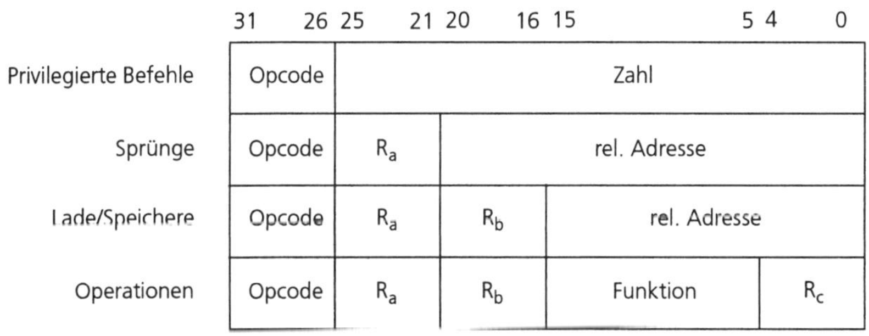

Abbildung 11.12: Befehlsformate des Alpha Prozessors

17. engl. *trap* oder *supervisor call* (SVC) Befehl.

Die Codierung der Befehle verfolgt unter anderem das Ziel, die unterschiedlichen Operationen mit möglichst geringer Bitzahl darzustellen, da kürzere Befehle die Übertragung der Befehle aus dem Speicher in den Prozessor beschleunigen. Daher gibt es bei manchen Prozessoren Befehle unterschiedlicher Länge, z. B. Befehle, die 16, 32 oder 48 Bit lang sind. Dies ermöglicht es, Konstanten wie etwa eine 32-stellige Gleitpunktzahl als Teil eines Befehls zu schreiben.

11.6 Das RAM-Modell

Um die Laufzeit von Algorithmen zu bestimmen, haben wir bisher den Aufwand für Anweisungen, die keine Schleifen oder Rekursionen enthalten, mit einer Konstanten c bewertet. Will man die Laufzeit genauer aufschlüsseln, so bietet sich unsere Sprache SIMPLICIUS als Grundlage an, um möglichst alle Faktoren zu erfassen, die auf einem realen Rechner die Geschwindigkeit beeinflussen, und zugleich von all den Eigenschaften zu abstrahieren, die die Unterschiede realer Rechner ergeben.

Zu den Eigenschaften, von denen wir abstrahieren, gehört die Wortlänge. Man nennt das Maschinenmodell dann ein RAM-Modell[18]. Wir nehmen an, daß der Prozessor Befehlsfolgen streng sequentiell, ohne irgendwelche zeitlichen Überlappungen ausführt.

Definition 11.1: Eine **Maschine mit wahlfreiem Speicherzugriff** oder kurz eine **RAM** besteht aus einem Programm, einem Befehlszähler, einem Speicher R und einer Ein-Ausgabemöglichkeit. Der Speicher besteht aus einer Menge von Zellen R_i unbeschränkter Wortlänge; wir interpretieren alle Wörter im Speicher als natürliche Zahlen. Zu jedem Zeitpunkt ist der Speicher folglich eine Abbildung $R : \mathbb{N} \mapsto \mathbb{N}$. Der Definitionsbereich von R heißt Adreßraum, der Index i von R_i heißt Adresse. Zu jedem Zeitpunkt sind nur endlich viele Speicherzellen belegt, die Menge $\{i \mid R_i \neq 0\}$ ist endlich. Ein Programm ist eine endliche Folge markierter Befehle. Es terminiert, wenn der letzte Befehl der Folge ausgeführt ist. Die Befehle gehören zu einer der folgenden vier Gruppen:

1. Sprungbefehle: goto m (setzt den Befehlszähler auf einen mit m markierten Befehl), if $R_i = 0$ then goto m (falls $R_i = 0$ ist, dann setze den Befehlszähler auf einen mit m markierten Befehl, sonst fahre mit dem nachfolgenden Befehl fort). Falls es für jede Marke m höchstens einen mit m markierten Befehl gibt, so heißt die RAM **deterministisch**, andernfalls **indeterministisch**.
2. Transportbefehle: $R_i := R_j$ (schreibe den Inhalt der Speicherzelle j in Speicherzelle i), $R_i := R_{R_j}$ (schreibe den Inhalt der Speicherzelle mit Adresse (Inhalt von) R_j in die Speicherzelle i), $R_{R_i} := R_j$ (schreibe den Inhalt der Speicherzelle j in die Speicherzelle mit Adresse R_i), $R_{R_i} := R_{R_j}$. Die Indizierung R_{R_j} heißt **indirekte Adressierung**.

18. engl. *random access machine*.

3. Ein- und Ausgabebefehle: read R_i, write R_i, lies die Eingabe in Speicherzelle i bzw. schreibe den Inhalt von i in die Ausgabe.
4. Arithmetische Befehle für die 4 Grundrechenarten. ♦

Bei der Arithmetik setzen wir dabei $n - m := 0$, wenn $m > n$ gilt. Die Beschränkung des Vergleichs auf $R_i = 0$ ist nach den Ausführungen in 11.5 offenbar unwesentlich.

Man kann sich bei der Arithmetik darauf beschränken, nur die Operationen $R_i := R_i + 1$ und $R_i := R_i - 1$ zuzulassen. Alle anderen arithmetischen Operationen lassen sich darauf zurückführen. Eine RAM mit dieser Beschränkung heißt eine **SRAM**.

Aufgabe 11.8: Beweisen Sie: Jedes RAM-Programm läßt sich durch ein semantisch äquivalentes SRAM-Programm ersetzen.

Das RAM-Modell dient vor allem dazu, die Ausführungszeiten unterschiedlicher Algorithmen zur gleichen Aufgabe miteinander zu vergleichen.

Um eine Zeitabschätzung vom RAM-Modell auf einen realen Rechner zu übertragen, müßte man durch die mittlere Anzahl von Befehlen dividieren, die pro Zeiteinheit ausgeführt werden; dies ist eine Multiplikation mit einer Konstanten k. Da der Wert von k nicht nur von dem realen Rechner, sondern auch noch vom Übersetzer abhängt, hat es offenbar keinen Sinn, vom RAM-Modell auf die Ausführungszeit realer Rechner durch allgemeine Bestimmung der Konstanten k zu schließen. Sinnvoller wäre es, für jede Anweisung A_i des Algorithmus die Laufzeit k_i durch Messung auf dem realen Rechner zu bestimmen und dann unter Kenntnis der Anzahl und Dauer von Schleifendurchläufen und Prozeduraufrufen, sowie unter Kenntnis, welcher Fall bei *if*- oder *case*-Anweisungen ausgewählt wird, die Gesamtlaufzeit zu berechnen.

Aus diesen Gründen kommt es im RAM-Modell auch nicht auf die tatsächlich ausgeführte Anzahl von Befehlen an. Es genügt, diese Anzahl bis auf einen konstanten Faktor zu bestimmen. Die Rechenzeitabschätzung ergibt dann eine Funktion, die sagt, ob der Aufwand proportional zu $\log n$, n, n^2, e^n usw. ist. Dabei ist n das Maß für den Umfang der Eingabe, also derjenige Parameter, der die Anzahl der Schleifendurchläufe bestimmt.

Die Definition der RAM führt uns damit zurück zu den Ausführungen in 7.1, wo wir auf intuitiver Grundlage zu den gleichen Überlegungen über die Komplexität von Algorithmen gekommen waren.

11.6.1 Berechenbarkeit

Die Definition der RAM und spezifisch der SRAM ist ein mathematisches Modell, auf das wir alle Algorithmenbegriffe der Informatik zurückführen können:

Definition 11.2: Eine Funktion $f: M \rightarrow \mathbb{N}$, $M \subseteq \mathbb{N}$, heißt (algorithmisch) **berechenbar**, wenn es ein Programm $P = P(f)$ für eine (deterministische) SRAM gibt, das bei Eingabe eines $i \in M$ nach endlich vielen Schritten $f(i)$ in die Ausgabe schreibt und dann terminiert.

Eine Menge $M \subseteq \mathbb{N}$ heißt (**rekursiv**) **aufzählbar** oder **berechenbar**, wenn es eine berechenbare Funktion $f: M \rightarrow \mathbb{N}$ mit $f(i) = 0$ für alle $i \in M$ gibt. Sollte f auch für irgendwelche $j \notin M$ definiert sein, so gilt $f(j) \neq 0$ für $j \notin M$.

Eine Menge $M \subseteq \mathbb{N}$ heißt **entscheidbar**, wenn es eine berechenbare Funktion $f: \mathbb{N} \rightarrow \mathbb{N}$ gibt mit

$$f(i) = \begin{cases} 0, & i \in M \\ 1, & \text{sonst.} \end{cases}$$ ♦

Satz 11.3: *Eine Menge $M \subseteq \mathbb{N}$ ist genau dann entscheidbar, wenn M und $\mathbb{N} \setminus M$ aufzählbar sind.*

Aufgabe 11.9: Beweisen Sie Satz 11.3.

In der Aufgabe 11.8 verlangen wir eine Aussage über die semantische Äquivalenz zwischen *allen* Programmen P und Programmen $P' = f(P)$, die wir durch systematische Transformation gewinnen. Wenn es eine solche Transformation gibt, die auf alle Programme P anwendbar ist, sagen wir, P' **simuliert** P.

Das RAM-Modell enthält keinen Unterprogrammsprung.

Aufgabe 11.10: Gegeben sei ein Programm P für eine RAM, das zusätzlich Unterprogrammsprünge gosub *m* enthält. Zeigen Sie, daß man die endlich vielen in P vorkommenden Unterprogramm- und Rücksprünge durch Sequenzen von Zuweisungen, unbedingten und bedingten Sprüngen ersetzen kann.

Diese Aufgabe führt zu einer Simulation des Unterprogrammaufrufs und der Unterprogrammrückkehr. Bei theoretischen Überlegungen können wir daher auf den Unterprogrammsprung verzichten.

Die Beschränkung auf die natürlichen Zahlen $\mathbb{N}$ können wir aufheben, indem wir jede ganze Zahl $i \in \mathbb{Z}$ durch ein Paar (*vorzeichen*, $|z|$) codieren. Also können wir alle Operationen mit den Datentypen BOOL, CHAR und INT auf der RAM und daher auch auf der SRAM ausführen. Da die Speicherzellen beliebige natürliche Zahlen aufnehmen, können wir jede rationale Zahl p/q durch ein Tripel (*vorzeichen*, $|p|$, $|q|$) und damit insbesondere alle Gleitpunktzahlen (samt deren Arithmetik) auf einer SRAM codieren. Die Abbildung der Ablaufsteuerung auf die Befehle in SIMPLICIUS in 11.3, Aufgabe 11.10 zum Unterprogrammsprung und die Realisierung der zusammengesetzten Objekte und der Unterprogramme mit Parametern in 11.4.1 führen damit insgesamt zu dem

Satz 11.4 (***Berechenbarkeit von*** **SATHER-*Programmen***):
Gegeben sei eine Funktion $f: M \to \mathbb{N}$ und ein SATHER-*Programm P, das bei Eingabe eines $x \in M$ mit der Ausgabe $f(x)$ terminiert. Dann ist f berechenbar.*

Bei diesem Satz entfällt die Beschränkung $M \subseteq \mathbb{N}$, da wir gerade feststellten, daß wir Werte der Typen BOOL, CHAR, FLT, FLTD und INT durch eine oder mehrere ganze Zahlen codieren können. Jedes Tupel und jede endliche Folge ganzer Zahlen können wir aber mit der in 2.1 eingeführten Gödelnumerierung wieder als eine einzige ganze Zahl codieren.

Einen entsprechenden Satz kann man auch für alle anderen höheren Programmiersprachen wie C, C++, JAVA FORTRAN, MODULA-2, PASCAL usw. beweisen.

Das „Niveau" der SRAM kann man noch etwas anheben und gelangt dann zu den while- und loop-Sprachen.

Definition 11.5 (**while-Sprache, loop-Sprache**): Gegeben sei eine endliche, aber unbeschränkte Menge $\mathcal{V}$ von Variablen $v, v', \ldots$, die eine natürliche Zahl $i \in \mathbb{N}$ als Inhalt haben kann. Dann ist P ein Programm in einer **while-Sprache** über $\mathcal{V}$, wenn P eine endliche Folge von hintereinanderauszuführenden Anweisungen der Form

$$v := i \tag{11.2}$$

$$v := v + 1 \tag{11.3}$$

$$v := v - 1 \tag{11.4}$$

$$v := v' \tag{11.5}$$

$$\text{while } v \text{ loop } A \text{ end} \tag{11.6}$$

$$\text{read } v \tag{11.7}$$

$$\text{write } v \tag{11.8}$$

ist. Dabei gilt $v, v' \in \mathcal{V}$, $i \in \mathbb{N}$, und die Anweisungsfolge A ist selbst wieder ein while-Programm. A wird durch die Schleife while v loop A end so lange ausgeführt, wie $v \neq 0$ gilt. Die Lese- und Schreibanweisungen haben die übliche Bedeutung.

Mit

$$\text{for } v \text{ loop } A \text{ end} \tag{11.9}$$

statt (11.6) erhalten wir Programme in einer **loop-Sprache** über $\mathcal{V}$. Die Anweisungsfolge A muß ebenfalls ein Programm der loop-Sprache sein. Sie wird durch die Schleife for v loop A end so oft ausgeführt, wie der Wert der Variablen v zu Beginn der Schleifenausführung angibt; Änderungen des Wertes von v in der Schleife beeinflussen diese Anzahl nicht. ♦

Oft läßt man in dieser Definition die Lese- und Schreibanweisungen weg. Man unterstellt dann, daß bestimmte Variable $v \in \mathcal{V}$ zu Beginn und Ende der Programmausführung die Eingaben und Ergebnisse enthalten.

Eine bedingte Anweisung

if $v \neq 0$ then A end

mit einem while- bzw. loop-Programm A läßt sich in einer while-Sprache wiedergeben durch

v' := v;

v'' := 0;

while v' loop v'' := 1; v' := v' - 1 end;

while v'' loop A; v'' := v'' - 1 end;

wenn v', v'' Variable sind, die bisher noch nicht im Programm vorkommen.

Aufgabe 11.11: Geben Sie bedingte Anweisungen in einer loop-Sprache wieder.

Aufgabe 11.12: Geben Sie Ersetzungen für die zweiseitige bedingte Anweisung if $v \rho 0$ then A_1 else A_2 end für Relationen $\rho \in \{=, \neq, >, \geqslant, <, \leqslant\}$ an.

Alle Programme in while- und loop-Sprachen lassen sich leicht in SATHER-Programme, allerdings mit unbeschränkter Wortlänge für die Variablen, umformen. Daher ergibt sich aus Satz 11.4 der nachfolgende Satz.

Satz 11.6 (***Berechenbarkeit von while- und loop-Programmen***):
Gegeben sei eine Funktion $f: M \to \mathbb{N}$ und ein Programm P in einer while- oder loop-Sprache, das bei Eingabe eines $x \in M$ mit der Ausgabe $f(x)$ terminiert. Dann ist f berechenbar.

Aufgabe 11.13: Beweisen Sie diesen Satz unmittelbar durch Simulation von while- und loop-Programmen auf einer SRAM unter Verwendung von 11.3.

Wir werden in Bd. III zeigen, daß umgekehrt auch alle berechenbaren Funktionen durch while-Programme berechenbar sind. Für loop-Programme gilt diese Umkehrung nicht.

11.7 Anmerkungen und Verweise

Die Befehlssequenzen und die Aussagen zur Speicherabbildung in 11.4 sind schematisch gemeint: Man *kann* die jeweilige Aufgabe so lösen, es gibt aber zahlreiche andere Alternativen, die im Einzelfall besser sein können. Insbesondere hängt die tatsächliche Lösung vom jeweils verwandten Prozessor und dem Speichersystem des Rechners ab. Die Lösungsalternativen werden in Vorlesungen über Systemprogrammierung, Betriebssysteme und Übersetzerbau behandelt. Für die Lösung einer Aufgabe mit Hilfe höherer Programmiersprachen kommt es nicht auf die Kenntnis der konkreten Implementierung an. Man muß die grundsätzlichen Implementierungsmethoden kennen, da Programmiersprachen nur Aussagen über die funktionalen Eigenschaften einer Problemlösung erlauben; die Effizienz einer Lösung hängt aber von zahlreichen weiteren Eigenschaften ab, von denen wir hier einige vorgestellt haben.

Die Einzelheiten über die Befehle von Prozessoren und die Eigenschaften des Speichersystems entnimmt man den Prozessorbeschreibungen der Hardwarehersteller. Für eine Übersicht über Verfahren zur Speicherbereinigung vergleiche der Leser etwa (JONES und LINS, 1996).

Die Begriffe *RAM* und *SRAM*, wie wir sie hier verwenden, stammen aus der Algorithmentheorie und bilden in der theoretischen Informatik eine (mögliche) Grundlage des Berechenbarkeitsbegriffs sowie die Grundlage des O-Kalküls, den wir in 7.1.1 einführten, vgl. etwa (SCHÖNING, 1997).

Eine Simulation eines Algorithmus durch einen anderen im Sinne von 11.6.1 ist eigentlich eine Übersetzung von einer Programmiersprache in eine andere. In der praktischen Informatik verstehen wir hingegen unter der Simulation eines Systems zumeist die Ausführung eines Programms, mit dem wir bestimmte Eigenschaften des dynamischen Verhaltens dieses Systems ermitteln können.

Kapitel 12
Algorithmenkonstruktion II

Wir knüpfen an Kap. 7 an und stellen weitere Verfahren zur Algorithmenkonstruktion vor. Bei *Teile-und-Herrsche* und bei *gierigen Algorithmen* ging es um die Methodik des Zerlegens von Problemen und ihrer Daten. Jetzt behandeln wir Verfahren, die sich vor allem mit der geschickten Wahl von Datenstrukturen und der Bewertung von Operationsfolgen auf diesen Datenstrukturen beschäftigen.

12.1 Dynamisches Programmieren

Beim **dynamischen Programmieren** setzt man Lösungen eines Problems aus Teillösungen zusammen und reduziert dabei den Aufwand, indem man Zwischenergebnisse später wiederverwendet, statt sie jeweils neu zu berechnen.

Beispiel 12.1: Die Fibonacci-Zahlen $F_0 = 0$, $F_1 = 1$, $F_n = F_{n-1} + F_{n-2}$ für $n \geqslant 2$ können wir durch folgende rekursive Prozedur berechnen:

```
1 fib1(n: INT): INT is
2   -- Vor: n ⩾ 0
3   if n=0 then res := 0
4   elsif n=1 then res := 1
5   else res := fib1(n-1) + fib1(n-2)
6   end
7 end; -- fib1
```

Die Anzahl der Additionen in Zeile 5 übersteigt dabei F_n, wie man folgenden Aufwandsgleichungen entnimmt:

$$T(0) = 0, \; T(1) = 0, \; T(n) = 1 + T(n-1) + T(n-2) \text{ für } n \geqslant 2 \quad (12.1)$$

Den Aufwand für die Tests, die rekursiven Aufrufe und die Subtraktionen $n-1$ und $n-2$ haben wir dabei nicht berücksichtigt. Das Programm 12.1 reduziert den Aufwand für $n \geqslant 2$ auf $n-1$ Additionen, weil wir uns in den Variablen fi1 und fi2 die Werte von F_{i-1} und F_{i-2} merken. ♦

Aufgabe 12.1: Beweisen Sie die Korrektheit von Programm 12.1. Wie lautet die Schleifeninvariante?

Programm 12.1: Berechnung der Fibonacci-Zahlen

```
fib2(n: INT): INT is
  -- Vor: n ⩾ 0
  fi1,fi2,m: INT;
  if n=0 then res := 0
  elsif n=1 then res := 1
  else fi1 := 1; fi2 := 0;
    loop constant i: INT := 2.upto!(n); m := fi1 + fi2; fi2 := fi1; fi1 := m end;
    res := m
  end
end; -- fib2
```

Das Beispiel zeigt folgende Vorgehensweise:

1. Spezifiziere Teilergebnisse, die zum Gesamtergebnis beitragen.
2. Berechne diese Teilergebnisse und merke sie. Dabei können frühere Teilergebnisse überschrieben werden, wenn sie wie in Programm 12.1 nicht mehr benötigt werden.
3. Berechne das Gesamtergebnis unter Rückgriff auf die Teilergebnisse.

Beim dynamischen Programmieren wird also Rechenzeit eingespart und dafür Speicher zum Merken von Teilergebnissen ausgegeben. Im Einzelfall muß man berücksichtigen, daß die Beschaffung von und der Zugriff auf den Speicher, z. B. wegen Seitentransporten vom Hintergrundspeicher, ebenfalls Zeitaufwand verursachen kann, der in die Gesamtrechnung eingehen muß.

12.1.1 Berechnung von Binomialkoeffizienten

Beispiel 12.2: Der Binomialkoeffizient $\binom{n}{k} = \frac{n!}{k!(n-k)!}$ läßt sich für $n \geqslant k \geqslant 1$ mit $2n - 1$ Multiplikationen und einer Division berechnen. Da $k!$ und $(n - k)!$ bei der Berechnung von $n!$ als Zwischenergebnisse anfallen, genügen $n - 1$ Multiplikationen. Dieses Ergebnis dynamischen Programmierens läßt sich mit $m = \min(k, n - k) \leqslant \frac{n}{2}$ und $\binom{n}{k} = \frac{n(n-1)\cdots(n-m+1)}{m!}$ noch weiter verbessern. ♦

Auch in der Form $\binom{n}{k} = \frac{n(n-1)\cdots(n-k+1)}{k!}$ können wir mit 32 Binärstellen maximal $\binom{17}{8} = 24310$ berechnen; bei größerem n müßten wir zu Langzahlarithmetik übergehen. Der maximale, mit 32-stelligen Zahlen darstellbare Binomialkoeffizient ist allerdings $\binom{33}{17} = 1\,166\,803\,110$. Um auch diesen mit ganzen Zahlen einfacher Länge zu berechnen, benutzen wir die dem Pascalschen Dreieck aus Abb. 12.1 zugrundeliegende Formel.

$$\binom{n}{k} = \binom{n-1}{k} + \binom{n-1}{k-1}, \tag{12.2}$$

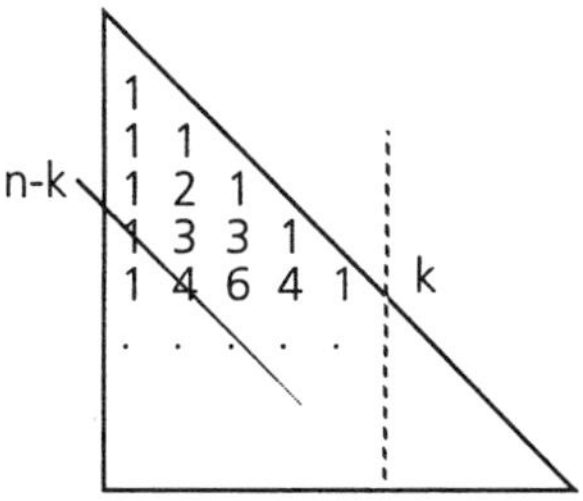

Abbildung 12.1: PASCALsches Dreieck

Den „Einzugsbereich" der Berechnung von $\binom{n}{k}$ haben wir gestrichelt; nur der Teil des Dreiecks im Einzugsbereich muß berechnet werden. Dies leistet folgende Klasse:

```
1  class BINOMIAL is
2    a: ARRAY[*,*](INT);
3    binomial (n,k:INT):INT is
4    -- Vor: n ⩾ k ⩾ 0
5      if k>n-k then k := n-k end;
6      if k=0 then res := 1
7      elsif k=1 then res := n
8      else
9        if a[n,k] = 0
10       then a[n,k] := binomial(n-1,k) + binomial(n-1,k-1);
11       end;
12       res := a[n,k]
13     end;
14   end; -- binomial
15 end; -- BINOMIAL
```

Hier muß a vorher durch #ARRAY[n+1,m+1](INT) mit m $\geqslant$ k initialisiert werden. Inklusive Rekursionen führt Z. 10 zu höchstens $(n - k)(k - 1)$ Additionen. Allerdings verschwindet der Laufzeitvorteil für $n \geqslant 12$ wegen der exponentiellen Anzahl der rekursiven Aufrufe von binomial. Vereinfachen wir binomial jedoch zu Programm 12.2, in dem die anfallenden Zwischenergebnisse $\binom{i}{j}$ mit $n \geqslant i \geqslant j$

Programm 12.2: Binomialkoeffizienten und Pascalsches Dreieck

```
binomial(n: INT) is
-- Vor: n ⩾ 0
  a[0,0] := 1;
  a[1,0] := 1; a[1,1] := 1;
  loop constant i: INT :=2.upto!(n);
    a[i,0] := 1; a[i,i] := 1;
    loop constant k: INT :=1.upto!(i-1); a[i,k] := a[i-1,k-1] + a[i-1,k] end;
  end
end; -- binomial
```

gespeichert werden, so ist die Berechnung von $\binom{n}{k}$ stets schneller als das ursprüngliche multiplikative Verfahren in Beispiel 12.2 und für alle $n \geqslant 8$ schneller als die rekursive Berechnung von (12.2). Abb. 12.2 zeigt einige experimentiell ermittelten Werte für die Laufzeit der verschiedenen Berechnungsmethoden.

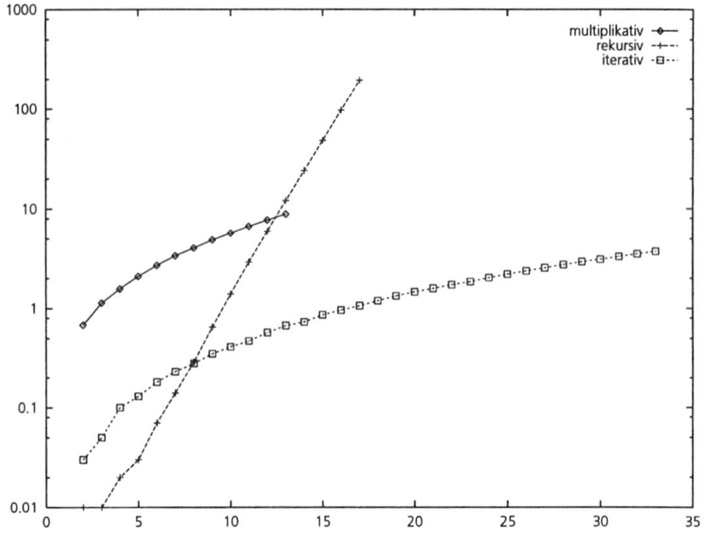

Abbildung 12.2: Aufwand verschiedener Berechnungen von $\binom{n}{k}$

12.1.2 Optimale Klammerung von Matrixprodukten

Gegeben seien n Matrizen A_i, $i = 1, \ldots, n$, der (unterschiedlichen) Größe $d_{i-1} \times d_i$. Unter Ausnutzung des Assoziativgesetzes möchten wir das Matrixprodukt $A_1 \cdots A_n$ so klammern, daß es mit möglichst wenig skalaren Multiplikationen ausgewertet werden kann. Es handelt sich um ein Optimierungsproblem mit einer Bewertungsfunktion $w_{i,j} = f(A_i, \ldots, A_j)$, $1 \leqslant i \leqslant j \leqslant n$, nämlich der Anzahl der skalaren Multiplikationen für das Produkt $A_i \cdots A_j$.

Für $d_0 = 2, d_1 = 3, d_2 = 5, d_3 = 4$ liefert $A_1 \cdot A_2$ eine 2×5 Matrix; dafür benötigen wir $d_0 d_1 d_2 = 30$ Multiplikationen; das Produkt $(A_1 \cdot A_2) \cdot A_3$ ergibt sich mit weiteren 40 skalaren Multiplikationen. Hingegen benötigen wir für $A_1 \cdot (A_2 \cdot A_3)$ insgesamt $60 + 24 = 84$ Multiplikationen.

Eine optimale Klammerung teilt das Matrixprodukt für ein $1 \leqslant k < n$ in $A_1 \cdots A_n = (A_1 \cdots A_k) \cdot (A_{k+1} \cdots A_n)$, wobei $A_1 \cdots A_k$ und $A_{k+1} \cdots A_n$ ebenfalls optimal geklammert sein müssen. Die Klammerung hat die Bewertung $w_{1,k} + w_{k+1,n} + d_0\, d_k\, d_n$. Die Wahl von k muß diese Summe minimieren. k ist anfangs nicht bekannt, daher ist *Teile-und-Herrsche* nicht anwendbar.

Die Werte $w_{i,j}$ kann man schrittweise aus

$$w_{i,j} = \begin{cases} 0, & \text{falls } i = j \\ \min\limits_{k=i..j-1} (w_{i,k} + w_{k+1,j} + d_{i-1}\, d_k\, d_j), & \text{falls } i < j \end{cases} \qquad (12.3)$$

berechnen. Entsprechend Schritt 1 unseres Schemas für das dynamische Programmieren interessieren wir uns für den Wert $k_{\min}$, für den $w_{1,n}$ minimal wird, dann für die Werte von k, die $w_{1,k}$ und $w_{k+1,n}$ minimieren usw. Schritt 2 verlangt, daß wir diese Teilergebnisse berechnen und uns merken. In Gl. (12.3) gilt immer, daß $j - i \geqslant \max(k - i, j - k - 1)$. Wir können die $w_{i,j}$ also in der Reihenfolge aufsteigender Werte der Differenz $j - i$ berechnen. Merken wir uns diese Werte in einer Matrix w und notieren in einer weiteren Matrix $kmin$ einen zu $w_{i,j}$ gehörigen minimalen k-Wert $kmin_{i,j}$, so erhalten wir durch sukzessives Ausfüllen beider Matrizen schließlich auch $w_{1,n}$ und den zugehörigen k-Wert.

Da wir die Matrizenmultiplikationen (noch) nicht ausführen, sondern nur die Klammerung bestimmen wollen, genügt als Eingabe die Reihung $d = \{d_0, \ldots, d_n\}$. Damit ergibt sich Programm 12.3. Den Fall $k = 0$ haben wir aus der zentralen Schleife herausgenommen, um eine Abfrage zu sparen.

Programm 12.3: Optimale Klammerung von Matrixprodukten

```
matrixkette(d: ARRAY[*](INT); & w, kmin: ARRAY[*,*](INT)) is
  j,n,q: INT;
  n := d.asize0-1;
  w := #ARRAY[n+1,n+1](INT);      -- w,kmin nur mit Indizes
  kmin := #ARRAY[n+1,n+1](INT);   -- 1 <= i,j <= n benutzt.
  loop constant i: INT := 1.upto!(n); w[i,i] := 0 end;
  loop constant h: INT := 1.upto!(n-1);
    loop constant i: INT := 1.upto!(n-h);
      j := i+h;
      w[i,j] := INT :: max;
      loop constant k: INT := i.upto! (j-1);
        q := w[i,k] + w[k+1,j] + d[i-1]*d[k]*d[j];
        if q < w[i,j] then w[i,j] := q; kmin[i,j] := k end
      end
    end
  end
end; -- matrixkette
```

Die drei geschachtelten Schleifen haben eine Laufzeit $\Theta(n^3)$. Die optimale Klammerung ergibt sich aus der Matrix kmin. w liefert die Anzahl der benötigten skalaren Multiplikationen.

Dieses Beispiel zeigt alle charakteristischen Elemente des dynamischen Programmierens: Eine optimale Lösung setzt sich aus optimalen Teillösungen zusammen. Es ist aber nicht *a priori* bekannt, welche Teillösungen optimal sind.

Wenn man die Teillösungen rekursiv mit einem *Teile-und-Herrsche*-Verfahren berechnen wollte, würde man viele Berechnungen mehrfach durchführen, was im allgemeinen zu exponentiellem Zeitaufwand führt. Daher merken wir uns schon berechnete Lösungen in einer Reihung.

Aufgabe 12.2: Studieren Sie die Wirkungsweise von matrixkette am Beispiel der Eingabe d $= \{4, 2, 3, 1, 2, 2, 3\}$. Wieso haben wir w[i,j] mit max initialisiert? Sind die Ergebnisse kmin[i,j] eindeutig bestimmt? Verifizieren Sie die Prozedur matrixkette.

Aufgabe 12.3 (Catalansche Zahlen): Die Anzahl b_n der möglichen Klammerungen von n Matrizen ist gleich der Anzahl der verschiedenen Binärbäume mit n Blättern.

1. Beweisen Sie diese Behauptung.
2. Es gilt $b_0 = 1$ und $b_n = \sum_{k=0}^{n-1} b_k b_{n-1-k}$ für $n \geqslant 1$.
3. Mit $B(x) = \sum_{n=0}^{\infty} b_n x^n$ gilt $B(x) = xB^2(x) + 1$ und daher
$$B(x) = \frac{1}{2x}(1 - \sqrt{1 - 4x}). \tag{12.4}$$
Hinweis: Für die Herleitung ist die Konvergenz der Reihe unwichtig.
4. Die b_n sind die Koeffizienten der Taylorreihe von $B(x)$ um $x = 0$. Es gilt
$$b_n = \frac{1}{n+1}\binom{2n}{n} = \frac{4^n}{n\sqrt{\pi n}}(1 + O(1/n)). \tag{12.5}$$

$B(x)$ heißt eine **erzeugende Funktion** für die **Catalanschen Zahlen** b_n.

12.1.3 Zerteilung kontextfreier Sprachen

Algorithmen zur syntaktischen Analyse höherer Programmiersprachen benötigen linearen Aufwand, gemessen an der Summe aus Anzahl n der Eingabesymbole und maximaler Tiefe des Ableitungsbaumes. Sie verarbeiten aber nur deterministische kontextfreie Grammatiken. Für beliebige, z. B. auch mehrdeutige, kontextfreie Grammatiken gibt es eine Reihe von Algorithmen mit kubischem Aufwand $O(n^3)$.

Unter diesen wendet der Algorithmus von Cocke, Kasami und Younger dynamisches Programmieren ohne Optimalitätskriterium an: Optimalität wird ersetzt durch die Forderung, daß es eine Ableitung $Z \Rightarrow BC$ aus dem Zielsymbol Z der Grammatik gibt, die zu den nichtterminalen Symbolen B und C führt, aus denen man den Eingabetext nach geeigneter Unterteilung ableiten kann.

Definition 12.1 (Chomsky-Normalform): Eine ε-freie kontextfreie Grammatik $G = (\Sigma, N, P, Z)$ befindet sich in **Chomsky-Normalform**, wenn alle Produktionen in P die Form $A ::= BC$ oder $A ::= a$ mit $B, C \in N, a \in \Sigma$ haben.

Aufgabe 12.4: Zeigen Sie, daß es zu jeder ε-freien, kontextfreien Grammatik G eine strukturäquivalente Grammatik G' in Chomsky-Normalform gibt. Anleitung: Verwenden Sie die Technik, die wir in Bd. I, 1.6.3, zur Umformung von CH-1-Grammatiken in kontextsensitive Produktionen nutzten.

Sei G in Chomsky-Normalform. Ein Wort $x_1 \cdots x_n \in \Sigma^*$ gehört genau dann zu $L(G)$, wenn entweder $n = 1$ und $Z ::= x_1$ eine Produktion von G ist, oder, wenn es eine Produktion $Z ::= BC$ und ein $1 \leqslant j < n$ gibt, so daß $B \overset{*}{\Rightarrow} x_1 \cdots x_j$ und $C \overset{*}{\Rightarrow} x_{j+1} \cdots x_n$. In Analogie zur Matrixkette berechnen wir Mengen $V_{i,j} = \{C \in N \mid C \overset{*}{\Rightarrow} x_i \cdots x_j\}$ von Nichtterminalen, die die Rolle unserer früheren Matrix w übernehmen. V läßt sich rekursiv definieren:

$$V_{i,j} = \begin{cases} \{B \mid B ::= x_i \in P\}, & \text{falls } i = j \\ \bigcup_{k=i}^{j-1} \{B \mid B ::= CD \in P,\ C \in V_{i,k},\ D \in V_{k+1,j}\}, & \text{falls } i < j. \end{cases}$$

Dann gilt $x_1 \cdots x_n \in L(G) \Leftrightarrow Z \in V_{1,n}$. Also berechnet das Programm 12.4, ob ein Wort zur Sprache gehört.

Programm 12.4: Algorithmus von COCKE, KASAMI und YOUNGER

```
in_Sprache(x: STRING; G: GRAMMATIK): BOOL is
  -- Vor: G = (Σ, N, P, Z) in Chomsky-Normalform, x terminale Zeichenreihe
  constant n: INT := x.length-1;
  V: ARRAY[n+1,n+1](MENGE(N)); -- V[i, j] ⊆ N
  loop constant i: INT := 0.upto!(n); V[i,i] := {B | B ::= x[i] ∈ P} end;
  loop constant j: INT := 1.upto!(n);
    loop constant i: INT := 0.upto!(j-1);
      V[i,j] := ∅;
      loop constant k: INT := (j-1).downto!(0);
        V[i,j] := V[i,j] ∪ {B | B ::= CD ∈ P, C ∈ V[i, k], D ∈ V[k + 1, j]}
      end
    end
  end;
  res :- Z ∈ V[0,n]
end
```

Da alle Mengenoperationen bezogen auf die Länge n der Eingabe in konstanter Zeit durchgeführt werden können, ist der Zeitaufwand $\Theta(n^3)$.

Aufgabe 12.5: Wie könnte man die Klasse GRAMMATIK und die Mengenoperationen implementieren? Bestimmen Sie den Zeitaufwand unter Berücksichtigung des Umfangs der Mengen N und P der Grammatik G genauer.

Beispiel 12.3: Gegeben sei die Grammatik mit den Produktionen

$$Z ::= AB \mid BC, \quad A ::= BA \mid a, \quad B ::= CC \mid b, \quad C ::= AB \mid b.$$

Für das Wort *baabb* ergibt sich die folgende Matrix V:

i,j	0	1	2	3	4
0	$\{B,C\}$				
1	$\{A\}$	$\{A\}$			
2	$\emptyset$	$\emptyset$	$\{A\}$		
3	$\emptyset$	$\emptyset$	$\{Z,C\}$	$\{B,C\}$	
4	$\{Z,B,C\}$	$\{Z,C\}$	$\{Z,B,C\}$	$\{Z,B\}$	$\{B,C\}$

baabb kann also aus den Nichtterminalen Z, B und C abgeleitet werden. Die Ableitungen aus dem Ziel Z lauten

$Z \Rightarrow AB \Rightarrow BAB \Rightarrow BACC \Rightarrow BAABC \overset{*}{\Rightarrow} baabb$ und

$Z \Rightarrow BC \Rightarrow BAB \Rightarrow BACC \Rightarrow BAABC \overset{*}{\Rightarrow} baabb.$ ♦

12.2 Amortisierte Analyse

In Beispiel 9.1, S. 77, hatten wir den mittleren Aufwand $\Theta(1)$ für die Erzeugung der nächsten Permutation bestimmt. Es gibt also keinen *wesentlich* besseren Algorithmus. Bei der Implementierung von Mengen hatten wir in 10.4.2.1 erörtert, daß die Häufigkeit bestimmter Operationen die Wahl von Mengenimplementierungen beeinflußt. Speziell die Konstruktion der ausgewogenen AVL-Bäume in 10.4.2.9 illustriert das Prinzip, daß zusätzlicher Aufwand bei bestimmten Operationen im Mittel, nämlich durch Einsparungen bei weiteren Operationen, den Aufwand senkt.

Die genannten Beispiele benutzen das Grundprinzip der **amortisierten Analyse:** Ist $T(n)$ die Summe des Aufwands einer Folge von n Operationen, dann ist der mittlere Aufwand einer Operation $T(n)/n$.

Amortisierte Analyse ist keine Konstruktionsmethode im eigentlichen Sinne, sondern eine Methode zur Aufwandsbestimmung, insbesondere für Operationen auf Datenstrukturen. Sie beeinflußt die Konstruktion von Algorithmen, weil wir damit die Qualität der Datenstruktur genau beurteilen können. Zahlreiche Implementierungen von Datenstrukturen erscheinen auf den ersten Blick als ungeeignet; dank amortisierter Analyse stellt sich dann aber heraus, daß sie „auf der Hand liegenden" Lösungen überlegen sind.

Amortisierte Analyse wird in 3 Formen verwendet:

- **Summenanalyse**[1]: Wir bestimmen zuerst den Summenaufwand $T(n)$ von n Operationen und ordnen dann jeder einzelnen Operation den gleichen

1. engl. *aggregate method*.

mittleren Aufwand $T(n)/n$ zu, unabhängig davon, um welche Operation es sich handelt. Erscheint dieser mittlere Aufwand angemessen, so rechtfertigt dies den Einsatz des Algorithmus bzw. der Datenstruktur. Summenanalyse ist das Verfahren, das wir bisher ohne weitere Erwähnung verwandten.

- **Buchhaltungsanalyse**[2]: Bei zusammengesetzten Datenstrukturen *DS* hängen die Kosten einer Operation nicht nur von *DS* insgesamt ab, sondern auch von den Einzelobjekten, aus denen *DS* besteht. In der Buchhaltungsanalyse ordnen wir jedem einzelnen Objekt ein Guthaben zu; bei Operationen mit einem Objekt buchen wir den Aufwand der Operation vom Guthaben dieses Objektes ab. Bestimmte Operationen τ erhöhen das Guthaben um Werte g. Am Ende bilden wir die Summe der zugeordneten Guthaben abzüglich der verbleibenden Restguthaben aller Objekte und schätzen damit den Gesamtaufwand ab. Wegen dieser Differenzbildung kommt es auf die absolute Höhe der Guthaben nicht an.
- **Potentialanalyse:** Wir gehen wie bei der Buchhaltungsanalyse vor, ordnen aber das Guthaben der Datenstruktur als Ganzen zu.

Beispiel 12.4 (Erhöhung eines binären Zählers): Gegeben sei ein k-stelliger binärer Zähler, den wir fortlaufend erhöhen. Er sei durch eine Reihung a: ARRAY[k](BIT) dargestellt. Wir analysieren den Aufwand gemessen in der Anzahl der Bits, die wir ändern. Für die Erhöhung modulo 2^k erhalten wir das Programm 12.5.

Programm 12.5: Erhöhung eines Binärzählers

```
a: ARRAY[k](BIT);
erhöhe is
  i: INT;
  i := 0;
  while i<k and a[i]=1
  loop a[i] := 0; i := i+1 end;
  if i < k then a[i] := 1 end
end; -- erhöhe
```

Für den Zählerwert $2^k - 1$ wird die Schleife k-mal durchlaufen. Im ungünstigsten Fall ist der Aufwand also $\Theta(k)$. Eine Folge von n Erhöhungen könnte also den Aufwand $\Theta(n \cdot k)$ verursachen.

Andererseits kann dies bei n aufeinanderfolgenden Operationen nicht jedes Mal eintreten: Beginnen wir mit dem Zählerwert 0 ($\forall i : a_i = 0$), so ändert sich a_0 bei jedem Aufruf, a_1 jedoch nur bei jedem zweiten, a_2 nur bei jedem vierten Aufruf. Allgemein ändert sich für $i = 0, 1, \cdots, \lfloor \mathrm{ld}\, n \rfloor$ das i-te Bit a_i bei n Aufrufen $\lfloor n/2^i \rfloor$-mal. Die Anzahl der Schleifendurchläufe ist stets um 1

2. engl. *accounting method*.

geringer als die Anzahl der geänderten Bits, außer wenn alle k Bits besetzt sind. Für $i > \operatorname{ld} n$ ändert sich a_i nie. Die Anzahl der Änderungen bei n Aufrufen bei Anfangszählerstand 0 ist also

$$\sum_{i=0}^{\lfloor \operatorname{ld} n \rfloor} \left\lfloor \frac{n}{2^i} \right\rfloor < n \sum_{i=0}^{\infty} \frac{1}{2^i} = 2n. \tag{12.6}$$

Daher gilt $T(n) = O(n)$, und der amortisierte Aufwand jeder einzelnen Operation ist mit Summenanalyse $T(n)/n = O(1)$.

Bei der Buchhaltungsanalyse benutzen wir die Anzahl der bei einem Aufruf geänderten Bits als Kosten. Sie ist der Anzahl der Schleifendurchläufe proportional. Eine Zuweisung $a_i := 1$ erhöht das Guthaben des i-ten Bits um $g = 2$. Aus dem Guthaben können wir für jede Änderung von a_i, nämlich zuerst $a_i := 0$ und später wieder $a_i := 1$, je den tatsächlichen Aufwand 1 bezahlen. Da die Anzahl der auf 1 gesetzten Bits nicht negativ ist, wird das Gesamtguthaben niemals negativ. Die amortisierten Kosten ergeben sich dann wie folgt: In den Schleifendurchläufen wird $a_i := 0$ aus dem Guthaben bezahlt. Die anschließende bedingte Zuweisung stockt das Guthaben außer für $i = k$ um 2 auf; davon wird sofort wieder der Aufwand 1 abgezogen. Für n Operationen müssen wir n-mal das Guthaben eines Bits aufstocken. Unsere Gesamtkosten dafür sind $2n$ und wir erhalten den Gesamtaufwand $T(n) = O(2n) = O(n)$.

Bei der Potentialanalyse stellen wir nach der i-ten Operation das Potential $\Phi(i)$ fest und bewerten den Aufwand der Operation mit $\Phi(i) - \Phi(i-1) + c_i$, wobei c_i die tatsächlichen Kosten der Operation sind. $\Phi(i)$ ist dabei eine Abbildung $\Phi : \mathbb{N} \longrightarrow \mathbb{R}$.

Im Beispiel liegt es nahe, $\Phi(i) =$ *Anzahl b_i der 1 im Zähler* zu setzen. Ist t_i die Anzahl der im i-ten Aufruf auf 0 gesetzten Bits, so gilt $c_i \leqslant t_i + 1$ und $\Phi(i) \leqslant \Phi(i-1) - t_i + 1$. Also gilt für den Gesamtaufwand $\tilde{c}_i = c_i + \Phi(i) - \Phi(i-1) \leqslant (t_i + 1) + (1 - t_i) = 2$. Wie bei der Buchhaltungsanalyse schließen wir, daß n Operationen den Aufwand $O(n)$ verursachen. ♦

Aufgabe 12.6: In eine Mehrfachmenge, die mit Programm 10.14 implementiert ist, werden n Elemente aufgenommen und davon p wieder gestrichen, ferner werden k Suchoperationen ausgeführt. Unter welchen Annahmen über k, n und p ist die Aussage von S. 227 richtig, daß der Aufwand für die Erweiterung der Reihung r vernachlässigbar ist?

12.2.1 Datenstrukturen für disjunkte Mengen

Gegeben sei ein ungerichteter Graph G mit endlicher Eckenmenge $E = \{e_i \mid i = 1, \ldots, n\}$ und Kantenmenge K. KRUSKALS Algorithmus aus 7.3.2 liefert $q \leqslant n$ Bäume, die den Zusammenhangskomponenten entsprechen. Wir zeigen, daß bei geeigneter Repräsentation der Bäume der Aufwand $O(|K| \log |K|)$ ist und durch das Sortieren der Kanten nach Gewicht in 7.3.2 verursacht wird. Dazu überlegen wir folgendes: Jede Kante $k \in K$ wird entweder verworfen oder führt zum Zusammenfügen zweier Bäume. Es genügt daher, Operationen find und union für das Verwerfen bzw. Zusammenfügen von Kanten zu finden, die nur einen Aufwand von $O(\log |K|)$ benötigen.

Dazu konstruieren wir die Bäume so, daß jeder Baum der Höhe h mindestens 2^h Ecken und $2^h - 1$ Kanten enthält. Dann gilt $h \leqslant \operatorname{ld} n$ und $h \leqslant \operatorname{ld} |K|$. Wir zeigen ferner, daß der Aufwand der Operationen $O(h)$ ist. Wenn wir in KRUSKALS Algorithmus auf das Sortieren der Gewichte der Kanten verzichten können, z. B., weil alle Gewichte gleich sind, so ist der Aufwand sogar noch geringer und wird in der Praxis linear in der Anzahl m der Operationen, wenn $m > n$ gilt. Leider müssen wir für dieses Ergebnis einen erheblichen analytischen Aufwand betreiben, obwohl die resultierenden Algorithmen recht einfach sind.

Wir verallgemeinern zunächst die Fragestellung:

Gegeben sei eine Menge $E = \{e_i \mid 0 \leqslant i \leqslant n-1\}$. O. B. d. A. nehmen wir an, die Ecken seien ganze Zahlen: $e_i = i$. Es soll eine Sequenz σ von Operationen der Form

1. union(E_i, E_j, E_k): $E_k := E_i \cup E_j, \quad E_i, E_j \subseteq E$.
2. find(i): suche das E_j mit $i \in E_j$.

ausgeführt werden. Die E_i seien paarweise disjunkte Eckenmengen, so daß jedes j in genau einem E_i enthalten ist. Anfangs gelte $E_i = \{i\}$, $i = 0, \ldots, n-1$.

Die Aufgabe ist als *union-find*-Problem bekannt. Durch die Hinzunahme von Kanten mit der Operation union konstruieren wir schrittweise die Zusammenhangskomponenten. Die Kenntnis der Gesamtsequenz σ ist zu Beginn nicht nötig. Solche schrittweise arbeitenden Algorithmen heißen ***online*-Algorithmen**.

Es sei $|\sigma| = m \geqslant n$. Die find-Operationen können den Aufwand der union-Operationen nicht erhöhen. Wir nehmen zunächst an, daß $\sigma = \sigma'\sigma''$ gilt und die Anfangssequenz σ' aus allen union-Operationen aus σ besteht. Es gilt $m' = |\sigma'| < n$.

Aufgabe 12.7: Zeigen Sie, daß die maximale Anzahl von union-Operationen $n - 1$ ist.

Wir fassen jede Menge E_i als einen Baum wie in Abb. 12.3 auf und benutzen die Wurzel w_i des Baumes als Repräsentanten der Menge E_i: die Operation find(i) liefert die Wurzel w_i als Ergebnis; zwei Ecken gehören zur gleichen Menge, wenn find die gleiche Wurzel liefert. h_i bezeichne die Höhe des Baumes mit Wurzel i.

Wir stellen die Bäume mit zwei Reihungen e, h: ARRAY$[n]$(INT) dar. e nimmt die Verweise auf den Vorgänger im Baum auf; eine Wurzel besitzt keinen Vorgänger und wird durch $e_i = i$ charakterisiert. h_i wird nur für Baumwurzeln

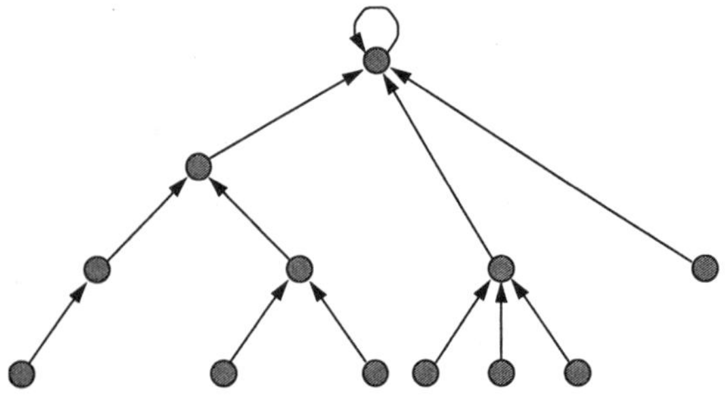

Abbildung 12.3: Baum in der union-find-Struktur

definiert und bezeichnet die Höhe des Baumes, d. h. die Länge der längsten Kette, die auf diese Wurzel verweist. Am Anfang sind alle Mengen E_i einelementig; die Elemente sind Baumwurzeln von Bäumen der Höhe 0. e, h werden daher initialisiert mit

```
loop constant i: INT := 0.upto!(n-1); e[i] := i; h[i] := 0 end
```

Die Operationen find und union lauten dann

```
find(i: INT): INT is
-- Vor: i ist Eckennummer
-- Nach: Ergebnis ist Eckennummer der Wurzel des Baumes zu i
  j: INT := i;
  while e[j] /= j loop j := e[j] end;
  res := j
end; -- find
union(i,j: INT): INT is
-- Vor: i,j, Eckennummern, die zu disjunkten Mengen gehören
-- Nach: Ergebnis ist Eckennummer der Wurzel des zusammengefügten Baumes
  -- finde Wurzeln:
  i := find(i); j := find(j);
  -- hänge Baum i an Baum j:
  e[i] := j; res := j;
  -- korrigiere Höhe:
  if h[i] >= h[j] then h[j] := h[i] + 1 end
end; -- union
```

Aufgabe 12.8: Beweisen Sie die Korrektheit dieser beiden Prozeduren. Zeigen Sie, daß der Aufwand $T_{\text{find}} = O(1 + h_i)$ und der Aufwand $T_{\text{union}} = O(1 + \max(h_i, h_j))$ beträgt, wo h_i die Höhe des entsprechenden Baumes ist.

Die union-Operationen könnten so unglücklich aufeinander folgen, daß die Bäume lineare Ketten der maximalen Länge und Höhe $n - 1$ sind. Der ungünstigste Aufwand für die union-Sequenz σ' ist daher $T_{\sigma'} = O(m' \cdot n)$.

Um ihn zu vermindern, setzen wir die Techniken des **Höhenabgleichs** und der **Pfadverkürzung** ein: Beim Höhenabgleich hängen wir jeweils den Baum geringerer Höhe an den anderen an; die Höhe steigt dann nur noch, wenn beide Bäume gleich hoch sind. Zur Pfadverkürzung verdoppeln wir den Aufwand von find: Nachdem wir die Wurzel gefunden haben, tragen wir sie in einem zweiten Durchlauf als Vorgänger aller Ecken ein, die wir durchlaufen haben. Abb. 12.4 zeigt das Ergebnis der Pfadverkürzung für die Ecke *i*. Die endgültigen Prozeduren sehen wir in Programm 12.6.

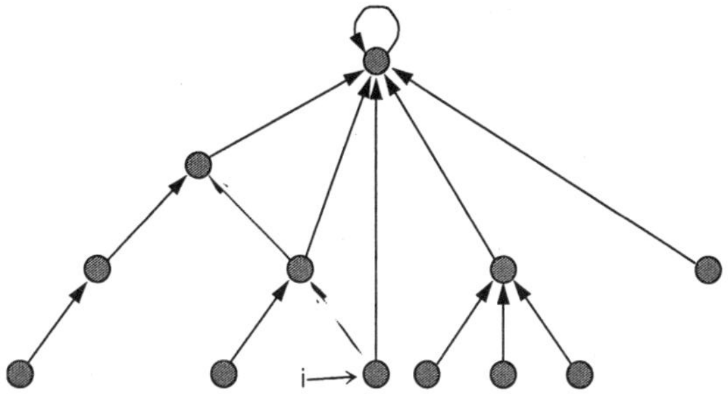

Abbildung 12.4: Baum in der union-find-Struktur nach Pfadverkürzung

Programm 12.6: find und union mit Höhenabgleich und Pfadverkürzung

```
find(i: INT): INT is
-- Vor: i ist Eckennummer
-- Nach: Ergebnis ist Eckennummer der Wurzel des Baumes zu i
  j: INT := i; k: INT;
  while e[j] /= j loop j := e[j] end;
  res := j;
  while e[i] /= i loop k := e[i]; e[i] := j; i := k end
end; -- find
union(i,j: INT): INT is
-- Vor: i,j, Eckennummern, die zu disjunkten Mengen gehören
-- Nach: Ergebnis ist Eckennummer der Wurzel des zusammengefügten Baumes
  -- finde Wurzeln:
  i := find(i); j := find(j);
  -- hänge kleineren Baum an den Größeren:
  if h[i] < h[j] then e[i] := j; res := j
  else e[j] := i; res := i;
    -- korrigiere Höhe:
    if h[i] = h[j] then h[j] := h[j] + 1 end
  end;
end; -- union
```

Aufgabe 12.9: Zeigen Sie die Korrektheit der Prozeduren in Programm 12.6, insbesondere, daß die Vorgängerverweise und Höhen richtig gesetzt werden.

Aufgabe 12.10: Statt wie in Programm 12.6 könnten wir in find auf dem ersten Weg nach oben auch die Zeiger wie in Abb. 12.5 umkehren. Die zweite Schleife läuft dann diesen Weg zurück und ersetzt dabei die Verweise. Geben Sie eine Implementierung von find mit dieser Technik der **Zeigerumkehr** an.

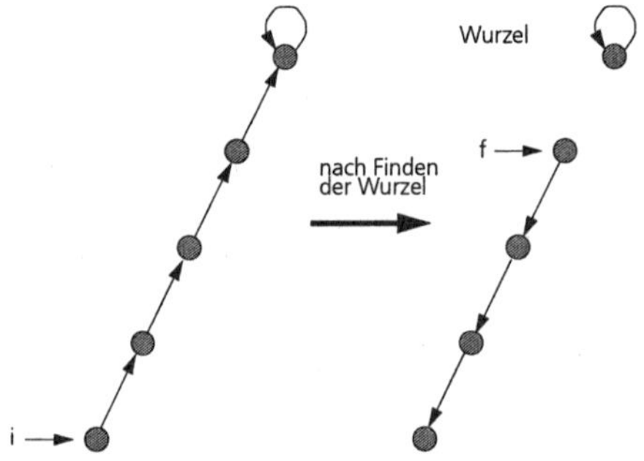

Abbildung 12.5: Zeigerumkehr am Beispiel find

Wir analysieren zunächst den Aufwand T_{union} mit Höhenabgleich, aber ohne Pfadverkürzung. Im Einzelfall beträgt er immer noch $T_{\text{union}} = O(1+\max(h_i, h_j))$. Wir haben also scheinbar noch nichts gewonnen. Die Höhe eines Ergebnisbaumes B erhöht sich aber nur noch, wenn beide Einzelbäume B', B'' gleiche Höhe haben. Durch vollständige Induktion beweisen wir:

Lemma 12.2: *Für die Anzahl $|B|$ der Ecken eines Baumes der Höhe h gilt bei* union *mit Höhenabgleich $|B| \geqslant 2^h$.*

Die Behauptung ist für $h = 0$, $2^h = 1$ richtig. Gilt sie für ein vorgegebenes h, so wird bei der Erhöhung in Z. 18 von Programm 12.6 Höhe$(B) = h + 1$ und $|B| = |B'| + |B''| \geqslant 2^h + 2^h = 2^{h+1}$ nach Induktionsvoraussetzung. ♦

Da auf jeden Fall $|B| \leqslant n$ gilt, ist die maximale Höhe $h_{\max} \leqslant \operatorname{ld} n$, und daher

$$T_{\text{union}} = O(\operatorname{ld} n).$$

Für die Folge σ' aller union-Operationen gilt $T_{\sigma'} = m' \cdot T_{\text{union}} = O(n \log n)$. Kruskals Algorithmus erfordert also höchstens den Aufwand $O(q \log q)$ mit $q = \max(n, |K|)$.

Zur Vorbereitung der weiteren Analyse studieren wir die Höhen h_i und die Anzahl der Bäume einer bestimmten Höhe genauer. Zu Beginn sind alle Ecken Baumwurzeln. Daher ist h_i für alle Ecken i definiert. Während der Operationen der Sequenz σ wird h_i eventuell durch eine union-Operation erhöht, aber nur, solange i noch Wurzel eines Baumes ist. Sobald die Ecke i durch die Zuweisung e_i := j in Z. 15 unseres Programms die Eigenschaft *Wurzel* verliert, hat h_i seinen endgültigen Wert höhe$_\sigma(i)$ erreicht und wird nicht mehr verändert. Wir nennen dann i eine Ecke der Höhe $r =$ höhe$_\sigma(i)$.

Aufgabe 12.11: Zeigen Sie, daß $\text{höhe}_\sigma(i)$ nur von den union-Operationen abhängt. Die Ausführung von find-Operationen, ob mit oder ohne Pfadverkürzung, ändert $\text{höhe}_\sigma(i)$ nicht.

Lemma 12.3: *Zu jedem σ und $r \leqslant \operatorname{ld} n$ gibt es höchstens $n/2^r$ Ecken i mit $\text{höhe}_\sigma(i) = r$.*

Nach Lemma 12.2 enthalten Bäume der Höhe r mindestens 2^r Ecken. Die Bäume zweier verschiedener Ecken i, j der gleichen Höhe sind disjunkt. Daher kann es höchstens $n/2^r$ solche Ecken und Bäume geben. ♦

Lemma 12.4: *Wenn während der Ausführung einer Operationsfolge σ i zum Unterbaum von j wird, dann gilt $\text{höhe}_\sigma(i) < \text{höhe}_\sigma(j)$ für $i \neq j$.*

Aufgabe 12.12: Beweisen Sie Lemma 12.4.

Mit Pfadverkürzung sinkt der Aufwand noch weiter.

Für diese Aussage benötigen wir den **iterierten Logarithmus**

$$\log^* n = \begin{cases} n & \text{für} \quad n \leqslant 1 \\ 1 & \text{für} \quad n = 2 \\ 1 + \log^*(\lfloor \operatorname{ld} n \rfloor) & \text{für} \quad n > 2 \end{cases}$$

Für $n \geqslant 1$ gilt $\log^* n = \min\{k : F(k) \geqslant n\}$ mit

$$\begin{aligned} F(0) &= 1, \\ F(k+1) &= 2^{F(k)}, \end{aligned} \tag{12.7}$$

also $F(0) = 1, F(1) = 2, F(3) = 4, F(4) = 16, \ldots$.

Tabelle 12.1: Werte von $\log^* n$

$\log^* n$	0	1	1	2	3	4	5
n	0	1	2	4	16	65536	2^{65536}

Satz 12.5: *Mit Höhenabgleich und Pfadverkürzung verursacht eine Folge σ von m union- und find-Operationen einen Zeitaufwand $T_\sigma = O(m \log^* n)$.*

Nach Tab. 12.1 gilt praktisch stets $\log^* n < 5$. Der Satz besagt also, daß der Aufwand in der Praxis linear in der Anzahl der Operationen ist.

Beweis: union besteht aus einem Teil mit konstantem Aufwand O(1) und 2 find-Operationen. Eine Sequenz σ mit m' union-Operationen führt $\bar{m} = 2m' + (m - m') = m + m'$ find-Operationen aus. Zum Beweis des Satzes müssen wir $T_\sigma = O(m' + \bar{m} \cdot \log^* n) = O(\bar{m} \cdot \log^* n)$ zeigen, wobei $O(\bar{m} \cdot \log^* n)$ der Gesamtaufwand aller find-Operationen ist; wir beschäftigen uns daher nur noch mit find und setzen amortisierte Analyse ein.

Man beachte, daß Aussagen wie $T_\sigma = O(\bar{m} \cdot T_{\text{find}})$ nicht angemessen sind. Wir machen keine Aussage über T_{find}, sondern über eine Folge von $\bar{m}$ find-Operationen. Im Einzelfall könnte T_{find} größer sein; nur im Mittel ergibt sich der Aufwand $O(\log^* n)$.

Sei $v = (v_0, v_1, \ldots, v_k)$ ein find-Pfad, der bei einer find-Operation von der Ecke v_0 zur Wurzel v_k gegangen wird. Die Grundidee der Analyse besteht darin, allen Ecken von v außer der Wurzel Kosten zuzuordnen, die den Schleifendurchläufen in find entsprechen; diese Kosten summieren wir über alle find-Pfade, die in σ vorkommen, und zeigen, daß diese Summe $\leqslant \bar{m} \cdot \log^* n$ ist. Daraus folgt die Behauptung von Satz 12.5.

Wir betrachten zwei Kostenarten, Gruppenkosten und Pfadkosten, und teilen dazu die Höhen $r = \text{höhe}_\sigma(i)$ in *Höhengruppen* ein: Die Höhe r wird der Höhengruppe $G(r) = \log^* r$ zugeordnet. Es gilt $G(0) = 0$, $G(1) = G(2) = 1$, $G(3) = G(4) = 2$, $G(5) = \cdots = G(16) = 3$, usw. Wegen $\text{höhe}_\sigma(i) \leqslant \text{ld}\, n$ ist $\log^*(\lfloor \text{ld}\, n \rfloor) = \log^* n - 1$ die größte vorkommende Höhengruppe.

Den Ecken v_i des Pfades $v = (v_0, v_1, \ldots, v_k)$ ordnen wir nun Kosten zu, so daß der Gesamtpfad Kosten $2k$ entsprechend der Anzahl der Schleifendurchläufe in find trägt:

1. Der Wurzel v_k werden keine Kosten zugeordnet.
2. Wenn die Höhengruppen von v_i und v_{i+1} verschieden sind, oder, wenn v_i der Vorgänger der Wurzel v_k ist, trägt v_i die **Gruppenkosten** $gkost(v_i) = 2$ und die Pfadkosten $pkost(v_i) = 0$.
3. Allen anderen Ecken v_i werden **Pfadkosten** $pkost(v_i) = 2$ und Gruppenkosten $gkost(v_i) = 0$ zugeordnet.

Es gilt $pkost(v_i) + gkost(v_i) = 2$ für alle Ecken außer der Wurzel. Die Kosten bei der Ausführung von $\text{find}(v_0)$ sind also

$$kost(v_0) = \sum_{i=0}^{k-1} (pkost(v_i) + gkost(v_i)) = 2k.$$

Die Kosten $2k$ sind abhängig von der Pfadlänge. Die Gesamtsumme über alle find-Operationen repräsentiert also den Gesamtaufwand T_σ adäquat.

Falls einer Ecke v_i, $i \neq k-1$ bei irgendeiner find-Operation Gruppenkosten $gkost(v_i) = 2$ zugeordnet werden, so gilt das auch in allen nachfolgenden find-Operationen. Durch die Pfadverkürzung erhält v_i zwar v_k als neuen Vorgänger. Nach Lemma 12.4 gilt aber $\text{höhe}_\sigma(v_i) < \text{höhe}_\sigma(v_{i+1}) < \text{höhe}_\sigma(v_k)$. Die Eigenschaft, daß zwischen v_i und seinem Vorgänger die Höhengruppe wechselt, bleibt erhalten. Insgesamt gibt es aber nur die Höhengruppen $G(0), \ldots, G(\lfloor \text{ld}\, n \rfloor)$ und zwischen diesen $\log^*(\lfloor \text{ld}\, n \rfloor) = \log^* n - 1$ Übergänge. Also gilt für die Gruppenkosten $gkost(\text{find})$ aller find-Operationen in σ:

$$gkost(\text{find}) = \sum_{i=0}^{k} gkost(v_i) \leqslant 2 \cdot \log^* n. \tag{12.8}$$

Sei nun v_i eine Ecke, der durch irgendeine find-Operation Pfadkosten $pkost(v_i) = 2$ zugeordnet werden. Es sei $\text{höhe}_\sigma(v_i) = r$. Die Pfadverkürzung ersetzt den Vorgänger v_{i+1} durch v_k; die Höhe von v_k ist nach Lemma 12.4 mindestens um 1 größer als die Höhe des alten v_{i+1}. Ein nachfolgendes find kann v_i nur dann Pfadkosten zuordnen, wenn auch nach der Pfadverkürzung der Vorgänger von v_i zur Höhengruppe $G(r)$ gehört. Die niedrigste Höhe in $G(r)$ ist $F(r-1)+1$, die höchste $F(r)$. Der ungünstigste Fall tritt ein, wenn v_i die Höhe $F(r-1)+1$ hat, und v_{i+1} nacheinander alle anderen $q_r = F(r) - F(r-1) - 1$ zu $G(r)$ gehörigen Höhen durchläuft, bevor es in eine höhere Höhengruppe wechselt. Danach werden v_i keine Pfad-, sondern Gruppenkosten zugeordnet. Es gibt also höchstens q_r find-Operationen, für die v_i und v_{i+1} zur gleichen Höhengruppe $G(r)$ gehören.

Um die gesamten Pfadkosten $pkost_\sigma$ aller find-Operationen in der Sequenz σ zu erhalten, multiplizieren wir die maximale Anzahl $N(r)$ der Ecken in der Höhengruppe $G(r)$ mit q_r und summieren die Kosten über alle r. Mit Lemma 12.3 gilt für $r \geqslant 0$

$$N(r) \leqslant \sum_{j=F(r-1)+1}^{F(r)} \frac{n}{2^j}.$$

Daraus folgt $N(0) = n/2^0 + n/2^1 = 3n/2 = \frac{3n}{2F(0)}$ und für $r > 0$

$$N(r) \leqslant \frac{n}{2^{F(r-1)+1}} \sum_{j=0}^{F(r)-F(r-1)-1} 2^{-j} < \frac{n}{2^{F(r-1)+1}} \sum_{j=0}^{\infty} 2^{-j} \leqslant \frac{n}{2^{F(r-1)}} = \frac{n}{F(r)}.$$

Unter Berücksichtigung von $N(0)$ gilt also immer

$$N(r) \leqslant \frac{3n}{2F(r)}.$$

Daher haben wir

$$\begin{aligned} pkost_\sigma &= \sum_{i=0}^{n-1} pkost(i) \\ &\leqslant \sum_{r=0}^{\log^* n-1} 2\frac{3n}{2F(r)}(F(r) - F(r-1) - 1) \\ &\leqslant 3n \cdot \log^* n. \end{aligned}$$

Mit (12.8) gilt $kost_\sigma = pkost_\sigma + gkost_\sigma \leqslant (3n + 2\bar{m}) \log^* n - O(\bar{m} \cdot \log^* n)$ für $n \leqslant m \leqslant \bar{m} \leqslant 2m$. Zusammen mit unseren früheren Überlegungen ergibt dies $T_\sigma = O(m \cdot \log^* n)$ und damit die Behauptung von Satz 12.5. ♦

12.3 Vorberechnung

Oftmals läßt sich der Aufwand für einen Algorithmus entscheidend senken, indem man (Teile der) Daten aufbereitet, bevor man die eigentliche Aufgabe in Angriff nimmt. Man nennt dies **Algorithmenkonstruktion mit Vorberechnung**. Jede solche Vorberechnung ist zugleich ein Beispiel für dynamisches Programmieren. Wir studieren die Methodik am Beispiel der Textsuche.

12.3.1 Einfache Textsuche

Gegeben sei ein Text t: STRING[n] und ein Suchmuster s: STRING[m] mit $m \leqslant n$. Die Einzelzeichen könnten auch einem beliebigen anderen Alphabet Σ entstammen. Gesucht ist der erste Index k, $0 \leqslant k \leqslant n - m$, so daß $t_k \cdots t_{k+m-1} = s_0 \cdots s_{m-1}$, falls ein solches k existiert. Anderenfalls sei $k = -1$.

Im einfachsten Fall lösen wir die Aufgabe mit Programm 12.7.

Programm 12.7: Einfache Textsuche

```
textsuche (t,s: STRING):INT is
-- Nach: res ist gesuchter Index
  j: INT := 0;
  constant n: INT := t.length;
  constant m: INT := s.length;
  res := -1;
  while res < n-m and j<m
  loop
    j := 0;
    res := res+1;
    while j<m and t[res+j]=s[j] loop j := j+1 end
  end;
  if j < m then res := -1 end
end; -- textsuche
```

Tab. 12.2 zeigt das Verfahren für t = `abrakadabra` und s = `aber`.

Tabelle 12.2: Beispiel einfacher Textsuche

a	b	r	a	k	a	d	a	b	r	a
a	b	e	r							
	a	b	e	r						
		a	b	e	r					
			a	b	e	r				
				a	b	e	r			
					a	b	e	r		
						a	b	e	r	
							a	b	e	r

Aufgabe 12.13: Beweisen Sie die Korrektheit von Programm 12.7.

Aufgabe 12.14: Warum darf in Zeile 11 die Bedingung nicht

```
t[res+j] = s[j] and j < m
```

lauten?

Der Algorithmus vergleicht Text und Muster von vorne nach hinten. Bei Mißerfolg schiebt er das Muster um eine Stelle nach rechts.

Im ungünstigsten Fall stellen wir für jedes k erst beim letzten Vergleich $t_{k+m-1} \stackrel{?}{=} s_{m-1}$ fest, daß das Muster ab dieser Stelle k nicht im Text vorkommt. Es finden $O((n-m)m) = O(m \cdot n)$ Vergleiche statt. Man betrachte dazu etwa das Beispiel $t = \mathtt{a}^{n-1}\mathtt{b}$ und $s = \mathtt{a}^{m-1}\mathtt{b}$; das Muster s wird $(n-m)$-mal verschoben, bis es in t gefunden wird.

12.3.2 Textsuche nach Knuth, Morris, Pratt

Mit zusätzlichem Wissen über das Suchmuster, etwa über Wiederholungen von Zeichen, kann man den Aufwand auf $O(m+n)$ reduzieren. Dieses Wissen kann man im Wege der Vorberechnung einmal berechnen und dann wiederholt bei der eigentlichen Suche benutzen.

Knuth et al. (1977) überlegten dazu folgendes: Falls der Mustervergleich bei einem Index k beginnt, und beim Index $k+j$ fehlschlägt, also

$$t_k \cdots t_{k+j-1} = s_0 \cdots s_{j-1}, \quad j < m \text{ und } t_{k+j} \neq s_j, \tag{12.9}$$

so gilt

$$t_{k+j-q} \cdots t_{k+j-1} = s_0 \cdots s_{q-1} \tag{12.10}$$

genau dann, wenn

$$s_{j-q} \cdots s_{j-1} = s_0 \cdots s_{q-1}, 0 < q < j. \tag{12.11}$$

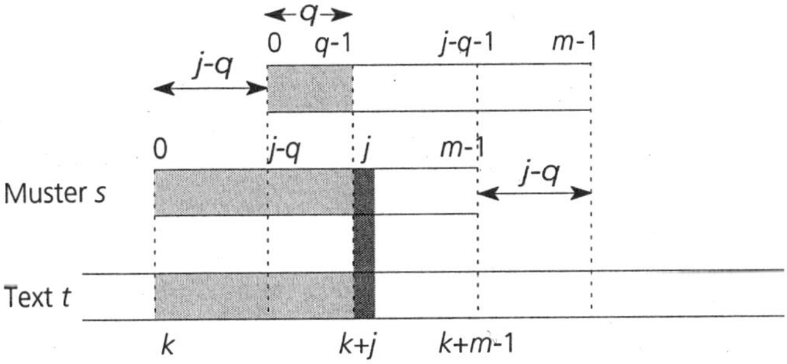

Abbildung 12.6: Verschiebung des Suchmusters bei kmp

Nur unter dieser Bedingung kann ein Mustervergleich ab der Stelle $k+j-q$ Erfolg haben. $s_0 \cdots s_{q-1}$ ist ein Anfang von s, $s_{j-q} \cdots s_{j-1}$ ein Ende von $s_0 \cdots s_{j-1}$. Abb. 12.6 verdeutlicht die Situation.

Die einfache Textsuche versucht anschließend einen Vergleich ab Index $k+1$. Ist q der maximale Index mit der Eigenschaft (12.11), so kann man aber sofort zum Index $k+j-q$ übergehen. Gibt es kein $q > 0$ mit (12.11), so kann der nächste erfolgreiche Vergleich frühestens beim Zeichen t_{k+j} beginnen; wir setzen dann also $q = 0$. In allen Fällen genügt es, die weiteren Vergleiche mit $t_{k+j} \stackrel{?}{=} s_q$ zu beginnen; (12.11) garantiert, daß die vorangehenden Vergleiche (12.10) erfolgreich sind. $q = f(j-1)$ ist für $0 < j \leqslant m-1$ eine Funktion, die ausschließlich vom Suchmuster s, genauer von dessen Anfang $s[0:j-1]$, abhängt.

Beispiel 12.5: Suchen wir im Text t = `abrakadabraabracadabra` nach s = `abracadabra`, so schlägt der Versuch für $k = 0$ beim Vergleich $t_4 =$ `k` $\stackrel{?}{=}$ `c` $= s_4$ fehl. Mit $q = 1$ erhalten wir $s_3 = s_0$ wegen $j = 4$. Wir können also nach $k = 0$ sofort zur Position $k = 3$ gehen. Dort wissen wir bereits $t_k = t_3 = s_0$ wegen (12.10). Also fahren wir mit $t_4 \stackrel{?}{=} s_1$ fort. Dieser Vergleich schlägt fehl und führt nun zu $q = 0$. Tab. 12.3 zeigt die Werte $f(j)$ für dieses Beispiel. ♦

Tabelle 12.3: Tabelle der Verschiebungen des Suchmusters `abracadabra`

j	0	1	2	3	4	5	6	7	8	9	10
s	a	b	r	a	c	a	d	a	b	r	a
$f(j)$	0	0	0	1	0	1	0	1	2	3	

Aufgabe 12.15: Führen Sie mit Hilfe von Tabelle 12.3 die Suche im Text `abr-akadabraabracadabra` von Hand durch.

Wenn wir die $f(j)$ in einer Reihung $f[0:m-2]$ zur Verfügung haben und den Index k im Text t laufend fortschalten, erhalten wir Programm 12.8.

Die Korrektheit von `kmp` ergibt sich so: Beginnend mit $j = 0$, $k = 0$ vergleicht die Schleife Z. 7 – 13 jeweils mit dem nächsten Zeichen des Suchmusters. Die Schleifeninvariante lautet: Suchmuster s kommt nicht an der Position $k' \cdots k'+m-1$ mit $k' < k-j$ vor und $t_{k-j} \cdots t_{k-1} = s_0 \cdots s_{j-1}$. Diese Invariante ist sicher zu Beginn erfüllt. Wir unterscheiden 5 Fälle:

1. $t_k = s_j$. Die Schleifeninvariante gilt auch nach Erhöhung von k und j in Z. 9.
2. $t_k \neq s_0$ und $j = 0$: Dann sollte k, aber nicht j um 1 erhöht werden.
3. $t_k \neq s_0$ und $j > 0$: Hier wird entsprechend (12.10) und (12.11) j durch $q = f_{j-1}$ ersetzt.
4. $j = m$: Wir sind fertig und haben das Muster ab Position $k - m$ gefunden.
5. $k > n - m + j$: Der Rest des Textes reicht nicht mehr für das Suchmuster. Das Muster kommt nicht vor.

Programm 12.8: Textsuche kmp nach Knuth, Morris, Pratt

```
kmp(t,s: STRING; f: ARRAY[*](INT)): INT is
-- Vor: t,s, f[0:m-2] wie spezifiziert
-- Nach: res ist gesuchter Index
  j,k: INT := 0;
  constant n: INT := t.length;
  constant m: INT := s.length;
  while k <= n-m+j and j < m
  loop
    if t[k] = s[j] then k := k+1; j := j+1
    elsif j = 0 then k := k+1
    else j := f[j-1];
    end; -- if
  end; -- loop
  if j < m then res := -1 else res := k-m end
end; -- kmp
```

Zur Berechnung der Werte f_j für $0 \leqslant j < m - 1$ schließen wir aus (12.11):

1. $f_j = 0$, wenn es kein $q > 0$ mit (12.11) gibt. Dies gilt insbesondere für $j = 0$.
2. $f_j = f_{j-1} + 1$, wenn das bisherige Ende $s_{j-q} \cdots s_{j-2}$, $q = f_{j-1}$, verlängert um s_{j-1} immer noch einen Anfang von s darstellt.
3. $f_j = f_p + 1$, wenn p der erste Index mit $s_p = s_{j-1}$ in der streng monoton fallenden Indexfolge $f_{j-1}, f_{f_{j-1}-1}, \ldots, 0$ ist. Hier liegt einer der beiden vorangehenden Fälle vor, aber für ein p mit $0 \leqslant p < q$.

Aufgabe 12.16: Beweisen Sie die vorstehenden Aussagen.

Wegen $f_{j-1} < j$ für $j > 0$ können wir die f_j wie im Programm 12.9 der Reihe nach für $j = 0, 1, 2 \ldots$ berechnen.

Aufgabe 12.17: Beweisen Sie die Korrektheit von kmp_init.

In der Hauptschleife der Suche von kmp wird in jedem Schritt k um eins erhöht außer, wenn

$$(t_k \neq s_j) \wedge (j \neq 0). \qquad (12.12)$$

Durch amortisierte Analyse sieht man, daß die Bedingung (12.12) höchstens n-mal wahr werden kann: Wenn wir bei Erhöhung von j jedes Mal ein zusätzliches Guthaben von 1 verbuchen, so kann das Guthaben insgesamt höchstens den Betrag n erreichen, da j nur erhöht wird, wenn gleichzeitig k erhöht wird. Wegen $f_{j-1} < j$ für $j > 0$ können wir bei der Anweisung $j := f_{j-1}$ jedesmal den Betrag $j - f_{j-1}$ vom Guthaben verbrauchen, ohne daß dieses negativ wird. Also wird die Hauptschleife der Textsuche höchstens $2n$-mal durchlaufen, nämlich höchstens n-mal mit Erhöhung von k und höchstens n-mal mit Verbrauch vom Guthaben. Daher ist der Aufwand für die Textsuche $O(n)$. Auf die gleiche Weise

Programm 12.9: Vorberechnung zu kmp

```
kmp_init(s: STRING): ARRAY[*](INT) is
  -- liefert die Indexreihung f[0:m-2]
  constant m: INT := s.length;
  p: INT;
  f: #ARRAY[m-1](INT);
  f[0] := 0;
  loop constant j : INT := 1.upto!(m-2);
    p := f[j-1];
    while p > 0 and s[p] /= s[j]
    loop p := f[p-1] end;
    if s[p] = s[j] then f[j] := p+1 else f[j] := 0 end
  end;
  res := f;
end; -- kmp_init;
```

sieht man, daß die innere Schleife in kmp_init höchstens $2m$-mal durchlaufen wird und zum Aufwand $\Theta(m)$ für die Vorberechnung führt. Der Aufwand des Gesamtalgorithmus einschließlich der Vorberechnung ist also $O(n + m)$.

Diesen Algorithmus werden wir in Bd. III nochmals auf ganz andere Weise herleiten.

12.3.2.1 Textsuche nach Boyer und Moore

Boyer und Moore (1977) überlegten nahezu gleichzeitig wie Knuth, Morris und Pratt, daß man nach einem Vergleich $t_{k+j} \stackrel{?}{=} s_j$ sofort mit $t_{k+1} \stackrel{?}{=} s_0$ fortfahren kann, wenn t_k überhaupt nicht im Suchmuster s vorkommt. Im Idealfall muß man nicht einmal alle Zeichen des zu durchsuchenden Textes t ansehen. Zusätzlich schlugen sie vor, die Vorberechnung von kmp anzuwenden, aber den Vergleich von Text und Suchmuster jeweils mit dem letzten Zeichen des Suchmusters beginnen zu lassen. Sie nannten diese beiden Vorschläge das δ_1- und δ_2-Verfahren. Auch die Bezeichnungen *schlechtes-Zeichen-* und *gutes-Suffix-*Verfahren sind gebräuchlich.

Das δ_1-Verfahren verallgemeinert die Idee des im Suchmuster nicht auftretenden Zeichens: Wenn $t_{k+j} \neq s_j$ und t_{k+j} überhaupt nicht in s vorkommt, kann man sofort k um $j + 1$ erhöhen. Ist q der größte Index mit $t_{k+j} = s_q$, so kann man k für $j - q > 0$ um $j - q$ erhöhen. Mit $q = -1$ gilt im ersten Fall $j - q = j + 1$; wir erhöhen also immer um (mindestens) $j - q$. Vergleiche an Zwischenpositionen sind unnötig. Dazu speichern wir mit dem Programm 12.10 die Werte von q in einer Reihung δ_1, die wir dann mit der Codierung des Zeichens t_{k+j} indizieren. Ist Σ das Zeichenalphabet, so hat δ_1 die Länge $|\Sigma|$; für große Alphabete wie z.B. Unicode sollte δ_1 unter Umständen durch zweistufige Tabellen umgesetzt werden; sonst ist das δ_1-Verfahren wegen des hohen Initialisierungs-

und Speicheraufwands nur bei sehr langen Suchmustern s empfehlenswert. Der Initialisierungsaufwand ist $O(m + |\Sigma|)$.

Programm 12.10: Vorberechnung von δ_1

```
init_delta_1(s: STRING): ARRAY[*](INT) is
  -- Vor : Suchmuster s
  -- Nach: delta_1[0..255] korrekt initialisiert
  constant m: INT := s.length;
  res := #ARRAY[256](INT);
  loop constant q: INT := 0.upto!(255); res[p] := -1 end;
  loop constant p: INT := 0.upto!(m-1); res[s[p].int] := p end;
end;
```

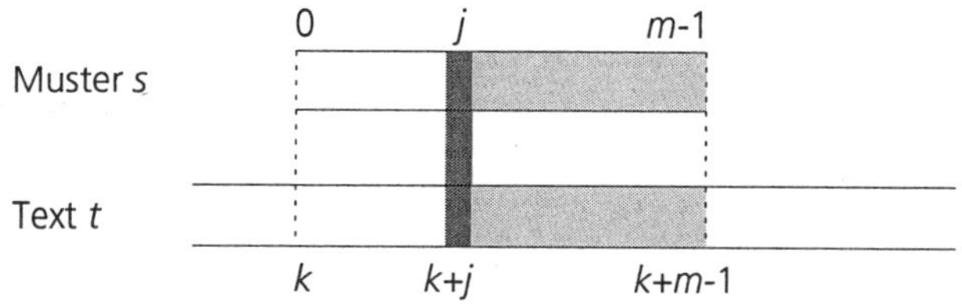

Abbildung 12.7: Das δ_2-Verfahren, Vergleich von t_{k+j} und s_j

Das δ_2-Verfahren vergleicht wie in Abb. 12.7 t_{k+j} mit s_j von hinten, also für $j = m-1, \ldots, 0$, um das Muster s im Text t ab Position k zu finden. Schlägt dieser Vergleich nach $m - j$ Schritten fehl,

$$t_{k+j+1} \cdots t_{k+m-1} = s_{j+1} \cdots s_{m-1}, \quad 0 \leqslant j < m \text{ und } t_{k+j} \neq s_j, \qquad (12.13)$$

so erhöhen wir k um den kleinsten Wert $q \geqslant 1$, für den s in t vorkommen könnte. Da wir die Zeichen t_{k+m} noch nicht verglichen haben, ist wie beim δ_1-Verfahren m der größtmögliche Wert für q. Für $q < m$ wissen wir aus den bisherigen Vergleichen bereits, daß $t_{k+h+1} \cdots t_{m-1-q} = s_{h+q+1} \cdots s_{m-1}$ gilt; dabei ist entweder $h = j - q + 1$ oder es gilt $j + 1 < q$ und $h = 0$, also zusammen $h = \max(0, j - q + 1)$. Abb. 12.8 zeigt diese beiden Fälle. Man liest daraus als notwendige Bedingung für den Erfolg einer Suche ab Position $k + q < k + m$ ab:

$$s_h \cdots s_{m-q-1} = s_{h+q} \cdots s_{m-1}, \qquad h = \max(0, j - q + 1). \qquad (12.14)$$

Wenn die Verschiebung um q einen Treffer erzielen soll, muß nach (12.13) $s_{h-1} = t_{k+j} \neq s_j$ mit $h = j - q + 1 \geqslant 1$ gelten. Die Erweiterung der Auswahlkriterien für q um diese Bedingung ist nichttrivial und würde hier zu weit führen.

(12.14) zerfällt nach Abb. 12.8 in zwei Teile: entweder ist $s_{j+1} \cdots s_{m-1}$ ein echtes Suffix von $s_0 \cdots s_{m-q-1}$ oder umgekehrt $s_0 \cdots s_{q-1}$ ein echtes Suffix von $s_{j+1} \cdots s_{m-1}$.

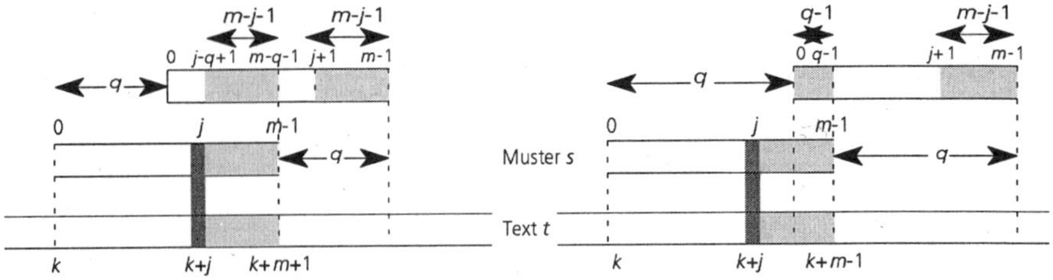

a. $j + 1 \geq q, h = j - q + 1$ b. $j + 1 < q, h = 0$

Abbildung 12.8: Das δ_2-Verfahren, Verschiebung um q Stellen

Im ersten Fall ist $s_{j+1} \cdots s_{m-1} = s_{j-q+1} \cdots s_{m-q-1}$. Sei s' das umgedrehte Suchmuster, so lautet diese Bedingung $s'_0 \cdots s'_{m-j-2} = s'_q \cdots s'_{m-j-2+q}$. Mit $\lambda = m - j - 2 + q$ gilt $s'_0 \cdots s'_{\lambda-q} = s'_q \cdots s'_\lambda$, also ist $s'_0 \cdots s'_{\lambda-q}$ ein echtes Suffix von $s'_0 \cdots s'_\lambda$. Das maximal mögliche $\lambda - q$ für jedes λ liefert die kmp-Vorberechnung aus Programm 12.9 angewandt auf s'. Da wir q minimieren wollen, sind kleinere Werte belanglos.

Im zweiten Fall entspricht das minimale $q > 0$ dem maximalen Präfix von s, das auch ein Suffix von s ist. Genau dies liefert bereits die kmp-Vorberechnung mit Programm 12.9 für den Index $m - 1$. Für diesen Index sind jedoch die Ergebnisse $f[m - 1]$ identisch, gleichgültig, ob wir die kmp-Vorberechnung auf s oder auf s' anwenden!

Programm 12.11 führt in Zeilen 8–13 die kmp-Vorberechnung auf s' mit Aufwand $O(m)$ durch. Die Zeilen 15–16 initialisieren δ_2 entsprechend Fall 2. In Zeile 18–21 findet die Minimierung aus Fall 1 gemeinsam für alle j statt. Sie führt beide Fälle zusammen. Die Vorberechnung benötigt also insgesamt linearen Aufwand $O(m)$.

Die δ_1 und δ_2-Verfahren bestimmen unabhängig voneinander eine minimale Verschiebung des Suchmusters. Im Fall des δ_1-Verfahrens sind negative Verschiebungen möglich, die praktisch nicht brauchbar sind. Das Maximum der beiden Werte ist jedoch stets positiv und wird im endgültigen Suchprogramm 12.12 verwandt. Der Vergleich mit Programm 12.7 zeigt nur den Vergleich von hinten nach vorne und die Erhöhung in Z. 14 als Unterschied.

kmp hatte alle Zeichen des Textes t geprüft. Bei Eintritt der Bedingung (12.13) prüft bm hingegen die Zeichen $t_k \cdots t_{k+r-1}$, $r = \min(j, q)$ überhaupt nicht! Es gibt Lücken in der Folge der getesteten Zeichen von t. Die Lücken lassen sich in der Praxis mit dem δ_1-Verfahren noch weiter vergrößern.

Das δ_2-Verfahren alleine betrachtet benötigt wie kmp den Aufwand $O(m+n)$. In der Kopplung mit dem δ_1-Verfahren kann man allerdings pathologische Fälle

Programm 12.11: Vorberechnung von δ_2

```
init_delta_2(s: STRING): ARRAY[*](INT) is
  constant m: INT := s.length;
  p:       INT;
  init:    INT;
  f:       ARRAY[*](INT):= #ARRAY[m](INT);
  res :=   #ARRAY[m](INT);

  f[0]:=0;
  loop constant j: INT := 1.upto!(m-1);
    p:=f[j-1];
    while p>0 and s[m-1-p]/=s[m-1-j] loop p:=f[p-1] end;
    if s[m-1-p]=s[m-1-j] then f[j]:=p+1 else f[j]:=0 end
  end;

  init:= m - f[m-1];
  loop constant j: INT := 0.upto!(m-1); res[j] := init end;

  loop constant i: INT := 1.upto!(m);
    constant j: INT := m - f[i-1] - 1;
    if res[j]>i - f[i-1] then res[j]:=i - f[i-1] end
  end;
end; -- init_delta_2
```

Programm 12.12: Textsuche nach Boyer-Moore

```
bm(t,s: STRING; delta_1, delta_2: ARRAY[*](INT)): INT is
  constant n: INT := t.length;
  constant m: INT := s.length;
  j: INT;
  k: INT := 0;

  while k <= n-m loop
    j := m - 1;
    while j >= 0 and t[k+j] = s[j] loop j := j-1 end;
    if j = -1 then
      res := k; -- Suchmuster gefunden
      return;
    else
      k := k + (j-delta_1[t[k+j].int]).max (delta_2[j]);
    end;
  end;
  res := -1;   -- Suchmuster nicht gefunden
end; -- bm
```

konstruieren, in denen das δ_1-Verfahren den Aufwand gegenüber der einfachen Textsuche nicht reduziert: Wird nach dem δ_1-Verfahren geschoben, so gibt es keine Information mehr über sich wiederholende Enden des Suchmusters und wir müssen schon betrachtete Textabschnitte nochmals vergleichen. Trotzdem kann man insgesamt nachweisen, daß der Aufwand $O(m+n)$ auch bei Kopplung beider Verfahren erhalten bleibt.

Andererseits führt gerade das δ_1-Verfahren in der Praxis häufig zu nur $O(n/m)$ Vergleichen. Dieser Eigenschaft verdankt das Boyer-Moore-Verfahren seine Überlegenheit, insbesondere bei langen Suchmustern.

Aufgabe 12.18: Verallgemeinern Sie Programm 12.12 so, daß nicht nur das erste, sondern sämtliche Auftreten des Musters im Text gefunden werden. Hinweis: Berechnen Sie einen geeigneten Wiederaufsetzpunkt. Beachten Sie, daß dieser Aufsetzpunkt innerhalb des Suchmusters liegen kann.

12.4 Zufallsgesteuerte Algorithmen

Zufallsgesteuerte Algorithmen verwenden zufällig gewählte Daten, um die Laufzeit eines Algorithmus zu senken. Bestimmte Aufgaben, z. B. die Prüfung der Primzahleigenschaft sehr großer Zahlen, sind heute überhaupt nur auf diese Weise effizient lösbar. Zufallsgesteuerte Algorithmen sind nicht deterministisch; die zufällige Datenwahl kann zu unterschiedlichen Programmabläufen führen. Zur Erzeugung zufälliger Daten verwenden wir zumeist Zufallszahlengeneratoren uniform(i,j), die eine ganzzahlige, im Intervall $[i,j]$ gleichverteilte Zufallsvariable liefern.

Aufgabe 12.19: Geben Sie eine Prozedur uniform mit diesen Eigenschaften an. Verwenden Sie dazu den Zufallszahlengenerator Programm 9.17.

Bei einem Algorithmus A, der Eingaben x des Umfangs n aus einer Menge $\mathcal{U}$ mit einem Aufwand $T(x)$ verarbeitet, unterschieden wir bisher den ungünstigsten und günstigsten Aufwand, sowie den mittleren Aufwand, gemittelt über alle Eingaben $x \in \mathcal{U}$ unter Berücksichtigung ihrer Wahrscheinlichkeit $p(x)$. Bei zufallsgesteuerten Algorithmen unterstellen wir hingegen oft, daß man die Laufzeit $T(x)$ nicht genau vorhersagen kann; vielmehr gibt es für sie nur eine Wahrscheinlichkeitsverteilung mit Erwartungswert $\mathrm{E}[T(x)]$. Bei einer endlichen Eingabemenge $\mathcal{U}$ ist der **mittlere Aufwand** wie bisher betrachtet

$$T_m(n) = \sum_{x\in\mathcal{U}} p(x)T(x). \tag{12.15}$$

Der **mittlere erwartete Aufwand** ist hingegen

$$T_E(n) = \sum_{x\in\mathcal{U}} p(x)\mathrm{E}[T(x)]. \tag{12.16}$$

In gleicher Weise stellen wir dem ungünstigsten Aufwand $T_u(n) = \max_{x\in\mathcal{U}} T(x)$ den **ungünstigsten erwarteten Aufwand**

$$T_{uE}(n) = \max_{x\in\mathcal{U}} \mathrm{E}[T(x)] \tag{12.17}$$

gegenüber.

Wir unterscheiden nun zwei Klassen zufallsgesteuerter Algorithmen:

- **Monte Carlo Algorithmen** liefern nur mit einer Wahrscheinlichkeit $p < 1$ das richtige Resultat. Der Algorithmus heißt dann ***p*-korrekt**. Allerdings müssen falsche und richtige Resultate mit unterschiedlicher Wahrscheinlichkeit auftreten, andernfalls läge blindes Raten vor; bei Entscheidungsproblemen muß also $p \neq 1/2$ gelten.
- **Las Vegas Algorithmen** liefern immer das richtige Resultat, allerdings um den Preis, daß ihre Laufzeit $T_u(n)$ im ungünstigsten Fall unbeschränkt ist; es wird nur mit einer Wahrscheinlichkeit $p > 0$ gewährleistet, daß der Algorithmus terminiert. Allerdings fordert man, daß $T_{uE}(n)$ endlich ist. Den idealen Spezialfall, daß der Algorithmus das richtige Ergebnis liefert und immer terminiert, nennen wir einen **Macao Algorithmus.**[3]

Der Entwurf zufallsgesteuerter Algorithmen A folgt einer Reihe von Grundmustern. Zu diesen gehören:

- **Auswahl**: A wählt gemäß einer Wahrscheinlichkeitsverteilung einen deterministischen Algorithmus $D \in \mathfrak{D}$ aus einer Menge $\mathfrak{D}$ und führt ihn aus. Dies ist eigentlich das Grundmuster *aller* zufallsgesteuerten Algorithmen. Für einen Eingabedatensatz E kann die Laufzeit einiger Algorithmen in $\mathfrak{D}$ sehr lang werden. Es ist jedoch unwahrscheinlich, daß dieser ungünstige Fall für alle, also insbesondere für einen beliebig gewählten Algorithmus $D \in \mathfrak{D}$, eintritt.
- **Stichprobe**: Viele zufallsgesteuerten Algorithmen schließen erfolgreich aus einer zufällig gewählten Stichprobe von Daten auf Eigenschaften aller Daten.
- **Zeuge**: Bei ja/nein Entscheidungen erbringt ein Monte Carlo Algorithmus ein mit Wahrscheinlichkeit $1 - \varepsilon$ richtiges Ergebnis, wenn er einen oder mehrere deterministische Algorithmen auf hinreichend viele Einzeldaten, die Zeugen, ansetzen kann, die die Antwort alle mit Wahrscheinlichkeit $p > 1/2$ bestätigen.
- **Unordnung**: In vielen Fällen erhält man geringeren Aufwand, indem man einen deterministischen Algorithmus auf Eingaben E' ansetzt, die durch zufälliges Umordnen der ursprünglichen Eingabe E entstehen. Zumeist hat das Umordnen das Ziel, eine etwa vorhandene Ordnung der Eingabedaten zu zerstören.

12.4.1 Monte Carlo Algorithmen

Ein Monte-Carlo Algorithmus $y := \mathsf{mc}(x)$ liefert ein korrektes Ergebnis y nur mit einer Wahrscheinlichkeit $p < 1$. Gibt es genau ein korrektes Ergebnis, so kann man durch s-fache Wiederholung des Aufrufs $\mathsf{mc}(x)$ die Fehlerwahrscheinlichkeit

3. Auch der Name *Sherwood* **Algorithmus** ist gebräuchlich.

auf $(1 - p)^s$ herabsetzen. Als Gesamtergebnis liefert man das häufigste Ergebnis der s Aufrufe. Diese Verbesserung heißt Abstimmungsverfahren[4].

Das Verfahren wird auch eingesetzt, wenn unzuverlässige Hardware bei einem an sich deterministischen Algorithmus zu unterschiedlichen Ergebnissen führen kann.

Ist das Ergebnis y eine Gleitpunktzahl, so liefern $s > 1$ Aufrufe von $\mathsf{mc}(x)$ schon wegen der unvermeidlichen Rundungsfehler im allgemeinen unterschiedliche Ergebnisse. Man mittelt dann über sämtliche Ergebnisse, um das wahrscheinlichste Gesamtergebnis zu erhalten. Mit dieser Interpretation wurde der Begriff *Monte Carlo Algorithmus* zuerst in den 50er Jahren für numerische Algorithmen verwandt:

Beispiel 12.6 (Monte Carlo Integration): Ist $\mathrm{E}[f(x)]$ der Erwartungswert einer reellwertigen Funktion $f(x)$ im reellen Intervall $[a, b]$, so gilt

$$\int_a^b f(x)\mathrm{d}x = (b - a)\mathrm{E}[f(x)].$$

Mit einer Folge $F = x_1, x_2, \ldots$ gleichverteilter reeller Zahlen $x_i \in [a, b]$ ist

$$\lim_{n\to\infty} \frac{1}{n} \sum_{i=1}^{n} f(x_i) = \mathrm{E}[f(x)].$$

Mit den Summen $s_n = \frac{1}{n} \sum_{i=1}^{n} f(x_i)$ mitteln wir über die Funktionswerte, um den Erwartungswert zu approximieren. Die Werte $f(x)$, $x \in [a, b]$, bilden eine Zufallsvariable. Besitzt diese in $[a, b]$ endliche Varianz $\mathrm{D}[f(x)]$, so gilt für $\varepsilon > 0$ die **Tschebyscheffsche Ungleichung**

$$\Pr(|f(x) - \mathrm{E}[f(x)]| \geqslant \varepsilon) \leqslant \frac{\mathrm{D}[f(x)]}{\varepsilon^2}, \tag{12.18}$$

mit der wir den erwarteten Fehler $|s_n - \mathrm{E}[f(x)]|$ abschätzen können.

In der Praxis muß man oft $n > 10^6$ wählen. Monte Carlo Integration verursacht deutlich höheren Aufwand als die üblichen numerischen Integrationsmethoden. Das Verfahren wird z. B. in der Physik eingesetzt, wenn man über Gebiete $G \subseteq \mathbb{R}^m$ mit sehr großem m integrieren muß. ♦

Zu Entscheidungsproblemen mit einer ja/nein-Antwort konstruieren wir Monte Carlo Algorithmen $y = \mathsf{mc}(x)$, die einseitig oder zweiseitig orientiert sind. Bei einem einseitig positiv orientierten Algorithmus ist die Antwort $y =$ *wahr* auf jeden Fall richtig; hingegen stimmt die Antwort $y =$ *falsch* nur mit einer Wahrscheinlichkeit $p < 1$. Bei einem negativ orientierten Algorithmus ist die

4. engl. *voting procedure*.

Antwort *falsch* immer richtig; die Antwort *wahr* hingegen nur mit einer Wahrscheinlichkeit $p < 1$. Bei zweiseitigen Algorithmen stimmen beide Antworten nur mit Wahrscheinlichkeit $p < 1$.

Beispiel 12.7 (Primzahltest nach Miller-Rabin): In der Kryptographie spielt die zahlentheoretische Frage, ob eine vorgegebene ungerade Zahl n eine Primzahl ist, eine große Rolle. Zur exakten Beantwortung der Frage müssen wir für alle Primzahlen p mit $2 \leqslant p \leqslant \sqrt{n}$ prüfen, ob $p \mid n$ gilt. Die p's kennen wir nicht alle. Wir müssen daher alle (ungeraden) Zahlen $\leqslant \sqrt{n}$ mit einem Gesamtaufwand von $O(\sqrt{n})$ Divisionen prüfen.

Es handelt sich um ein Entscheidungsproblem. Wir konstruieren hier einen negativ orientierten Monte Carlo Algorithmus primzahl, der sich bei der Aussage *n ist Primzahl* mit einer Wahrscheinlichkeit $< 2^{-s}$ irren kann. Wir setzen voraus, daß n ungerade ist.

Zur Überprüfung der Frage konstruieren wir eine Prozedur zeuge(a, n); sie soll mit Hilfe einer willkürlich gewählten ganzen Zahl $a \in \mathcal{I}_n$,

$$\mathcal{I}_n = \{1, \ldots, n-1\},$$

das Ergebnis **true** liefern, wenn n zusammengesetzt ist, $n = n' \cdot n''$. a heißt dann ein **Zeuge** (dafür, daß n zusammengesetzt ist). Wenn zeuge **false** liefert, konnte mit Hilfe von a nicht bewiesen werden, daß n zusammengesetzt ist.

Sei $H \subseteq \mathcal{I}_n$ die Menge der a, für die zeuge(a, n) **false** liefert, obwohl n zusammengesetzt ist. Die Menge der Zeugen ist das Komplement $M = \mathcal{I}_n \setminus H$. Bei zufälliger, gleichverteilter Wahl von $a \in \mathcal{I}_n$ gilt $a \in H$ mit Wahrscheinlichkeit $p = \frac{|H|}{n-1}$. Für $p \leqslant 1/2$ ist die Wahrscheinlichkeit, daß n zusammengesetzt ist, obwohl zeuge(a, n) bei s-facher Wiederholung des Versuchs immer **false** lieferte, $p^s \leqslant 2^{-s}$. Die Ausgabe **true** des Programms 12.13, dem endgültigen Monte

Programm 12.13: Primzahltest

```
primzahl(n,s: INT): BOOL is
-- Vor:  n > 2 ungerade, s > 0,
--        zeuge liefert immer false, wenn n prim und
--        mit Wahrscheinlichkeit p ≤ 1/2 false, wenn n zusammengesetzt
-- Nach: Ergebnis false, wenn n zusammengesetzt,
--        Ergebnis true, wenn n mit Wahrscheinlichkeit 1 − p^s Primzahl ist
  res := true;
  while res
  loop constant i: INT := 1.upto!(s);
    wähle a zufällig gleichverteilt aus {1, ..., n − 1}
    res := not zeuge(a,n)
  end
end; -- primzahl
```

Carlo Algorithmus primzahl, ist also mit Wahrscheinlichkeit $p^s \leqslant 2^{-s}$ falsch. Mit hinreichend großem s sinkt p^s unter jede gewünschte Schranke ε.

Mit $p \leqslant 1/2$ gilt:

Satz 12.6 (***Erwartete Anzahl der Aufrufe von* zeuge**):
Für zusammengesetzte n und $s \geqslant 3$ ist die erwartete Anzahl der Aufrufe von zeuge *im Algorithmus* primzahl *kleiner gleich 3.*

Beweis: Sei X die Anzahl der Aufrufe von zeuge, die true liefern. Für den Erwartungswert von X gilt

$$\mathrm{E}[X] = \sum_{i=1}^{s} i \cdot \Pr[X = i] \leqslant \sum_{i=1}^{s} i\, 2^{-i} \leqslant \sum_{i=0}^{\infty} i\, 2^{-i} \leqslant 2.$$

zeuge wird im erwarteten Fall $\mathrm{E}[X] + 1$ mal aufgerufen und liefert dabei $E[x]$-mal true und einmal false. ♦

Zur Konstruktion von zeuge benötigen wir Kenntnisse über das Rechnen modulo n aus der Zahlentheorie:

Eine Zahl $a \in \mathcal{J}_n$, ist teilerfremd zu n, wenn $\mathrm{ggT}(a, n) = 1$ ist. Die Eulersche Funktion $\phi(n) = n \prod_{p|n} \left(1 - \frac{1}{p}\right)$, p prim, gibt die Anzahl der zu n teilerfremden Zahlen in $\mathcal{J}_n$ an. Sie bilden bezüglich der Multiplikation modulo n die **multiplikative Gruppe** $\mathbb{Z}_n^*$. Es gilt der kleine Fermatsche Satz

$$a^{\phi(n)} \equiv 1 \pmod{n} \text{ für alle } a \in \mathbb{Z}_n^*. \tag{12.19}$$

Für eine Primzahl n ist $\phi(n) = n - 1$ und (12.19) lautet für $a \in \mathcal{J}_n$

$$a^{n-1} \equiv 1 \pmod{n}. \tag{12.20}$$

Sei

$$H = \{a \in \mathcal{J}_n \mid a^{n-1} \equiv 1 \pmod{n}\}. \tag{12.21}$$

Wenn $|H|/(n - 1) = p \leqslant 1/2$ für zusammengesetzte n gilt, haben wir die an H und an zeuge zu stellende Bedingung $p \leqslant 1/2$ erfüllt. zeuge(a, n) könnten wir dann mit der aus der Potenzierungsfunktion, Beispiel 5.26, abgeleiteten Prozedur

```
zeuge(a,n: INT): BOOL is
  x,m: INT;
  x := 1;
  m := n-1;
  while m /= 0
  loop
    if m.odd then x := x*a (mod n) end;
    a := a*a  (mod n);
    m := m div 2;
  end;
  res := x/=1
end; -- zeuge
```

berechnen. Gibt es für zusammengesetzte n ein $a \in \mathbb{Z}_n^*$, für das (12.20) nicht gilt, so ist in der Tat $|H| \leqslant (n-1)/2$. H ist dann nämlich eine echte Untergruppe von $\mathbb{Z}_n^*$. Aus der Gruppentheorie weiß man, daß dann $|H|$ ein echter Teiler von $|\mathbb{Z}_n^*| \leqslant n-1$ ist, und folglich $|H| \leqslant (n-1)/2$ gelten muß.

Aufgabe 12.20: Beweisen Sie, daß die Schleife Z. 5 – 10 korrekt die Potenz $a^m \pmod n$ berechnet. Wie lautet die Schleifeninvariante? Machen Sie sich die Funktionsweise klar, indem Sie die Binärdarstellung $m = b_k b_{k-1} \cdots b_1 b_0$, $b_i \in \{\mathsf{O}, \mathsf{L}\}$ heranziehen.

Leider gibt es aber zusammengesetzte Zahlen, die **Carmichael-Zahlen**, mit $H = \mathbb{Z}_n^*$. Carmichael-Zahlen, z. B. 561, 1105 und 1729, sind zwar selten, aber es gibt unendlich viele von ihnen.

Aufgabe 12.21: Eine Zahl c ist genau dann eine Carmichael-Zahl, wenn sie Produkt $c = p_1 p_2 \cdots p_m$ von m verschiedenen Primzahlen ist, und $(p_i - 1) \mid (c-1)$ für $i = 1, \ldots, m$ gilt.

Für eine Primzahl n gibt es nur zwei Zahlen $a < n$ mit $a^2 \equiv 1 \pmod n$, nämlich $a = 1$ und $a = n - 1 \equiv -1 \pmod n$. Können wir ein $a \neq 1, n-1$ mit $a^2 \equiv 1 \pmod n$ angeben, so ist n keine Primzahl. Dies nutzen wir, um die Definition von H so zu verändern, daß auch für Carmichael-Zahlen $|H| \leqslant (n-1)/2$ gilt.

Dazu sei $n - 1 = u \cdot 2^j$, u ungerade. Die Binärdarstellung von $n-1$ lautet dann

$$m = n - 1 = \overbrace{b_k b_{k-1} \cdots b_j}^{u}\overbrace{\mathsf{O} \cdots \mathsf{O}}^{j\text{-mal}}.$$

Wir könnten also a^m mit der Sequenz $a^u, a^{u \cdot 2^1}, \ldots, a^{u \cdot 2^j}$ berechnen, in der die nachfolgende Zahl jeweils Quadrat der vorangehenden ist. Ist n prim, so muß entweder bereits $a^u \equiv \pm 1 \pmod n$ gelten, oder es gibt ein $i \in \{1, \ldots, j-1\}$ mit $a^u \equiv -1 \pmod n$.

Aufgabe 12.22: Beweisen Sie diese Aussage.

Setzen wir nun

$$H = \{a \in \mathcal{I}_n \mid \exists i \in \{0, \ldots, j-1\} : a^{u \cdot 2^i} \equiv \pm 1 \pmod n\}, \qquad (12.22)$$

so kann man $|H| \leqslant (n-1)/2$ nachweisen.

Wir verzichten hier auf diesen aufwendigen zahlentheoretischen Beweis. Rabin (1980) beweist für ungerade zusammenengesetzte n sogar $|H| < (n-1)/4$.

Um den Test $a \notin H$ durchzuführen, modifizieren wir die obige Prozedur zeuge: Wir berechnen $x \equiv a^{n-1} \pmod n$ mit der Rekurrenz

$$\begin{aligned} x_{k+1} &:= 1, \\ x_i &:= x_{i+1} * x_{i+1} * a^{b_i} \pmod n, \quad i = k, \ldots, 0, \end{aligned}$$

wobei $b_k \cdots b_0$ die Binärdarstellung von $n - 1$ ist. Dann gilt $x_j = a^u \pmod{n}$ und $x_i = x_{i-1}^2 \pmod{n}$ für $i = j + 1, \ldots, 0$. Der Test $a \notin H$ lautet dann

$$x * x \equiv 1 \pmod{n} \wedge x \neq 1 \wedge x \neq (n - 1).$$

Dies führt zu Programm 12.14 als endgültiger Formulierung von zeuge.

Programm 12.14: Zeugen für den Primzahltest nach MILLER-RABIN

```
zeuge(a,n: INT): BOOL is
-- Vor:  n > 2 ungerade,  1 ≤ a < n
-- Nach: wahr, wenn a Zeuge, sonst falsch mit Fehlerwahrscheinlichkeit  p ≤ 1/2
  x,y,m: INT;
  x := 1;
  m := n − 1; -- mit Binärdarstellung bₖbₖ₋₁ · · · b₁b₀
  res := false;
  while not res
  loop constant i: INT := k.downto!(0);
    y := x;
    x := x*x (mod n);
    res := x=1 and y/=1 and y/=n-1;
    if not res and bₖ = 1 then x := x*a (mod n) end;
  end;
  res := res or (x /= 1)
end; -- zeuge
```

Aufgabe 12.23: In Programm 12.14 realisiert man zweckmäßig den Test $\mathsf{b}_k = 1$ durch Vorzeichenabfrage, wozu man m logisch nach links schiftet. Geben Sie damit ein lauffähiges Programm an.

12.4.2 Las Vegas Algorithmen

Im Gegensatz zu Monte-Carlo-Algorithmen liefert ein **Las Vegas Algorithmus** immer das richtige Ergebnis, wenn er terminiert. Wir unterscheiden die Fälle, in denen der Algorithmus mit einer Wahrscheinlichkeit $p > 0$ terminiert (allgemeiner Las Vegas Algorithmus) und in denen er mit Sicherheit terminiert (Macao Algorithmus).

12.4.2.1 Allgemeine Las Vegas Algorithmen

Programm 12.15 zeigt die Struktur eines allgemeinen Las Vegas Algorithmus: Es gibt eine im allgemeinen sehr einfache Prozedur LV, die ein Ergebnis y einer Aufgabe $P(x)$ vorschlägt und dabei Zufallszahlen verwendet. LV testet außerdem, ob das Ergebnis richtig ist, und gibt das Testergebnis als zusätzliches boolesches Resultat zurück. Im Extremfall verbringt LasVegas unendlich viel Zeit damit,

Programm 12.15: Allgemeiner Las Vegas Algorithmus

```
LasVegas(x: T): T' is
  erfolg: BOOL := false;
  while not erfolg loop res := LV(x, & erfolg) end;
end; --LasVegas
```

Resultate zu raten, die dann immer verworfen werden. Es gibt keine obere Schranke für die Laufzeit. Man fordert allerdings, daß die ungünstigste erwartete Laufzeit $T_{uE}(n)$ immer endlich ist.

Wenn man die Erfolgswahrscheinlichkeit sowie die erwarteten Laufzeiten von LV im Erfolgs- und Mißerfolgsfall kennt, so kann man die mittlere erwartete Laufzeit von LasVegas bestimmen:

Satz 12.7 (**Erwartete Laufzeit von LasVegas**): *Sei $p(x)$ die Wahrscheinlichkeit, daß LV mit Eingabe x erfolglos ist. Weiter sei $e(x)$ die erwartete Laufzeit von LV im Erfolgsfall und $m(x)$ die erwartete Laufzeit im Mißerfolgsfall. Dann gilt*

$$\mathrm{E}[T_{\mathsf{LasVegas}}(x)] = e(x) + \frac{p(x)}{1 - p(x)}\, m(x).$$

Beweis: Die Aussage folgt durch Auflösen der Gleichung

$$\mathrm{E}[T_{\mathsf{LasVegas}}(x)] = (1 - p(x))\, e(x) + p(x)\, \big(m(x) + \mathrm{E}[T_{\mathsf{LasVegas}}(x)]\big)\,. \qquad \blacklozenge$$

Kennt man die ungünstigste erwartete Laufzeit von LV im Erfolgs- und Mißerfolgsfall, sowie eine untere Schranke für die Erfolgswahrscheinlichkeiten aller Eingaben vom Umfang n, so folgt:

Korollar 12.8 (*Ungünstigste erwartete Laufzeit von LasVegas*):
Mit $p(x)$ wie in Satz 12.7 sei $p(n) \leqslant \min_{\mathsf{size}(x)=n} p(x)$. $e(n)$ sei die ungünstigste erwartete Laufzeit von LV im Erfolgsfall und $m(n)$ die ungünstigste erwartete Laufzeit von LV im Mißerfolgsfall. Dann gilt für die ungünstigste erwartete Laufzeit $t(n)$ von LV:

$$t(n) \leqslant e(n) + \frac{p(n)}{1 - p(n)}\, m(n).$$

Beispiel 12.8: M sei eine n-elementige Menge. $S_0, \ldots, S_{k-1} \subseteq S$ mit $|S_i| = r > 0$ seien paarweise verschiedene Teilmengen von S. Es gelte $k \leqslant 2^{r-2}$. Wir wollen die Elemente von M so mit den Farben *rot* und *schwarz* färben, daß jedes S_i wenigstens ein rotes und schwarzes Element enthält.

Programm 12.16 wählt eine zufällige Färbung der Elemente von S und überprüft, ob diese Färbung eine Lösung des Problems ist. Es unterstellt, daß die Elemente ein ganzzahliges Attribut farbe besitzen, in dem wir *rot* und *schwarz* mit den Werten 0 und 1 codieren. Mit Programm 12.15 wird färbLV wiederholt, bis eine Färbung gefunden wird.

Programm 12.16: Zufällige Färbung von Elementen

```
färbLV(M: $ MENGE(ELEMENT); S: ARRAY[*]($ MENGE(ELEMENT)); & erfolg: BOOL) is
-- Vor: M Menge von n Elementen, S = S[0],...,S[k-1] mit
--       S[i].size = r und k =S.asize <= 2^(r-2)
-- Nach: erfolg = true gdw. ∀ S[i] ∃ x, y ∈ S[i]: x.farbe /= y.farbe
 h: ARRAY[2](INT);
 x,y: ELEMENT;
 loop x := M.elts!; x.farbe := uniform(0,1) end;
 erfolg := true;
 while erfolg
 loop constant i: INT := 0.upto!(k-1);
   h[0] := 0;
   h[1] := 0;
   loop y:=S[i].elts!; h[x.farbe] := h[y.farbe]+1 end;
   erfolg := h[0] > 0 and h[1] > 0;
 end; -- while;
end färbLV
```

Der Zufallszahlengenerator uniform(0, 1) wählt 0 oder 1 je mit Wahrscheinlichkeit $p = 1/2$. Die Färbung der einzelnen Elemente sind unabhängig voneinander. Die Wahrscheinlichkeit, daß alle Elemente eines S_i gleiche Farbe haben, ist demnach $2 \cdot 2^{-r} = 2^{-(r-1)}$. Daher ist die Wahrscheinlichkeit, daß irgendein S_i einheitlich gefärbt ist, $p = k \cdot 2^{-(r-1)} \leqslant 2^{r-2} \cdot 2^{-(r-1)} = 1/2$. färbLV liefert also mit Wahrscheinlichkeit $p \leqslant 1/2$ das Ergebnis erfolg = **false** und mit Wahrscheinlichkeit $1 - p \geqslant 1/2$ das Ergebnis erfolg = **true**. In der s-fachen Wiederholung steigern sich die Erfolgsaussichten auf $1 - p^s$.

Wenn der Aufwand für den Aufruf des Zufallszahlengenerators $O(1)$ ist, benötigt färbLV eine Laufzeit $T_{\text{färbLV}} = O(k \cdot r)$. Sie ist unabhängig von Erfolg oder Mißerfolg. Mit Korollar 12.8 erhalten wir daher für die ungünstigste erwartete Laufzeit $t(n)$ von LasVegas in diesem Beispiel:

$$t(n) \leqslant c \cdot r \cdot k + c \cdot r \cdot k = 2 \cdot c \cdot r \cdot k = O(r \cdot k).$$

Wegen $1/(1 - p) \leqslant 2$ erwarten wir, daß färbLV spätestens beim zweiten Aufruf erfolgreich ist. Aber wir sind trotzdem nicht sicher, ob der Algorithmus überhaupt terminiert. ♦

12.4.2.2 Macao Algorithmen

Macao Algorithmen entstehen meist aus gewöhnlichen deterministischen Algorithmen A, indem man die Elemente einer Eingabefolge in zufälliger Reihenfolge bearbeitet, oder einen Zufallszahlengenerator benutzt, um ein Element willkürlich zu wählen. Die ungünstigste Laufzeit von A wird hierdurch nicht verändert;

jedoch kann die mittlere und die ungünstigste erwartete Laufzeit erheblich sinken.

Beispiel 12.9 (Haschen): Die Haschverfahren aus 10.4.2.4 sind eigentlich Macao Algorithmen, die Elemente $x \in M$ an willkürlicher Stelle i in eine Reihung eintragen, um Gleichverteilung zu erreichen. Da wir die Stelle wiederfinden müssen, benutzen wir keinen Zufallszahlengenerator, sondern leiten die Stelle i mit einer deterministischen Haschfunktion $h(x)$ aus x ab. ♦

Beispiel 12.10 (Zufallsgesteuertes Sortieren durch Zerlegen):
Wir analysieren die erwartete Anzahl von Vergleichen, die Sortieren durch Zerlegen, Programm 9.8, S. 96, bei einem Aufruf quicksort(0, $n-1$) durchführt, wenn wir in Zeile 8 des Programms die Anweisung

```
r := a[(m+n) div 2]
```

ersetzen durch

```
r := a[uniform(m,n)]
```

O. B. d. A. seien die Elemente der zu sortierenden Reihung a alle verschieden. $b_0 < b_1 < \cdots < b_{n-1}$ seien die Werte in sortierter Reihenfolge. Wir sortieren zwar a, aber wir argumentieren mit dem sortierten Ergebnis b. X_{ij} seien für $0 \leqslant i, j \leqslant n-1$ Zufallsvariable, die den Wert 1 annehmen, wenn b_i und b_j von quicksort verglichen werden; andernfalls sei ihr Wert 0. p_{ij} sei die Wahrscheinlichkeit eines solchen Vergleichs. Die Gesamtzahl der Vergleiche ist folglich $v(n) = \sum_{i=m}^{n} \sum_{j>i} X_{ij}$.
Der Erwartungswert ist

$$\mathrm{E}[v(n)] = \mathrm{E}[\sum_{i=0}^{n-1} \sum_{j>i} X_{ij}] = \sum_{i=0}^{n-1} \sum_{j>i} \mathrm{E}[X_{ij}], \tag{12.23}$$

und es gilt

$$\mathrm{E}[X_{ij}] = p_{ij} \cdot 1 + (1 - p_{ij}) \cdot 0 = p_{ij},$$

da X_{ij} nur die Werte 0, 1 annimmt.

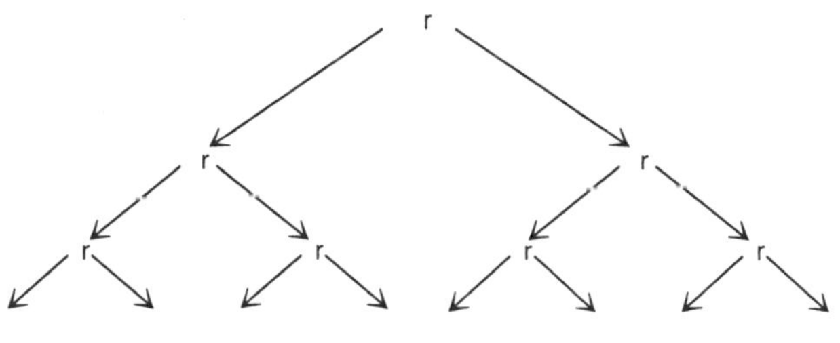

Abbildung 12.9: Der Baum der Zerlegungselemente von quicksort

Die Vergleiche finden alle in Z. 13,14 von Programm 9.8 statt und beziehen sich auf einen Zerlegungswert $r = b_k$. Durch r werden die b_i wie in Abb. 12.9 in zwei disjunkte Mengen M_1, M_2 zerlegt, die rekursiv nach dem gleichen Schema behandelt werden. Wir betrachten die Folge F der Zerlegungselemente r in Abb. 12.9 in der Reihenfolge von oben nach unten und von links nach rechts. Wenn in irgendeinem der rekursiven Teilschritte b_i und b_j miteinander verglichen werden, so muß in diesem Teilschritt $b_k = b_i$ oder $b_k = b_j$ gelten. Ferner kann dann kein b_l mit $b_i < b_l < b_j$ vor b_k in der Folge F vorkommen. Denn die Verwendung von b_l hätte b_i, b_j in die getrennten Teilbereiche M_1, M_2 gebracht, deren Elemente nie miteinander verglichen werden. Nun sind bei zufälliger Wahl die $(j - i + 1)$ Indizes $i, i+1, \ldots, j-1, j$ alle gleichwahrscheinlich. Daher ist die Wahrscheinlichkeit, daß gerade $k = i$ oder $k = j$ gewählt wird, höchstens $2/(j - i + 1)$.

Damit ist $p_{ij} \leqslant 2/(j - i + 1)$. Für die erwartete Anzahl von Vergleichen $v(n)$ erhalten wir daher aus (12.23)

$$\begin{aligned} \mathrm{E}[v(n)] &= \sum_{i=0}^{n-1} \sum_{j>i} p_{ij} \\ &\leqslant \sum_{i=0}^{n-1} \sum_{j>i} \frac{2}{j-i+1} \\ &\leqslant \sum_{i=0}^{n-1} \sum_{k=0}^{n-i} \frac{2}{k+1} \\ &\leqslant 2 \sum_{i=0}^{n-1} \sum_{k=0}^{n-1} \frac{1}{k+1} \\ &= 2n \cdot H_n. \end{aligned} \tag{12.24}$$

Also ist $\mathrm{E}[v(n)] = \mathrm{O}(n \log n)$, da für die n-te harmonische Zahl H_n gilt:

$$H_n = \sum_{k=1}^{n} 1/k \leqslant \log n.$$

Der Vergleich mit 7.2.1.1 zeigt, daß wir bis auf Faktoren den gleichen mittleren Aufwand erhalten. Aber die Voraussetzungen sind ganz anders: Während wir in 7.2.1.1 die unrealistische Voraussetzung machen mußten, daß die Permutationen der Werte $a_0, \ldots, a_{n-1}$ alle gleichwahrscheinlich sind, gilt unsere jetzige Aussage für jede beliebige Permutation der Eingabewerte. Wir haben nur angenommen, daß alle Zerlegungselemente r gleichwahrscheinlich sind.

Natürlich kann auch bei zufallsgesteuertem Sortieren durch Zerlegen noch der Aufwand $\mathrm{O}(n^2)$ als ungünstigster Fall eintreten; er wird aber nicht mehr durch die Anordnung der Eingabe, sondern durch die zufällige Auswahl der Indizes der Zerlegungselemente verursacht und ist daher sehr unwahrscheinlich. ♦

Beispiel 12.11 (Suchen in kompakten sortierten Listen):
Gegeben sei eine sortierte Liste $L = [l_0, \ldots, l_{n-1}]$, $l_{i-1} \leqslant l_i$ für $i = 1, \ldots, n-1$. Wir nehmen an, daß die Elemente l_i in einer Reihung $a[0 : n-1]$ gespeichert seien. Sie können dort in beliebiger Reihenfolge stehen, sofern die Liste wie in Abb. 12.10 verzeigert ist. Es gibt dann eine Variable kopf, die den Index des ersten Elements angibt, und eine ganzzahlige Reihung nach$[0 : n-1]$ so, daß a_{nach_i} der Nachfolger von a_i in der Liste ist. Es gilt also $a_i < a_{\mathsf{nach}_i}$. Die Liste werde durch den unzulässigen Index $\mathsf{nach}_i = -1$ abgeschlossen. Wir nennen eine Speicherdarstellung einer Liste wie in Abb. 12.10 eine **kompakte Liste**.

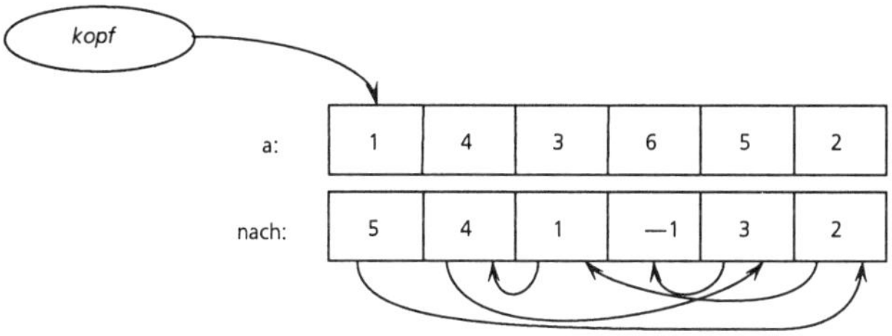

Abbildung 12.10: Kompakte sortierte Liste

Wir wollen den Index eines Elements x in der Liste L ermitteln; falls es nicht vorkommt, liefern wir den Index -1. Wenn wir deterministisch in L suchen, so bleibt uns nur sequentielle Suche. Die vorhandene Sortierung können wir wegen der Verzeigerung nicht nutzen.

Mit Zufallssteuerung machen wir abwechselnd einen Sprung auf eine willkürlich gewählte Einstichstelle der Liste (Z. 12 – 14 des nachfolgenden Programms 12.17) und einen sequentiellen Suchschritt (Z. 15 – 17).

Aufgabe 12.24: Beweisen Sie, daß die Prozedur suche in Programm 12.17 korrekt ist und terminiert.

Zur Aufwandsanalyse halten wir zunächst fest, daß jeder Durchlauf der Schleife Z. 10 – 18 konstanten Aufwand O(1) erfordert. Ferner setzen wir voraus, daß alle l_i verschieden sind. Auch nehmen wir o. B. d. A. an, daß $\mathsf{nach}_i = i+1$ für $i = 0, \ldots, n-2$ gilt. Die absolut ungünstigste Laufzeit ist wie bei sequentieller Suche $O(n)$. Es gilt aber nun:

Satz 12.9: *Die ungünstigste erwartete Laufzeit von* suche *aus Programm 12.17 ist* $T_{\mathsf{suche}}(n) = O(\sqrt{n})$.

Zum Beweis verallgemeinern wir zuerst die Betrachtungsweise: Wir nehmen an, wir hätten t Schritte der Phase 1 ausgeführt. t ist hierbei beliebig. X_t sei eine Zufallsvariable, die die Distanz der augenblicklichen Position i zur gesuchten Schlüsselposition k nach diesen t Iterationen angibt.

Programm 12.17: Zufallsgesteuerte Listensuche

```
1  class KLIST(T<ORDERED(T)) is
2    a:      ARRAY[*](T);
3    nach: ARRAY[*](INT);
4    kopf: INT;
5    länge: INT; -- die aktuelle Länge der Liste
6    ...
7    suche(x: T): INT is
8      i: INT := kopf;
9      j: INT;
10     while i /= -1 and a[i] < x
11     loop
12       -- Phase 1: neue Einstichstelle
13       j := RANDOM::uniform(0,länge-1);
14       if a[i] < a[j] and a[j] < x then i:=j end;
15       -- Phase 2
16       i := nach[i];
17       if a[i] = x then res := i; return end;
18     end; -- while
19     res := -1; -- x nicht gefunden
20   end; -- suche
21   ...
22 end; -- KLIST
```

Da schlimmstenfalls die verbleibende Distanz X_t durch sequentielle Suche überbrückt wird, und bereits t Schritte mit Aufwand $O(t)$ ausgefürt sind, gilt

$$T_{\text{suche}}(n) = O(t + E[X_t]). \tag{12.25}$$

Da $\Pr[X_t > n-1] = 0$ ist, haben wir $E[X_t] = \sum_{i=0}^{n-1} \Pr[X_t \geqslant i]$. Wir beweisen durch vollständige Induktion nach t, daß

$$E[X_t] = \sum_{i=0}^{n-1} \Pr[X_t \geqslant i] \leqslant \sum_{r=0}^{n-1} (1 - r/n)^t \tag{12.26}$$

gilt: Für $t = 1$ wird in Z. 13 unseres Programms j zufällig aus $\{0, \ldots, n-1\}$ gewählt. Aufgrund unserer Annahme $\text{nach}_i = i + 1$ folgt $X_1 < r$ aus $j > n - r$. Also gilt $\Pr[X_1 > r] \leqslant (n-r)/n = 1 - r/n$. Haben wir aber mit t Schritten bereits eine Position s mit Wahrscheinlichkeit $\Pr[X_t \geqslant s] \leqslant (1 - s/n)^t$ erreicht, so ergibt sich im $(t+1)$-ten Schritt eine Position $r \leqslant s$ mit der Wahrscheinlichkeit

$$\begin{aligned} \Pr[X_{t+1} \geqslant r] &= \Pr[X_t \geqslant s] \cdot \Pr[j \leqslant n - r] \\ &\leqslant (1 - s/n)^t \, (1 - r/n) \\ &\leqslant (1 - r/n)^{t+1}. \end{aligned}$$

Dies beweist die Richtigkeit von (12.26).

Wegen

$$\sum_{r=0}^{n-1} r^t \leqslant \int_0^n r^t \mathrm{d}r = \frac{n^{t+1}}{t+1}$$

erhalten wir daher

$$\mathrm{E}[X_t] \leqslant \sum_{r=0}^{n-1} (1 - r/n)^t = n^{-t} \sum_{r=0}^{n-1} (n-r)^t = n^{-t} \sum_{r=1}^{n} r^t \leqslant \frac{n}{t+1}. \quad (12.27)$$

Zusammen mit (12.25) ergibt sich $T_{\text{suche}}(n) = \mathrm{O}(t + n/(t+1))$ für beliebige t. Wählen wir speziell $t \approx \sqrt{n}$, so erhalten wir das Ergebnis $T_{\text{suche}}(n) = \mathrm{O}(\sqrt{n})$ von Satz 12.9. ♦

Aufgabe 12.25: Vervollständigen Sie die Klasse KLIST zu einer Implementierung von MENGE(T < ORDERED(T)), der abstrakten Klasse geordnete Menge aus Aufgabe 10.29.

12.5 Anmerkungen und Verweise

Ottmann und Widmayer (1996) behandeln Algorithmen gegliedert nach Anwendungsthemen. Die verschiedenen Konstruktionsverfahren findet man z. B. in (Ottmann, 1998) und (Cormen et al., 1990). (Aho et al., 1974) ist eine wichtige Quelle für viele Aufwandsuntersuchungen. Das derzeit umfassendste Buch über zufallsgesteuerte Algorithmen ist (Motwani und Raghavan, 1995).

Der Begriff *dynamisches Programmieren* stammt ebenso wie *lineares*, *nichtlineares*, *parametrisches*, *stochastisches* und *ganzzahliges Programmieren* aus der Optimierungstheorie. Bei all diesen Begriffen bezeichnet *Programmieren* ein Verfahren, um ein Optimierungsproblem zu lösen. Mit dem üblichen Wortsinn *ein Programm schreiben* hat dies nichts zu tun. Vielmehr entwickelte R. E. Bellman unter diesem Namen ein rekursives Optimierungsverfahren, bei dem die Lösungen im n-ten Schritt nur von den Lösungen im $(n - 1)$-ten Schritt abhängen.

Bäume mit Höhenabgleich und Pfadverkürzung wurden zuerst von M. D. McIlroy und R. Morris zur Konstruktion spannender Bäume eingesetzt. Die Schranke $T_\sigma = \mathrm{O}(m \log^* n)$ bewiesen Aho et al. (1974). Dies ist nicht die schärfste Aufwandsschranke für die union-find-Algorithmen; allerdings gibt es aus theoretischer Sicht keine Lösung des Problems in linearer Zeit $\mathrm{O}(n)$.

Einen Nachweis des Aufwands $\mathrm{O}(m + n)$ für das Boyer-Moore-Verfahren, der das δ_1- und das δ_2-Verfahren berücksichtigt, findet man in (Guibas und Odlyzko, 1980). Sunday (1990) veröffentlichte weitere Verbesserungen. Die Vorberechnung der Textsuche nach Knuth, Morris, Pratt oder das δ_2-Verfahren von Boyer, Moore codiert eigentlich einen endlichen Automaten; Texteditoren erweitern die Verfahren, um nicht nach Texten, sondern nach regulären Ausdrücken als Muster zu suchen.

Die Bezeichnung *Monte Carlo Algorithmus* für numerische Verfahren wie in Beispiel 12.6 wurde von Metropolis et al. (1953) eingeführt. Das Beispiel 12.8 geht auf Manber (1989) zurück. Die Analyse des zufallsgesteuerten Sortierens durch Zerlegen stammt von Motwani und Raghavan (1995). Macao Algorithmen können in vielen Anwendungen zu einer erheblichen Reduktion der erwarteten Laufzeit führen; ihre Bedeutung wird noch vielfach unterschätzt.

Literaturverzeichnis

Zustandsorientiertes und strukturiertes Programmieren

DIJKSTRA, E. W. (1976): *A Discipline of Programming.* Prentice-Hall.

DIJKSTRA, E. W. und FEIJEN, W. H. J. (1988): *A Method of Programming.* Addison-Wesley.

GRIES, D. (1981): *The Science of Programming.* Springer Verlag, New York.

LISKOV, B. und GUTTAG, J. (1986): *Abstraction and Specification in Program Development.* The MIT Press.

Objektorientiertes Programmieren

BALZERT, H. (1999): *Lehrbuch der Objektmodellierung. Analyse und Entwurf.* Spektrum Akadem. Verlag.

BOOCH, G. (1993): *Object-Oriented Analysis and Design with Applications.* Benjamin/Cummings Publishing Company, Reading, Mass., zweite Aufl.

BOOCH, G., RUMBAUGH, J. und JACOBSON, I. (1999): *Das UML-Benutzerhandbuch.* Addison-Wesley.

BUDD, T. (1996): *An Introduction to Object-Oriented Programming.* Addison-Wesley, zweite Aufl.

FOWLER, M. und SCOTT, K. (2000): *UML – konzentriert — Die Standardobjektmodellierungssprache Anwenden.* Addison-Wesley, zweite Aufl.

JACKSON, M. A. (1975): *Principles of Program Design.* Academic Press.

JACOBSON, I., CHRISTERSON, M., JONSSON, P. und OVERGAARD, G. (1992): *Object-Oriented Software Engineering: A Use Case Driven Approach.* Addison-Wesley.

MEYER, B. (1988): *Object-Oriented Software Construction.* Prentice Hall.

OESTEREICH, B. (1998): *Objektorientierte Softwareentwicklung — Analyse und Design mit der Unified Modeling Language.* Oldenbourg, vierte Aufl.

OMG UML REVISION TASK FORCE (1999): OMG UML 1.3. Techn. Ber., Object Management Group.

RUMBAUGH, J., BLAHA, M., PREMERLANI, W. et al. (1993): *Objektorientiertes Modellieren und Entwerfen.* Carl Hanser Verlag.

WIRFS-BROCK, R. J., WILKERSON, B. und L.WIENER (1993): *Objektorientiertes Software-Design.* Carl Hanser Verlag.

Objektorientierte Sprachen

DAHL, O. J., MYHRHAUG, B. und NYGAARD, K. (1968): *Simula 67, Common Base Language.* Norwegisches Rechenzentrum, Oslo.

ELLIS, M. A. und STROUSTRUP, B. (1992): *The Annotated C++ Reference Manual.* Addison Wesley.

Goldberg, A. (1984): *Smalltalk-80, the Interactive Programming Environment.* Addison Wesley.

Goldberg, A. und Robson, D. (1983): *Smalltalk-80: the Language and its Implementation.* Addison Wesley.

Goos, G. (1997): Sather-K — The Language. *Software — Concepts and Tools,* 18: 91–109.

Gosling, J., Joy, B. und Steele, G. (1996): *The Java Language Specification.* The Java Series. Addison-Wesley.

Meyer, B. (1992): *Eiffel: the Language.* Prentice Hall.

Odersky, M. und Wadler, P. (1997): Pizza into Java. In *Proc. 24th ACM Symp. on Principles of Programming Languages,* 146–159. Implementierung: http://wwwipd.ira.uka.de/~pizza.

Rohlfing, H. (1973): *Simula — Eine Einführung,* Bd. 747. BI-Wissenschaftsverlag.

Wirth, N. und Gutknecht, J. (1992): *Project Oberon: the Design of an Operating System and Compiler.* Addison Wesley.

Objektorientiertes Programmieren: Weiterführende Literatur

Buschmann, F., Meunier, R., Rohnert, H. et al. (1996): *Pattern-Oriented Software Architecture — A System of Patterns.* John Wiley & Sons.

Date, C. J. (1999): *An Introduction to Database Systems,* Bd. 1. Addison-Wesley, 7. Aufl.

Gamma, E., Helm, R., Johnson, R. und Vlissides, J. (1996): *Entwurfsmuster: Elemente wiederverwendbarer objektorientierter Software.* Addison-Wesley.

Lang, S. M. und Lockemann, P. C. (1995): *Datenbankeinsatz.* Springer Verlag.

Page, B. (1991): *Diskrete Simulation.* Springer Verlag.

Pree, W. (1994): *Design Patterns for Object-Oriented Software Development.* Addison-Wesley.

Vom Programm zur Maschine

Abelson, H., Sussman, G. J. und Sussman, J. (1998): *Struktur und Interpretation von Computerprogrammen.* Springer-Verlag, dritte Aufl.

Jones, R. und Lins, R. (1996): *Garbage Collection: Algorithms for Automatic Dynamic Memory Management.* John Wiley & Sons.

Algorithmen und Datenstrukturen

Aho, A., Hopcroft, J. und Ullman, J. (1974): *The Design and Analysis of Computer Algorithms.* Addison-Wesley.

Cormen, T. H., Leiserson, C. E. und Rivest, R. L. (1990): *Introduction to Algorithms.* The MIT Press.

Ottmann, T. und Widmayer, P. (1996): *Algorithmen und Datenstrukturen.* Spektrum Akademischer Verlag, dritte Aufl.

Ottmann, T. (Hrsg.) (1998): *Prinzipien des Algorithmenentwurfs.* Spektrum Akademischer Verlag.

Wirth, N. (2000): *Algorithmen und Datenstrukturen,* Pascal-*Version.* B. G. Teubner Verlag, fünfte Aufl.

Weitere Quellen

AHRENS, W. (1921): *Mathematische Unterhaltungen und Spiele.* B. G. Teubner Verlag, Leipzig.

APT, K. R. und OLDEROG, E.-R. (1991): *Verification of Sequential and Concurrent Programs.* Springer Verlag.

BAUER, F. L. und WÖSSNER, H. (1972): Zuses „Plankalkül", ein Vorläufer der Programmiersprachen — gesehen vom Jahre 1972. *Elektronische Rechenanlagen,* 14(3): 111–118

BOYER, R. S. und MOORE, S. J. (1977): A Fast String Searching Algorithm. *Comm. ACM,* 20(10): 762–772.

DEREMER, F. und KRON, H. H. (1976): Programming in the Large versus Programming in the Small. *IEEE Transactions on Software Engineering,* 2(2): 80–86.

DIJKSTRA, E. W. (1970): Structured Programming. In *Software Engineering Techniques,* herausgegeben von Buxton, J. N. und Randell, B., S. 84–88. Report on a Conference, Rome, 27.–31. Oct. 1969. NATO Science Committee.

DIJKSTRA, E. W., DAHL, O.-J. und HOARE, C. (1972): *Structured Programming.* Academic Press.

DIN (1983): DIN 66001, Informationsverarbeitung; Sinnbilder und ihre Anwendung. Deutsches Institut für Normung e.V., Beuth Verlag.

OWICKI, S. S. und GRIES, D. (1976): An axiomatic proof technique for parallel programs I. *Acta Inf.,* 6: 319–340.

GRIES, D. (Hrsg.) (1978): *Programming Methodology — a Collection of Articles by Members of IFIP WG2.3.* Springer Verlag.

GUIBAS, L. J. und ODLYZKO, A. M. (1980): A New Proof of the Linearity of the Boyer-Moore String Searching Algorithm. *Siam J. Comput.,* 9(4).

HOARE, C. (1969): An axiomatic basis for computer programming. *Communications of the ACM,* 12: 576–583.

HOARE, C. A. R. und WIRTH, N. (1973): An Axiomatic Definition of the Programming Language PASCAL. *Acta Informatica,* 2: 335–355.

KNUTH, D. E. (1998): *Sorting and Searching,* Bd. 3 von *The Art of Computer Programming.* Addison-Wesley, zweite Aufl.

KNUTH, D. E., MORRIS, J. H. und PRATT, V. R. (1977): Fast Pattern Matching in Strings. *SIAM Journal on Computing,* 6: 323–350.

MADSEN, O. L. und MØLLER-PEDERSEN, B. (1988): What Object-Oriented Programming may be — and what it does not have to be. In *Proceedings of the European Conference on Object-Oriented Programming (ECOOP),* Bd. 322 von *LNCS,* S. 1–20. Springer Verlag.

MANBER, U. (1989): *Introduction to Algorithms.* Addison-Wesley.

MEHLHORN, K. (1986): *Sortieren und Suchen,* Bd. 1 von *Datenstrukturen und effiziente Algorithmen.* B. G. Teubner Verlag.

METROPOLIS, N., ROSENBLUTH, W., ROSENBLUTH, M. und TELLER, A. (1953): Equation of State Calculations by Fast Computer Machines. *J. Chem. Phys.,* 21: 1087.

MINSKY, M. (1975): A Framework for Representing Knowledge. In *The Psychology of Computer Vision,* herausgegeben von Winston, P. H., S. 211–277. McGraw Hill.

MOTWANI, R. und RAGHAVAN, P. (1995): *Randomized Algorithms.* Cambridge University Press.

MURER, S., OMOHUNDRO, S., STOUTAMIRE, D. und SZYPERSKI, C. (1996): Iteration Abstraction in Sather. *TOPLAS,* 18(1): 1–15.

PARK, S. K. und MILLER, K. W. (1988): Random Number Generators: Good Ones Are Hard to Find. *Comm. ACM,* 31(10): 1192–1201. E

PARNAS, D. (1972a): A Technique for Software Module Specification with Examples. *Comm. ACM,* 15(5): 330–336.

PARNAS, D. (1972b): On the Criteria To Be Used in Decomposing Systems into Modules. *Comm. ACM,* 15(12): 1053–1058.

RABIN, M. O. (1980): Probabilistic Algorithms for Testing Primality. *J. Number Theory,* 12: 128–138.

SCHÖNING, U. (1997): *Theoretische Informatik kurz gefaßt.* Spektrum Akademischer Verlag, dritte Aufl.

SIMON, H. A. (1996): *The Sciences of the Artificial.* The MIT Press, dritte Aufl.

SUNDAY, D. M. (1990): A Very Fast Substring Search Algorithm. *Comm. ACM,* 33(8): 132–142.

WIRTH, N. (1972): *Systematisches Programmieren.* B. G. Teubner Verlag.

ZUSE, K. (1944): Ansätze einer allgemeinen Theorie des Rechnens unter besonderer Berücksichtigung des Aussagenkalküls und dessen Anwendung auf Relaisschaltungen. In ZUSE (1972). Original geschrieben 1944/45.

ZUSE, K. (1972): Der Plankalkül. Bericht Nr. 63, GMD, St. Augustin.

Anhang C
SATHER im Überblick

Dieser Anhang enthält die für den praktischen Gebrauch wichtigsten Eigenschaften der Programmiersprache SATHER. Aussagen aus den Kap. 8 - 10 über die Bedeutung von Sprachelementen sind nicht wiederholt. Eine *vollständige* Beschreibung findet der Leser in (Goos, 1997). Der Bericht, weitere Literatur und Verweise auf Implementierungen findet man im Internet unter `http://i44www.info.uni-karlsruhe.de/sather`.

Die Syntax der Sprache geben wir mit Syntaxdiagrammen, vgl. 1.6.3, wieder.

C.1 Syntaxdiagramme

C.1.1 Grundsymbole

Ein Programmtext besteht aus Grundsymbolen, die durch Leerzeichen, Tabulatorzeichen, Zeilenumbrüche oder Kommentare getrennt sein können. Grundsymbole sind Bezeichner, natürliche Zahlen, Gleitpunktzahlen, Einzelzeichen, Texte, Sonderzeichen und Schlüsselwörter.

Bezeichner dienen in SATHER als Schlüsselwörter und als Namen für Klassen, deren Merkmale und für lokale Größen. Ein Bezeichner besteht aus einer Folge von Buchstaben, Ziffern und Unterstrichen, und beginnt mit einem Buchstaben. Die folgenden Bezeichner sind Schlüsselwörter und haben festgelegte Bedeutung: abstract, and, assert, bind, begin, break, case, class, constant, div, else, elsif, end, except, external, false, if, include, Inf, is, loop, mod, NaN, not, or, pragma, private, procedure, readonly, resume, return, shared, stream, like, then, true, typecase, value, void, when, while.

Andere Bezeichner haben in SATHER eine festgelegte Bedeutung und sollten nur mit dieser Bedeutung benutzt werden:
aget, aset, arg, invariant, main, res, self, str, terminated, type.

Klassennamen schreiben wir in SATHER mit Großbuchstaben. Die in SATHER vordefinierten Klassen, die auch als Basisklassen bezeichnet werden, haben die Namen: ARR, ARRAY, BITS, BOOL, BYTE, CHAR, ERR, EXTOB, FILE, FLT, FLTD, INT, INTINF,

LONG_INT, LONG_UNSIGNED, OB, SHORT_INT, SHORT_UNSIGNED, STR, STRING, SYSTEM, TYPE,UNSIGNED.

Die Signaturen der wichtigsten Basisklassen sind in C.2 wiedergegeben. Ebenfalls vordefiniert sind die Bezeichner der Ausnahmen:

FLOAT_OVERFLOW, FLOAT_UNDERFLOW, INTEGER_OVERFLOW, ZERO_DIVIDE, NUMERIC_ERROR, INDEX_ERROR, REFERENCE_ERROR, ASSERTION_ERROR, INVARIANT_ERROR, STREAM_TERMINATION, EXIT

Kommentar

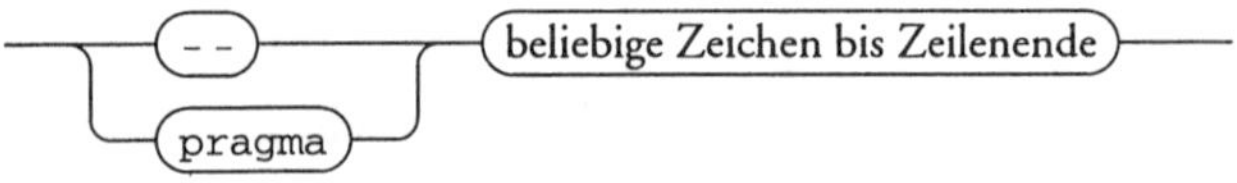

Pragmas sind Kommentare, die vom Übersetzer interpretiert werden.

C.1.2 Klassenvereinbarungen und Typen

Ein Programm ist eine Folge von Klassenvereinbarungen, getrennt durch Strichpunkte, vgl. 9.3.1.

Programm

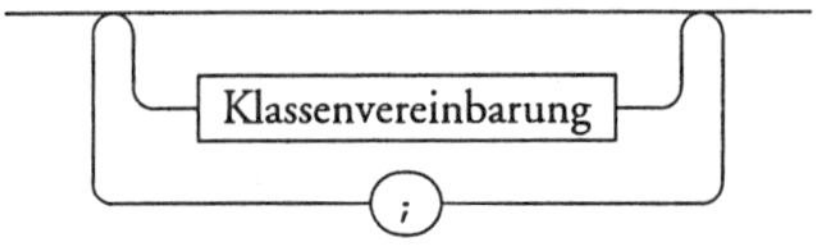

Klassenart

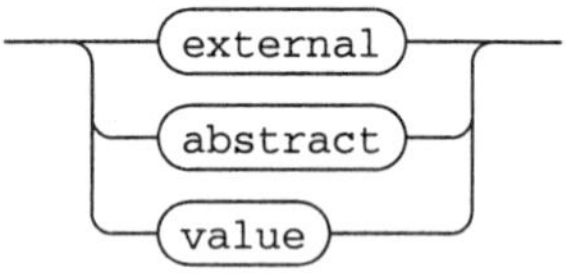

Klassenvereinbarung

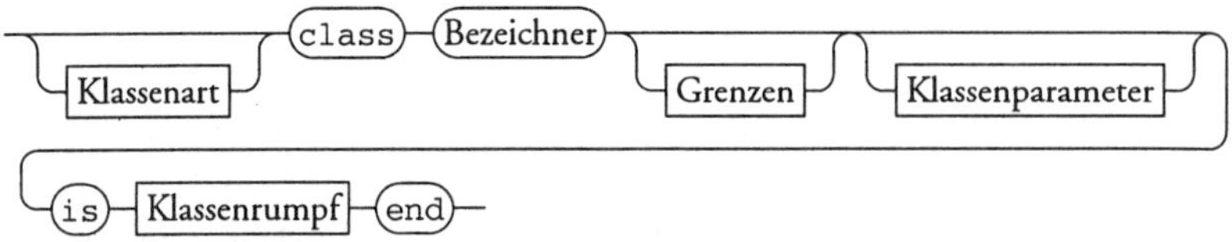

Klassen ohne Klassenart sind Referenzklassen. Die Klassenarten value, abstract und external definieren Wertklassen, abstrakte Klassen bzw. Schnittstellenklassen zu externen Programmteilen. Referenz- und Wertobjekte sind Ausprägungen von Referenz- bzw. Wertklassen. Objekte der anderen Klassenarten gibt es nicht.

Vergleich und Zuweisung beziehen sich bei Referenzobjekten auf die Referenzen, bei Wertobjekten auf die Werte der Objekte, siehe Beispiel 9.9. Bei der Parameterübergabe eines Referenzobjekts mit Wertaufruf wird eine Kopie der Referenz, bei einem Wertobjekt aber eine Kopie des Wertes übergeben. Im zweiten Fall sind Änderungen des Objektzustands innerhalb einer Methode nach außen unsichtbar.

Abstrakte Klassen, vgl. 10.4.1, beschreiben Schnittstellen implementierungsunabhängig. Externe Klassen definieren die Signaturen von Programmteilen, die in einer anderen Programmiersprache, z. B. in C, geschrieben sind.

Der Kopf einer Klassenvereinbarung kann Reihungsgrenzen und Klassenparameter enthalten.

Grenzen

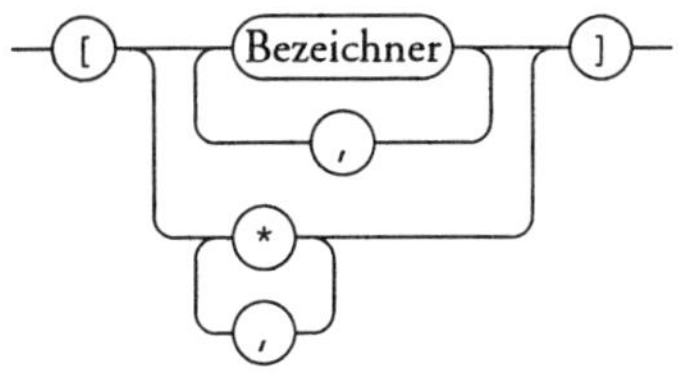

Klassenparameter

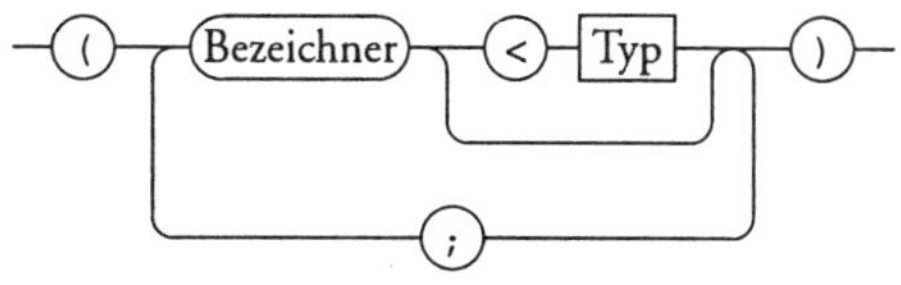

Klassen mit Grenzen definieren Reihungen. Beispiele sind die Reihungsklassen ARRAY[*](T), ARRAY[*,*](T), ARRAY[*,*,*](T) ... und ARR[*](T) aus 8.1.4 und 9.3.3. Die Anzahl der Sterne steht für die Anzahl der Stufen; die Klasse ARRAY ist für beliebige Anzahl von Stufen definiert. Bei der Vereinbarung benutzerdefinierter Reihungsklassen, die von anderen Reihungsklassen erben, muß die Dimension durch eine entsprechende Anzahl von Sternen angegeben werden.

Eine generische Klasse definiert eine ganze Familie von Klassen. Die Klassenparameter T einer generischen Klasse, siehe 10.1.2, dienen im Klassenrumpf als Platzhalter für beliebige Typen. Die Operationen der **Typschranke** dürfen auch auf Objekte des Typs T angewandt werden. Daher muß T konform zur Typschranke sein, vgl. dazu 10.2.4. Eine explizite Untertypbeziehung wird jedoch nicht verlangt.

Klassen benutzt man durch Angabe einer **Klassenkennung**. Bei generischen Klassen müssen dabei für alle Parameter konkrete Typen angegeben werden, die dann die Parameter im Rumpf der Klasse textuell ersetzen. So können wir z. B. mit Hilfe der generischen Vereinbarung von ARRAY Klassen mit Klassenkennungen ARRAY[*](INT), aber auch ARRAY[*](ARRAY[*](CHAR)) definieren.

Klassenkennung

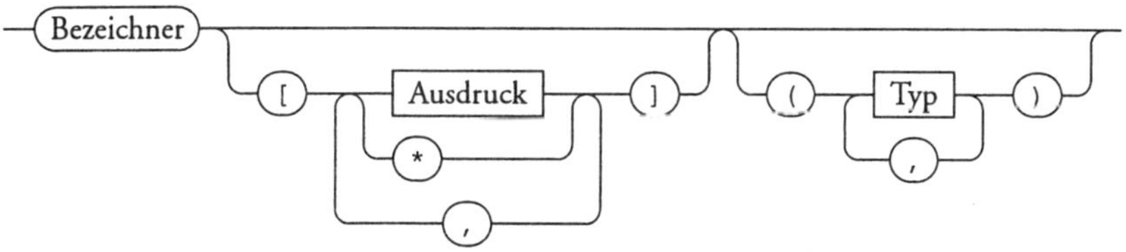

Die Indexgrenzen einer Klassenkennung bestimmen den Umfang in der jeweiligen Reihungsdimension. Beim Bilden eines Reihungsobjekts muß man sie explizit als ganzzahlige Ausdrücke angeben. In allen anderen Fällen, z. B. bei Methodenparametern besagt ein Stern, daß der Umfang beliebig ist.

Typ

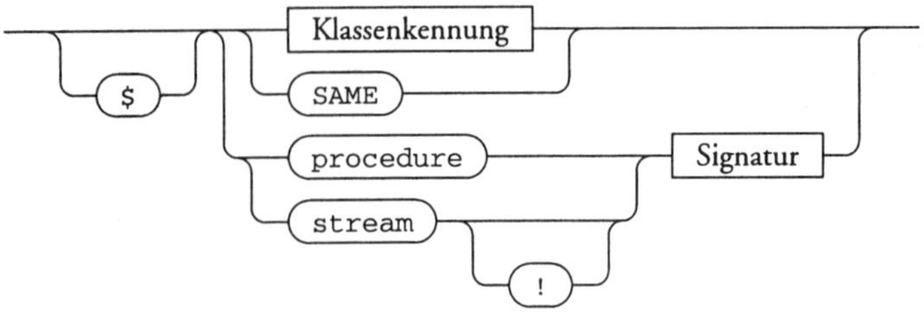

Signatur

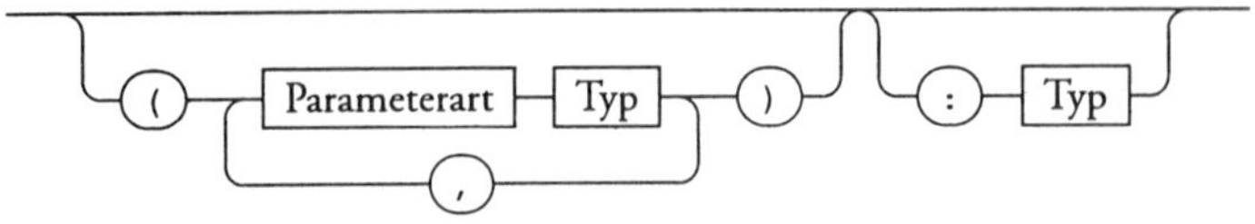

Typen werden durch Klassenkennungen angegeben. SAME bezeichnet immer die aktuelle Klasse in deren Kontext es auftritt. Die Konstruktoren procedure und stream definieren Typen für gebundene Methoden, siehe 10.3.3; stream ! definiert den Typ eines Stromobjekts, vgl. 10.3.3.1. **Polymorphe** Typen, werden mit Hilfe des $-Operators erzeugt.

Klassenrumpf

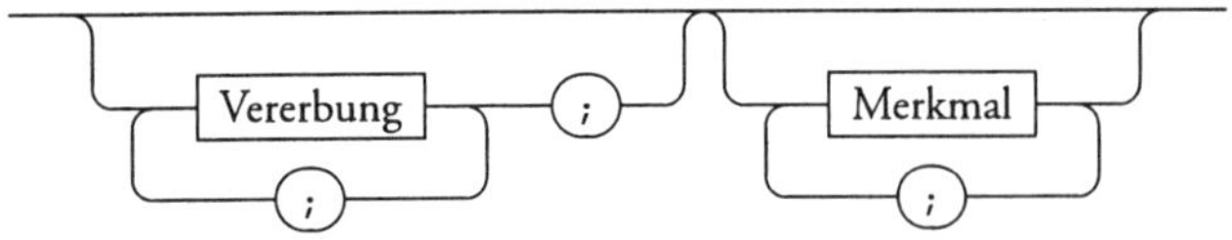

Vererbung

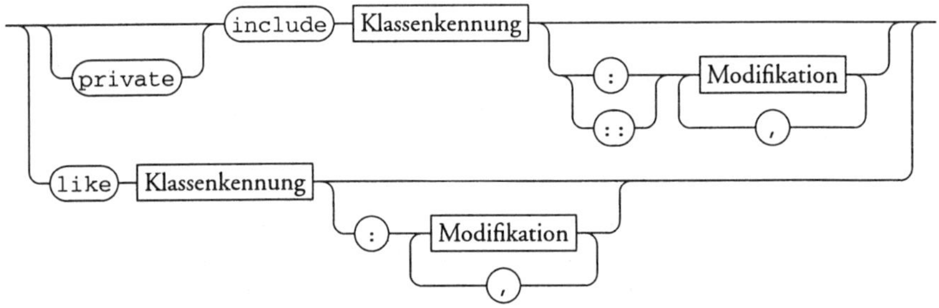

Bei der Verwendung einer Klasse werden Vererbungen textuell durch den Rumpf der geerbten Klasse ersetzt. Dabei können durch Modifikationen einzelne Merkmale umbenannt oder gelöscht werden. Auch das gezielte Erben eines einzelnen Merkmals ist in der Form Klassenkennung::Modifikation möglich. Die verschiedenen Arten von Vererbung sind in 10.2.4 beschrieben. Bei der Vererbung mit like muß die Unterklasse wie in Abb. 10.34 konform zur Oberklasse sein.

Modifikation

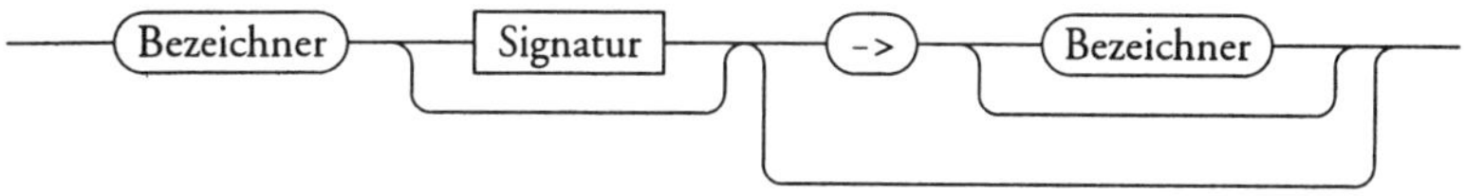

Merkmale einer Klasse sind Attribute oder Methoden, siehe 8.1.2 und 8.1.6.4. Mit den Schlüsselwörtern private, shared, constant und readonly erhalten sie die in 9.4 erklärten Eigenschaften. constant-Vereinbarungen müssen initialisiert sein; spätere Zuweisungen sind nicht erlaubt.

Merkmal

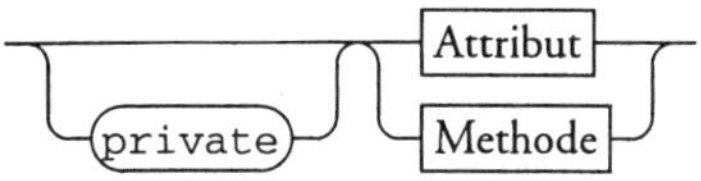

Attribut

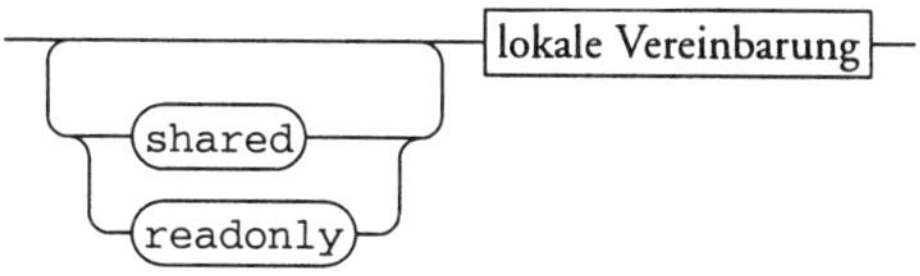

lokale Vereinbarung

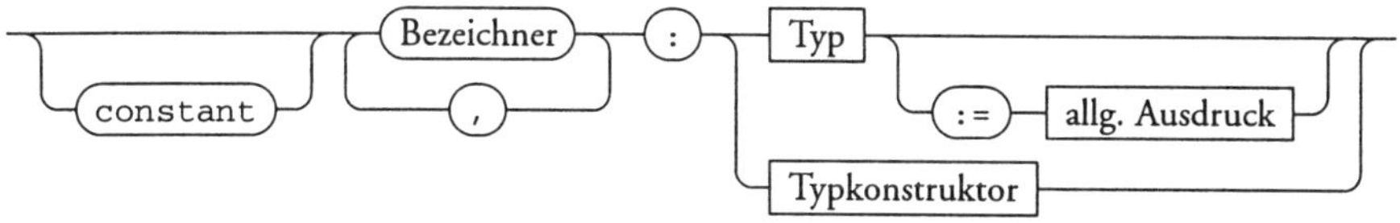

Methode

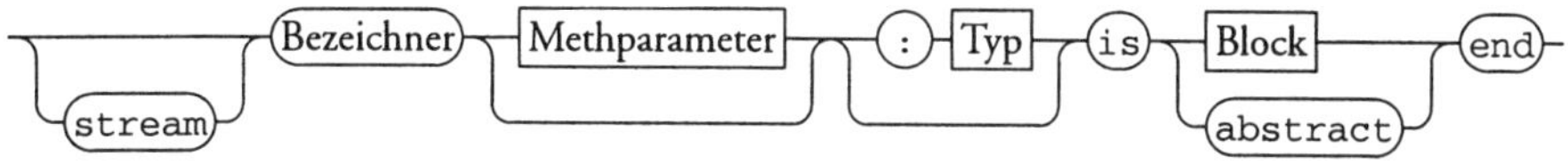

Das Schlüsselwort stream unterscheidet die Vereinbarung von Strömen, siehe 10.3.2, von Prozedurvereinbarungen. Das Schlüsselwort abstract zeigt an, daß die Signatur der Methode festgelegt ist, eine Implementierung jedoch noch aussteht. Dies ist nur in abstrakten und externen Klassen sinnvoll, vgl. 10.4.1.

Methparameter

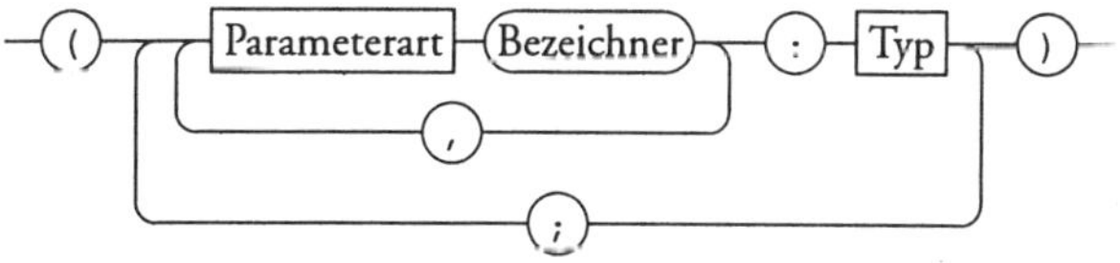

Parameterart

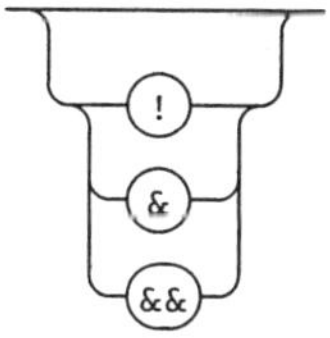

Bei Parametern von Strömen bedeutet ein vorangestelltes Ausrufezeichen, daß diese Parameter nur beim ersten Aufruf ausgewertet werden und danach konstant sind. Ein & erklärt den entsprechenden Parameter zum Ausgabeparameter. Wert-Ergebnisparameter werden mit && vereinbart, vgl. 8.1.6.4.

C.1.3 Methodenrümpfe

Der Rumpf einer Methode ist ein Block, siehe 8.1.3.

Block

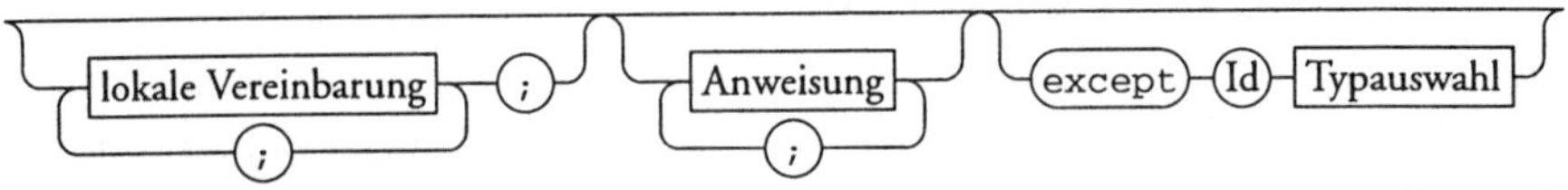

Bei der optionalen Ausnahmebehandlung, vgl. 8.2.8, ist Id ein Bezeichner, der das Ausnahmeobjekt benennt. Die WHEN-Klauseln der Typauswahl müssen Untertypen des Typs EXCEPTION unterscheiden.

Anweisung

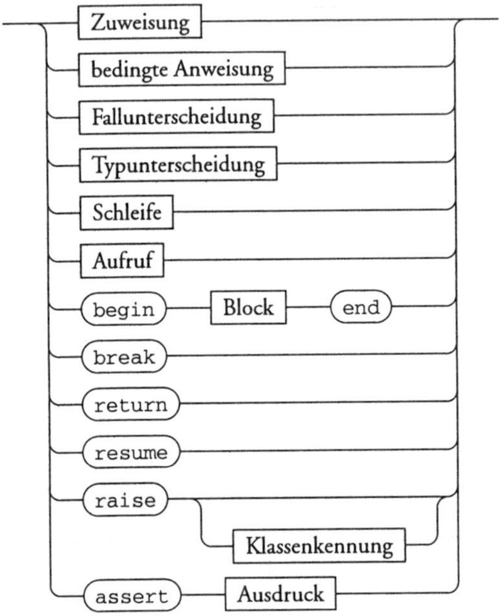

break ist die Abbruchanweisung für Schleifen, siehe 8.1.6.3, mit return wird die aktuelle Methode verlassen, vgl. dazu 8.1.6.4, resume erlaubt, wie in 10.3.2 beschrieben, die Rückkehr zum Aufrufer eines Stroms. Zum Auslösen von Ausnahmen mittels raise und zu assert siehe 8.1.6.5 und (8.25).

Zuweisung

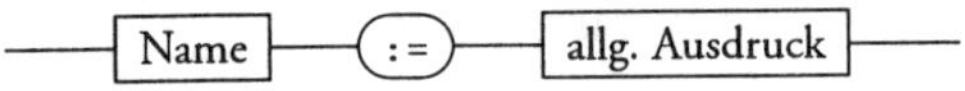

Die linke Seite der Zuweisung, vgl. 8.1.1, benennt eine Variable, d.h. ein Attribut, ein Reihungselement oder eine lokale Variable. Der Typ der rechten

Seite muß gleich dem Typ der linken Seite sein, ein Untertyp davon, oder automatisch anpaßbar, vgl. 8.5.

bedingte Anweisung

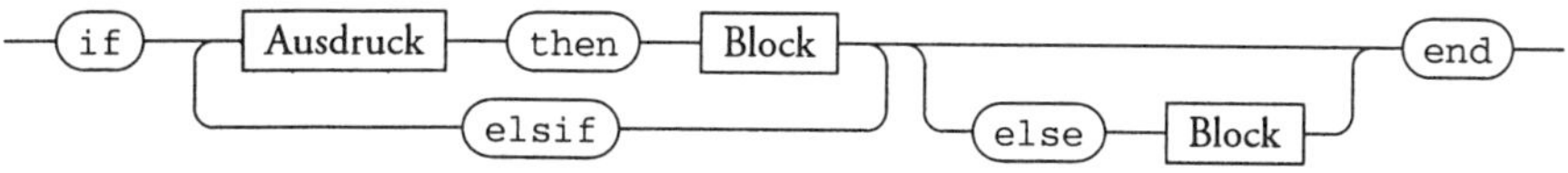

Fallunterscheidung

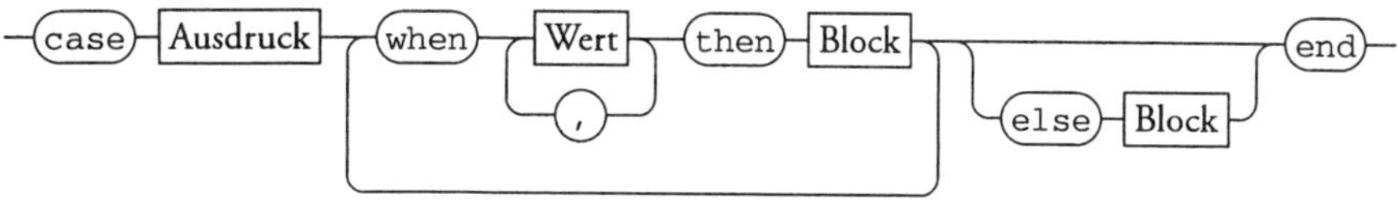

Die bedingte Anweisung und die Fallunterscheidung sind in 8.2.4 und 8.2.5 beschrieben. Alle Werte der einzelnen when-Klauseln müssen verschieden sein. Als Vergleichswerte sind ganze Zahlen, Einzelzeichen und boolesche Konstanten zugelassen.

Typunterscheidung

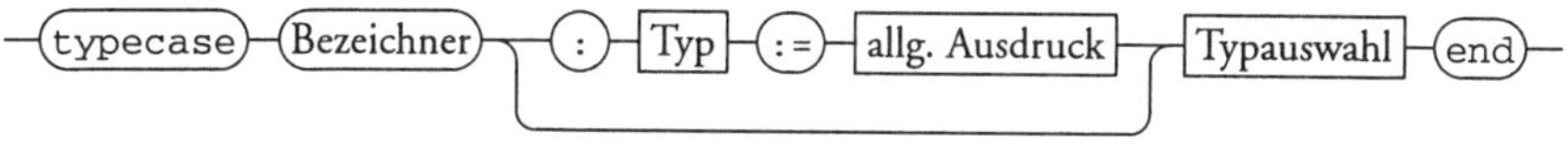

Typauswahl

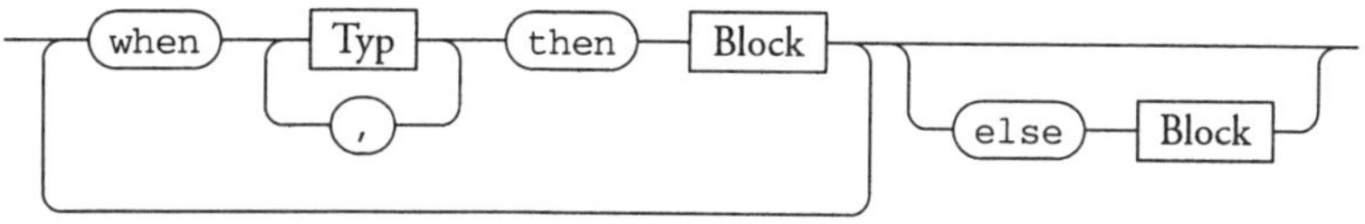

Die Typunterscheidung entspricht der Fallunterscheidung mit dem Unterschied, daß die when-Klauseln Typen unterscheiden. Diese müssen Untertypen des Typs des Bezeichners im Kopf der Typunterscheidung sein. Wird dieser im Kopf nur benannt, jedoch nicht vereinbart, so muß er eine lokale Größe bezeichnen. Ausgewählt wird die textuell erste Alternative, zu deren Typ der dynamische Typ des Bezeichners verträglich ist. Existiert keine solche Alternative, so wird, falls vorhanden, der else-Teil ausgeführt.

Schleife

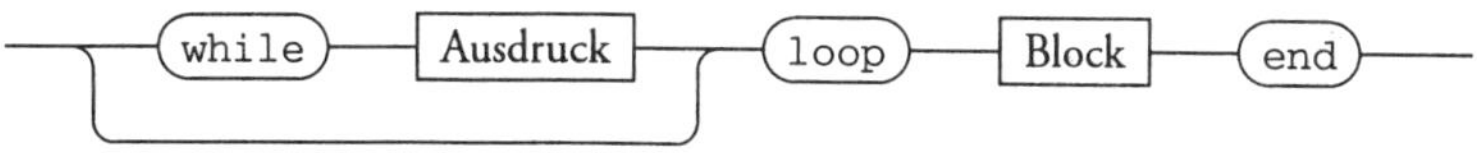

Schleifen werden in 8.1.6.3 beschrieben.

Aufruf

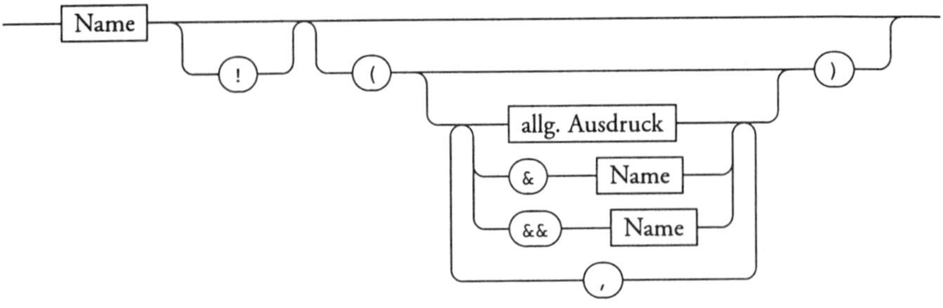

Das Ausrufezeichen kennzeichnet Stromaufrufe. & bzw. && kennzeichnen wie bei der Methodenvereinbarung Ausgabe- und Wert-Ergebnisparameter.

C.1.4 Ausdrücke

allg. Ausdruck

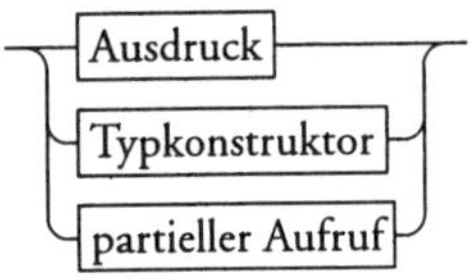

Ausdruck

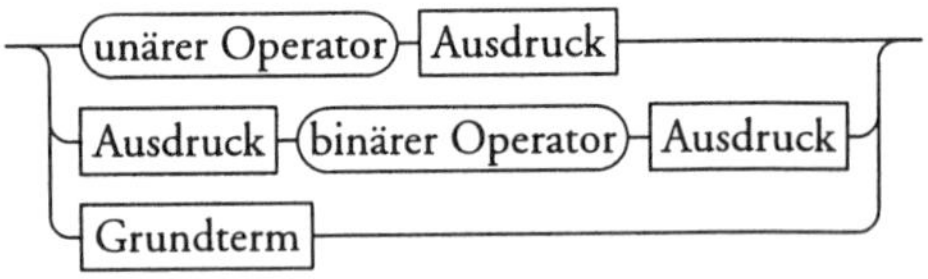

Den Vorrang der Operatoren und die ihnen entsprechenden Methodenbezeichner zeigt Tab. 8.2. Sie entsprechen Prozeduraufrufen, die self als ersten Operanden benutzen. Binäre Operatoren benötigen einen weiteren Parameter in der Signatur. Man kann die Operatoren auch für andere Typen definieren, indem man den entsprechenden Methodenbezeichner neu (als Methode mit entsprechender Parameterzahl) vereinbart.

Typkonstruktor

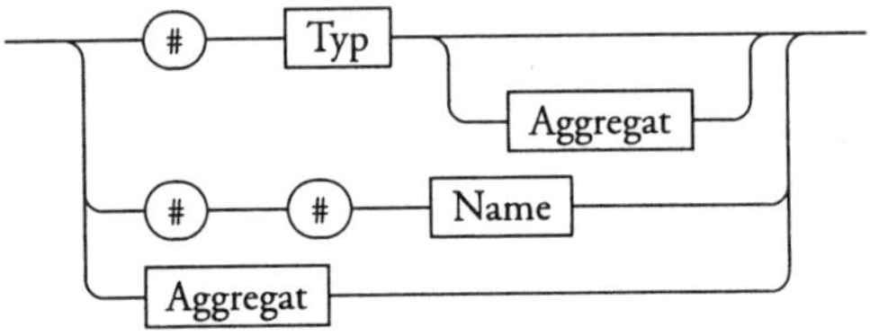

Objekte bildet man mit dem in 9.3.1 eingeführten Typkonstruktor. In der Form #T wird ein Objekt des Typs T erzeugt, durch ##a ein Objekt des Typs von a. Zur Initialisierung von Objekten kann man Aggregate benutzen.

Aggregat

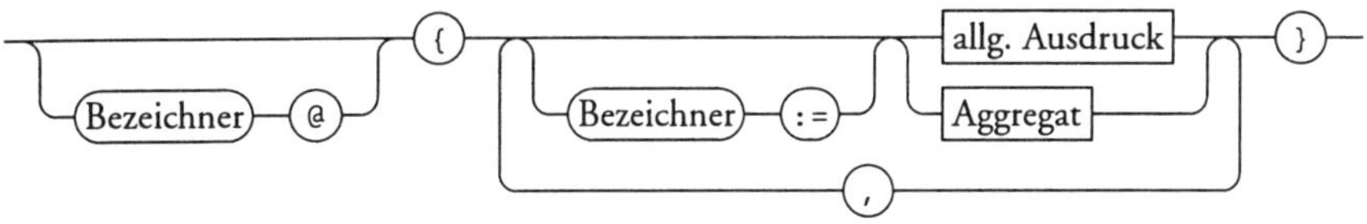

Grundterm

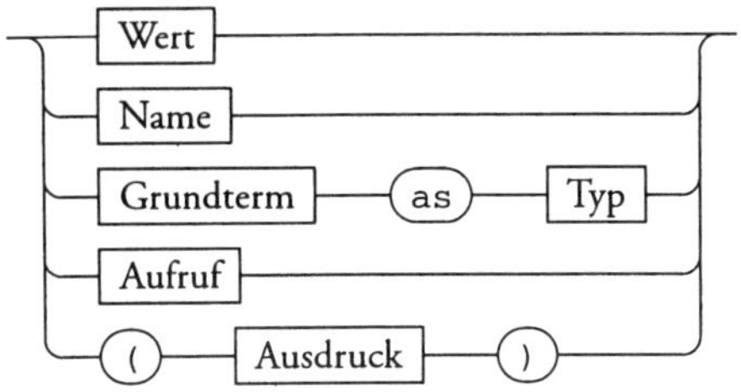

Wert

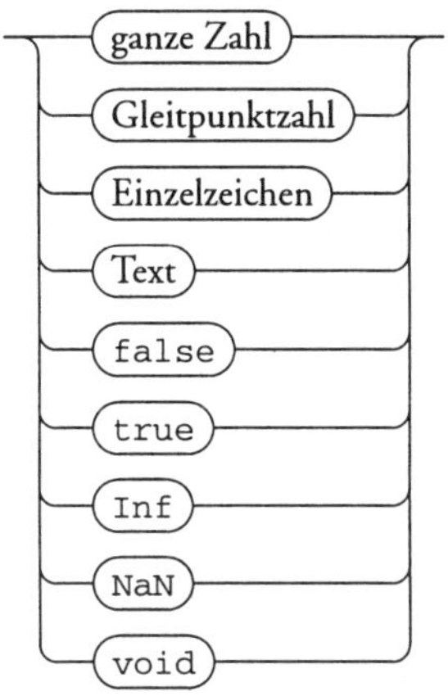

Ein Ausdruck der Form `a as T` ist eine Typanpassung des Ausdrucks `a` an den Typ `T`. Dabei müssen `T` und der Typ von `a` beide numerische Typen, oder `T` ein Obertyp des Typs von `a` sein.

Zahlen, Einzelzeichen und Texte schreibt man wie in 8.1.1 eingeführt. Für Einzelzeichen und in Texten sind alle darstellbaren Zeichen erlaubt. Steuerzeichen können durch Zeichenkombination dargestellt werden, die mit einem Rückstrich ('\') beginnen; es gelten die gleichen Regeln wie in C, unter anderem entsprechen '`\t`', '`\n`' und '`\r`' dem horizontalen Tabulator, Zeilenumbruch bzw. Wagenrücklauf. Anführungszeichen als Einzelzeichen werden als `\'` bzw. `\"` geschrieben.

partieller Aufruf

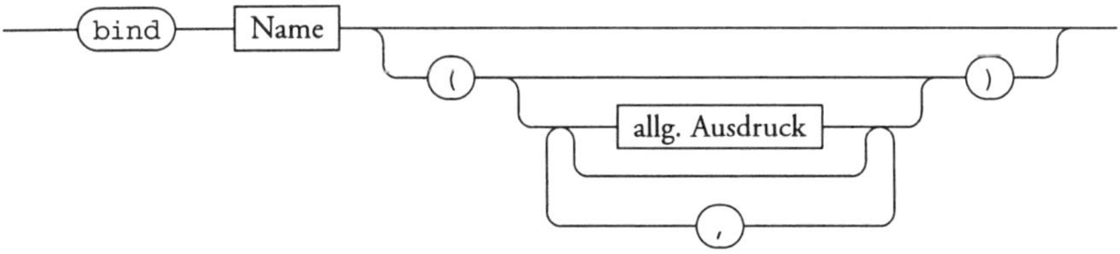

Partielle Aufrufe liefern als Ergebnis eine gebundene Methode, siehe 10.3.3, bei der einzelne Parameter bereits festgelegt sein können. Die restlichen Argumente müssen beim Aufruf der gebundenen Methode angegeben werden.

Name

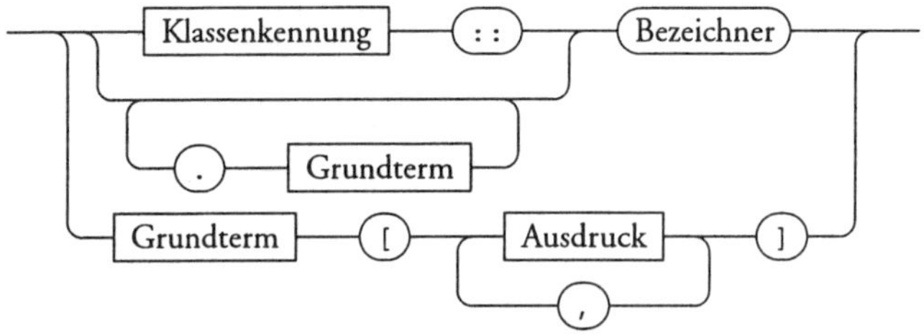

Als Namen sind einfache und qualifizierte Bezeichner zulässig, vgl. 9.3.1 und 9.4, sowie Reihungszugriffe, die zu entsprechenden Aufrufe der Methoden aget bzw. aset aufgelöst werden.

C.2 Basisbibliothek

Im folgenden beschreiben wir ausschnittsweise die Schnittstellen der wichtigsten Basisbibliotheken von SATHER. Diese umfassen die einfachen Datentypen aus Tab. 8.1 und die Klasse MATH der transzendenten Methoden, vgl. Beispiel 9.14.

OB	
copy: SAME	Kopie von self
string: STRING	textuelle Darstellung von self
is_equal(x: $OB): BOOL	Gleichheit

ORDERED(T)	
is_lt(x: T): BOOL	$<$
is_leq(x: T): BOOL	$\leqslant$
is_gt(x: T): BOOL	$>$
is_geq(x: T): BOOL	$\geqslant$

Die Klasse OB bildet die Wurzel der Klassenhierarchie in SATHER. Alle anderen Klassen erben implizit von OB. OB definiert Methoden und Attribute, über die jedes Objekt verfügt. ORDERED ist die Eigenschaftsklasse aus Programm 10.11. Von den hier beschriebenen Klassen besitzen CHAR, INT, FLT, FLTD und STRING entsprechende Vergleiche.

BOOL	
negate(b: BOOL): BOOL	Negation
xor(b: BOOL): BOOL	exklusive Disjunktion
nand(b: BOOL): BOOL	Peirce-Funktion
nor(b: BOOL): BOOL	Sheffer-Funktion
implies(b: BOOL): BOOL	Implikation

Daneben sind für BOOL die Operationen **and** und **or** mit Kurzauswertung definiert, vgl. (8.2).

ARRAY[*](T) und ARR[*](T)	
asize:INT	Größe der Reihung
aset(i: INT; x: T)	setze i-tes Element
aget(i: INT): T	lese i-tes Element
extend(i: INT):SAME	Reihungserweiterung, (nur bei ARRAY)

Flexible, $n+1$-stufige Reihungen ARRAY[*,...,*](T) besitzen Attribute asize0 ... asize$n$ und entsprechend zusätzliche Parameter bei aset und aget. Bei Über- oder Unterschreiten des Indexbereichs wird die Ausnahme INDEX_ERROR ausgelöst.

CHAR	
isalpha: BOOL	self ist ein Buchstabe
isupper: BOOL	self ist ein Großbuchstabe
islower: BOOL	self ist ein Kleinbuchstabe
isdigit: BOOL	self ist eine Ziffer
isxdigit: BOOL	self ist eine Sedezimalziffer
isalnum: BOOL	self ist ein Buchstabe oder eine Ziffer
isspace: BOOL	self ist ein Zwischenraum
ispunct: BOOL	self ist ein Interpunktionszeichen
isprint: BOOL	self ist ein druckbares Zeichen
iscntrl: BOOL	self ist ein Steuerzeichen
isgraph: BOOL	self ist ein Graphikzeichen
toupper: CHAR	Umwandlung in Großbuchstabe
tolower: CHAR	Umwandlung in Kleinbuchstabe
int: INT	Umwandlung nach ganze Zahl
succ: CHAR	Nachfolger; (self.int+1).char
pred: CHAR	Vorgänger; (self.int-1).char

int liefert für jedes Zeichen in Abhängigkeit der internen Repräsentation eine ganze Zahl. Es gilt c.int.char $= c$ und aus $c \neq c'$ folgt c.int $\neq c'$.int;

INT	
max:INT	maxint, größte darstellbare ganze Zahl
plus(x: INT): INT	self + x
minus(x: INT): INT	self $-$ x
times(x: INT): INT	self $*$ x
quotient(x: INT): FLTD	self/x
divide(x: INT): INT	Ganzzahldivision
minus: INT	unäre Subtraktion
odd: BOOL	self ist ungerade
modulo(x: INT): INT	self mod x, vorzeichengleich mit self
pow(x: INT): INT	self^x
abs: INT	|self|
flt: FLT	Umwandlung in einfache Gleitpunktzahl
char: CHAR	Umwandlung in Einzelzeichen
fltd: FLTD	Umwandlung in doppeltgenaue Gleitpunktzahl
stream upto(constant upper: INT): INT	vgl. Beispiel 10.14
stream downto(constant lower: INT): INT	vgl. Beispiel 10.14

Die Klasse FLTD beschreibt Gleitpunktzahlen doppelter Genauigkeit, FLT Gleitpunktzahlen einfacher Genauigkeit. Die Methoden entsprechen IEEE 754-1985.

FLTD (FLT entsprechend)	
plus(x: FLTD): FLTD	self + x
minus(x: FLTD): FLTD	self − x
times(x: FLTD): FLTD	self ∗ x
quotient(x: FLTD): FLTD	self/x
minus: INT	unäre Subtraktion
modulo(x: FLTD): FLTD	self mod x, vorzeichengleich mit self
pow(x: FLTD): FLTD	self^{x}
sqrt: FLTD	$\sqrt{\text{self}}$
rem(x: FLTD): FLTD	$res = \text{self} - x * (\frac{\text{self}}{x}.round)$
exp: FLTD	e^{self}
abs: FLTD	Betrag
round: FLTD	Runden zur nächsten ganzen Zahl
floor: FLTD	Runden nach $-\infty$
ceiling: FLTD	Runden nach ∞
trunc: FLTD	Runden nach 0
int: INT	ganzzahliger Anteil von self
finite: BOOL	weder NaN noch Inf
isnan: BOOL	NaN, vgl. 8.1.4
iszero: BOOL	self = 0 oder −0
unordered(x: FLTD): FLTD	self und x sind nicht vergleichbar

MATH	
constant pi: FLTD	3.14159265358979323846264
constant e : FLTD	2.71828182845904523536028
sin(x: FLTD): FLTD	sinus
cos(x: FLTD): FLTD	cosinus
tan(x: FLTD): FLTD	tangens
asin(x: FLTD): FLTD	arcussinus
acos(x: FLTD): FLTD	arcuscosinus
atan(x: FLTD): FLTD	arcustangens
sinh(x: FLTD): FLTD	hyperbolischer sinus
cosh(x: FLTD): FLTD	hyperbolischer cosinus
tanh(x: FLTD): FLTD	hyperbolischer tangens
log(x: FLTD): FLTD	natürlicher Logarithmus
log10(x: FLTD): FLTD	Zehnerlogarithmus
log2(x: FLTD): FLTD	Zweierlogarithmus

Zeichenketten werden durch die Klasse STRING beschrieben. Der Zugriff auf Einzelzeichen erfolgt wie bei einer Reihung mit Elementen des Typs CHAR.

STRING	
length: INT	Länge der Zeichenkette
empty: BOOL	length = 0
aset(i: INT; c: CHAR)	setze i-tes Zeichen
aget(i: INT): CHAR	lese i-tes Zeichen
substr(from,to: INT): STRING	Zeichenkette von Position from bis to einschließlich
stream elts: CHAR	Strom aller Zeichen
append(s: STRING): STRING	hängt *s* an self an
tolower	alle Buchstaben in Kleinbuchstaben wandeln
toupper	alle Buchstaben in Großbuchstaben wandeln
position(c: CHAR): INT	Position des ersten Vorkommens von *c* in self

Programmverzeichnis

Stichwortverzeichnis

T